AF343835

R. de SALBERG

MEMBRE DU CONSEIL D'ADMINISTRATION DE LA SOCIÉTÉ DE GRAPHOLOGIE

MANUEL

DE

GRAPHOLOGIE USUELLE

ENSEIGNÉE PAR L'EXEMPLE EN DIX LEÇONS ET PAR SIX CENT QUARANTE-NEUF TYPES D'ÉCRITURE

(HUITIÈME MILLE)

Hachette & Cie

79, BOULEVARD SAINT-GERMAIN, 79

Droits de traduction et de reproduction réservés.

MANUEL

GRAPHOLOGIE USUELLE

FORMULES GRAPHOLOGIQUES

SENS DES PRINCIPAUX TERMES

Accent circonflexe en forme de chauve-souris.

Au lieu de se composer de la réunion d'un accent aigu et d'un accent grave, celui-ci est formé d'un unique trait serpentin.

Crochet convergent.

Terminaison des majuscules ou des mots formant une boucle par le retour du trait dans un mouvement allant de droite à gauche.

Déliés brisés.

Petite interruption répétée dans le tracé.

Écriture anguleuse.

Dont la base de chaque lettre est un angle plus ou moins aigu.

Écriture en arcade.

Courbes très accentuées surtout dans la partie supérieure.

Écriture aérienne.

Tracé très léger, uniquement composé de déliés.

Écriture rayonnante.

Uniquement composée de traits allant de gauche à droite.

Écriture rectiligne.

Inflexible dans sa direction.

Écriture dynamogéniée.

Écriture nette et annonçant la vigueur.

Écriture fuselée.

Pleins et déliés très soigneusement marqués.

Écriture inhibée.

Écriture molle et annonçant la faiblesse.

Écriture serpentine.

La direction de la ligne absolument onduleuse, montante et descendante presque à chaque mot.

Filiforme.

Se dit des mots dont les dernières lettres sont comme mangées manquant de netteté et ne formant plus qu'un trait.

Fulgurant.

Se dit de tout trait formant un zigzag comme un éclair.

Fioriture.

Enjolivements dans l'écriture.

Gladiolement.

Diminution progressive de la hauteur des lettres dans un mot.

Massue.

Traits terminés par un arrêt brusque de la plume, formant un appui.

Paraphe arachnéide.

Formé d'une multiplicité de traits formant une toile d'araignée.

Paraphe en colimaçon.

Entourant complètement le nom et affectant une forme allongée qui rappelle l'animal de ce nom.

Paraphe enclavant.

Formé de traits défendant le nom dessus et dessous.

Paraphe en éperon.

Formé par un trait s'éloignant du nom vers la droite et revenant en formant un angle plus ou moins aigu.

Paraphe en gueule de loup.

Trait enclavant, restant ouvert à la droite ou à la gauche du nom.

Paraphe en grille.

Formé de traits disposés les uns sur les autres en forme de grillage.

Souricière.

Lettres ouvertes et bouclées en même temps.

Trait dextrogyre.

Se dit de tout trait allant vers la droite quand il devrait aller normalement vers la gauche.

Trait baveux.

Trait manquant de netteté, ayant l'apparence sale.

Traits en lasso.

Formant des boucles plus ou moins enlacées.

Trait du procureur.

Petits traits remplissant le blanc qui reste à la fin des lignes.

Trait sinistrogyre.

Se dit de tout trait allant anormalement vers la gauche quand il devrait aller vers la droite.

Typographique.

Se dit de toute lettre affectant la forme des caractères d'imprimerie.

Volute.

Trait formant un enroulement.

R. de SALBERG

MEMBRE DU CONSEIL D'ADMINISTRATION DE LA SOCIÉTÉ DE GRAPHOLOGIE

MANUEL

DE

GRAPHOLOGIE USUELLE

ENSEIGNÉE PAR L'EXEMPLE EN DIX LEÇONS ET PAR SIX CENT QUARANTE-NEUF TYPES D'ÉCRITURE

(HUITIÈME MILLE)

Hachette & Cie

79, BOULEVARD SAINT-GERMAIN, 79

Droits de traduction et de reproduction réservés

AUX CURIEUX DE GRAPHOLOGIE

L'écriture, a-t-on dit, est le jet matérialisé de la pensée. »
D'où il résulte que l'examen des caractères graphiques d'une lettre missive révèle à la fois la nature morale de celui qui l'a écrite, l'étendue de ses facultés et aussi la valeur des impressions qui l'ont animé, déprimé ou exalté, au moment même où il traçait les lignes que vous avez sous les yeux.

Sans doute on parvient sans peine à dégager les aspects principaux d'une écriture, puisqu'il va de soi qu'une main robuste trace des caractères qui diffèrent à première vue de ceux qu'alignent des doigts affaiblis, et que les personnes qui mettent les points sur les i ont un souci du détail plus grand que celles qui négligent de les y placer.

Mais, prétend-on, nombre de gens ont une écriture normale et une écriture occasionnelle, et puisqu'il est des écritures qui varient, se transforment et se modifient sans cesse, comment admettre qu'elles donnent jamais l'exacte mesure d'un caractère?

Tout d'abord cette variabilité même constitue l'indéniable indice d'un manque de fixité et de tenue de l'esprit. Sans doute le froid, le chaud, l'émotion, la maladie influent plus ou moins sur l'écriture, mais les changements d'aspects correspondent toujours à des modifications morales ou physiques; ainsi dans les lettres d'une femme fantasque, impressionnable et mobile on pourra trouver bien des signes, mais jamais ceux du sang-froid, de la constance et de la fermeté.

L'homme n'est pas indéfiniment perfectible, ses défauts s'atténuent ou s'accroissent, ses qualités grandissent ou s'atrophient et l'écriture, suite de gestes, reflète ces progrès ou ces reculs; l'éducation simplifie, affine et harmonise les gestes, le déclassement moral, la déchéance physique rendent la gesticulation plus vulgaire, plus précipitée ou plus lâche, et quelle que soit la part que l'on veuille attribuer à la fatalité héréditaire, notre volonté ou notre abandon nous enrichissent ou nous ruinent; mais qui pourrait nier que les racines mêmes de notre caractère plongent dans une terre primitive que nulle culture ne peut atteindre, terre réfractaire et dure à l'égal du sol où les germes de notre tempérament sont implantés d'une façon si vivace, si définitive et si profonde que ni la médecine, ni l'hygiène ne les peuvent arracher.

Autrement dit, il est aussi inconséquent de prétendre relever, un jour et par hasard, dans l'écriture d'un homme unanimement tenu pour être d'une belle moralité, des signes de vice et de dépravation, quelque déformation que sa hâte, sa fougue, son engourdissement ou son âge aient fait subir au tracé de sa plume, qu'il serait impertinent de penser qu'un lymphatique pâle et essoufflé soit à même de vivre, ne serait-ce qu'une heure durant, la vie puissante et colorée d'un athlète sanguin.

Le premier service que la graphologie nous rende est de nous renseigner sur nous-mêmes et de nous permettre ainsi de travailler plus sûrement à notre amélioration, selon que nous sommes ou non des cœurs de bonne volonté.

Aussitôt ces efforts sont manifestés dans notre graphisme et rien n'est plus passionnant que de suivre ce travail d'une âme, à travers une correspondance, de l'enfance à la maturité.

Combien en est-il parmi nous qui sont égoïstes sans le savoir, intrigants ou avides, orgueilleux ou avares, sans qu'ils s'en doutent peut-être, ou au moins sans qu'ils en veuillent convenir.

Quelques-uns, admettant le succès de ces efforts vers le mieux, se disent qu'un graphologue exercé doit inévitablement se composer de toute pièce une écriture où il n'entrera que les plus beaux signes. C'est ce qu'on appelle alors une écriture artificielle qu'il est, dans tous les cas, aisé de démasquer, car le moment apparaît toujours où le scripteur[1] échappe à sa contrainte et se livre. Concluez de là que l'écriture posée, étudiée, appliquée, n'offre aucune valeur comme document graphologique.

Le second but de la graphologie est la connaissance d'autrui et voyez les conséquences immédiates et pratiques d'une telle étude. Car lors même que vous n'auriez pas encore atteint la pénétration, la netteté de vue des maîtres, de quelle sécurité vous armeront déjà les premières clairvoyances, celles qui nous permettront bientôt de diviser sans incertitude les hommes en deux classes, à droite les

1. La graphologie a écarté le mot « Écrivain », lui réservant son sens littéraire. Elle a adopté le mot un peu dur « Scripteur », comme désignant plus précisément l'acte de celui qui écrit.

désintéressés, les loyaux et les bons ; à gauche, les fourbes, les rapaces et les mauvais.

Pour notre propre sauvegarde, nous avons un intérêt primordial à connaître l'âme d'autrui. Au moment de nous lier avec un étranger, d'obéir à une vocation peut-être douteuse, de contracter une association d'affaires, avant d'engager un employé ou un serviteur, à la veille d'unir pour la vie notre existence au cœur qui fera notre douleur ou notre joie, le premier devoir n'est-il pas de lire dans cet inconnu, jusqu'aux pensées tenues dans l'ombre le plus jalousement. Une lettre signée nous en dira plus long que les rapports les plus secrets, que les épanchements en apparence les plus sincères.

Le résumé de nos études est condensé dans cet ouvrage, et le résultat de nos observations personnelles, suite d'une longue pratique, est venu s'y adjoindre [1].

Le choix des exemples a été une des parties délicates de notre travail. Dans le classement des signes généraux, les « graphismes » appartenant à des personnages célèbres ont été écartés, car de telles natures sont des exceptions et les exemples qui leur seraient empruntés nous paraissent devoir être tenus en dehors d'une classification générale. Voici pourquoi : Souvent, avons-nous remarqué, les débutants, doués d'un peu d'esprit critique, résistent aux premières indications ; si vous leur dites : « Voyez cet « M », tracé par un des bons poètes de ce siècle, c'est l' « M » d'un per-

---

[1]. *Disons, afin de témoigner à chacun toute notre reconnaissance, à quelles sources nous avons puisé ;*

L'abbé Michon, créateur de la Graphologie, a été notre initiateur et par suite ses ouvrages ont guidé nos essais.

Après lui, M. Crépieux-Jamin a été notre maître écouté et admiré. Il a apporté la lumière et la clarté dans la graphologie, aussi nous appuierons-nous le plus souvent sur son enseignement.

Nous devons un souvenir plein de gratitude à la Société de Graphologie où nos continuels entretiens, au cours de ses fructueuses séances, nous permettent de préciser des points encore incertains de nos méthodes.

C'est ainsi que nous avons examiné la théorie des mouvements avec notre savant président M. Depoin, le sexe de l'écriture avec M. Léonce Vié, les modes de graphismes identiques dans tous les pays avec M. P. Varinard. Avec M. Georges de Beauchamp nous avons séparé les « M » aristocratiques des « M » plébéiens ; M. Albert de Rougemont nous a révélé un nouveau signe d'égoïsme ; quant à la baronne Ungern-Sternberg, nous lui devons beaucoup pour l'étude du mensonge ; le Dr Héricourt nous a édifié sur la valeur des écritures Dextrogyres et Sinistrogyres, enfin M. Hans Busse, président de la Société de Graphologie de Munich, traducteur des œuvres de M. Crépieux-Jamin, a traité la question du classement des caractères par catégories.

sonnel ou d'un égoïste ; » ou bien l'élève, connaissant l'homme, admet ce défaut et on a semblé lui prouver l'incontesté, ou bien son admiration pour le génie du poète le prévient et l'incite à discuter.

N'est-il pas préférable de lui dire : « Voyez cet affreux petit crochet anonyme, au bas de cet « M », chaque fois que vous le rencontrerez, dites-vous que vous êtes en présence de telle variété d'égoïsme. »

Par contre, nous pensons avoir augmenté l'intérêt de cet ouvrage en prenant souvent comme exemple, dans la détermination des signes particuliers, des autographes provenant de célébrités choisies dans le monde de la pensée ; ils nous ont servi de commune mesure dans la distinction des nuances que nous avions à observer ; mais, par un sentiment de discrétion, les signatures ont été supprimées ; ainsi l'expression de notre jugement a gagné en indépendance ; disons, de plus, que l'attrait de s'instruire nous paraît suffisant sans qu'il y ait besoin d'y mêler le sentiment de curiosité qu'éveillent les noms connus.

Afin d'éviter à nos lecteurs une perte de temps, chaque exemple est placé dans son texte même ; l'élève concentrera plus aisément ainsi son attention, conduira son travail avec plus de liberté, et toute difficulté lui étant épargnée, il s'attachera plus vite à l'objet de ses recherches.

Par la simplification de ce premier enseignement, notre désir le plus vif est de diriger vers nos études le plus grand nombre d'adeptes possible, persuadé que plus ces notions élémentaires seront rapidement vulgarisées, mieux s'affirmeront leurs résultats de préservation personnelle et de perfectionnement moral, grâce auxquels, avertis, confiants en nous-mêmes, et appréciant à leur valeur vraie ceux qui nous entourent, nous trouverons avec joie dans la vie ce que chacun y recherche avidement, la sécurité.

INSTRUCTION

POUR SE SERVIR UTILEMENT DU MANUEL

*L*A lecture du manuel faite d'un bout à l'autre comme pour un autre ouvrage peut présenter quelque intérêt, mais elle n'est pas profitable au point de vue graphologique. Il faut en premier lieu lire attentivement le lexique des termes les plus usités en graphologie, qui se trouve en regard du titre. Puis, il faut faire la lecture graphique comme premier exercice; les numéros qui sont en regard de chaque désignation de signes, dans le tableau, correspondent à des types d'écritures qui représentent seulement la forme extérieure des lettres.

Le second exercice consiste à prendre trois feuilles de papier pliées en quatre et à écrire les douze points qui sont indiqués à la fin du volume (page 208, sous ce titre : Division des facultés), en haut de chaque colonne. Dans ces colonnes, on relève tous les points observés dans la lecture graphique, se rapportant à chacun des douze traits inscrits au haut des colonnes; par exemple, dans la colonne de la volonté on indique toutes les manifestations volontaires qui ont été reconnues dans l'écriture étudiée; à la fin de cette colonne, il faut établir une sorte d'addition ou résumé, que nous appellerons de son vrai nom : Résultantes. Enfin le manuel doit être consulté comme un dictionnaire.

Nous avons ajouté à cette seconde édition une table qui facilitera singulièrement les recherches, en essayant d'y indiquer, non seulement toutes les matières contenues dans le volume, mais encore la description graphique de chaque signe : en sorte que si l'on veut trouver, par exemple, la signification du d retourné, on n'a qu'à chercher à la lettre d et on trouvera aussitôt la leçon, la page et la figure où il en est question. Nous croyons ainsi avoir répondu, autant que possible, à une partie des critiques bienveillantes qui nous ont été faites depuis ces trois dernières années, date de l'apparition du « Manuel usuel de Graphologie ».

MANUEL DE GRAPHOLOGIE

PREMIÈRE LEÇON

COMMENT LIRE UNE ÉCRITURE

Le premier exercice — l'A B C — de la Graphologie doit être la lecture graphique.

Par lecture graphique on entend la reconnaissance, sans recherche de la signification, des signes qui composent une écriture.

L'élève, ayant pris une feuille de papier, la divisera en deux :

Dans la première colonne, il transcrira minutieusement les observations qu'il aura faites dans l'écriture lui servant de sujet ; il ne remplira la seconde colonne que lorsqu'il aura appris la signification de tous les traits relevés par lui.

La plupart des signes graphologiques étudiés dans ce Manuel ont été empruntés aux nomenclatures connues.

Il en est cependant quelques-uns qui sont le fruit de notre expérience personnelle ; nous les présentons sous réserve du contrôle auquel nous désirons qu'ils soient soumis avant qu'ils ne deviennent consacrés. Un astérisque les distinguera des autres.

Nous donnons ci-dessous le tableau des signes essentiels qu'il faut chercher dans une écriture.

Jamais, cela va de soi, l'ensemble des signes énoncés ne se trouve dans aucune écriture, mais dans chacune on en rencontre un certain nombre.

Pour trouver la forme d'un signe graphologique quelconque, cherchez, à la page et à la figure indiquées, l'écriture type correspondante.

Tableau des principaux Signes Graphiques à relever dans une Écriture.

1º Base des lettres	anguleuses (p. 11-fig. 15) arrondies (p. 12-fig. 16) alternativement l'une et l'autre (p. 245-fig. 540)
2º Direction des lignes	droites (p. 14-fig. 21) rigides (p. 28-fig. 49) montantes (p. 20-fig. 32) descendantes (p. 19-fig. 31) sinueuses (p. 29-fig. 50) alternativement montantes et descendantes (p. 52-fig. 115) grandes (p. 24-fig. 40) petites (p. 23-fig. 39) espacées (p. 18-fig. 28) serrées (p. 17-fig. 27) inclinées (p. 27-fig. 47) verticales (p. 105-fig. 254)
3º Lettres	renversées (p. 28-fig. 48) alternativement couchées et redressées (p. 51-fig. 113) sobres (p. 31-fig. 56) ornées (p. 30-fig. 53) simplifiées (p. 17-fig. 26) formant des arcades (p. 133-fig. 318) faites comme des chiffres (p. 249-fig. 549) juxtaposées (p. 24-fig. 41) liées (p. 25-fig. 42) groupées (p. 166-fig. 390) liées anormalement (p. 167-fig. 392) régulières en hauteur (p. 13-fig. 18) irrégulières en hauteur (p. 22-fig. 36)

		(p. 126-fig. 297)
		le jambage du milieu plus bas que les autres (p. 122-fig. 289)
		le jambage du milieu plus haut que les autres (p. 136-fig. 226)
11°	O et a	ouverts par le haut (p. 78-fig. 205)
		ouverts en arrière (p. 83-fig. 214)
		ouverts en dessous (p. 108-fig. 26)
		fermés (p. 84-fig. 217)
		bouclés (p. 87-fig. 222)
12°	d minuscule	calligraphique (p. 21-fig. 35)
		à hampe développée (p. 10-fig. 14)
		à hampe couchée à gauche (p. 156-fig. 370)
		à hampe renversée à droite (p. 185-fig. 429)
		à hampe s'élevant verticalement (p. 187-fig. 433)
		à hampe finement enroulée (p. 131-fig. 312)
		à hampe liée à la lettre suivante (p.163-fig.382)
13°	s minuscule	fermé normalement (p. 7-fig. 7)
		très fermé (p. 91-fig. 231)
		fermé par un trait remontant (p. 92-fig. 233)
		retourné en sens inverse (p. 93-fig. 235)
		largement ouvert (p. 92-fig. 232)
		plus haut que les autres lettres (p. 161-fig. 377)
14°	V	minuscule couvrant le mot (p. 89 fig. 225)
		majuscule couvrant le mot (p. 91-fig. 230)

		descendant anormalement (p. 150-fig. 357)
		à la fin des lignes (p. 112 fig. 266)
15°	Traits	séparant les phrases (p. 166-fig. 390)
		finissant la signature (p. 145-fig. 343)
		couvrant la signature (p. 88-fig. 223)
16°	Mots	liés entre eux (p. 164-fig. 385)
17°	Signature	le nom seul (p. 155-fig. 368)
		avec un point après (p. 42-fig. 84)
		entre deux traits (p. 74-fig. 195)
		soulignée (p. 122-fig. 287)
		plus haute que le texte (p. 120-fig. 284)
		différente du texte (p.106-fig. 257)
18°	Paraphe	en coup de glaive (p. 192-fig. 447)
		en lasso (p. 125-fig. 296)
		indépendant du nom (p. 111-fig. 265)
		formant éperon à droite (p. 116-fig. 278)
		formant angle à gauche (p. 248-fig. 548)
		en toile d'araignée (p.115-fig. 276)
		enclavant (p. 112-fig. 267)
		en gueule de loup (p. 75-fig. 197)
		en colimaçon (p. 76-fig. 200)
		soulignement tenant au nom (p. 122-fig. 288)
		fulgurant (p. 263-fig. 583)

Un peu d'Histoire.

LA recherche des éléments du caractère dans le graphisme a intéressé depuis longtemps les observateurs et les philosophes. Camillo Baldi, professeur bolonais (1622) en fit l'objet d'un traité dont nous devons l'intéressante traduction à M. Depoin, président de la société graphologique de France.

Depuis le commencement du xixe siècle cette science s'est considérablement développée. Elle fut d'abord intuitive chez les esprits d'élite, comme Goethe et Lavater. La réunion des documents, leur étude comparative, vint avec Hocquart ; puis l'enseignement oral commença avec l'abbé Flandrin. L'abbé Michon — son élève — écrivit le premier ouvrage de systématisation et lui donna son nom de « Graphologie ». Ce fut enfin M. Crépieux-Jamin qui apporta le classement scientifique. Dans son bel ouvrage « *l'Écriture et le Caractère* » il est le premier à faire entrer comme intervention primordiale l'ensemble de la supériorité générale du caractère.

Échelle de la Supériorité intellectuelle.

La détermination de la supériorité et de l'infériorité de la nature du scripteur est indispensable dès le commencement des études graphologiques, car toutes nos appréciations doivent en découler : c'est la base même de notre jugement.

Il est bien entendu que ces deux termes ne peuvent être pris ici que d'une façon relative, et non point dans un sens absolu. *Il ne peut donc être question de supériorité ou d'infériorité que par comparaison avec d'autres écritures.*

Chacun de nous est supérieur ou inférieur à quelqu'un.

La comparaison des écritures entre elles — pour en déterminer la valeur d'ensemble — est un des plus utiles exercices auxquels puisse se livrer un graphologue novice.

Une écriture où tout est harmonieux dans l'ensemble par la netteté, la simplification et la rapidité des traits est toujours supérieure par rapport à une écriture surchargée de traits inutiles et d'un aspect vulgaire.

Il ne faut pas confondre la *simplification* avec la *simplicité*, ni la *précipitation* avec la *rapidité*.

La simplicité est l'absence de fioritures, tandis que la simplification consiste à former une lettre d'un seul trait.

De même, la rapidité de l'écriture provient de l'aisance de la main habituée à écrire. Elle se reconnaît aux liaisons anormales de l'écriture : par exemple, un point ou un accent servant de base à la lettre du mot suivant ; elle se reconnaît encore aux points, aux accents, aux barres de *t* jetés en avant. Pour mieux faire comprendre notre pensée, voici un tableau représentant l'échelle des degrés allant de la supériorité à l'infériorité.

C'n monsieur B
Je suis obligé de vous.
répondre "non" !...

FIG. 1. — ÉCRITURE D'UN HOMME DE GÉNIE.

Le génie n'a pas de signe spécial, car le graphisme d'un être génial présente généralement la rupture de l'équilibre entre les facultés au profit d'une ou de plusieurs d'entre elles. Il ne peut donc y avoir à l'égard de ce genre d'écriture qu'intuition ou impression.

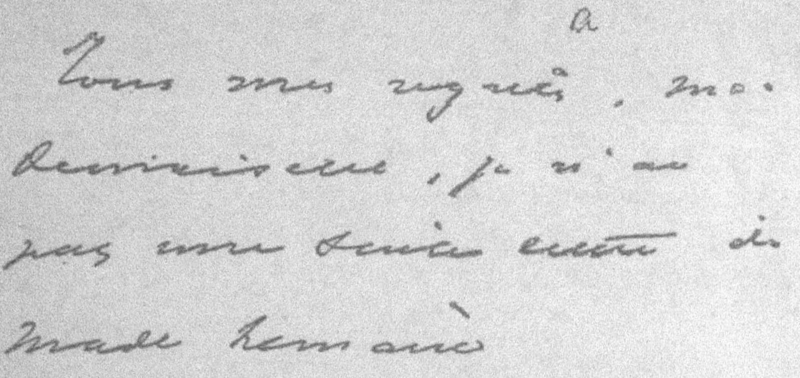

FIG. 2. — ÉCRITURE D'UN HOMME DE TALENT.

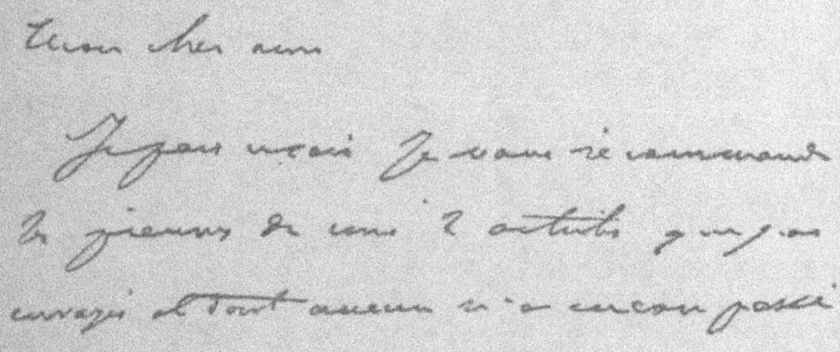

FIG. 3. — ESPRIT ASSIMILATEUR.

Echelle de l'Infériorité en général.

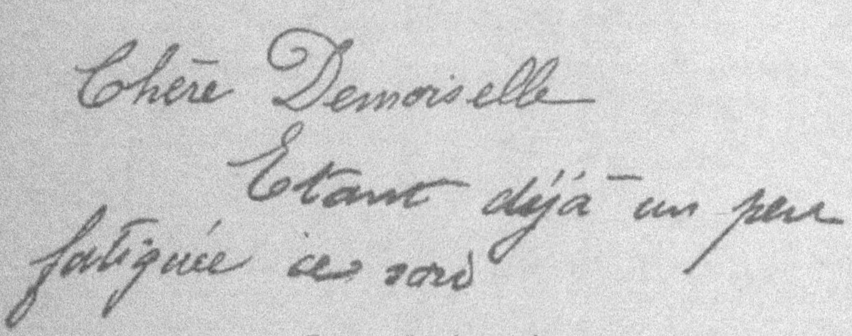

FIG. 4. — LA MÉDIOCRITÉ.

La médiocrité n'est pas dépourvue d'intelligence, mais elle a des facultés bornées.

FIG. 5. — L'INSIGNIFIANCE.

ON dit qu'un insignifiant ne fait jamais de mal ; la raison en est dans son incapacité de faire même le mal.

FIG. 6. — LA VULGARITÉ.

Cette large classification est d'une importance d'autant plus capitale que les signes changent complètement de signification d'après les degrés de supériorité ou d'infériorité de l'écriture où ils se rencontrent.

Ainsi, prenons pour exemple le signe du sentiment religieux, qui exprime la plus haute idéalité dans une écriture supérieure, et qui se trouve rabaissé au goût du merveilleux dans une écriture vulgaire ou encore le signe de la douceur qui dénote la bonté chez un esprit supérieur, et la mollesse dans un caractère inférieur.

Nous pourrions appliquer ces exemples à toutes les qualités, qui se transforment en défauts selon les signes qui les entourent.

Faut-il en conclure que les natures supérieures n'ont pas de faiblesses ? Hélas ! la perfection n'est pas de ce monde.

Écritures Aristocratiques et Écritures Plébéiennes.

NOTRE distingué confrère, Georges de Beauchamp, dans son *Traité de graphologie théorique et pratique*, classe d'abord les écritures en aristocratiques et en plébéiennes.

Il assure avec raison que chaque milieu social influe d'une manière certaine sur la forme extérieure d'une disposition bonne ou mauvaise. Il est donc indispensable, quand on veut étudier un autographe, de placer d'abord le scripteur dans son milieu.

Pour aider le lecteur dans cette autre grande classification, voici deux exemples types. Le premier réunit tous les éléments de la nature patricienne ou aristocratique : harmonie de l'ensemble, formes esthétiques, clarté, espacement ; l'*M* majuscule en escalier est surtout caractéristique.

Le second nous montre, par opposition, une écriture plébéienne ; l'*M* majuscule formé de deux jambages, ornés de crochets au commencement et à la fin est tout à fait significatif d'intérêts vulgaires.

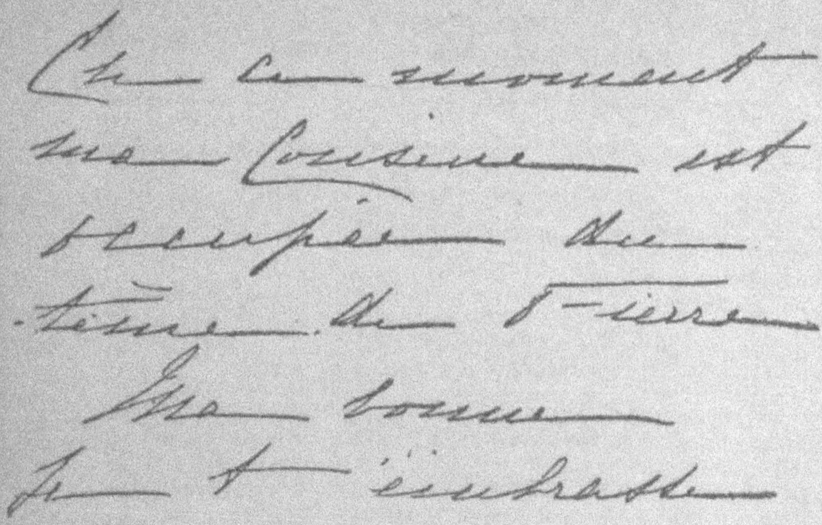

FIG. 7. — ÉCRITURE ARISTOCRATIQUE.

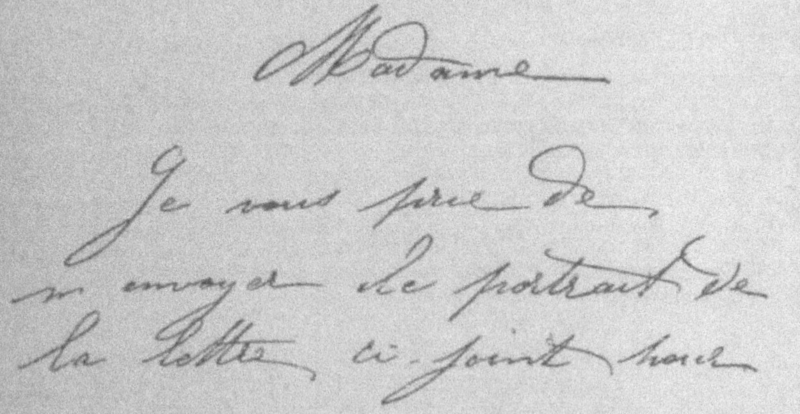

FIG. 8. — ÉCRITURE PLÉBÉIENNE.

Supériorité relative.

Ainsi que nous l'avons expliqué précédemment, pour arriver à l'appréciation exacte d'un caractère il faut d'abord se placer en esprit dans le milieu où vit le scripteur, afin d'établir son degré de supériorité par rapport à son entourage. Vous comprenez qu'il y a des paysans, des ouvriers, des domestiques, des gens illettrés qui sont supérieurs; de même qu'il y a des grands seigneurs qui sont inférieurs par comparaison avec leurs pairs.

Les exemples ci-dessous aideront à comprendre notre démonstration.

Fig. 9. — Type d'infériorité relative.

Fig. 10. — Type de supériorité relative.

La première figure émane d'un cabaretier; la seconde figure d'une petite mercière de province. Voilà donc deux types pris dans le même milieu social. D'un seul coup d'œil on peut constater que les traits sinueux et agités du premier révèlent un *inférieur*, tandis que l'écriture large et claire de la seconde révèlent une *supérieure*.

Cet exemple montrera la *supériorité relative* dont il est indispensable de tenir compte. Ce serait en effet une dangereuse erreur d'appliquer uniquement ce qualificatif de *supérieur* au génie.

Échelle de la Supériorité Morale.

En apprenant à distinguer une nature supérieure d'une nature inférieure, une écriture aristocratique d'une écriture plébéienne, nous n'avons établi que la classification *intellectuelle* et *sociale*; mais il y a encore une autre supériorité, c'est la *supériorité morale*.

Nous trouvons souvent la supériorité intellectuelle sans la supériorité morale, et parfois aussi — mais plus rarement — la supériorité morale sans la supériorité intellectuelle.

On se rappellera que les signes qui révèlent une nature supérieure sont : *l'écriture claire, sobre et dépourvue de crochets concentriques, la rapidité du tracé et la simplification des traits, l'espacement des lignes et l'harmonie de l'ensemble.*

Fig. 11. — Type de supériorité intellectuelle seule

La figure 11 offre un exemple de toutes les qualités énoncées ci-dessus, mais elle est surtout un exemple de supériorité intellectuelle, car l'écriture grêle, les angles aigus de quelques bases de lettres, la direction peu inclinée de l'écriture n'indiquent pas une grande richesse de cœur.

Nous voici donc en présence d'un cas de supériorité intellectuelle sans supériorité morale ou tout au moins affective.

> Croyez moi cher monsieur
> Je ferais tout au monde
> bouche et je lui disais aussi
> désespoir au sujet j'accepterais
> mari borgne brutal ou boiteux

FIG. 12. — TYPE DE SUPÉRIORITÉ MORALE SEULE.

La figure 12 indique au contraire la supériorité morale sans beaucoup de supériorité intellectuelle. En effet, si les bases des lettres ont la courbe de la bonté et de la douceur, si nous relevons la simplicité des traits, et l'absence totale des crochets rentrants, en revanche les lignes sont peu espacées et l'air circule difficilement entre elles.

Deux genres d'Infériorité.

Nous devons à notre éminent confrère de la Société de graphologie — M. Léonce Vié — cette judicieuse remarque, qu'il y a l'infériorité par défaut, et l'infériorité par excès.

Dans la première catégorie se trouvent les gens dépourvus de facultés. Chez eux tout se traduit par la négative, l'imagination est absente, le cœur est sec, la volonté fait défaut. On peut

> je pars dimanche en train de plaisir
> n'utiliserai pas mon retour. Donc.
> restaurant, ce coup-là je t'attendrai
> nous rentrerons ensemble puisque je
> couche pas chez ma tante tu resteras

FIG. 13. — TYPE D'INFÉRIORITÉ PAR DÉFAUT.

dire que c'est l'être moral et intellectuel absolument à l'état rudimentaire; c'est vraiment le dernier degré de l'échelle.

L' « infériorité par excès » se traduit au contraire en une exubérance de toutes les facultés, qui par suite manquent de règle et de pondération.

La figure 13 donne un exemple de « l'infériorité par défaut ».

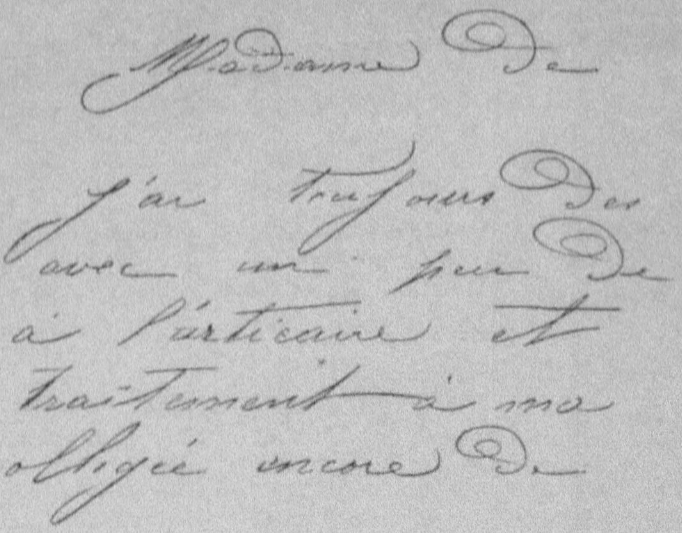

FIG. 14. — TYPE D'INFÉRIORITÉ PAR EXCÈS.

Observez l'aspect déplaisant de cette écriture, ces traits hésitants, mous et sales. On dirait que c'est un insecte qui a traîné sa patte imbibée d'encre sur le papier. Le tracé est à la fois grêle, indécis, et serpentin ; les barres de *t* sont à peine perceptibles. Les *d* minuscules indiquent l'insignifiance et l'absence de toute imagination. C'est donc la nullité complète.

La figure 14 est également typique comme « infériorité par excès » :

Les *d* à énormes volutes disent l'imagination débordante qui n'a jamais été réglée, ni cultivée.

Les classifications d'après la valeur morale ou intellectuelle de l'écriture sont vraiment la plus sérieuse difficulté de l'examen graphologique, et cette difficulté mettra toujours la graphologie hors de la portée de certaines intelligences.

DEUXIEME LEÇON
LES SIGNES GÉNÉRAUX

ES premiers aperçus qui précèdent auront donné à nos lecteurs les notions préliminaires de la science qui nous occupe.

C'est encore à M. Crépieux-Jamin — dans son ouvrage : *l'Écriture et le Caractère*, déjà cité — que nous devons la classification particulièrement claire des signes généraux. Aussi, croyons-nous ne pouvoir mieux faire que de la donner presque intégralement en plaçant en regard un exemple de chaque écriture type. C'est ainsi que, tout en nous inspirant de l'enseignement supérieur de M. Crépieux-Jamin, nous compléterons l'étude des signes généraux, dont l'importance est capitale, car c'est d'eux que dérivent les signes complémentaires auxquels nous les rattacherons plus tard, signes simples qui nous indiqueront l'intensité plus ou moins grande du défaut ou de la qualité révélés.

Dans la nomenclature qui va suivre (1) nous allons passer en revue tous les modes d'écriture ou signes caractéristiques du graphisme, ayant des rapports frappants avec les impressions psychologiques. Ces signes sont comme les grands traits d'esquisse qui fixent la mise en place d'un modèle.

Pour répondre à un vœu, exprimé en vue de faciliter les études débutantes, nous plaçons devant chaque type de signe général, l'initiale : I, ou S, répondant à l'ensemble : *Inférieur*, ou *Supérieur*. Ce classement basé sur le degré d'intelligence ne peut être que *relatif*.

Écriture Anguleuse.

FIG. 15. — TYPE D'ÉCRITURE ANGULEUSE. — S.

'ÉCRITURE anguleuse est toujours révélatrice des caractères fermes.

Avec les signes de la supériorité, elle nous indique les gens ayant reçu une éducation sérieuse et sévère, natures plutôt courageuses et sûres que tendres et aimables, mais ayant le sentiment de la justice et du devoir; leur personnalité entêtée, et rigide est en raison directe de l'angle plus ou moins aigu.

Avec les signes de l'infériorité, ce graphisme doit nous mettre en garde contre les caractères détestables (2).

Écriture en Courbe.

'ÉCRITURE arrondie sert d'opposition naturelle à l'écriture anguleuse; elle parcourt toute la gamme de la bonté, en passant par l'aménité, la fai-

(1) Nous avons accouplé dans cette leçon chaque signe général à son contraire ; par exemple : écriture anguleuse, écriture en courbe. — (2) Voir p. 245.

blesse et la mollesse ; elle contient la variété des caractères doux, générale- ment charmants mais parfois inconsistants.

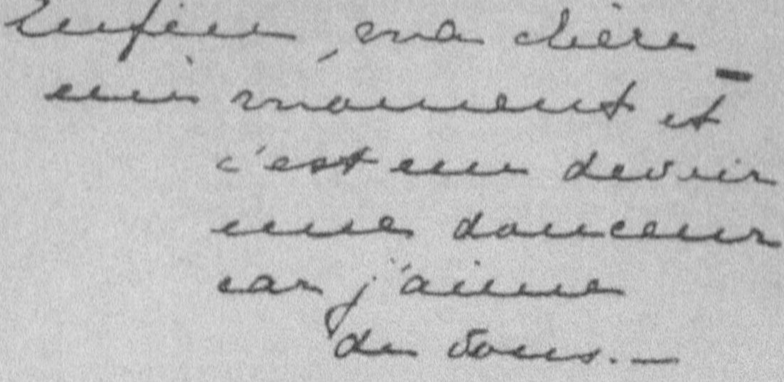

FIG. 16. — TYPE D'ÉCRITURE EN COLÈRE. — S.

Écriture Bizarre.

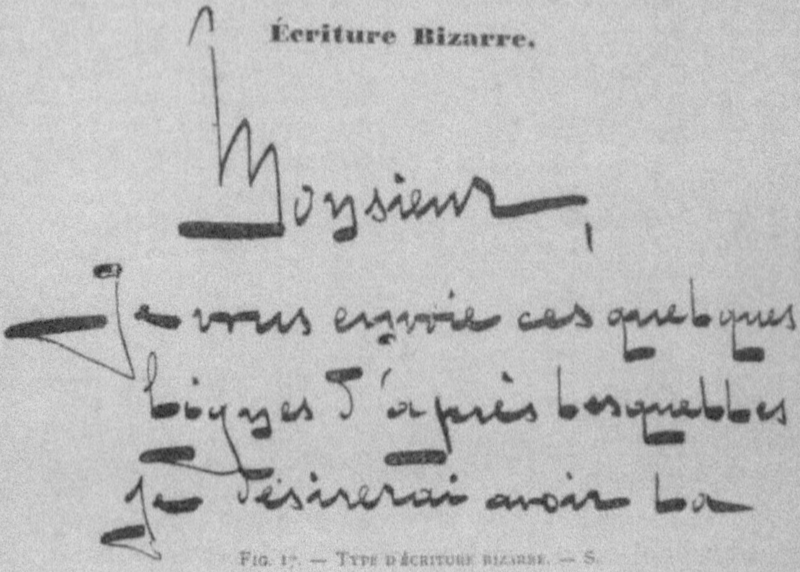

FIG. 1er. — TYPE D'ÉCRITURE BIZARRE. — S.

L'ÉCRITURE bizarre n'a pas besoin d'être expliquée ; le graphisme de la figure ci-dessus prouve surabondamment qu'elle émane d'une personnalité qui ne veut rien faire comme tout le monde.

Écriture Calligraphique.

Nous désignons sous le nom d'écritures calligraphiques celles qui se rapprochent servilement des modèles scolaires ; au point de vue graphologique elles ont peu de valeur, car elles sont coulées dans un moule banal — par suite sans intérêt — qui dissimule la véritable nature du scripteur.

Il faut ranger dans cette catégorie les écritures des sœurs qui enseignent dans les écoles primaires et tendent exclusivement à régler leur écriture sur leur modèle, afin de servir d'exemple permanent à leurs élèves. C'est encore chez elles une déférence à la règle qui détruit leur personnalité extérieure.

C'est aussi en général l'écriture des employés de bureau et de commerce, dont le métier exige ce qu'on appelle « une belle écriture » méritant ce nom au point de vue de la clarté, mais annihilant toute personnalité.

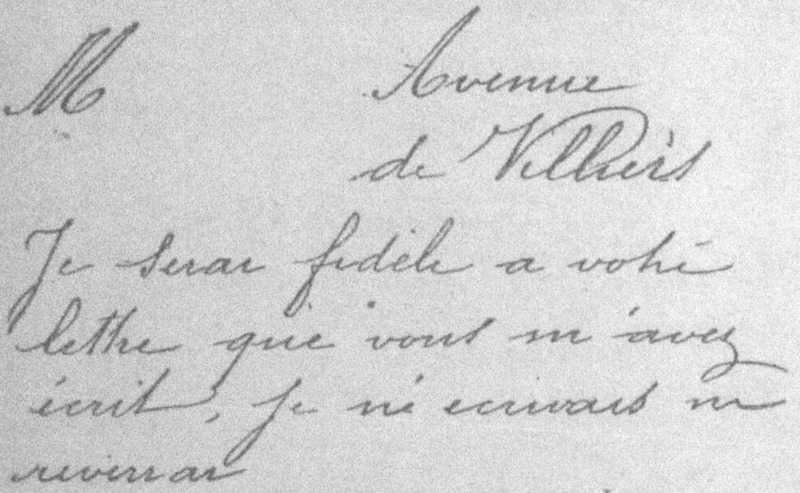

FIG. 18 — TYPE D'ÉCRITURE CALLIGRAPHIQUE. — I.

Ce type d'écriture s'oppose donc à la moindre révélation d'impressionnabilité, d'idées grandes, d'aspirations généreuses, de personnalité originale. Il indique parfois l'ordre et le soin poussés à l'excès, plus souvent l'amour du convenu et l'insignifiance, surtout lorsqu'il se rencontre dans une lettre intime ; quelquefois l'insaisissabilité, la sottise et la prétention, nuances à déterminer d'après l'ensemble ou le caractère général de l'écriture.

Écriture Artificielle.

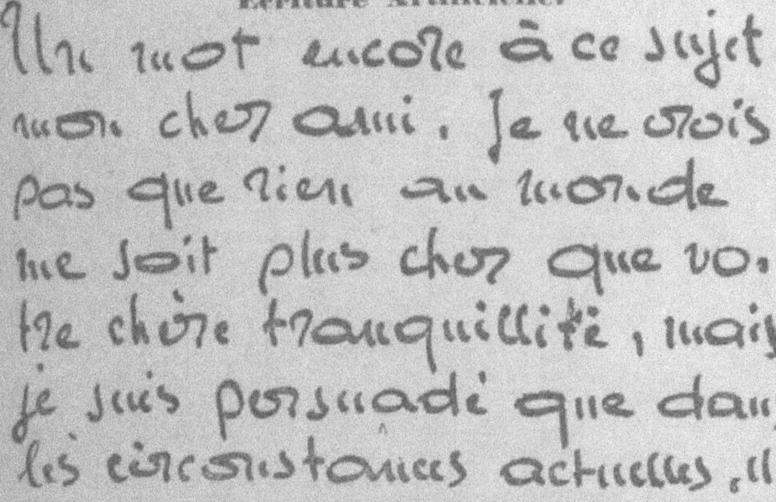

FIG. 19 — TYPE D'ÉCRITURE ARTIFICIELLE — S.

L'ÉCRITURE artificielle est celle des gens qui veulent se faire prendre pour ce qu'ils ne sont pas.

Elle suppose donc un fonds de dissimulation ; c'est un masque mis sur le visage, et l'on peut affirmer, presque à coup sûr, que le scripteur a deux écritures, une intime et une officielle.

Écriture Naturelle.

FIG. 20. — TYPE D'ÉCRITURE NATURELLE (1). — S.

L'ÉCRITURE naturelle est l'opposé de l'écriture artificielle. Elle est particulièrement sympathique par sa simplicité, caractère qui indique une nature droite et franche ; l'écriture naturelle est le graphisme des personnes qui ont pour règle de conduite la devise : « Bien faire et laisser dire. »

Écriture Ordonnée.

FIG. 21. — TYPE D'ÉCRITURE ORDONNÉE. — S.

L'ÉCRITURE ordonnée a pour première qualité d'être très lisible, ce qui est vraiment une politesse que l'on fait à ses correspondants. L'ordre se révèle plus particulièrement par la position régulière des majuscules, de la ponctuation et des accents. C'est en général un très bon indice, surtout dans les écritures supérieures. L'ordre intellectuel se reconnaît aux points et aux accents placés exactement, et l'ordre matériel aux ponctuations ne laissant rien à désirer. La réunion de tous ces signes dénote l'attention pouvant aller jusqu'à la minutie.

Écriture Désordonnée.

L'ÉCRITURE désordonnée s'explique par elle-même.

L'absence de ponctuation, l'oubli des majuscules, et surtout l'enchevêtrement des traits, en sont les caractéristiques.

Le désordre peut provenir d'un trouble profond, et, dans ce cas, n'être

---

(1) L'écriture naturelle est l'expression spontanée de la personnalité, sans souci d'embellissement, ni de dissimulation.

qu'accidentel. Ce genre d'écriture est celui des négligents, des distraits, des inexacts, des oublieux, des légers, et presque toujours des ignorants.

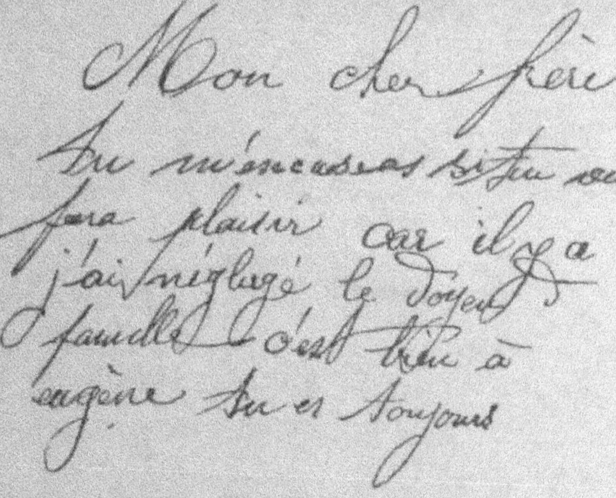

FIG. 22. — TYPE D'ÉCRITURE DÉSORDONNÉE — I.

Écriture Claire.

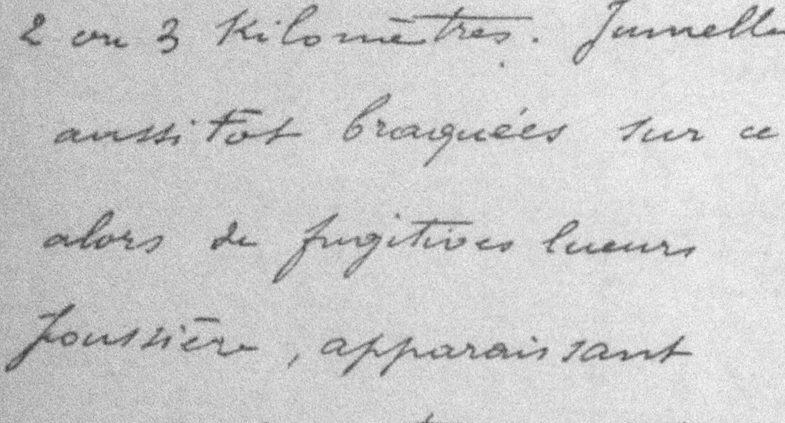

FIG. 23. — TYPE D'ÉCRITURE CLAIRE. — S.

L'ÉCRITURE claire est celle des esprits lucides, sincères, cherchant en tout la lumière; c'est une des formes de la supériorité.

On reconnaît la clarté à l'espacement des lignes, à l'air circulant à travers l'écriture, aux traits sobres, aux jambages modérés, et n'empiétant jamais sur la ligne suivante.

L'écriture claire appartient généralement aux savants et aux hommes de chiffres.

Écriture Confuse.

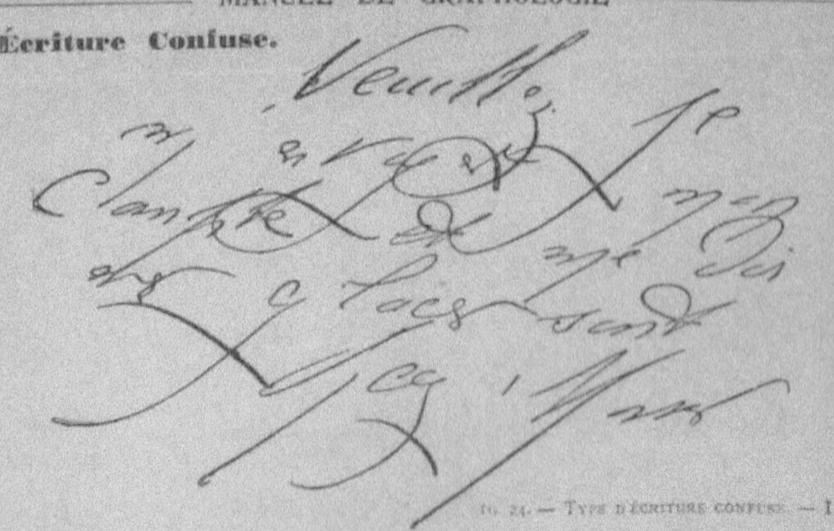

FIG. 24. — TYPE D'ÉCRITURE CONFUSE. — I.

L'ÉCRITURE confuse, à l'inverse de l'écriture claire, révèle, par ses traits enchevêtrés, une imagination aussi vive que mal réglée. Elle peut parfois être un signe de mauvaise foi et d'insaisissabilité ; mais, en général, elle indique surtout l'agitation, par suite le manque de pondération et la conception confuse.

Écriture Compliquée.

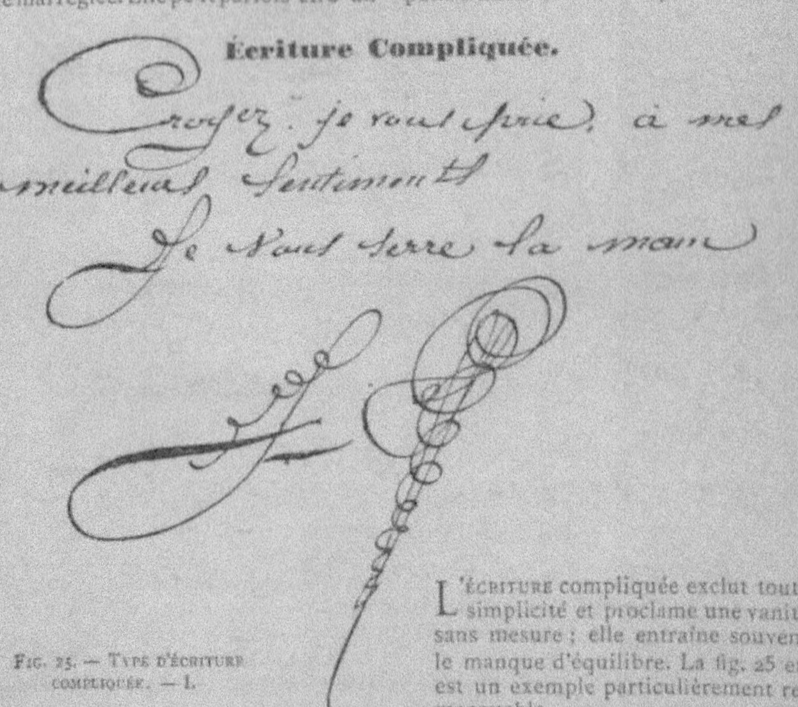

FIG. 25. — TYPE D'ÉCRITURE COMPLIQUÉE. — I.

L'ÉCRITURE compliquée exclut toute simplicité et proclame une vanité sans mesure ; elle entraîne souvent le manque d'équilibre. La fig. 25 en est un exemple particulièrement remarquable.

Écriture Simplifiée.

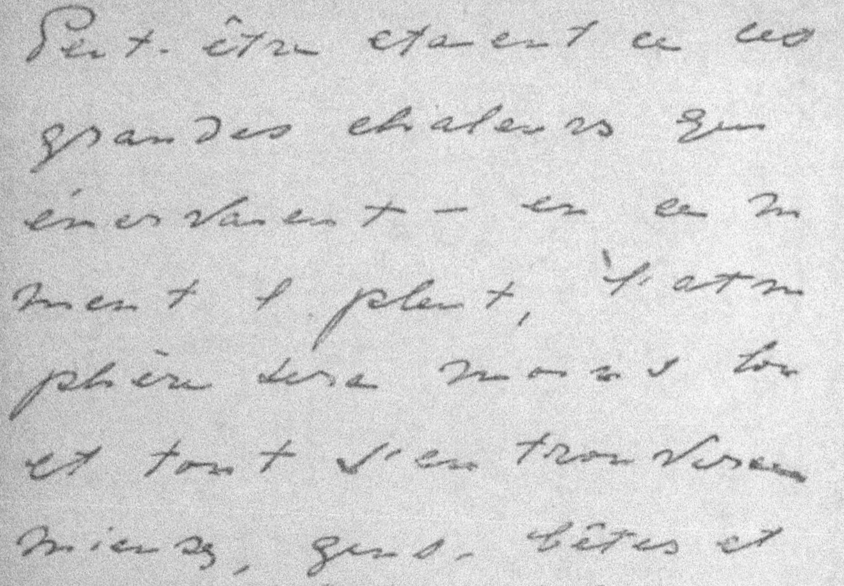

FIG. 26. — TYPE D'ÉCRITURE SIMPLIFIÉE. — S.

L'ÉCRITURE simplifiée indique toujours un esprit cultivé. Elle a cela de particulier que beaucoup de lettres sont faites d'un seul trait : tels le g, le p et le q minuscules, tout à fait caractéristiques dans l'écriture de la figure 26 ; la suppression des boucles dans les jambages, — montants ou descendants — est également une simplification.

Écriture Serrée.

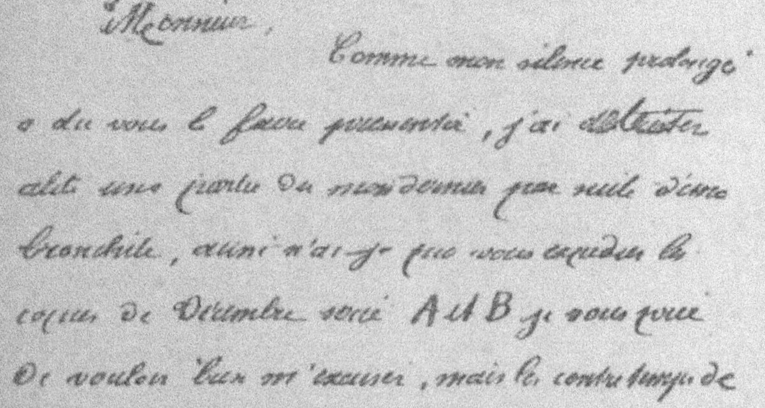

FIG. 27. — TYPE D'ÉCRITURE SERRÉE. — I.

L'ÉCRITURE serrée est celle des gens économes, réservés et avares. Elle révèle, en même temps que des goûts parcimonieux, des idées étroites. Ceux qui écrivent ainsi ont généralement le caractère désagréable ; la vie qu'on mène près d'eux est loin d'être tissue d'or et de soie.

Ecriture Espacée.

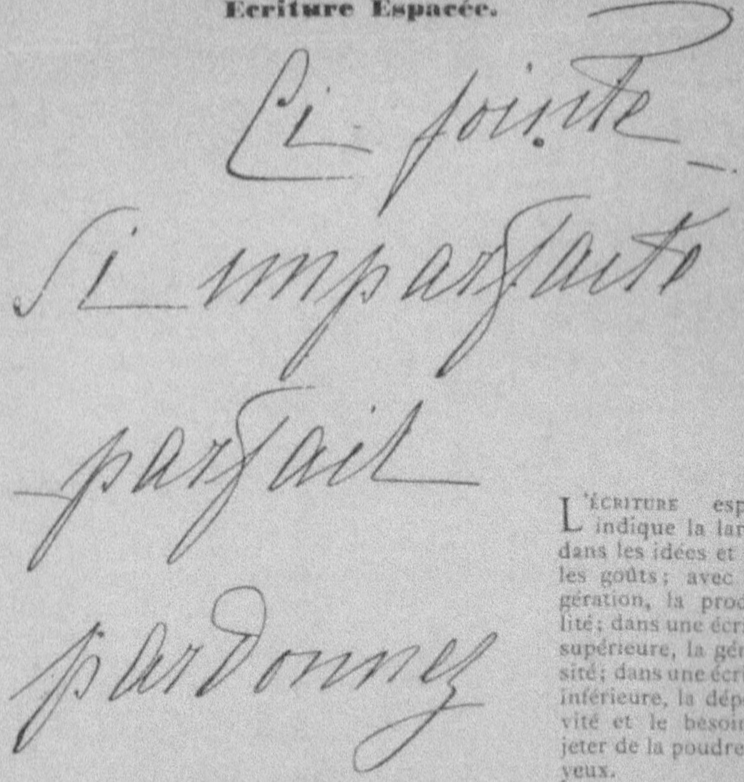

L'ÉCRITURE espacée indique la largeur dans les idées et dans les goûts; avec exagération, la prodigalité; dans une écriture supérieure, la générosité; dans une écriture inférieure, la dépensivité et le besoin de jeter de la poudre aux yeux.

FIG. 28. — TYPE D'ÉCRITURE ESPACÉE. — S.

Ecriture Gracieuse.

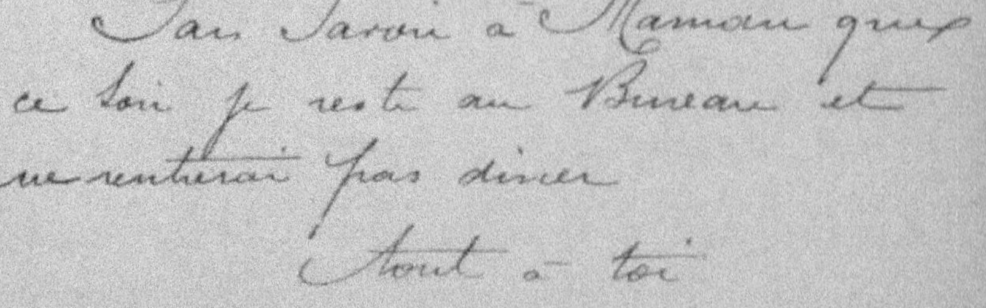

FIG. 29. — TYPE D'ÉCRITURE GRACIEUSE. — S.

LA fig. 29 est un exemple d'*écriture gracieuse*. Il faut admirer le charme des courbes qui forment les majuscules et révèlent le sens du beau, les facultés esthétiques, le caractère enjoué et aimable. La légèreté du tracé montre aussi la délicatesse des goûts et des aspirations.

Écriture Grossière.

FIG. 30 — TYPE D'ÉCRITURE GROSSIÈRE. — L.

L'ÉCRITURE *grossière* est celle des natures frustes et sans culture. Elle appartient à la nombreuse famille des vulgaires et des ignorants. Ses lettres informes montrent la maladresse de ceux qui n'ont pas l'habitude d'écrire.

Écriture Descendante.

FIG. 31. — TYPE D'ÉCRITURE DESCENDANTE. — S.

L'ÉCRITURE *descendante* a d'infinies variétés qui indiquent toujours une dépression morale ou physique; souvent cette dépression est seulement accidentelle et par suite passagère. C'est l'écriture des malheureux et des souffrants.

Elle est aussi une des caractéristiques de la vieillesse et surtout de la maladie.

Écriture Montante.

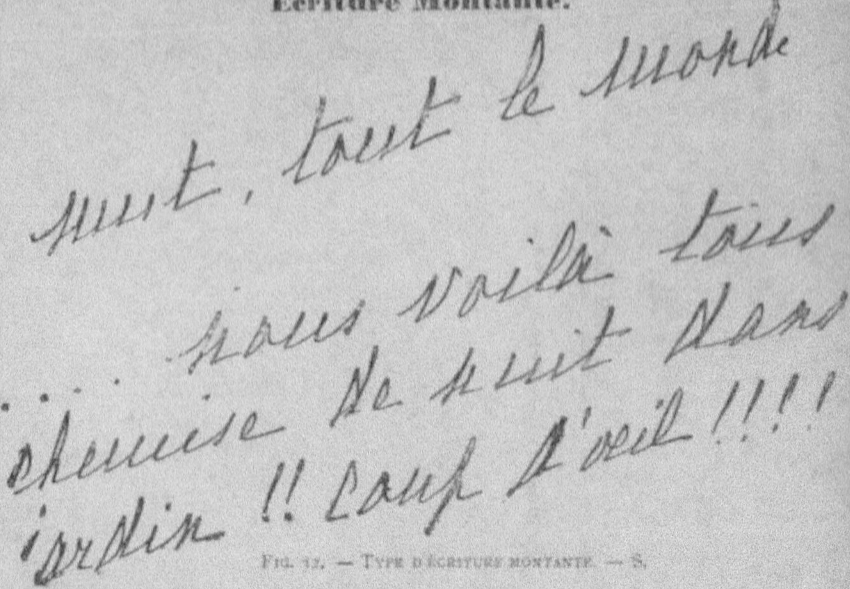

FIG. 12. — TYPE D'ÉCRITURE MONTANTE. — S.

A l'inverse de l'écriture descendante, — qui indique la dépression, — l'écriture montante est l'indice de l'excitation.

Quand l'ascension est modérée, avec une écriture supérieure, il ne faut y voir que de l'entrain. Si l'ascension s'accentue, cela devient de l'ardeur; et si l'écriture est grimpante, c'est de l'exaltation; hors ce dernier cas, la gaieté accompagne, en général, l'écriture ascendante.

Écriture ayant des Crochets rentrants, c'est-à-dire absorbante ou centripète.

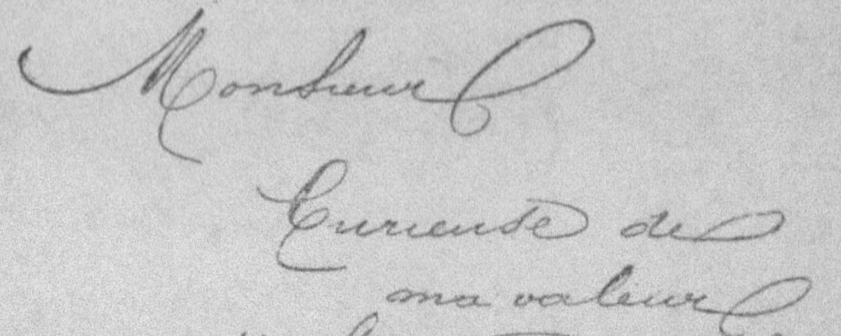

FIG. 13. — TYPE D'ÉCRITURE AYANT DES CROCHETS RENTRANTS. — L.

L e crochet rentrant est le résultat d'un mouvement instinctif qui trace une courbe allant de droite à gauche comme pour ramener tout à soi. A ce type d'écriture se rattache le groupe malheureusement trop nombreux des égoïstes, des défiants, des concentrés, des accapareurs et — avec une écriture passionnée — des jaloux. Le crochet rentrant ne se rencontre généralement pas dans une écriture supérieure. (Voir fig. 33.)

Écriture sans Crochets rentrants, c'est-à-dire rayonnante ou centrifuge

FIG. 34. — TYPE D'ÉCRITURE SANS CROCHETS RENTRANTS. — S.

L'ÉCRITURE *sans crochets rentrants* dénote des tendances opposées aux précédentes. Au lieu que les finales aillent de droite à gauche, elles vont de gauche à droite ; c'est bien le mouvement de la main qui donne et non retient.

Nous sommes dans la famille des âmes dévouées, des natures supérieures, des cœurs d'élite encore très nombreux quoi qu'on en pense.

Écriture Égale.

FIG. 35. — TYPE D'ÉCRITURE ÉGALE — S.

L'ÉCRITURE *égale* indique une sensibilité et une activité faibles, une tendance à la routine, l'absence d'expansion et surtout d'impressionnabilité. Dans un ensemble supérieur, l'égalité du tracé est souvent un signe de constance, de fidélité et de droiture, tandis que, dans un ensemble ordinaire elle est fréquemment le propre des natures apathiques.

Écriture Inégale.

Mon cher Commandant,
Mon frère l'abbé m'écrit
que le défenseur qu'il avait
accepté pour le Sermon de
la Pentecôte se trouve
décommandé, et qu'il

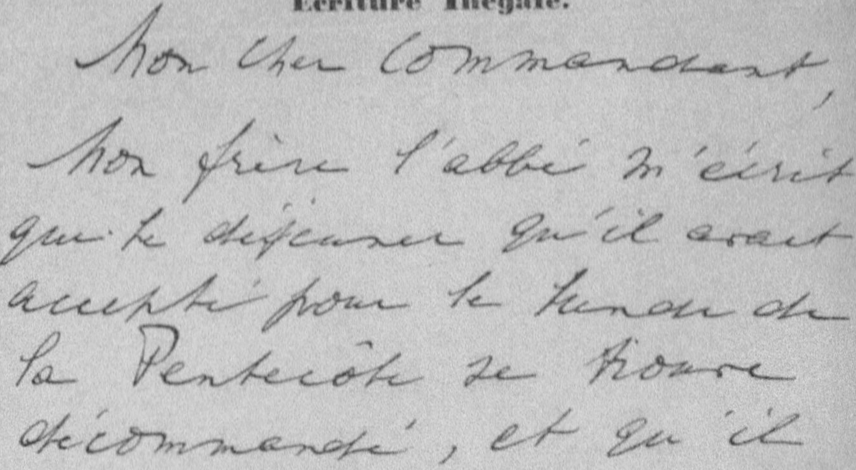

Fig. 36. — Type d'écriture inégale. — S.

L'écriture *inégale* prend des formes multiples; à l'inverse de la précédente, elle annonce des natures impressionnables et agitées. Comme on peut le supposer, ses nuances sont infiniment variées, allant du cœur vibrant au déséquilibrement nerveux.

Avec une écriture supérieure, l'inégalité du tracé est l'indice d'une grande puissance d'émotion.

Écriture Gladiolée.

Je serai charmée
si vous voulez bien
les accompagner
Recevez l'expression
de mes meilleurs
sentiments

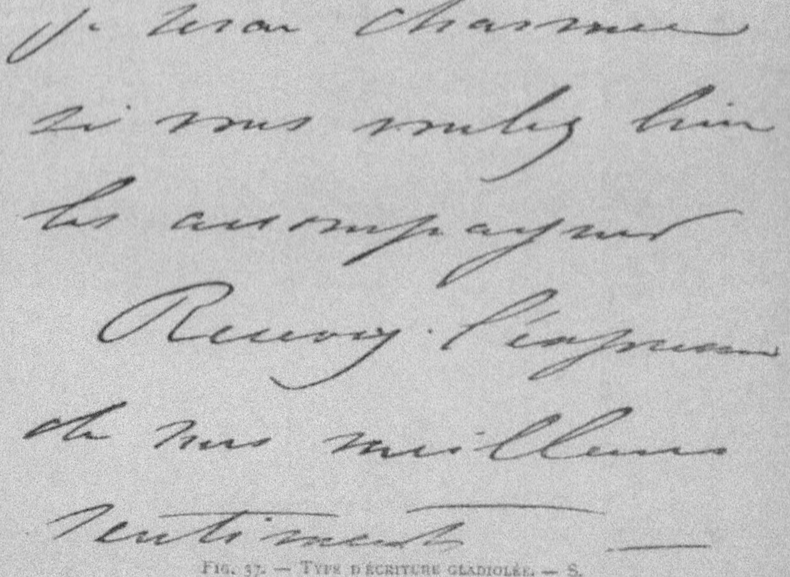

Fig. 37. — Type d'écriture gladiolée. — S.

L'écriture *gladiolée* — c'est-à-dire en forme de glaive — est celle dont les lettres sont plus petites à la fin des mots qu'au commencement. Avec les signes de la supériorité, ce gladiolement signifie finesse d'esprit et habileté, mais avec les signes de l'infériorité il est un indice de ruse et de mensonge.

Écriture Grossissante

FIG. 38. — TYPE D'ÉCRITURE GROSSISSANTE. — S.

L'écriture grossissante, à l'opposé de l'écriture gladiolée, a des lettres plus grandes à la fin des mots qu'au commencement. Tous les auteurs y voient la représentation de la candeur, de la naïveté ou de la crédulité ; notre expérience personnelle nous a démontré que c'est seulement avec une écriture légère qu'elle est significative de candeur et de naïveté, tandis que, avec une écriture appuyée, elle indique une tendance à l'exagération ; l'intensité de ce signe révèle une nature exaltée qui voit tout comme à travers une loupe.

Dans un ensemble supérieur, c'est un indice d'enthousiasme.

Avec une écriture ordinaire, nous y voyons l'absence de finesse et le manque de tact.

Avec les signes de l'infériorité c'est la crédulité, la vulgaire bêtise.

Écriture Petite.

L'écriture *petite*, quand elle est harmonique, dit les goûts délicats, la finesse, la minutie. Accompagnée des signes qui caractérisent l'écriture inférieure, elle peut indiquer la mesquinerie, l'humilité craintive qui cherche à se cacher. Souvent elle est un indice de myopie.

FIG. 39. — TYPE D'ÉCRITURE PETITE. — S.

Écriture Grande.

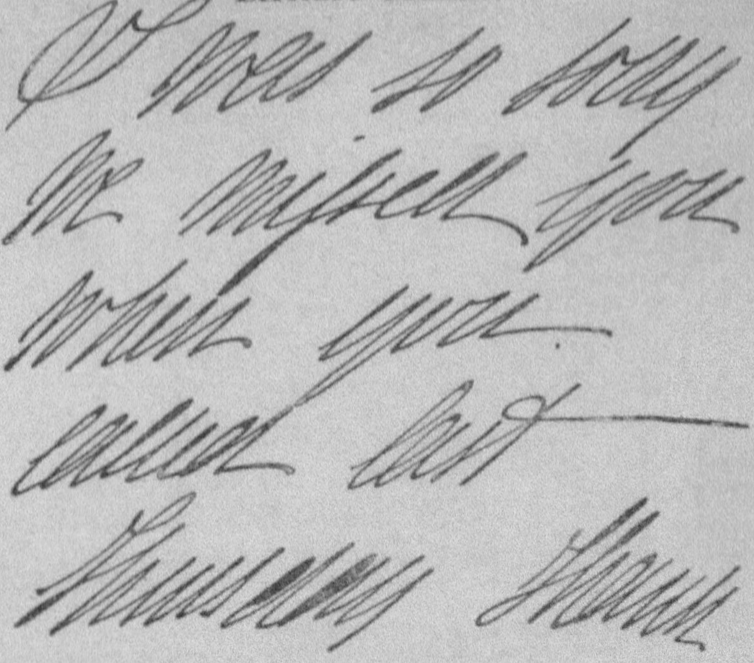

FIG. 40. — TYPE D'ÉCRITURE GRANDE. — S.

LA hauteur notable des lettres indique les natures orgueilleuses, aimant par-dessus tout le faste ; avec les *o* et les *a* ouverts, elle est une des manifestations de la loyauté.

Quand la hauteur va en augmentant du commencement à la fin d'une lettre missive, — par exemple, — c'est un signe d'imagination et surtout d'exaltation, de même que les mots grossissants que nous avons étudiés précédemment.

Écriture Hachée.

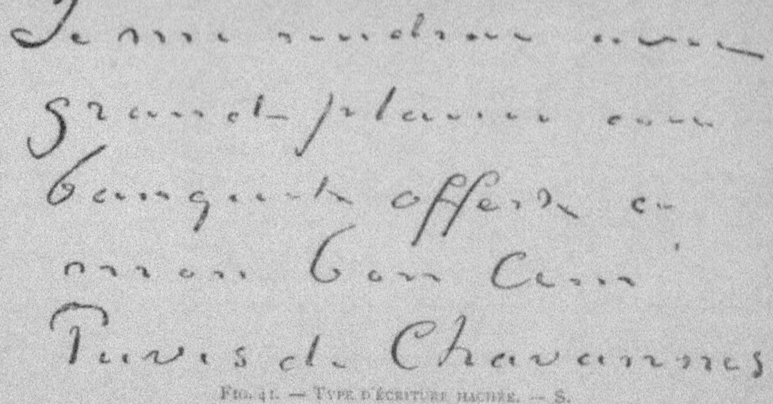

FIG. 41. — TYPE D'ÉCRITURE HACHÉE. — S.

L'ÉCRITURE *hachée* indique la sensibilité intellectuelle, l'intuition et, — quand le signe est excessif, — le penchant à l'utopie. Lorsque l'écriture hachée est en même temps supérieure, elle est la marque d'une imagination inventive, créatrice même, accompagnant souvent les hautes facultés qui font les grands artistes et parfois les hommes de génie. L'écriture hachée annonce aussi un caractère très indépendant. (Voir fig. 41.)

Écriture Liée.

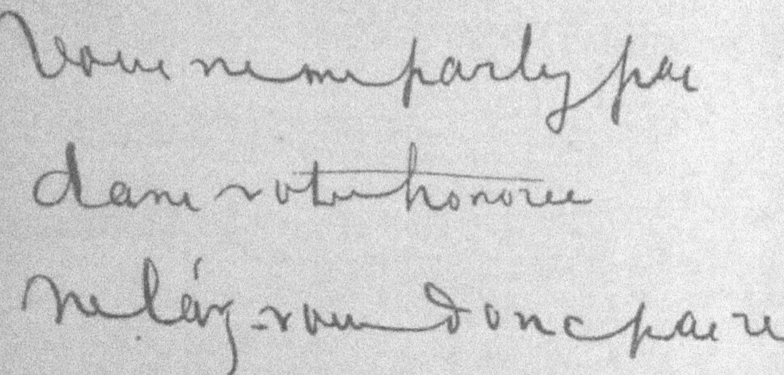

FIG. 42. — TYPE D'ÉCRITURE LIÉE. — S.

L'ÉCRITURE *liée* nous dévoile la logique, la suite dans les idées. Quand l'écriture est en même temps supérieure, elle est la marque des esprits déductifs, qui vont du connu à l'inconnu. L'exagération du signe indique que l'esprit du scripteur est enclin au paradoxe.

Écriture Lente.

FIG. 41. — TYPE D'ÉCRITURE LENTE. — S.

L'ÉCRITURE lente dénote logiquement un esprit qui manque de promptitude pour saisir et s'assimiler. Avec une écriture inférieure, elle prouve donc peu de facultés. Avec une écriture supérieure, elle annonce de l'ordre, mais souvent aussi de la pose et de la prétention. Dans l'écriture d'un enfant, elle révèle l'application, le désir de bien faire, et le penchant à la réflexion.

Écriture Rapide.

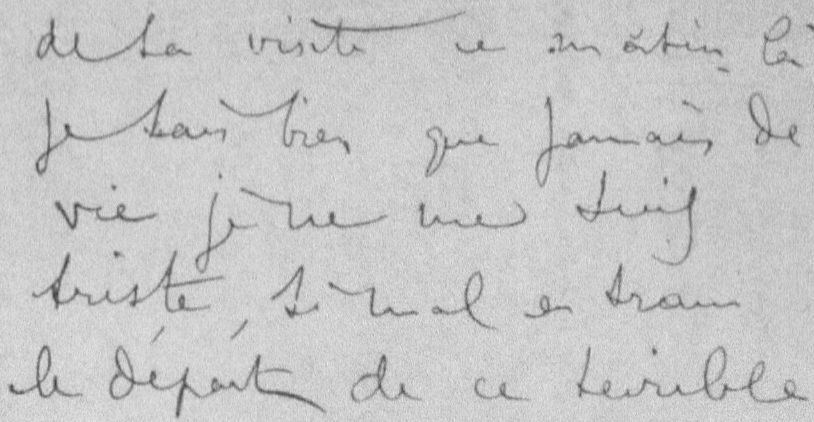
de la visite ce matin là
je sais bien que jamais de
vie je ne me suis
triste, si mal en train
le départ de ce terrible

Fig. 44. — Type d'écriture rapide. — S.

L'écriture rapide est caractérisée par une liaison anormale qui existe entre les barres des *t*, les points, les accents et la lettre qui les suit.

Voir dans la figure 44 les mots : « Je sais bien », « je ne », « si mal », etc. Cette liaison est un signe certain d'activité intellectuelle et par conséquent d'intelligence, de facilité d'assimilation, de culture d'esprit, et de vivacité de caractère. Nous avons pu contrôler en mainte occasion que cette liaison anormale était absolument une des formes révélatrices de la faculté d'assimilation.

Écriture Appuyée.

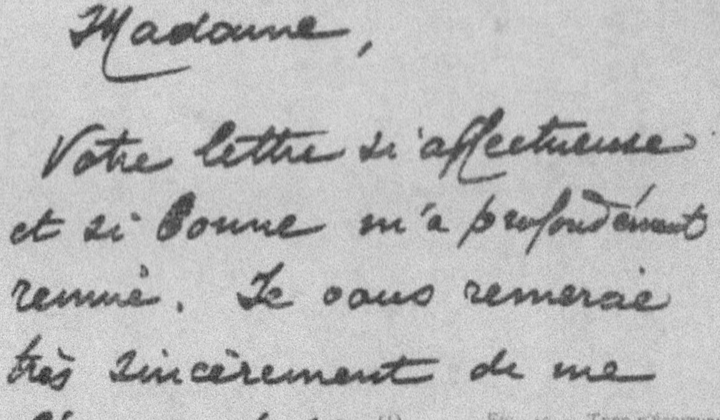
Madame,
Votre lettre si affectueuse
et si bonne m'a profondément
remué. Je vous remercie
très sincèrement de me
l'avoir écrite

(1) Fig. 45. — Type d'écriture appuyée. — S.

L'écriture appuyée est l'indice d'un tempérament sanguin ; avec un ensemble supérieur, elle dit simplement le besoin de dépenser les forces vitales ; c'est généralement la marque d'une santé vigoureuse engendrant des tendances matérielles.

Avec un ensemble inférieur, les traits appuyés révèlent la grossièreté qui peut aller jusqu'à la brutalité.

(1) La reproduction a fait du tracé appuyé un tracé *barré*, ce qui change complètement la signification de l'écriture.

Lorsque les boucles sont remplies d'encre, l'écriture appuyée devient pâteuse, et sa signification est toute différente. C'est alors la trace de la fatigue par excès ou surmenage pouvant entraîner la maladie.

Écriture Légère.

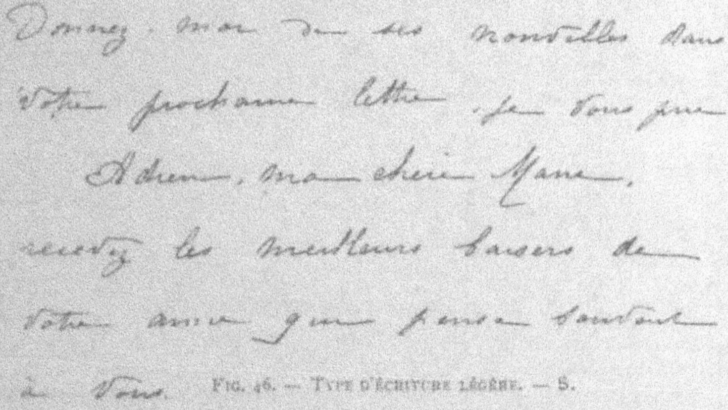

FIG. 46. — TYPE D'ÉCRITURE LÉGÈRE. — S.

L'écriture légère indique, à l'inverse de l'écriture appuyée, une nature dépourvue de besoins matériels. Associée à la supériorité du graphisme, elle annonce la délicatesse, la tendresse pure et immatérielle. Lorsque, au contraire, l'écriture légère coïncide avec un graphisme inférieur, elle est souvent un signe de faiblesse de constitution, de timidité, de gêne et de susceptibilité.

Écriture Inclinée.

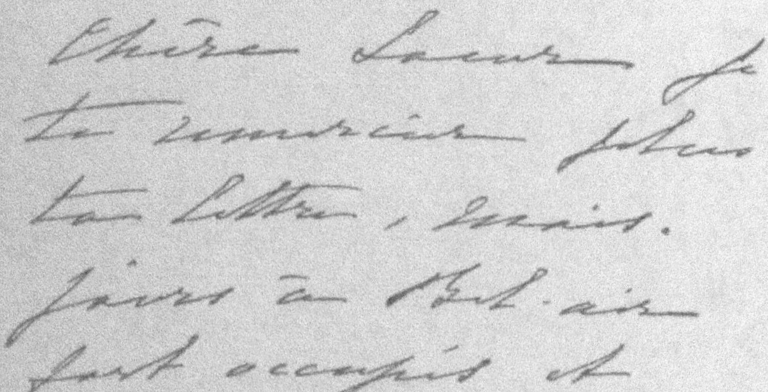

FIG. 47. — TYPE D'ÉCRITURE INCLINÉE. — S.

L'écriture inclinée est celle des âmes sensibles ; dans un ensemble supérieur elle indique la tendresse, le cœur qui se donne avec générosité ; l'exagération du signe indique une nature passionnée, un caractère susceptible, le déséquilibrement du cœur et de la tête.

Écriture Renversée.

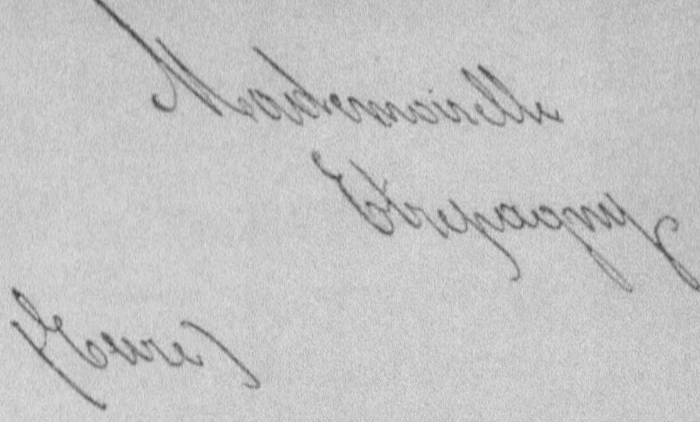

FIG. 48. — TYPE D'ÉCRITURE RENVERSÉE. — S.

L'ÉCRITURE renversée est celle des méfiants qui ne veulent pas se livrer et qui, en conséquence, mettent un cadenas à leur cœur et un masque sur leur visage. Chez eux la raison domine le sentiment. Il est à remarquer que presque toutes les personnes qui, par suite d'un accident à la main, ont dû changer leur graphisme, renversent leur écriture. Les lettres anonymes sont généralement écrites de cette façon.

Écriture Rigide.

FIG. 49. — TYPE D'ÉCRITURE RIGIDE. — S.

DANS la rigidité des lignes se voient la fermeté, la persévérance, la sévérité et l'inflexibilité.

Avec une écriture supérieure, on reconnaît les personnes ayant des principes immuables, un caractère tout d'une pièce, une vertu austère et peu aimable.

Avec une écriture inférieure, on se trouve en présence de gens ayant un caractère dur et cassant, un cœur sec, incapable d'attendrissement.

À ces natures rigides — supérieures ou inférieures — le charme de la douceur fait défaut.

Écriture Serpentine.

Fig. 50. — Type d'écriture serpentine. — I.

L'ÉCRITURE serpentine est l'opposé de l'écriture rigide.

Dans un graphisme supérieur, elle annonce la souplesse d'esprit, la finesse; c'est l'écriture type des diplomates, à la fois habiles et courtois.

L'écriture serpentine, associée aux signes de l'infériorité indique tout simplement l'agitation, le nervosisme, et l'habitude du vulgaire mensonge.

Écriture Retouchée.

Fig. 51. — Type d'écriture retouchée. — S.

L'ÉCRITURE retouchée témoigne toujours d'un désir de perfectionnement. Elle est donc l'indice logique de l'amour de la clarté, de la recherche du mieux et du désir de la politesse. Elle se reconnaît dans les corrections faites après coup, particulièrement aux boucles supérieures et aux r minuscules. (Voir fig. 51.)

Les retouches sont parfois la manifestation d'une tendance à cacher certains actes spontanés, elles deviennent alors un symptôme de dissimulation ou de fausseté.

Écriture Simple.

Fig. 52. — Type d'écriture simple. — S.

L'ÉCRITURE simple est celle qui ne comprend pas de traits inutiles, c'est-à-dire d'ornements ou d'enjolive- ments. Comme nous l'avons déjà dit, c'est une des caractéristiques de la supériorité. (Voir fig. 52.)

Écriture Ornée.

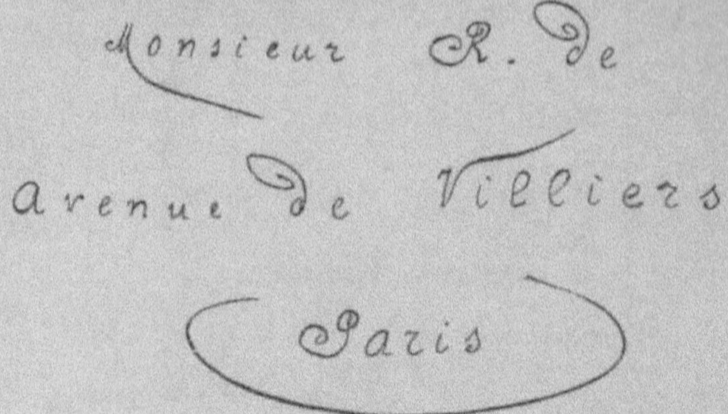

FIG. 53. — TYPE D'ÉCRITURE ORNÉE — S.

L'EXEMPLE que nous donnons de l'écriture ornée comprend la plupart des formes de la vanité; le *d* minuscule si soigneusement enroulé dit toutes les recherches de la prétention et de la pose; le trait soulignant de l'*m* majuscule indique clairement la complaisance en soi-même. Le *p* majuscule si bien empanaché annonce de plus les prétentions à l'esprit. Il est donc facile de comprendre que l'écriture ornée est toujours synonyme de vanité, et par là difficile à classer dans la catégorie des graphismes tout à fait supérieurs.

Écriture Nette.

Ma chère Marguerite,

Voulez-vous me faire le plaisir de venir passer l'après midi avec moi mardi prochain j'ai quelques amies que vont

FIG. 54. — TYPE D'ÉCRITURE NETTE — S.

L'ÉCRITURE nette se distingue par un tracé généralement énergique et conservant la forme précise des lettres. Elle est toujours un indice de clarté, de décision et par suite un élément de supériorité.

Notre expérience personnelle nous a permis de constater qu'elle est aussi un des indices les plus certains du bon état de santé qui complète l'équilibre harmonieux de toutes les facultés. (Voir fig. 54.)

Écriture Lâchée.

FIG. 55. — TYPE D'ÉCRITURE LACHÉE. — L.

L'ÉCRITURE lâchée, à l'inverse de l'écriture nette, ne présente que des traits flous et indécis. Elle dénote à la fois la faiblesse du corps et la faiblesse de l'âme; c'est l'écriture tracée par la main débile ou nonchalante des gens fatigués, des découragés, des irrésolus et des paresseux.

Écriture Sobre.

FIG. 56. — TYPE D'ÉCRITURE SOBRE. — S.

L'ÉCRITURE sobre se distingue par la modération qui préside à son tracé. Ceci est déjà un élément de supériorité qui indique les caractères pondérés, réservés, réfléchis, calmes, préoccupés de garder la mesure en toutes choses.

Écriture Mouvementée.

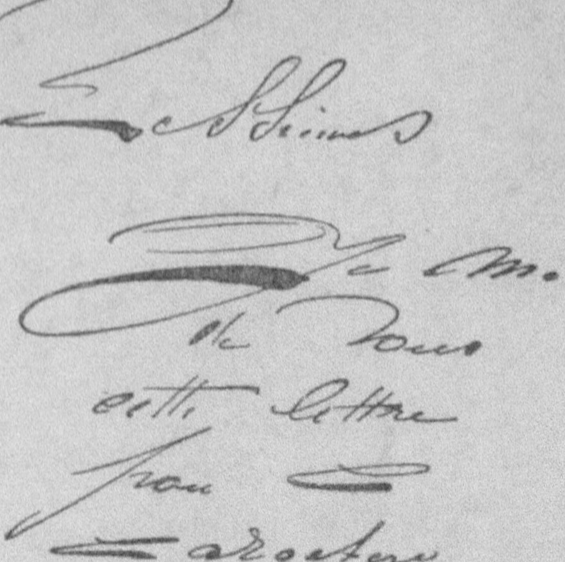

Fig. 37. — Type d'écriture mouvementée. — S.

L'écriture mouvementée est tout l'opposé de l'écriture sobre. C'est le graphisme des gens qui ne ménagent pas les mouvements de leur plume, car elle suit sans frein l'impulsion de leur imagination. A ce type se rattache l'écriture des artistes, des passionnés, des exaltés, des déséquilibrés, et parfois des fous.

Écriture Résolue.

Fig. 38. — Type d'écriture résolue. — S.

L'ÉCRITURE résolue indique l'ardeur conduite par la volonté.

Ses signes distinctifs sont les barres de *t* fortes, courtes et carrées à leur extrémité, souvent placées en avant.

L'écriture résolue est fréquemment montante.

Associée aux signes de la supério-rité, elle dit la volonté qui brise tous les obstacles ; avec les signes de l'infériorité, cette force devient effrayante, parce qu'elle tombe dans la brutalité.

Tous les traits massués, à quelques lettres qu'ils appartiennent, indiquent de même la résolution. (Voir fig. 58.)

Écriture Hésitante.

Deux heures venait de son du village de Valombreu. u de mai réjouissant la nat on souillant le ciel chrone tique rafraichissant l'air mollement le feuillage des ar bordees d'aubepin

FIG. 59. — TYPE D'ÉCRITURE HÉSITANTE. — 1.

L'ÉCRITURE hésitante nous donne le type opposé à l'écriture résolue. Les barres de *t* sont ici toutes petites et fines comme des aiguilles, au lieu d'être hardies et terminées en massues.

Elles sont en outre placées à l'arrière de la lettre, ce qui montre l'hésitation permanente d'une nature faible et versatile qui ne peut arriver à surmonter sa perplexité maladive.

Cette hésitation engendre aussi l'inexactitude.

Écriture Typographique.

Monsieur R

Avenue

E V

FIG. 60. — TYPE D'ÉCRITURE TYPOGRAPHIQUE. — S.

L'ÉCRITURE typographique est caractérisée par les majuscules se rapprochant le plus possible de la simplicité typographique. Quand ces lettres se trouvent dans une écriture supérieure, elles dénotent l'amour de la forme, les goûts et les aptitudes artstiques, le sens esthétique dans la généralité de ses manifestations. Dans une écriture inférieure, ces mêmes signes nous révèlent les ouvriers d'art.

Maintenant que nous connaissons tous les signes généraux, nous allons reprendre la feuille sur laquelle nous avons fait nos premiers essais de lecture graphique au début de la première leçon, afin de remplir la seconde colonne avec la signification des signes relevés précédemment.

C'est le travail du peintre préparant sa palette avant de peindre son portrait.

Si le sage a recommandé de tourner sept fois sa langue dans sa bouche avant de parler, nous voudrions que nos élèves réfléchissent quatorze fois avant de prononcer un jugement. Une longue pratique seule permet un coup d'œil prompt et juste. Nous le répétons, un travail persévérant est la seule manière d'acquérir un peu de science.

TROISIÈME LEÇON
LES SIGNES DE LA MORALITÉ

On dit généralement que le premier mouvement est le bon; c'est là une de ces vérités qui nous paraissent contestables. La prudence exige tout au moins que nous vérifiions avec conscience si notre instinct a été juste. Il faut donc se défier sagement de cette soudaine impression graphologique qui fait trouver une écriture sympathique ou antipathique à première vue. Après avoir demandé d'abord le contrôle de cette impression aux signes généraux, comme nous l'avons fait, il convient de chercher la confirmation de notre jugement en relevant les signes particuliers.

Ces signes sont innombrables; chacun se rattache à un des modes d'écriture dont nous avons donné l'explication dans la leçon précédente.

Pour plus de clarté, nous adopterons ici la division qui nous sert depuis plusieurs années dans les esquisses de l'*Almanach Hachette*, c'est-à-dire :

1° Inclinations morales bonnes ou mauvaises.

2° Aptitudes ou inaptitudes intellectuelles.

3° Dispositions physiques bonnes ou mauvaises (état de la santé).

Répétition des Signes.

M. Crépieux-Jamin nous dit qu'il y a évidemment pour chaque signe une cause et un effet qui se manifestent plus souvent que d'autres. C'est la répétition de cette manifestation qui en fait la force ; en effet, un signe isolé ne doit jamais être pris en considération, sinon comme un simple indice.

Cette remarque a d'autant plus d'importance que les débutants ont une tendance invariable à s'attacher de préférence aux signes isolés qui, par leur rareté même, les frappent davantage.

De là, comme il est facile de le comprendre, naissent des erreurs grossières qui découragent les commençants, ou — résultat encore plus regrettable — discréditent la graphologie.

Signes de la Volonté.

Nous commençons par l'étude des manifestations de la volonté parce que la volonté est le levier du monde moral.

Elle se compose de la « délibération » et de la « détermination ».

Le signe de la volonté se traduit particulièrement dans la façon de barrer les *t*. Il y a, en effet, dans l'action de barrer un *t*, une preuve de réflexion et de résolution. La plume doit quitter le papier pour faire un acte spécial; il est donc logique de découvrir la volonté dans ce geste.

Néanmoins — ainsi que nous ne nous lasserons pas de le répéter — l'ensemble de l'écriture et la nature des traits en général restent ici — comme dans tous les autres cas — un indice puissant et modificateur.

Volonté forte.

On aurait tort de supposer que les barres révélant la volonté la plus forte soient celles qui présentent le plus de longueur et d'épaisseur.

La manifestation de la volonté forte se trouve, au contraire, dans les barres courtes et carrées, annonçant que le scripteur sait concentrer toute sa puissance de volonté sur un point unique. Cette concentration fait sa force.

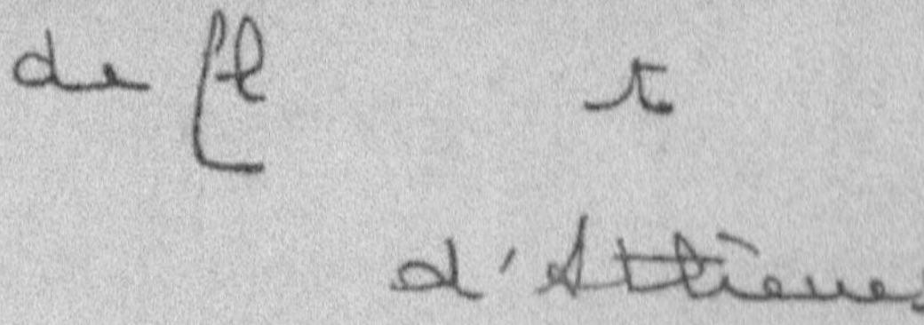

Fig. 61. — Volonté réfléchie.

En principe, toutes les fois qu'un trait est terminé carrément, il y a là une manifestation de résolution et de force, quelle que soit la lettre où se rencontre ce trait massué.

La figure 61 montre bien cette pondération qui donne l'énergie dans le calme. Le graphisme est vertical, — preuve de maîtrise de soi-même, — et toutes les finales des lettres sont terminées carrément ; les barres de *t* placées en avant disent l'esprit d'initiative ; lorsqu'elles sont tracées au milieu de la hampe elles annoncent que le scripteur ne cherche pas à dominer.

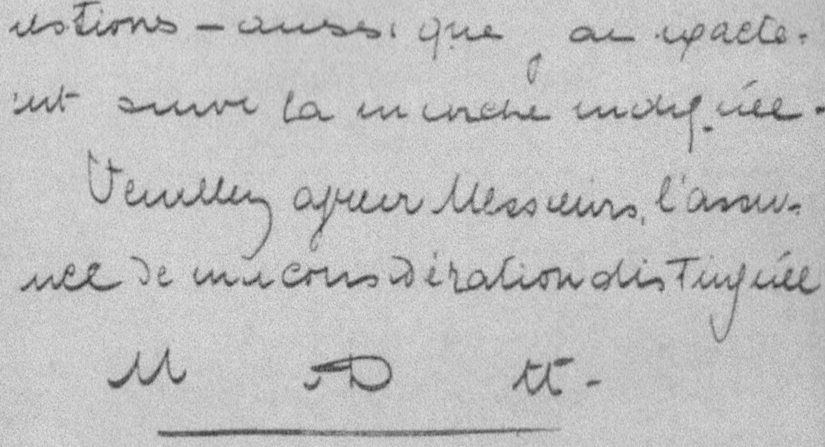

Fig. 62. — Volonté forte.

La figure 62 présente cette même disposition de barres courtes et égales ; des tirets — également courts et carrés — se trouvent dans le texte, indiquant la précision dans les idées. Ce même trait se retrouve au bout de la signature.

L'ensemble de ces graphismes correspond tout entier à cette impression de force et de précision, de netteté et

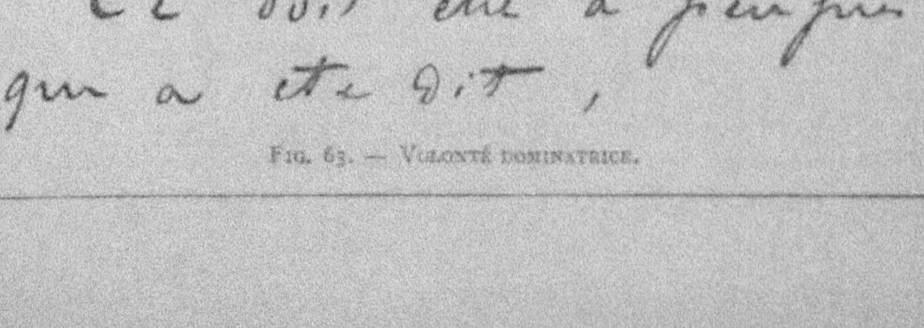

Fig. 63. — Volonté dominatrice.

de clarté révélées par la forme des barres.

La figure 63 montre des barres également fortes, mais moins courtes et moins massuées que les précédentes; leur placement près de l'extrémité de la hampe, indique une tendance à la domination.

Tout est à examiner dans la barre du t : sa longueur et son épaisseur; sa position par rapport à la hampe du t, car cette position a une grande importance.

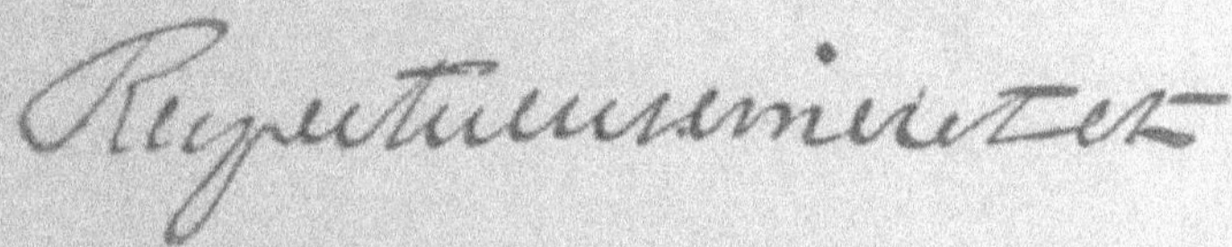

FIG. 64. — VOLONTÉ RÉSOLUE.

La figure 64 montre des barres très massuées et placées à l'extrémité de la hampe, signe de volonté dominatrice forte et résolue. Les barres égales en longueur sont aussi une preuve de constance.

qui n'avait pas encore vingt ans lorsqu'elle l'a tracé.

Ainsi que nous l'avons déjà dit souvent, l'excès du signe devient un

FIG. 65. — VOLONTÉ PUISSANTE.

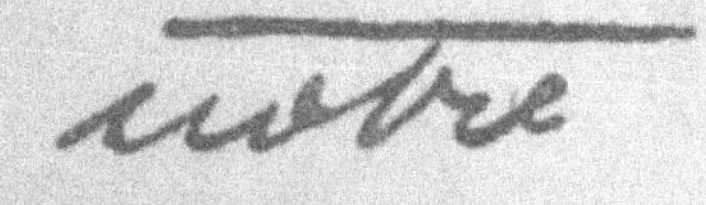

FIG. 66. — VOLONTÉ EMPORTÉE.

La figure 65 montre une barre un peu montante, extrêmement massuée ainsi que le trait qui suit la phrase; c'est l'indice d'une volonté puissante et résolue.

Il est bon d'ajouter que cette écriture est le graphisme d'une jeune fille

défaut. C'est le cas de la figure 66, où se voit une barre très forte et très longue, placée au-dessus de la hampe : indice de domination.

Sa longueur démesurée annonce l'effort inconsidéré, l'emportement, la violence, le manque de mesure.

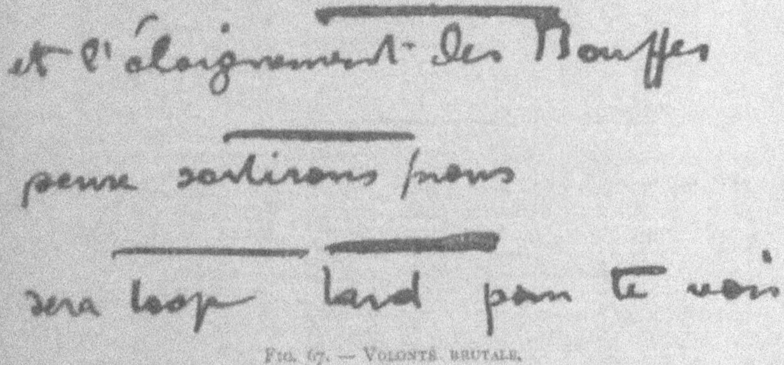

FIG. 67. — VOLONTÉ BRUTALE.

La figure 67 est la complète exagération du signe. Ces énormes barres, — d'un graphisme empâté, — si fort au-dessus des hampes, sont la révéla-

tion d'une force brutale, d'une domination tyrannique.

Nous venons d'apprendre que la barre voltigeant au-dessus de la hampe

FIG. 68. — VOLONTÉ SÉDUCTRICE.

est un signe de despotisme brutal, quand la barre est un trait épais, comme dans la figure 67. La figure 68 montre cette barre transformée en un léger lasso qui veut dominer par le charme tout-puissant de la séduction.

Nous parlerons de ce genre de barre au chapitre de l'orgueil, dont il est une manifestation ; domination par la force, domination par l'esprit, domination par le charme, autant de formes de l'orgueil que le graphisme de la

FIG. 69. — VOLONTÉ TYRANNIQUE.

figure 69 vient compléter en nous montrant des barres faites comme des éteignoirs, signe de la domination tyrannique qui opprime la pensée.

FIG. 70. — VOLONTÉ DESPOTIQUE.

La figure 70 donne la note comique, grotesque, qui ne nous manque jamais ; la barre de *t* en accent circonflexe que nous pouvons admirer n'est pas bien effrayante comme volonté et despotisme.

La bizarrerie de ce graphisme est complétée par les *d* minuscules.

Volonté soumise ou Obéissance.

Nous venons de faire connaissance avec les autoritaires, voyons maintenant les obéissants.

L'obéissance est un effort de la volonté ; les êtres faibles se laissent dominer, mais ne savent pas obéir.

L'obéissance est surtout un renoncement à l'orgueil ; on peut donc dire que l'obéissance est la résultante de la volonté et de l'humilité.

FIG. 71. — VOLONTÉ HUMBLE.

Lamartine dont

traduit –

– titre tous les sentiments

FIG. 72. — VOLONTÉ DISCIPLINÉE.

Étant donné qu'un des signes de l'orgueil est la barre du *t* voltigeant dans l'espace, un des signes de l'humilité se trouve dans la barre placée très bas sur la hampe. (Voir la fig. 71.)

En revanche, quand on trouve, dans un graphisme dépourvu des fioritures de la vanité, des *t* barrés très bas, on peut assurer que c'est là l'écriture d'un obéissant. (Voir la fig. 72.)

Volonté suivie.

Inutile de te dire combien je regrette

que ta charmante missive m'attendre

FIG. 73. — VOLONTÉ SUIVIE.

Tous les êtres humains sont loin de posséder une volonté forte, mais beaucoup remplacent la force par la continuité de l'effort.

Mieux vaut une petite volonté qui ne s'arrête jamais, que les élans d'un effort inconsidéré.

La figure 73 montre la petite barre très fluette, mais très égale, qui révèle la volonté suivie.

Force d'Endurance ou Patience.

Je retrouve la lettre

FIG. 74. — PATIENCE.

Il est deux genres de force : la force d'action et la force d'endurance. Occupons-nous de celle-ci d'abord.

Observez dans la figure 74 la façon dont les *t* sont bouclés et comme arrêtés dans le bas; c'est le signe de la force d'endurance, contre laquelle les éclats de l'emportement viennent se briser.

Ce signe est encore l'indice de la patience et par conséquent de la persévérance; il se trouve, en général, dans le graphisme des humbles et des doux.

FIG. 75. — VOLONTÉ DOUCE.

La figure 75 est une variété et une originalité de la barre arrêtée dans le bas.

La forme en est très gracieuse, elle participe à la fois de l'arcade et de la lettre surhaussée; l'ensemble du graphisme dénotant la simplicité, nous en concluons que le scripteur tire une intime vanité de son caractère calme et patient.

Signes de la Ténacité.

La force d'action se manifeste par les barres en avant de la hampe.

La ténacité est révélée par les harpons à l'extrémité des barres.

FIG. 76. — TÉNACITÉ DANS L'ACTION.

FIG. 77. — TÉNACITÉ DANS L'ACTION.

La figure 76 montre le harpon en dessous; c'est celui qui s'accroche et ne lâche plus, à la façon de l'ancre d'un navire. La figure 77 présente un harpon en dessus, qui attire à lui et qui garde.

FIG. 78. — TÉNACITÉ DANS LA RÉSISTANCE.

La figure 78 montre le harpon au commencement de la barre du t; c'est le signe de la volonté de résistance qui peut aller avec l'esprit de contradiction, que nous apprend à connaître la figure 79.

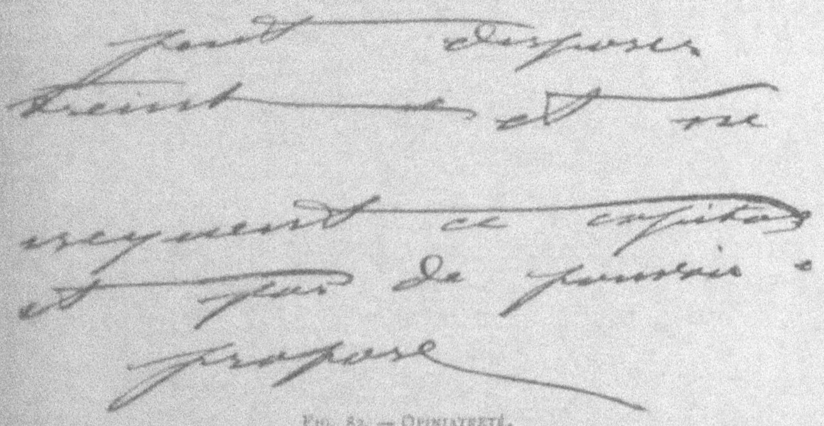

FIG. 79. — VOLONTÉ DE CONTRADICTION.

Comme on peut le voir, ici pas de harpon, mais une barre remontante de la base du f.

Les gens qui écrivent ainsi veulent toujours l'opposé de ce que veulent ceux qui les entourent. Il n'y a qu'un moyen de leur faire faire ce qu'on désire, c'est de leur demander l'inverse.

Signes de l'Entêtement.

FIG. 80. — ENTÊTEMENT.

Le signe de l'entêtement est la barre en retour formant un angle aigu,

FIG. 81. — OBSTINATION.

comme dans la figure 80. Il n'est pas inutile de répéter que les angles, quelle que soit la place où on les trouve dans le graphisme, sont une manifestation d'entêtement.

La figure 81 montre une barre courte et descendante; c'est le signe de l'obstination.

L'obstination vaut mieux que l'entêtement, ce dernier étant presque toujours une forme de la faiblesse. On trouve en général le signe de l'obstination chez les gens doués

FIG. 82. — OPINIÂTRETÉ.

d'une grande puissance de travail.

La figure 82 montre l'excès du signe de l'entêtement; c'est la manifestation du déséquilibrement de la volonté, de l'entêtement touchant à la folie. Cet excès s'appelle l'*opiniâtreté* et ne se rencontre pas avec les signes de la supériorité.

Caractères chicaniers.

Nous voici en présence d'une série de caractères qui vont du taquin au « mauvais coucheur ».

La figure 83 montre une petite écri-

au tout entreprendre et de tout cacher, également actif et infatigable

FIG. 83. — AMOUR DE LA DISCUSSION.

ture ronde avec tous les *t* exactement barrés par des barres fines comme des aiguilles, et légèrement montantes; c'est l'indice de l'amour de la discussion.

La figure 84, avec ses barres traversant la page en diagonales, nous apprend à connaître l'esprit de chicane.

Ne pas oublier que tous les traits raides et montants ont la même signi-

faire parvenir et remerciant à l'avance présente, Monsieur, mes Salutations

FIG. 84. — TENDANCES PROCESSIVES.

fication d'agression. Le graphisme de la figure 84 est un exemple complet de tendances processives. A observer : les *p* et *v* minuscules, qui présentent le même trait ascendant complété par le signe de l'âpreté au gain dans le *v* mi-nuscule, ce qui conduit à déduire que si le scripteur a des procès, c'est pour des questions d'argent, et qu'il ne craint pas de les prolonger ou d'en rechercher les causes dans le passé, car le *D* de la signature annonce le culte du souvenir. Le point après le nom et le graphisme vertical indiquent la défiance et la maîtrise de soi-même ; enfin la formidable massue du paraphe révèle un lutteur résolu autant que redoutable.

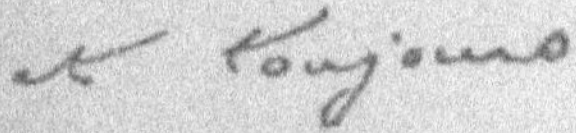

FIG. 85. — ESPRIT DE CHICANE.

La figure 85 est encore une forme de l'esprit de chicane, mais moins rigide, moins agressive, moins intraitable que la manifestation précédente. Les barres légèrement arrondies nous l'annoncent. La barre courte et termi-

FIG. 86. — ESPRIT CRITIQUE ET TAQUIN.

née en pointe de la figure 86 est l'indice de l'esprit de critique allant jusqu'à la causticité (1).

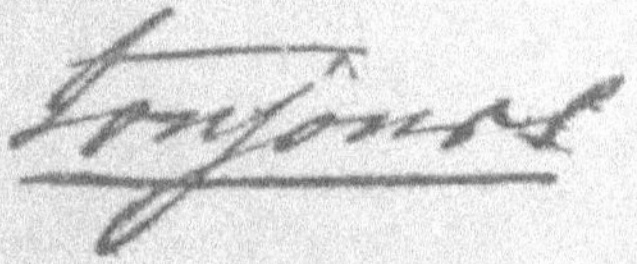

FIG. 87. — MÉCHANCETÉ.

La barre longue, appuyée et terminée en pointe, de la figure 87 est la révélation de la méchanceté.

Signe de la Volonté d'Initiative.

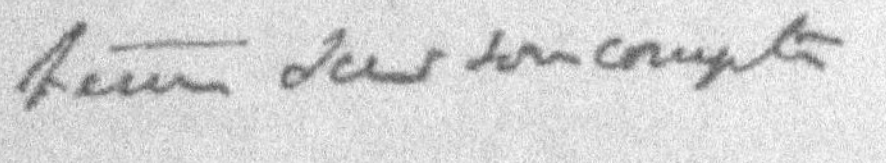

FIG. 88. — VOLONTÉ D'INITIATIVE.

LES barres placées en avant de la hampe, n'y touchant même pas, sont le signe de l'esprit d'initiative. Les points, les accents placés en avant ont la même signification.

Les deux barres de *t* de l'exemple présentent cette disposition, qui est également révélatrice d'activité ; l'initiative et l'activité vont, en général, de concert.

Volonté tardive.

L'HÉSITATION est le mouvement opposé à l'initiative ; l'un va de l'avant,

FIG. 89. — HÉSITATION.

l'autre recule sans cesse. Il est donc

naturel qu'au lieu de la barre en avant, nous trouvions comme signe de l'hésitation la barre en arrière. (Voir la fig. 89.)

La figure 90 présente la même disposition encore accentuée. Il semble que le scripteur ose à peine tracer les barres qui précèdent toutes le *t* ; c'est bien l'image des gens qui sont non seulement indécis mais en retard.

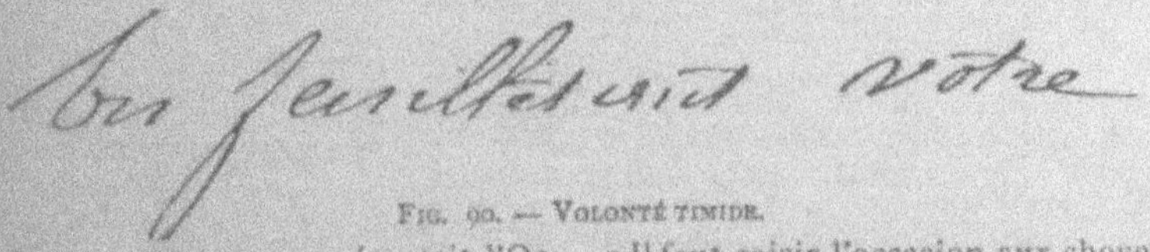

FIG. 90. — VOLONTÉ TIMIDE.

La fable antique représentait l'Occasion sous les traits d'un personnage absolument chauve, mais ayant une touffe de cheveux sur le devant de la tête ; de là l'expresssion courante :

« Il faut saisir l'occasion aux cheveux. »

Ceux qui manquent de décision et d'habileté et laissent ainsi échapper l'occasion forment une variété des malchanceux par leur faute.

(1) Voir page 144.

Signes de la Volonté faible.

FIG. 91. — VOLONTÉ FAIBLE.

FIG. 92. — VOLONTÉ FAIBLE DANS UNE NATURE ÉNERGIQUE.

Les barres légères et courtes annoncent la volonté faible. (Voir la fig. 91.)

La figure 92 montre également des barres très ténues, mais dans un graphisme où toutes les bases des lettres sont massuées ; c'est là une disposition modificatrice qui nous donne à penser que la jeune femme qui a tracé ces mots a un tempérament énergique, avec un principe de faiblesse dans la volonté.

FIG. 93. — VOLONTÉ TRÈS FAIBLE

La figure 93 montre des barres très longues, excessivement fines, indices de la volonté très faible.

Les barres de *t* sont assez semblables à un fil de caoutchouc ; quand on le tire modérément, ce fil offre beaucoup de résistance ; mais quand on le tire à l'excès, non seulement il perd sa force, mais il tend à se rompre. Il en est de même pour la volonté ; quand on la disperse à tort et à travers, déployant autant d'activité pour une futilité que pour une chose importante, il ne faut pas s'étonner si la réserve d'énergie se trouve épuisée au moment où l'on en a réellement besoin.

Dans la figure 93, les longues barres filiformes sont placées tout en haut de la hampe, indice d'une tendance à l'autorité qui pèche par la base ; car sans force pas d'autorité.

De plus, ces longues barres placées dans les régions élevées annoncent une nature qui s'épuise en vains projets sans arriver à les réaliser jamais.

FIG. 94. — IMPATIENCE.

La faiblesse qui veut dominer, et qui sent son impuissance a des *colères de dépit*, autrement dit des accès d'impatience. Nous en voyons la manifestation dans les barres très longues, très fines et un peu montantes, ainsi qu'il est facile de le constater dans la figure 94.

La figure 95 montre une disposition différente, c'est la barre en coup de

FIG. 95. — SANS-GÊNE.

fouet, annonce à la fois de vivacité, d'impatience et de sans-gêne.

FIG. 96. — INCONSTANCE.

Dans la figure 96, tous les *t* sont barrés, mais d'une façon différente, ce qui est tout à fait significatif au point de vue de la variabilité du vouloir, et, par suite, de l'*inconstance*.

On n'a pas oublié que le signe de la constance se trouve dans les barres de *t* toujours égales dans leur dimension et leur place.

Dans la figure 97, les barres de *t* commencent en massues et finissent en traits filiformes ; cette disposition est surtout remarquable dans le soulignement du nom. C'est la révélation d'une

FIG. 97. — VOLONTÉ INCONSISTANTE.

volonté inconsistante. Ceux qui écrivent ainsi s'enthousiasment facilement et partent en guerre à la façon de Tartarin pour revenir bredouilles.

FIG. 98. — VOLONTÉ INFLUENÇABLE.

Dans la figure 98, il faut remarquer qu'il y a six fois la lettre *t*, et qu'il n'y a que le dernier qui soit barré très longuement, preuve certaine de faiblesse, qui tâche de temps en temps de ressaisir sa volonté. Ceux qui barrent ainsi leurs *t* de façon intermittente sont accessibles à toutes les influences ; ils sont faits pour être dominés mais résistent par à-coups au joug qui leur pèse.

Absence de Volonté.

LOGIQUEMENT, le manque de volonté se reconnaît dans l'absence complète des barres de *t*, l'écriture étant molle, il faut en effet toujours tenir compte de l'ensemble du graphisme.

C'est un indice grave entre tous, car il dénote une faiblesse engendrant tous les vices, parce qu'elle n'est ca-

et cellulaire. Les peaux marquent

Fig. 99. — Absence de volonté.

pable de résister à aucun entraînement. Il faut donc se garer soigneusement de ces infirmes au point de vue moral.

C'est là un cas d'infériorité par *défaut* (fig. 99).

La figure 100 est un graphisme extrêmement curieux. Au premier coup d'œil, on le prendrait pour un type de vigueur et de force ; on reste surpris en constatant qu'il ne se trouve pas une seule barre de *t* dans toute la lettre.

Presque tous les traits de cette

mieux l'effet d'un carlovingien, je me f
Hubert lui-même et je m'attendrais
à de merveilleuses rencontres.

Fig. 100. — Volonté seulement apparente.

écriture commencent en massues et finissent en larmes. Beaucoup de lettres en arcade, multipliées dans le reste du texte, donnent à penser que le scripteur pose pour le Nemrod, mais qu'il l'est surtout en imagination.

Cette nomenclature un peu écourtée des signes de la volonté est pourtant suffisante pour apprendre à déterminer en premier lieu le degré de volonté du scripteur ; on saura ainsi immédiatement quel fonds on peut faire sur la solidité d'un caractère.

IMPRESSIONNABILITÉ ET SENSIBILITÉ

Jusqu'à une époque récente, toute écriture penchée était considérée comme un indice d'impressionnabilité, de sensibilité, de sensitivité, selon l'intensité du signe, et cette indication était tenue comme indiscutable par tous les graphologues jusqu'à ce que M. Crépieux-Jamin ait eu l'intuition de tout ce qu'il y avait d'inexact dans cette donnée, classique mais par trop insuffisante.

De nombreuses expériences lui ont démontré que l'écriture inégale est la véritable manifestation de l'émotivité.

Nos propres études nous ont conduit à expérimenter avec certitude que *l'écriture inégale est le signe de l'impressionnabilité, tandis que l'écriture inclinée est celui de la sensibilité* ; c'est là un point capital.

Sensibilité et impressionnabilité ne sont pas du tout synonymes.

On peut avoir le cœur tendre sans impressionnabilité : de même on peut être très impressionnable sans tendresse.

La sensibilité est surtout l'apanage du cœur, tandis que l'impressionnabilité relève de l'organisme.

Signes de l'Impressionnabilité.

L'irrégularité de l'écriture ne résulte pas, comme on le suppose généralement, de la seule inégalité des lettres en hauteur.

L'écriture peut être inégale dans ses *dimensions*, dans ses *directions*, dans ses *mouvements*, dans ses *formes*, dans ses *dispositions* ; elle varie encore dans les diverses parties d'un document, ou d'un autographe à l'autre, selon le format du papier.

L'écriture inégale remplit toutes les conditions requises pour être un bon signe d'impressionnabilité générale.

Nous allons en étudier quelques exemples.

FIG. 101. — IMPRESSIONNABILITÉ MORALE.

L'écriture de la figure 101 est non seulement inégale en hauteur (voir : *dédommagerai*), mais en direction, avec de nombreux mots gladiolés (voir : *porter* et *femme*) ; on y remarque aussi des manifestations de supériorité, de générosité, de dévouement qui permettent d'affirmer que c'est celle d'une nature vibrante. C'est là un exemple d'*impressionnabilité morale*.

FIG. 102.

FIG. 103.   FIG. 104.   FIG. 105.

IMPRESSIONNABILITÉ INTELLECTUELLE.

L'écriture que nous reproduisons (fig. 102) montre un curieux exemple d'inégalité de dimension : les lettres sont tantôt hautes, tantôt petites, surtout dans les mots : *a dû se rendre témoignage* (fig. 102) ; ou diminuent progressivement comme dans les mots : *était, ami, père* (fig. 103 et 104) ; ou bien sont larges ou étroites comme dans les mots : *a donnés* (fig. 105).

L'inégalité de hauteur et de largeur des lettres provient de l'afflux rapide et saccadé des forces nerveuses ; dans le cas présent, c'est la cause déterminante des mots dont les lettres vont en diminuant de hauteur. De plus, les multiples manifestations de culture renfermées dans cet autographe en font un rare exemple d'impressionnabilité intellectuelle.

Si c'être, tu espère de manier
Nous venez déjeuner et dîner avec moi

FIG. 106. — ESPRIT SOUPLE.

La figure 106 montre une écriture essentiellement mouvementée : tantôt droite, tantôt serpentine, elle renferme — ainsi que l'exemple précédent — de nombreux signes d'intelligence et de culture ; ce graphisme est celui d'un esprit très souple la pensée est en constant travail.

La rage de la photographie de
Papa est passée, et nous n'en

FIG. 107. — ESPRIT DIPLOMATE.

La figure 107 est un exemple réussi de lignes sinueuses ; pas un mot, pas une lettre ne sont sur le même plan.

Si l'on constate, en outre, que les *o* et les *a* sont généralement bouclés, on peut conclure avec quelque raison qu'il y a là une nuance d'habileté et d'adresse. Peut-être sommes-nous en présence d'un futur Talleyrand, car cette écriture est celle d'un enfant.

et enfin, tout le monde

FIG. 108. — IMPRESSIONNABILITÉ DE LA VOLONTÉ.

L'écriture 108 contient plusieurs *t* non barrés, et ainsi d'autres pourvus de barres de longueurs très inégales. C'est la manifestation d'une impressionnabilité vive qui, en influant sur la volonté, la rend mobile et peu sûre.

" avons du reste, fait peu attention
" car il demandait la jouissance
" des jardins et d'une prairie que
" font partie du bail de Joseph
" Il était donc impossible de
" donner suite à ces projets

FIG. 109. — IMPRESSIONNABILITÉ SENSUELLE.

L'écriture d'inégale épaisseur est la marque d'une expansion brusque, se manifestant d'une façon violente, parfois grossière. Notez dans la figure 109 les appuis subits de la plume au milieu d'une écriture plutôt fine. Ce renflement est caractéristique (voir les mots : *attention, la, bail, impossible*); c'est l'annonce de la sensualité.

Cet exemple permet encore d'observer une autre particularité : le plein est *fuselé*, ce n'est pas un simple appui exagéré, il y a une sorte de raffinement dans la façon dont il est tracé; nous en concluons que le scripteur n'est pas seulement sensuel, mais *voluptueux*. Il faut cependant différencier les pleins et les déliés de l'écriture calligraphique.

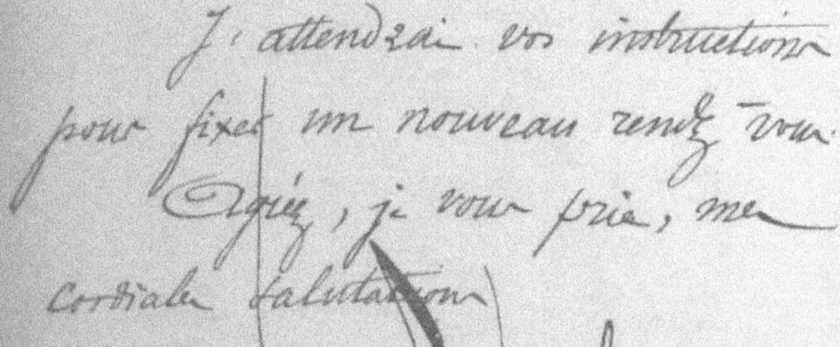

FIG. 110.
IMPRESSIONNABILITÉ ORGUEILLEUSE.

L'écriture 110 présente un signe caractéristique d'inégalité entre le texte et la signature; c'est à douter que les deux tracés soient de la même main; nous certifions pourtant qu'il en est ainsi.

Une telle divergence peut être considérée comme un signe de duplicité résultant d'un grand orgueil; avant tout, le scripteur a besoin de se faire une attitude noble et décorative.

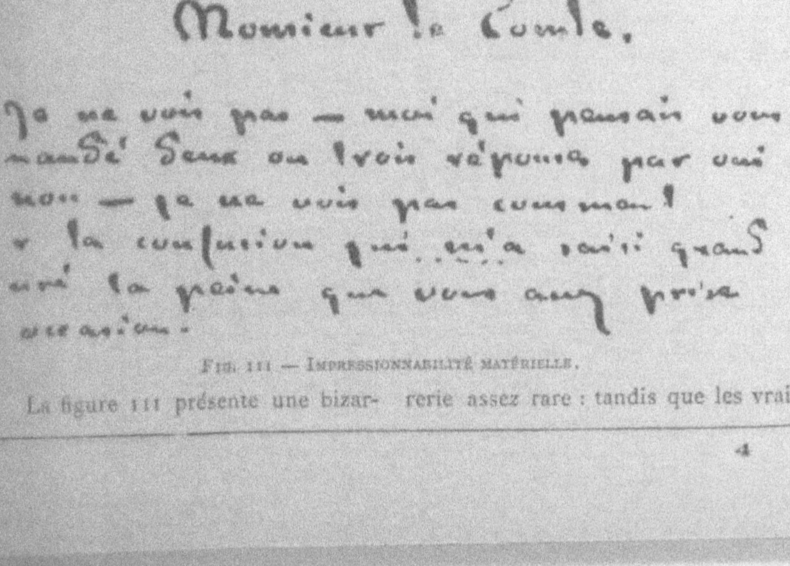

FIG. 111 — IMPRESSIONNABILITÉ MATÉRIELLE.

La figure 111 présente une bizarrerie assez rare : tandis que les vrais résolus ont l'écriture massuée à l'extrémité des traits, ce scripteur les a massués au commencement.

C'est un brutal qui ne soutient pas sa résolution ; c'est un foudre tonnant qu'un souffle suffit à renverser. Mais en même temps, c'est un matériel qui tient à toutes les jouissances inférieures de la vie. L'écriture entière est pâteuse, les points, énormes, touchent presque les *i* ; cette dernière particularité indique le goût de la bonne chère à la façon de Gargantua bien plutôt qu'à la façon de Brillat-Savarin.

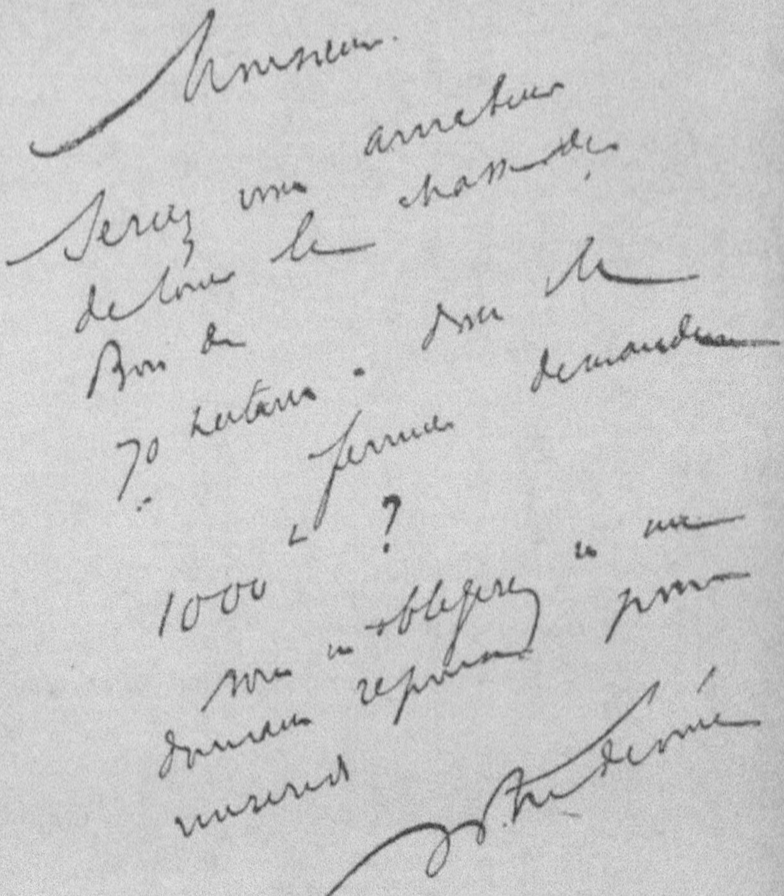

FIG. 112. — IMPRESSIONNABILITÉ NERVEUSE.

La figure 112 est un exemple curieux d'écriture de plus en plus montante. Il est facile de constater que c'est un être nerveux qui l'a tracée, et cette constatation nous incite à conclure que l'ascension n'est pas ici la marque de l'ambition, de la gaieté ou de l'ardeur, mais qu'elle dénote une excitation cérébrale, presque fébrile.

Une écriture calme, qui monte légèrement est, au contraire, un indice favorable.

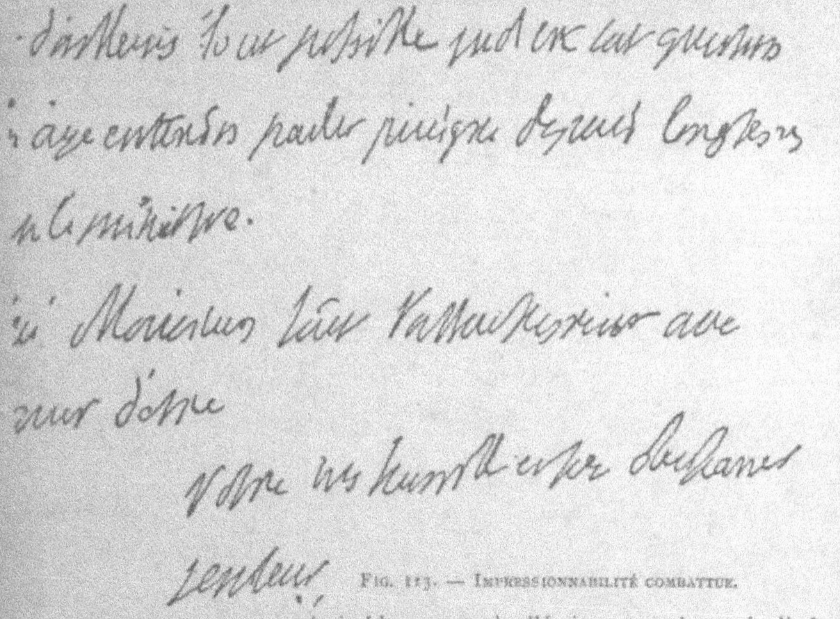

FIG. 113. — IMPRESSIONNABILITÉ COMBATTUE.

La figure 113 est un admirable exemple d'écriture tour à tour inclinée

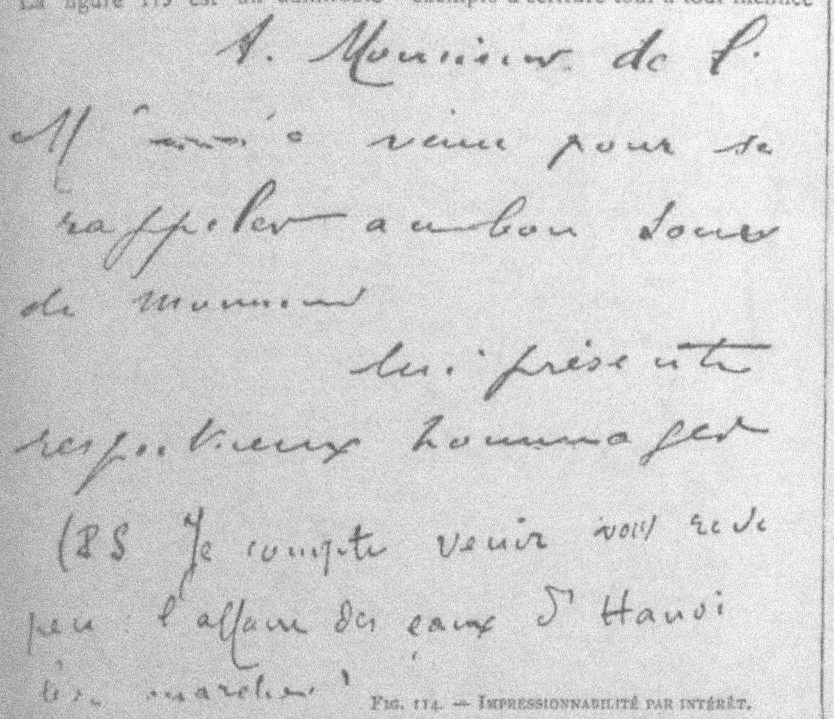

FIG. 114. — IMPRESSIONNABILITÉ PAR INTÉRÊT.

et redressée, manifestation d'émotion contenue.

Il est bon d'observer la lutte évidente qui existe dans cette nature; elle nous est révélée par le combat des lettres inclinées (cœur) et des lettres redressées (tête). Ce drame intime ne se déroule naturellement que chez les natures d'él te, sentir vivement étant une preuve de supériorité.

La lettre ci-dessus est écrite de deux écritures bien distinctes : l'une inclinée, l'autre droite. La première est celle de l'homme poli, banalement aimable, qui a un sourire et une poignée de main pour tout le monde : cette grâce n'a qu'un but, le post-scriptum nous le révèle. L'homme d'affaires apparaît, il se redresse et ce redressement soudain appelle l'attention, souligne la pensée. C'est bien une *impressionnabilité* provoquée par l'intérêt (fig. 114).

FIG. 115. — IMPRESSIONNABILITÉ MALADIVE.

La variabilité dans la direction des lignes est encore une grande preuve d'impressionnabilité. La figure 115 est intéressante à considérer à ce point de vue : chaque ligne a sa direction particulière ; il y en a qui descendent, d'autres qui montent ; c'est la marque d'une nature qui s'affaisse facilement mais se relève de même.

L'affaissement des lignes peut être attribué à une dépression maladive et intermittente du sujet. La variabilité des lignes est souvent un signe de angrde souplesse d'esprit.

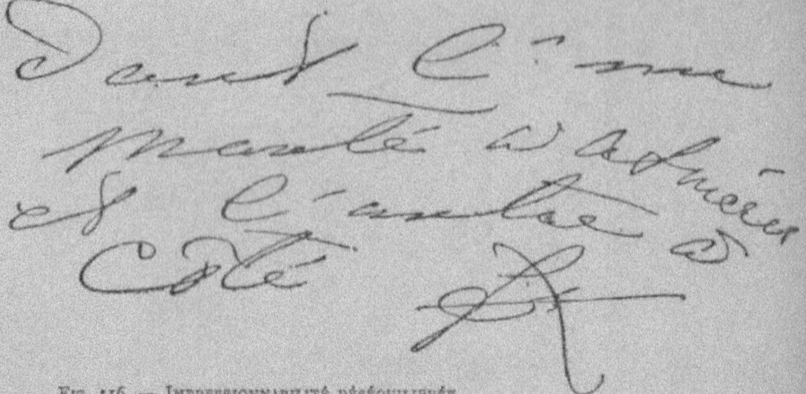

FIG. 116. — IMPRESSIONNABILITÉ DÉSÉQUILIBRÉE.

La figure 116 montre l'exagération opposée. Ici, c'est la complète dépression morale et physique. Les lignes descendantes indiquent la mélancolie, la tristesse, la fatigue et le découragement. Ces impressions peuvent résulter de causes passagères; mais, dans notre exemple, la dégringolade accélérée des lignes, l'enchevêtrement des traits, les minuscules exagérément élevées ne nous laissent aucun doute sur l'état mental du scripteur. C'est le graphisme d'un alcoolique dont l'intelligence supérieure commence à s'altérer.

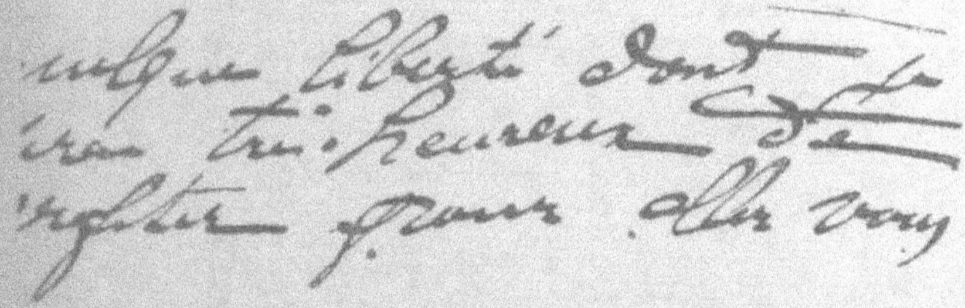

FIG. 117. — IMPRESSIONNABILITÉ PHYSIQUE.

La figure 117 présente une grande incohérence dans la direction des lignes en même temps que beaucoup de matérialité. Ces mots ont été tracés par un tout jeune homme. Leur agitation rend bien l'émotivité inconsciente de l'adolescence.

Depuis peu d'années, cette écriture s'est transformée, et, étant donné l'âge du sujet, elle se transformera encore.

Ces tempêtes se retrouvent à toutes les époques de la vie comme celles du ciel en toutes saisons; elles ne sont jamais que transitoires.

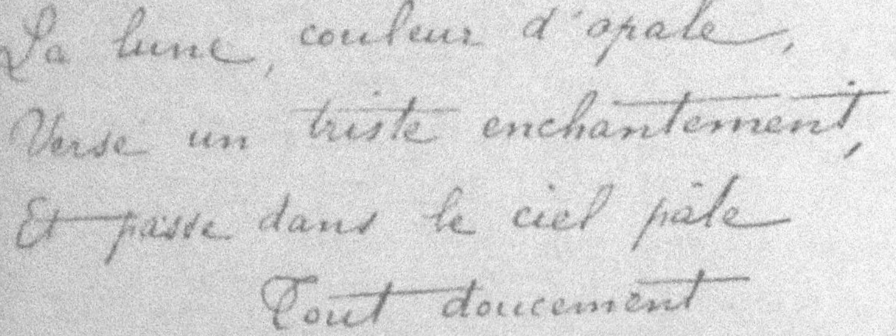

FIG. 118. — IMPRESSIONNABILITÉ TENACE.

Cette écriture (fig. 118) présente une particularité notable. Chaque mot descend sans que la rigidité de la ligne soit altérée. Le graphisme est élégant, calme malgré les barres de la vivacité. Il révèle une nature intelligente, souple, mais tenace dans sa volonté : une barre d'acier qui ploie mais ne se rompt pas.

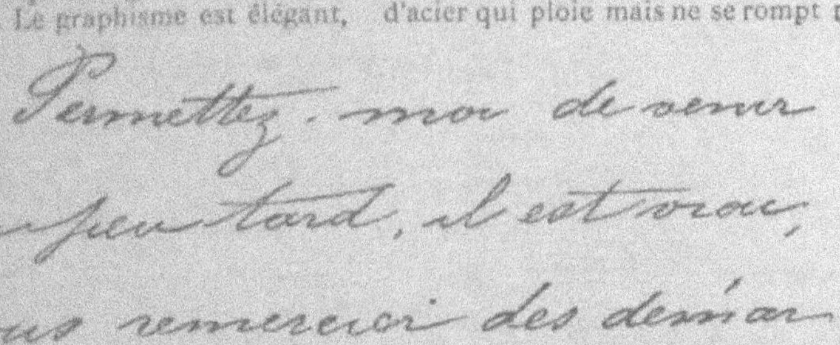

FIG. 119. — ABSENCE D'IMPRESSIONNABILITÉ.

Donnons pour terminer un type d'écriture monotone, uniforme, insignifiante. Celle qui a tracé ces lignes est ce qu'on appelle communément « une bonne personne », mais nous pouvons affirmer que son impressionnabilité est nulle. Voir la figure 117.

Pour préciser, il est bon de rappeler ici que toute *écriture irrégulière* est un signe certain d'*impressionnabilité*. Nous allons étudier maintenant les signes de la sensibilité.

LA SENSIBILITÉ ET SES FORMES DIVERSES

FIG. 120. — SENSIBILITÉ CALME.

Ainsi que nous l'avons déjà dit, la sensibilité proprement dite se reconnaît dans l'inclinaison des lettres.

Par ce terme « sensibilité », nous entendons la faculté qui nous rend capables de compatir aux misères d'autrui et qui nous fait ressentir plus vivement l'amour, la tendresse, etc.

Lorsque cette inclinaison s'allie avec la pondération des traits, elle dénote des sentiments profonds mais calmes dans leurs démonstrations, et dont la modération même nous garantit la persistance. L'écriture 120 en est un bon exemple. Ne pas confondre le calme d'une nature élevée avec l'indifférence.

Signes de la Bonté.

Madame Desbordes-Valmore a écrit un vers que nous prendrons comme épigraphe de cette partie de nos études :

Une chère écriture est un portrait vivant.

Cette pensée est digne d'un graphologue; cependant, lorsque le délicat poète l'exprima, le mot était aussi inconnu que la chose.

Une chère écriture est un portrait vivant.

Ne l'avez-vous pas éprouvé en dépouillant votre courrier, rien qu'à la vue d'une écriture aimée ? Ces caractères ne résument-ils pas exactement la personnalité — même physique — de celui ou de celle qui vous écrit ?

En recevant des lettres d'inconnus ne vous est-il pas arrivé de ressentir, au seul aspect de l'écriture, cette mystérieuse impression qu'on appelle sympathie ou antipathie ?

La bonté — « cette vertu des vertus » — étant la réunion de beaucoup de qualités, ne peut se reconnaître à un signe unique.

Le graphisme de la bonté se caractérise par l'écriture arrondie à la base (ne pas confondre avec l'écriture ronde). Tous les signes que nous allons étudier accompagnent celui-là.

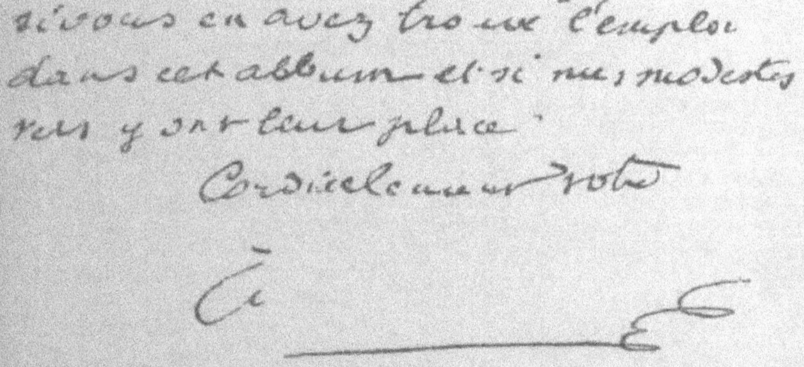

Fig. 121. — Bonté agitée.

L'exemple 121 nous en fournit une bonne démonstration.

La bonté se reconnaît donc aux courbes transportées à la base des lettres, à l'absence de tous crochets convergents et à l'abondance des signes de l'intelligence, car nous estimons qu'il n'y a pas de réelle bonté sans intelligence.

Si la bonté est une, ses manifestations sont variées. Aussi, rien de plus naturel que de lui trouver des formes multiples. Nous ferons cette observation pour la plupart des qualités et des défauts.

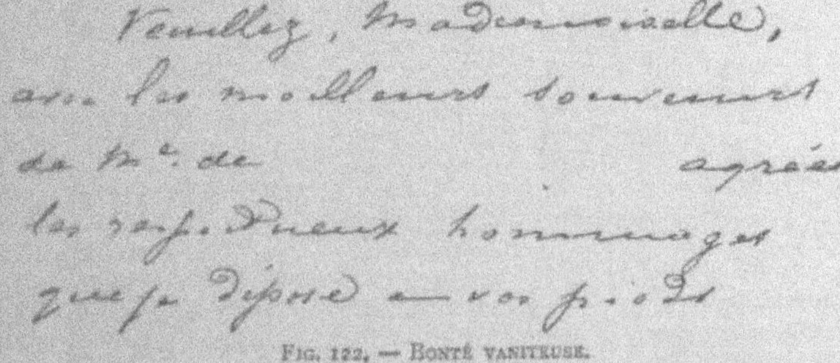

Fig. 122. — Bonté vaniteuse.

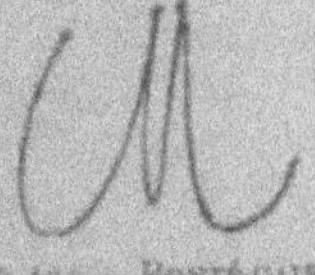

Fig. 123. — Bonté gaie.

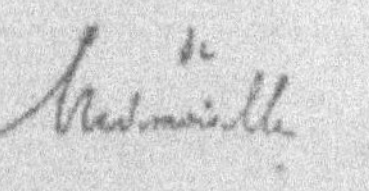

Fig. 124. — Bonté austère.

Ainsi la figure 122 montre la bonté, atténuée par la vanité qui s'étale dans les d fioriturés. La figure 123 est l'indice d'un caractère à la fois gai et bon ;

l'envolée du trait qui commence l'*M* révèle la gaieté, et les courbes du reste de la lettre annoncent la bonté.

La figure 124 présente un type de bonté élevée, revêtue d'une froideur apparente. Ici le trait caractéristique est celui, — si rare et si remarquable, — du sentiment religieux ; remarquez la hampe du *d* minuscule montant droit vers le ciel comme une prière. Observez également que si la majuscule est parfaitement liée aux autres lettres, les bases des lettres ne sont pas en forme d'*u* ; néanmoins cette écriture révèle une bonté certaine, malgré une teinte de raideur.

Signes du Dévouement.

Si la bonté est, pour ainsi dire, le parfum du cœur, le dévouement est le résultat logique de la bonté passant de l'état passif à l'état actif.

Dans cet ordre d'idées, la graphologie classe les hommes en deux catégories : les *rayonnants* et les *absorbants*.

Ce joli mot de « rayonnant » fait image.

Ne vous semble-t-il pas voir ces astres bienfaisants dont les rayons apportent, avec la lumière, la joie et la fécondité ?

A l'appui de ce qui précède, voici un exemple d'écriture rayonnante :

FIG. 125. — DÉVOUEMENT GÉNÉREUX.

Cette écriture se distingue par l'absence totale du funeste crochet rentrant, par la liaison presque constante des majuscules avec les mots qu'elles commencent, par l'inclinaison rationnelle des lettres, en un mot, par tous les signes essentiels correspondant au dévouement.

Ici la sensibilité vive se transforme intégralement en dévouement, puisque tout signe d'égoïsme ou d'intérêt personnel a disparu ; c'est donc l'oubli absolu de soi-même, le sacrifice et la générosité poussés jusqu'à l'abnégation.

La générosité est le complément naturel de cette nature, nous en trouvons la révélation dans la finale si prolongée du mot *de*.

Il est bon de remarquer que toutes les bases des lettres sont courbes dans cette écriture et qu'elle présente tous les signes de l'intelligence. Or sans intelligence pas de bonté digne de ce nom.

Signes de la Douceur.

Un des principaux éléments de la bonté est certainement la douceur; il est évident que si les angles indiquent la raideur, les courbes sont les signes de la douceur.

Cependant la douceur seule ne suf-fit pas pour constituer la bonté; il existe des gens absolument égoïstes, bien qu'ayant des formes exquises.

Le signe graphique essentiel de la douceur est la courbe à la base de toutes les lettres.

FIG. 126. — DOUCEUR.

FIG. 127. — DOUCEUR.

FIG. 128. — DOUCEUR DANS LA FORME.

FIG. 129. — DOUCEUR MÊLÉE DE VIOLENCE.

La figure 126 en est un bon exemple; ainsi que la figure 127.

Les figures 128 et 129 vont nous montrer juxtaposés les signes de la douceur et de la violence, union qui paraît contradictoire, et qui n'en existe pas moins dans la réalité.

Combien de gens sont doux et bons dans l'habitude de la vie et se laissent emporter par la colère à la moindre contrariété; on les qualifie de « soupe au lait » et on dit qu' « ils ont mauvaise tête et bon cœur ». Les longues barres de t dans un texte à bases arrondies nous donnent cette nuance de violence.

Signes de la Bienveillance.

FIG. 130. — BIENVEILLANCE.

La bienveillance est un mouvement du cœur qui porte à tout envisager sous les couleurs les plus favorables.

C'est aussi un penchant à adoucir les manifestations de la critique. Les signes graphiques sont les mêmes que pour la douceur, c'est-à-dire les courbes des bases, la liaison de la majuscule avec le mot qui la suit, et surtout l'absence de traits finissant en pointes aiguës.

L'exemple 130 nous paraît réaliser tout à fait ce type.

Signes de l'Amabilité.

IL y a deux sortes d'amabilité : L'une *native* qui se confond avec la bienveillance ; l'autre *acquise* qui est le résultat de l'éducation.

L'amabilité native a pour caractéristique les *m* et les *n* en *u* et la liaison de la majuscule à la lettre suivante, comme dans l'exemple 131.

FIG. 131. — AMABILITÉ.

Le signe de l'amabilité acquise est l'*e* final affectant la forme d'un *c*. L'exemple que nous en donnons (fig. 132) paraît d'autant plus typique qu'il n'est pas accompagné des signes de la bonté. Ce genre d'amabilité se rencontre à un égal degré chez la femme du monde ou l'homme en place habitués à accueillir leurs visiteurs avec le même gracieux sourire pour tous, et chez le commerçant qui doit ses bonnes grâces à chacun de ses clients.

FIG. 132. — AMABILITÉ ACQUISE.

Quand vous rencontrerez dans la même écriture les signes de l'amabilité native et de l'amabilité acquise, vous pourrez dire sans crainte que c'est la révélation de la bonté parée de tous les charmes extérieurs. Malheureusement vous trouverez plus souvent l'amabilité acquise associée à l'égoïsme et à la dureté.

Ce n'est plus alors qu'un simple masque que le scripteur pose sur son visage à l'usage du monde.

Les exemples qui suivent appuieront notre démonstration ; les mots : *Ma chère cousine* (fig. 133) nous montrent la grande dame qui a l'habitude de beaucoup recevoir ; en dessous (fig. 134) est le type de ce marchand parisien si

FIG. 133. — AMABILITÉ MONDAINE.

FIG. 134. — AMABILITÉ COMMERCIALE.

artiste, si fantaisiste, si aimable, si engageant pour ses moindres clients.

L'exemple suivant (fig. 135) montre l'intérêt et l'égoïsme se couvrant de ce masque de douce hypocrisie.

FIG. 135. — AMABILITÉ DE SURFACE.

Ce sont les courbes unies à des lettres complètement renversées, manifestations d'une nature qui se dissimule.

Voici maintenant (fig. 136) une variété que nous n'avons pas encore observée.

FIG. 136. — AMABILITÉ FROIDE.

Il y a donc une restriction dans ce genre d'amabilité, à moins qu'elle ne se cache sous une apparence de froideur.

Signes de la Mollesse.

FIG. 137. — MOLLESSE.

En ce monde, tout excès est un mal ; aussi méfiez-vous des écritures où il n'y a que des courbes, avec absence de barres de *t* ; c'est le graphisme des êtres bons, mais mous, accessibles à toutes les passions, incapables de résister à un mauvais entraînement, en sorte qu'ils peuvent faire le désespoir, quelquefois le déshonneur de leur famille, quoique possédant un cœur d'or (fig. 137).

M majuscules des Bons.

Un de nos confrères les plus estimés, Arsène Arüss, est l'auteur d'un ouvrage extrêmement intéressant, intitulé *la Graphologie simplifiée*, titre absolument réalisé par le texte.

Dans cet ouvrage — que nous apprécions tout particulièrement — se trouve une sorte de dictionnaire de chaque lettre, disposition vraiment pratique, mais que nous n'avons pas complètement adoptée parce qu'elle est en contradiction avec la base de notre enseignement, qui nous fait rattacher tous les signes isolés à l'ensemble de l'écriture. Cependant, nous vous donnerons quelques exemples d'*M* majuscules se rapportant à la grande catégorie des doux et des bons. Ils ont bien ici leur vraie place à la suite des questions que nous venons de traiter.

Nous l'avons déjà dit, l'*M* majuscule est la lettre la plus révélatrice de l'écriture ; ses variétés sont infinies. Il y a des gens qui collectionnent des papillons ; nous, nous avons collectionné des *M* majuscules. C'est vous dire que nous pourrions en faire passer des quantités sous vos yeux. Nous nous contenterons de vous en montrer quelques spécimens se rattachant aux espèces d'écritures qui nous occuperont successivement.

Cette collection d'un nouveau genre compte plusieurs centaines de numéros, et — malgré tout le mal qu'on pense de l'humanité, — nous tenons à vous dire que le nombre des *M rayonnants* est beaucoup plus nombreux que celui des *M absorbants*.

Pour mémoire, nous rappellerons que la bonté, le dévouement, la bienveillance se révèlent surtout par les lettres à base courbe et par *la liaison* de la majuscule à la lettre qui la suit.

Fig. 138. — Bonté douce.

Arrêtons-nous quelques instants devant la fig. 138, car elle réalise un type rare de bonté. Non seulement l'M majuscule est lié à l'*a*, mais le petit *m* est absolument écrit en *u*; l'*e* final a un long trait — signe de générosité — terminé par un hameçon qui nous paraît, dans cette circonstance, un frein utile à ce qu'il y a d'excessif dans la sensibilité.

Celle-ci nous est indiquée par la direction très penchée de l'écriture, tandis que la réserve est reconnaissable aux *a* hermétiquement fermés.

Fig. 139. — Bonté sensuelle.

Le fort appui du second jambage de l'M de la figure 139 indique une matérialité qui nuit à la bonté en l'entravant souvent.

Il est à remarquer que ces exemples 138 et 139 commencent tous deux par un crochet qui indique le désir d'acquérir.

Contrairement à l'avis de quelques-uns de nos confrères, nous croyons que ce crochet de l'acquisivité s'allie très bien au dévouement : cette alliance

nous paraît même très normale et nous allons le démontrer.

La bonté se manifeste le plus souvent par des dons; pour donner il faut avoir, et pour avoir il faut acquérir, c'est logique. En graphologie, c'est toujours la logique qui nous guide. Tandis que l'acquisivité unie à l'égoisme donne l'amour du lucre, le vil intérêt et l'avarice, l'acquisivité jointe au dévouement résume la bonté qui se traduit autrement que par des paroles.

Fig. 140. — Bonté aristocratique.

Cet *M* à trois jambages en escalier (fig. 140) représente l'orgueil aristocratique, inné dans certaines natures, don de naissance, doublé toujours de distinction.

Il y a là une nuance qui marque encore plus la dignité que l'orgueil. C'est une supériorité qui ne craint pas de descendre et de s'abaisser vers ceux qui souffrent. Nous la reconnaissons à l'absolue simplicité de l'ensemble.

Fig. 141. — Bonté hautaine.

La fig. 141 présente la même disposition que la précédente, mais avec une nuance de hauteur qui neutralise la bonté. Cette hauteur se reconnaît à la boucle qui commence le premier jambage de la lettre.

Fig. 142. — Bonté hautaine.

La figure 142 montre justement l'inverse : une grande bonté ayant quelques accès de hauteur qui sont révélés par la petite boucle du haut de la majuscule, ainsi que nous venons de le faire observer pour la figure 141.

FIG. 143. — BONTÉ ORGUEILLEUSE.

La majuscule 143 indique un excessif orgueil corrigé par une excessive bonté. A observer : la hauteur de la lettre et les courbes de la base.

La figure 144 montre la résolution dans la défense : les jambages massués à la base, le trait droit du commencement indiquent la combativité ; c'est donc un dévouement qui sait se battre pour la défense de ce qu'il aime.

FIG. 144. — BONTÉ COMBATIVE.

L'M de la figure 143 est résolument matériel, sa forme inharmonique indique un dévouement sans délicatesse pouvant même être maladroit.

FIG. 145. — BONTÉ MALADROITE.

Cette monographie des signes de la bonté, nous permettra d'étudier comparativement ceux de l'égoïsme.

QUATRIÈME LEÇON

LES SIGNES DE LA MORALITÉ (Suite).

L'EGOISME ET SES DIVERSES FORMES

L'abbé Michon partait de ce principe : *que le signe contraire indique toujours le défaut correspondant à la qualité reconnue.*

Par conséquent, étant établi que l'écriture sans crochets rentrants révèle le dévouement, logiquement les courbes concentriques doivent signifier l'égoïsme.

Il est utile d'établir ici un autre principe, *c'est que l'absence du signe ne signifie pas le contraire de ce signe, elle n'implique que sa négation,* sauf cependant certains cas où on se trouve en présence de deux termes opposés l'un à l'autre, et entre lesquels il n'y a pas de milieu, en sorte que l'absence de l'un des deux signes révèle nécessairement l'existence de l'autre ; mais ce n'est pas ce qui arrive pour l'égoïsme.

Néanmoins, l'absence de crochets rentrants, sans être révélatrice du dévouement, laisse la porte ouverte à la recherche de cette qualité.

L'abbé Michon a défini ainsi qu'il suit les différents modes du culte du moi :

1º Les personnels, qui rapportent tout à eux ;

2º Les natures convergentes, qui aiment leur prochain pour elles-mêmes ;

3º Les égoïstes, qui s'aiment uniquement.

Passons maintenant en revue les signes de l'égoïsme, qui sont bien plus multiples encore que ceux de l'altruisme.

Égoïsme Distingué.

Pour nous conformer au principe de l'abbé Michon, — énoncé précédemment, — ayant rattaché les dévoués et les doux au signe général de l'écriture en courbes, nous devons évidemment grouper les égoïstes et les raides sous la bannière de l'écriture en angles.

En effet, l'angle est une manifestation de fermeté pouvant aller jusqu'à la dureté ; c'est aussi un signe d'entêtement qui, poussé à l'extrême, devient un égoïsme inflexible. La figure 146 en est un exemple dont le scripteur est un général célèbre par l'inflexibilité de ses principes.

FIG. 146. — ÉGOISME INFLEXIBLE.

L'écriture anguleuse est surtout le graphisme des personnels ; il révèle l'égoïsme des gens distingués, qui ont reçu une éducation soignée, et par suite ont des principes sérieux ; ils savent se dévouer par sentiment du devoir, mais non par élan du cœur ; même en se dévouant, ils ne perdent jamais de vue leur *Moi*. La figure 147 réalise ce type d'égoïsme natif et de dévouement appris. Le dévouement est donc, dans ce cas, le fruit d'une bonne éducation.

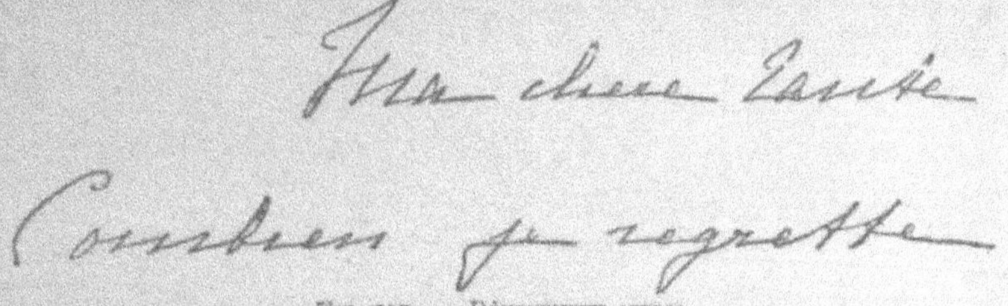

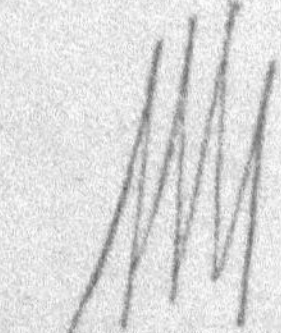

FIG. 147. — DÉVOUEMENT APPRIS.

FIG. 148. — ÉGOÏSME ENTÊTÉ.

L'M majuscule de la figure 148 est un rare composé d'angles ; dans sa générosité à cet égard, le scripteur a fait quatre jambages. De plus, les traits secs et raides qui forment cette lettre donnent la nuance de l'esprit d'entêtement, de contradiction et de combativité, ornements de cet aimable caractère.

Cet excès d'angles est aussi une manifestation de grande activité.

Malgré la classification de l'abbé Michon, que nous avons donnée au début de cette leçon, nous empruntons encore celle de M. de Rougemont (1), qui nous paraît compléter la précédente. D'après lui il y a donc :

1º L'égoïsme accaparant de l'être sensitif et volontaire ;

2º L'égoïsme aigu, ou de parti pris, qui vient de la tête ;

3º L'égoïsme inoffensif, de pensée ou d'imagination.

Égoïsme Accaparant [*].

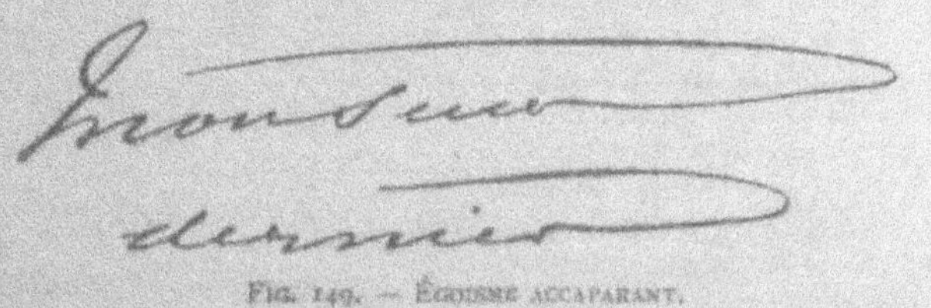

FIG. 149. — ÉGOÏSME ACCAPARANT.

La figure 149 est un graphisme qui appartient à un homme dont les goûts sont distingués et même artistiques. Son extérieur agréable cache l'égoïsme accaparant. Voyez comme il ramène tout à lui avec dextérité et même une maestria sereine qui semble dire, comme on crie à son chien : « A moi, apporte ! »

Ces longues finales annoncent ses aspirations vers tout ce qui est large ; en se repliant sur elles-mêmes pour couvrir le mot, elles indiquent que cette extrême générosité ne s'exerce qu'au bénéfice du scripteur, qui se soigne, se protège et se garde avec des précautions infinies. La multiplicité de ce genre de trait, illustrant chaque page de la lettre, confirme nos déductions.

Ce symptôme de protectionnisme trouvé son complément dans le curieux exemple ci-après de la figure 150 :

(1) Cette étude sur l'égoïsme a été publiée dans le Journal *La Graphologie*, année 1890. C'est là que nous avons puisé nos indications.

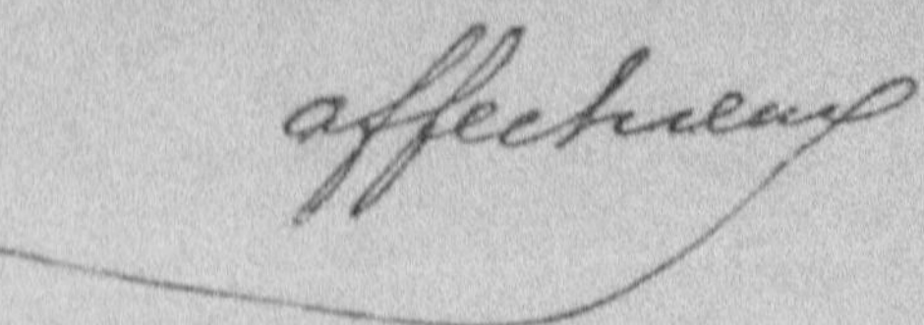

FIG. 150. — ÉGOISME PRUDENT.

C'est le même mouvement de préservation, mais en dessous au lieu d'être en dessus, ce qui fait supposer qu'il y a plus d'humilité dans le second cas que dans le premier.

Remarque intéressante à noter : le premier exemple a été tracé par un prêtre, et le second par une religieuse ; dans cette sorte d'égoïsme prévoyant il nous paraît donc y avoir un désir de se mettre à l'abri... des dangers du monde, sans doute.

Égoïsme Aigu.

Dans les premiers temps de nos études graphologiques, il nous est souvent arrivé de pâlir sur le graphisme d'égoïstes avérés dans lequel nous ne pouvions découvrir l'ombre du traditionnel crochet rentrant ; c'est que nous n'avions pas encore pénétré les arcanes secrets de notre science. Aujourd'hui nous pouvons vous faire connaître — — grâce encore à M. de Rougemont — une des manifestations les plus inquiétantes de ce terrible culte du moi, qui prend des formes si diverses.

Longtemps nous avions confondu ce signe avec celui de la vanité ; qu'y a-t-il en effet de plus égoïste qu'un vaniteux ? Mais ce n'est pas seulement pour cette raison philosophique qu'il faut classer les enroulements dans la catégorie des signes de l'égoïsme, c'est parce que les volutes sont essentiellement le résultat d'un mouvement convergent de droite à gauche.

Les exemples qui vont suivre vous montreront la gradation de ce signe et les lettres où on le rencontre le plus fréquemment. Il est bon d'observer que moins le crochet est en évidence et plus l'égoïsme qu'il révèle est profond.

FIG. 151. — ÉGOISME EMBRYONNAIRE.

La figure 151 présente un *m* sans crochets rentrants mais avec un léger enroulement à sa hampe supérieure.

FIG. 152. — ÉGOISME AFFIRMÉ.　　FIG. 153. — ÉGOISME ÉPANOUI.

Dans la figure 151 le signe n'est qu'à l'état embryonnaire, mais la figure 152 nous le montre déjà plus affirmé, tandis que la figure 153 nous le donne dans toute sa floraison.

FIG. 154. — ÉGOISME FÉROCE.

La lettre G prend des allures féroces dans la figure 154.

Cet enroulement a des apparences hérissées fort peu sympathiques.

FIG. 155. — ÉGOISME AIGU.

Voilà maintenant (fig. 155) le signe dans la lettre majuscule C qu'il affectionne particulièrement.

Remarquez le petit trait sec qui

commence l'enroulement et qui est significatif de combativité ; il annonce bien l'individu décidé à la lutte pour sa défense personnelle.

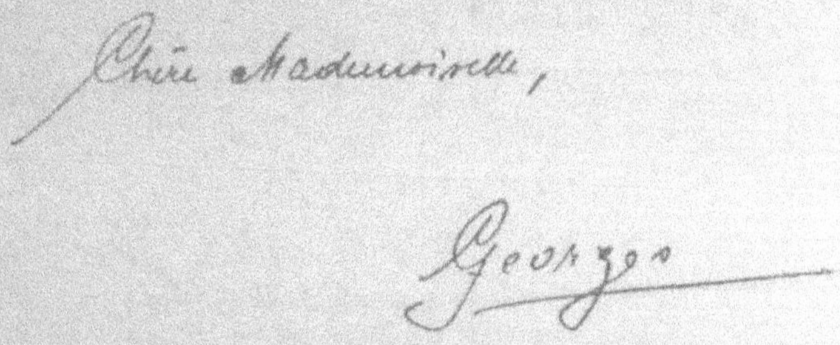

Chère Mademoiselle,

Georges

FIG. 156. — ÉGOÏSME COMBATTIF.

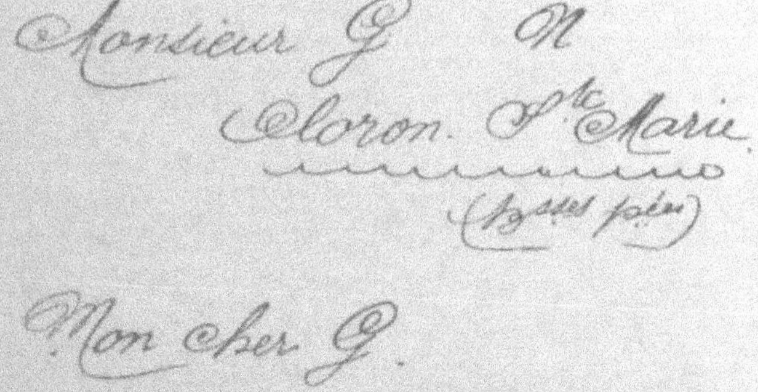

Monsieur G N

Oloron. Ste Marie.

FIG. 157. — ÉGOÏSME IMPUDENT.

Ce signe de combativité est encore plus accusé dans le C et le G de la figure 156. C'est ici le type accompli de l'égoïsme déterminé, qui crie : « Arrière, ne m'ennuie pas ! »

La figure 157 est la véritable caricature du signe par la façon à la fois impudente et comique dont il s'étale à toutes les lettres. Le scripteur qui a tracé ces lignes est un fanfaron d'égoïsme.

Égoïsme Orgueilleux.

L'orgueil est également une base de l'égoïsme ; l'orgueil est en effet une opinion exagérée de soi-même, par conséquent c'est un développement anormal de la personnalité.

Il est donc rationnel que dans les m majuscules le premier jambage représente la personne qui écrit, le second jambage l'intimité, et le troisième jambage les indifférents.

L'exemple 158 est un beau spécimen de cet orgueil qui veut être le premier partout et confond dans le même mépris les amis et les indifférents.

Quant à l'égoïsme, il nous est affirmé à la fois par l'enroulement du jambage supérieur et par le crochet final.

FIG. 158. — ÉGOÏSME ORGUEILLEUX.

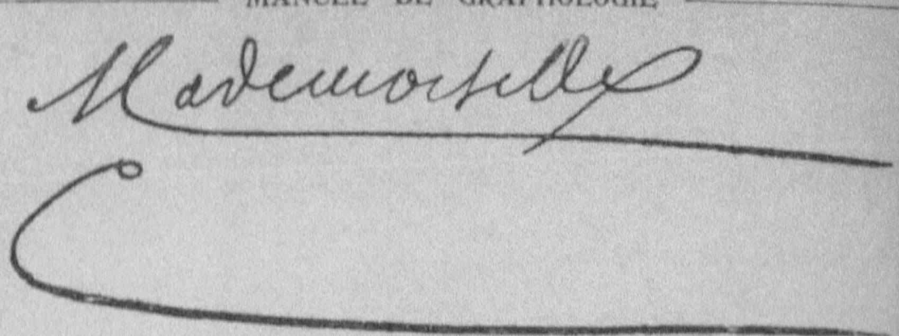

FIG. 159. — ÉGOÏSME DES COMPLAISANTS EN EUX-MÊMES.

La pyramidale manifestation de complaisance en soi-même, indiquée par le trait prolongé et résolu dans son soulignement des majuscules *M* et *C*, nous est fourni par un voyageur célèbre. Vous pouvez constater que l'égoïsme s'affirme hardiment dans le crochet final du mot *Mademoiselle* (fig 159). Il y a d'ailleurs un côté esthétique dans ce magistral soulignement.

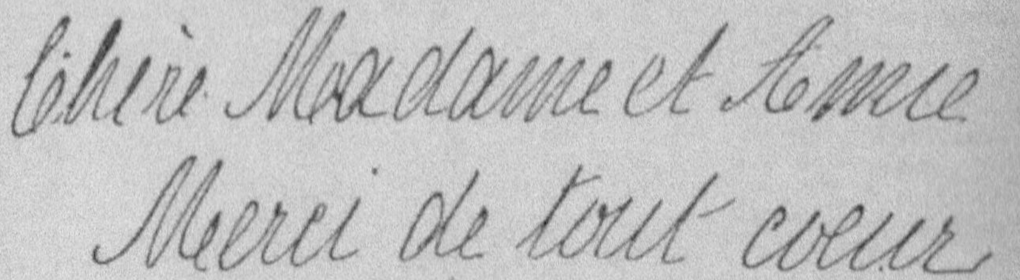

FIG. 160. — ÉGOÏSME ININTELLIGENT.

L'exemple 160 a été tracé par la *professionnal beauty* du monde parisien d'il y a quelque vingt ans ; il est évident que la scriptrice est restée comme hypnotisée par cette beauté qui l'a rendue célèbre. La hauteur des lettres, indice d'orgueil, et les crochets de la personnalité, en sont bien les signes.

FIG. 161. — ÉGOÏSME GROTESQUE.

Il ne faut pas que les grotesques manquent à notre collection en voici dans la figure 161 un exemple qu'on peut qualifier d'unique en son genre.

Egoïsme des Intelligences supérieures.

Nous avons déjà dit que les êtres d'une intellectualité supérieure n'échappent pas à la commune loi de la faiblesse humaine, mais pas sous les formes et dans les conditions du vulgaire.

L'étrange écriture 162 en est une preuve saisissante :

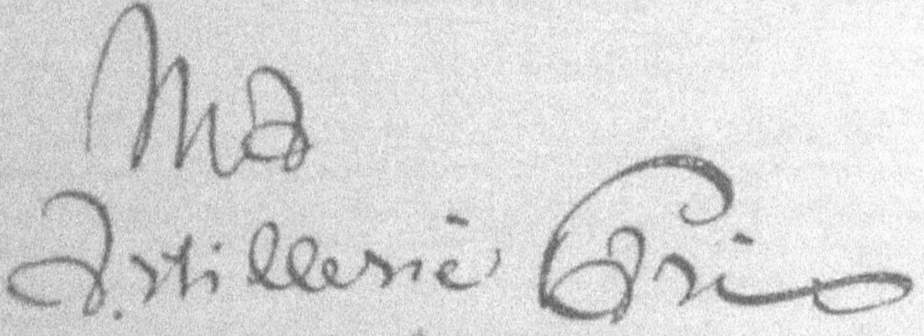

FIG. 162. — ÉGOÏSME INTELLECTUEL.

L'M aristocratique est bien lié à l'a qui le suit, mais de combien de courbes convergentes est formé cet a : on croirait voir un poulpe lançant en arrière ses tentacules, surtout dans le mot *artillerie* ; cette lettre particulièrement étrange se rapproche de l'*alpha*, et nous révèle incontestablement un savant ; les quelques coupures dans les mots annoncent les facultés encyclopédiques du scripteur, dont la logique puissante est révélée par l'enchevêtrement du mot *Paris* ; l's final très fermé confirme notre primitive opinion : personnage aussi peu banal que peu commode. Le signe de l'égoïsme se trouve ici dans les traits sinistrogyres de l'*a*. Tous les traits se dirigeant anormalement vers la gauche sont un indice plus ou moins accentué de personnalisme.

FIG. 163. — ÉGOÏSME INDÉPENDANT.

L'écriture disjointe ou hachée n'est pas seulement le signe de l'intuitivité ou de l'activité cérébrale, elle est aussi la marque de l'indépendance.

Ceux qui écrivent ainsi ont horreur de toute entrave, par conséquent du dévouement. A cet égard l'écriture 163 est curieuse. Les mots *petite dédicace*, *En même* montrent autant de traits isolés ; cette écriture disjointe étant penchée annonce la sensibilité ; les pleins accusés, la sensualité ; l'harmonie des formes, le goût du beau ; la forme très particulière des *e*, l'amour de ce qui brille ". La réunion de ces différents signes nous permet de dire que ce graphisme est celui d'un homme au caractère agréable et ouvert, ami des plaisirs, séduisant, mais tenant à ses aises avant tout. L'égoïsme est ici la synthèse d'un caractère mélangé de plusieurs signes différents.

FIG. 164. — ÉGOÏSME INTELLIGENT.

La figure 164 montre la même disposition de traits indépendants les uns des autres, avec une nuance de raideur et de sécheresse en plus ; cependant, comme l'écriture, par la netteté, le relief et la sobriété du tracé rentre dans la catégorie des « supérieures », nous avons l'explication de la vie méritante de la scriptrice, qui employait son intelligence et son indépendance aux œuvres de bien. Ce n'était pas l'élan du cœur qui lui servait de moteur, mais les facultés cérébrales, très puissantes chez elle.

Égoïsme Inoffensif.

Il est bien évident qu'il y a une foule de gens qui tracent en écrivant ces vilains crochets rentrants et qui ont cependant un cœur excellent ; ils rentrent dans la classe des *égoïstes inoffensifs* que M. de Rougemont subdivise en :

1º Égoïstes malgré eux ;
2º Égoïstes contemplatifs ;
3º Égoïstes impressionnables.

Égoïstes malgré eux.

FIG. 165. — ÉGOÏSME TIMIDE.

FIG. 166. — ÉGOÏSME INCONSCIENT.

Les égoïstes malgré eux sont naturellement les moins coupables ; à bien raisonner, ils ne le sont même pas du tout. Voyez ce petit *M* innocent de la fig. 165 qui ose à peine se replier sur lui-même ; on y sent un acte de timidité encore plus que de personnalisme.

L'exemple 166 montre une sorte de nervosisme qui permet de supposer que des raisons de santé forcent la scriptrice à reporter sans cesse ses pensées sur elle-même. Le malade chronique est le type de l'égoïste inconscient. Penser à soi paraît être un devoir sacré aux yeux du pauvre patient.

Égoïstes Contemplatifs.

Ainsi que le dit M. de Rougemont, les égoïstes contemplatifs sont, d'ordinaire, gens paisibles, sédentaires, et surtout désœuvrés, ce qui leur donne le temps de laisser libre cours à leur imagination. Ils vivent si bien dans un courant de pensées toutes personnelles, qu'il ne leur vient pas à l'esprit de songer aux autres ; ils n'en passent pas moins pour des gens modèles ; leur écriture sage et réglée, agrémentée de nombreux crochets largement arrondis révèle le peu de place que le prochain occupe dans leur pensée. Leur égoïsme est, du reste, d'une nature toute platonique et peut fort bien ne pas se manifester d'une manière pénible dans les relations ordinaires de la vie. L'exemple 167 vient à l'appui de ce qui précède.

FIG. 167. — ÉGOÏSME CONTEMPLATIF.

La figure 167 est le graphisme d'une femme toujours si gâtée qu'elle trouve cela naturel, et laisse tout le monde s'agiter autour d'elle sans en prendre souci. Ce n'est pas dans cette catégorie de gens qu'il faut chercher la supériorité morale.

Égoïstes Impressionnables.

C'est encore à M. de Rougemont que nous empruntons ce paragraphe typique sur les égoïstes impressionnables :

« Certaines personnes ont une peau si fine que le moindre courant d'air les fait tressauter ; au fond elles ne sont pas plus égoïstes que d'autres, mais leur moi est une vraie sensitive ; aussi, malheur à qui dit ou fait une chose qui ne cadre pas exactement avec leur manière de sentir. Ce sont des gens fatalement susceptibles ; ils ont d'ordinaire une écriture fine, peu massuée, peu appuyée, mais surtout fortement inclinée ; ils sont souvent les premiers à souffrir de leur caractère. La figure 168 répond tout à fait à cette description. »

FIG. 168. — ÉGOÏSME IMPRESSIONNABLE.

Il est encore un autre signe convergent qui se rencontre dans l'écriture des personnes les plus dévouées. Considérez le mot *malheureux* dans l'exemple 169, et remarquez la façon dont l'*x* final est fait par un simple

FIG. 169. — TENDANCE A SE PLAINDRE.

trait en retour qui tombe assez bas ; c'est l'indice des gens qui aiment à se plaindre ; ils sont bons, dévoués jusqu'à l'abnégation, mais ne peuvent avoir le dévouement silencieux, et vous reprochent inconsciemment ce qu'ils ont fait pour vous. Hélas ! combien cela enlève de charme à leur vertu !

Égoïsme Intéressé.

FIG. 170. — ÉGOÏSME INTÉRESSÉ.

On ne peut contester que l'intérêt soit encore une des formes de l'égoïsme ; cependant, l'intérêt n'a pas toujours l'avarice pour but ; le plus souvent, c'est le désir de jouir qui en est le mobile ; mais le désir de jouir peut conduire loin. Quand on rencontre dans une même écriture l'égoïsme uni à l'imagination et au mensonge, on peut croire sans présomption à une disposition à l'escroquerie ; la figure 170 nous montre ce triste trio, et vous n'en serez pas étonnés lorsque vous saurez que la lettre à laquelle appartiennent ces quelques mots est datée de la maison centrale de Clairvaux. Nous reviendrons plus longuement sur ce sujet important.

L'*M* a le double crochet de l'intérêt et de l'égoïsme ; le *v* majuscule manifeste une imagination désordonnée ; les *o* et les *a* bouclés, les terminaisons gladiolées, indiquent le mensonge ; ajoutons qu'il s'y joint un découragement facile à expliquer quand il s'agit d'un prisonnier.

Crochets des Égoïstes.

Ainsi que le faisait très justement observer M. Pierre Varinard, — au cours d'une intéressante séance de la Société de graphologie, — *toutes les interprétations de l'écriture doivent se rapporter à certains modes ou mouvements graphiques qui ont une signification identique, à quelque lettre qu'ils appartiennent, et, par suite, à quelque langue où on les trouve.*

Nous allons appliquer aux crochets rentrants ce principe, qui élargit singulièrement le cercle où se meut notre science.

En général on cherche et on rencontre le crochet rentrant à la majuscule *M* ; mais nous allons voir qu'il peut s'épanouir dans presque toutes les lettres de l'alphabet. Cette observation peut s'appliquer à tous les signes.

FIG. 171. — ÉGOÏSME VULGAIRE.

Les quatre majuscules de la figure 171 empruntées au même graphisme le prouveront surabondamment ; c'est une véritable flore et tout un parterre d'égoïsme ! Bouquet de vanité vulgaire unie au manque de jugement.

Les minuscules, pas plus que les majuscules, ne sont à l'abri de ce fléau ; vous pouvez le constater dans la figure 172 où chaque lettre finale se termine par un traître petit crochet révélateur d'égoïsme intime et continuel.

FIG. 172. — ÉGOÏSME INTIME.

La signification du crochet rentrant prend une valeur double lorsqu'il se rencontre à une place aussi anormale que la hampe d'un *t*, comme le montre l'exemple 173. Ce n'est plus un égoïsme naturel, mais au contraire cherché et combiné.

FIG. 173. — ESPRIT DE COTERIE.

Dans ces deux mots : *Toute chez*, il y a encore une autre manifestation d'égoïsme très curieuse ; remarquez la façon dont le *t* majuscule est lié à la lettre *o* ; le scripteur a commencé par revenir vers lui-même, puis, faisant une boucle, il va se lier à la lettre qui le suit, dans un mouvement d'altruisme qui nous révèle bien celui qui aime les autres pour lui-même, ou qui ne se dévoue que pour ce qui le touche de près : c'est là le signe de l'esprit de parti ou de coterie, variété d'esprit étroit, qui n'admet rien en dehors de son petit horizon, de ses petites occupations, de ses petites affections. Encore une catégorie de scripteurs qui n'ont d'idées ni larges ni généreuses.

Signification de la place des Crochets

Dans son étude sur *le Sens du moi*, M. Albert de Rougemont nous apprend que ce n'est point par hasard que les crochets rentrants sont à telle ou telle lettre, chacun d'eux indiquant une nuance différente suivant la place où il s'étale.

Ainsi, les filles uniques, et par suite gâtées et fêtées, ne manquent pas de faire un crochet à l'e majuscule, tandis que les gens qui se croient entendus et capables le font au C.

Ce crochet aigu que nous venons d'étudier (fig. 156) se place généralement dans la partie supérieure du C majuscule, ce signe est rare dans l'écriture des femmes ; il se rencontre surtout dans celle des hommes dont la tête domine ; chez ce genre de scripteurs, l'égoïsme étant une affaire de principe et de système, est glorifié et non pas dissimulé ; par contre, tout dévouement désintéressé est regardé comme une bêtise par cette sorte de grands-prêtres de l'égoïsme.

À l'appui de ce qui précède, nous allons étudier l'écriture d'une de ces filles uniques, gâtées et fêtées, dont il vient d'être parlé.

FIG. 174. — ÉGOÏSME DES ENFANTS GATÉS.

Voici d'abord l'*M* majuscule à trois jambages, aristocratique dans sa forme, avec la liaison de la bienveillance. Cette première manifestation nous donnerait à penser que la personne est aussi dévouée que distinguée ; n'allons pas si vite dans notre jugement et reprenons notre loupe.

Nous verrons alors que la base de chaque jambage est formée par une petite boucle anormale dans la forme de la lettre, laquelle nous préparera aux découvertes qui vont suivre. Passons maintenant aux majuscules *S*, *B*, et surtout *E*, de la figure 175.

FIG. 175. — ÉGOÏSME DES ENFANTS GATÉS.

Arrêtons-nous particulièrement devant cette lettre significative des enfants gâtés ou au moins adulés. La façon dont le crochet rentrant se termine par une courbe soulignant le mot est révélatrice : cette jeune personne a fait de l'admiration d'elle-même un véritable culte. La charmante enfant est distin-guée, d'un abord agréable et aimable dans le monde ; elle joue l'ange du dévouement, mais ce n'est pas nous qu'elle trompera : nous venons de voir son formidable égoïsme se trahir à toutes les lignes. L'adulation produit des résultats déplorables ; seules les natures fortes y résistent.

M des Égoïstes.

L'ÉGOÏSME vulgaire, banal, celui qui court les rues, qui est souvent inconscient, parce qu'il est natif et qu'il n'a pas été corrigé, se révèle surtout dans le crochet rentrant de l'*M* majuscule. Nous allons en faire passer une série sous vos yeux.

FIG. 176. — ÉGOÏSME NATIF.

FIG. 177. — ÉGOÏSME DÉTERMINÉ.

Pour débuter, voici (fig. 176) le type du graphisme banal de l'égoïste qui trouve que penser à soi est le premier devoir d'une créature douée de sens pratique.

La figure 177 montre le signe de l'égoïsme qui s'affirme ; la queue du crochet rentrant descend avec une résolution qui dit bien : « Après moi la fin du monde ! »

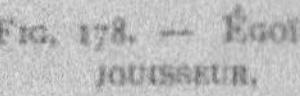

FIG. 178. — ÉGOÏSME JOUISSEUR.

FIG. 179. — ÉGOÏSME DE VIVEUR.

Considérez maintenant le graphisme du jouisseur vulgaire — dans la figure 178 — ; chez lui la passion obs-curcit le jugement : le crochet rentrant ne dépasse pas la ligne, il est vrai, mais il a un développement excessif ; de plus l'inclinaison de la lettre dit la sensibilité passionnée, et le plein du second jambage la matérialité.

En regard, la figure 179 montre l'écriture d'un viveur élégant, dont la principale affaire est le plaisir — premier jambage fuselé, sensualisme ; — cela ne l'empêche nullement de conserver une tenue pleine de correction ; quant à son égoïsme, c'est plutôt du personnalisme qu'un souffle généreux pourrait dissiper.

FIG. 180. — ÉGOÏSME BRUTAL.

FIG. 181. — ÉGOÏSME JALOUX.

Le plein se trouve dans la barre descendante du crochet rentrant dans la figure 180, signe de formidable et brutal égoïsme, qui dit carrément : « Ote-toi de là que je m'y mette. » Celui qui écrit ainsi est capable de voir périr sans broncher le genre humain tout entier, pourvu que sa précieuse personne soit à l'abri. De plus, l'énorme crochet, d'une hauteur disproportionnée, annonce l'inintelligence et surtout le manque de jugement par excès d'amour-propre.

La figure 181 montre un *M* élégant et mignard ; son crochet rentrant décidé et son inclinaison accentuée réalisent le type de la jalousie féminine.

La figure 182 résume l'avarice dans sa plus basse expression : la lettre commence par un âpre crochet d'acquisivité ; le premier jambage est plus bas que le second : vulgarité et envie ; les deux jambages sont serrés l'un contre l'autre, ce qui dit à la fois le caractère désagréable, l'avarice et la sotte timidité ; enfin ce chef-d'œuvre se termine par un craintif crochet rentrant ; c'est bien le graphisme d'un être qui fait le mal en se cachant et en tremblant.

Fig. 182. — Égoisme avare.

Fig. 183. — Égoisme susceptible.

La figure 183 révèle la susceptibilité maladive, combinée avec le personnalisme inconscient : inclinaison anormale de la lettre avec petit crochet rentrant.

La figure 184 présente une curieuse disposition que nous avons déjà observée, c'est le crochet rentrant formant une boucle qui va se relier à la lettre suivante ; il y a là une double manifestation d'égoisme et d'altruisme, reflet complexe de l'esprit de parti, de coterie ou de famille ; genre de bienveillance qui ne nous est accordé qu'à titre de prêt et dont on attend le remboursement avec usure.

Fig. 184. — Esprit de parti.

Fig. 185. — Égoisme envieux.

Regardez bien la figure 185, vous rencontrerez souvent ce genre d'égoisme, c'est celui qui se double de l'orgueil de l'argent, encore appelé orgueil des envieux. Ce premier jambage, beaucoup plus bas que le second, révèle les gens qui ont le culte du veau d'or, et qui vivent du public. Quand ils sont riches, ils dédaignent profondément les pauvres ; mais quand ils sont pauvres, ils envient passionnément les riches.

C'est là un égoisme de parvenu ou de « partageux ».

Voici le graphisme (fig. 186) d'un petit égoisme léger, gai, insouciant, inconscient, dont les possesseurs sont légion et qui voltige un peu partout.

L'M si haut de la figure 187, avec ses longs traits, est un type d'égoisme dépensier par ostentation ; quand il a bien pourvu à ses besoins il ne refuse pas ses restes aux autres ; son orgueil même s'en accommode. « Charité bien ordonnée commence par soi-même. »

Fig. 186. — Égoisme léger.

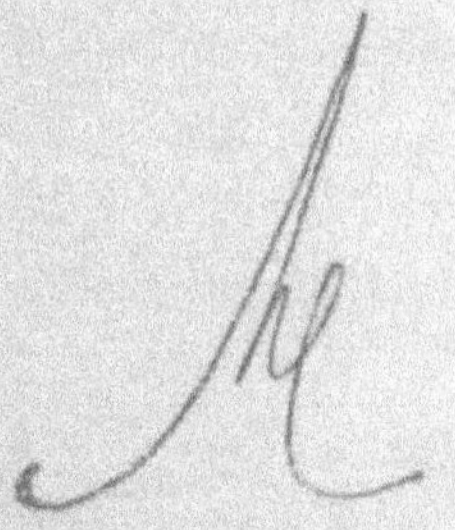

Fig. 187. — Égoisme dépensier.

Fig. 188. — Égoisme contradicteur.

Dans la figure 188, l'égoisme est raisonné aussi ; il tient les gens à distance, et se fortifie par l'esprit de contradiction. Remarquez le trait sec qui commence, et le crochet rentrant sensiblement éloigné de la lettre. Le trait sec est l'esprit de contradiction, et le crochet rentrant s'éloignant de la lettre est l'égoisme froid, qui tient les gens à distance.

La figure 189 nous met en présence d'un accord parfait, composé de l'égoisme, du manque de jugement et de la vanité commune :

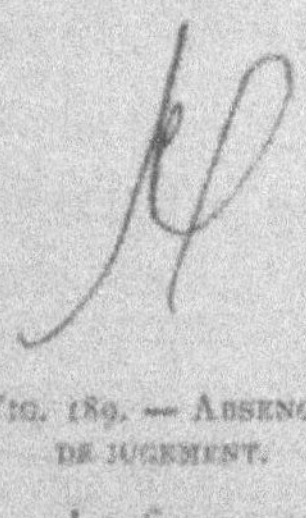

Fig. 189. — Absence de jugement.

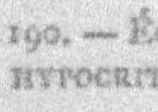

Fig. 190. — Égoisme hypocrite.

La figure 190 est révélatrice d'un égoisme hypocrite qui se fait petit pour passer inaperçu.

Cet *M* calligraphique (fig. 191) n'a aucune valeur graphologiquement parlant ; il montre un être sans initiative personnelle qui s'est laissé couler dans un moule uniforme et qui n'a pas eu assez d'initiative pour changer de forme.

FIG. 191.— ÉGOÏSME BANAL.

FIG. 192.— ÉGOÏSME RAPACE.

La vilaine petite lettre que montre la figure 192 avec ses deux crochets si accusés, représente à merveille l'homme qui thésaurise en secret et par pure avarice.

Avez-vous remarqué que jusqu'ici nous n'avons encore vu que des *M* majuscules à deux jambages ornés du fatal crochet rentrant ? Cela s'expl que facilement, puisque les *M* à trois jambages appartiennent aux écritures aristocratiques, par conséquent aux natures qui doivent être plus élevées que les autres ; mais il y a des exceptions à cette règle.

FIG. 193. — AMOUR DU CONFORT.

Voici un échantillon d'égoïsme distingué qui met son confort et ses aises au-dessus de tout. Cette particularité nous est indiquée par le premier jambage qui affecte la forme d'un *r*.

FIG. 194. — FRANC ÉGOÏSME.

Pour clôturer cette série, voici la silhouette d'un franc égoïste : l'écriture est verticale : « sécheresse » ; — les jambages sont disjoints : « indépendance » ; — les crochets fortement convergents : « retour sur soi » ; — les mots : *Ma chère Hélène* sont typiques ; la faculté du sentiment, qui est faible, ne s'exerce que pour lui-même (fig. 194). Il n'y a rien de bon à attendre de cette nature.

Paraphes d'Égoïstes.

COMPLÉTONS cette étude par celle des paraphes d'égoïstes, derniers coups de griffe qui stigmatisent les personnages de cette sorte.

FIG. 195. — ÉGOÏSME RAISONNÉ.

LA réunion de deux traits rigides encadrant la signature est la caractéristique bien intéressante de l'égoïsme raisonné. Ce paraphe enclavant est le résultat d'un mouvement réfléchi de prévoyance ; le scripteur se met à l'abri entre deux murs derrière lesquels il n'est pas facile de pénétrer.

Il est à noter que ce signe se rencontre généralement dans les écritures où il n'y a pas de crochets rentrants, ce qui est bien fait pour tromper, si l'on n'a pas eu la précaution de regarder avant tout la signature. Ce genre de paraphe appartient aux natures que Dieu a faites bonnes et que les misères de la vie ont déformées, égoïsme qui est le triste fruit de l'expérience (fig. 195). L'épreuve aigrit ou améliore, selon le degré de bonté native.

Fig. 196. — Égoïsme séducteur.

En voici un nouvel exemple (fig. 196) dont la formidable massue supérieure révèle le caractère brutal et indomptable, tandis que le lasso inférieur annonce le personnage très séducteur. Pour attirer il faut charmer.

Fig. 197. — Égoïsme habile.

Fig. 198. — Paraphe en gueule de loup.

Les figures 197 et 198 sont les signatures de deux grands personnages de la cour de Napoléon III : ils ont tous deux des paraphes enclavants — dits en *gueule de loup*, — parce qu'ils laissent une ouverture à leur mur de fortification ; pour tous deux cette porte s'ouvre en arrière, ce qui indique qu'ils se défendaient seulement contre la foule des solliciteurs qui les assiégeaient, et que la famille ou les intimes avaient toujours accès auprès d'eux.

Il y a une notable différence entre ces deux paraphes, bien qu'ils procèdent du même principe ; le numéro 197 a le lasso des persuasifs, des habiles et des séduisants. Le grand ministre était à la fois réputé pour sa rare habileté en affaires et ses manières de paysan du Danube.

Quant au numéro 198 son *v* — d'une forme si gracieuse et si originale — annonce l'amour du panache bien naturel chez un brillant maréchal.

Voici maintenant une série de paraphes en colimaçon où tout est hermétiquement fermé. Ce genre d'égoisme s'appelle aussi l'*égoïsme familial* ; il représente assez bien le rat de la fable dans son fromage de Hollande. Il est vrai que le rat légendaire y était seul, tandis que la plupart de nos sujets s'y plaisent en plus ou moins nombreuse compagnie.

Fig. 199. — Égoïsme familial.

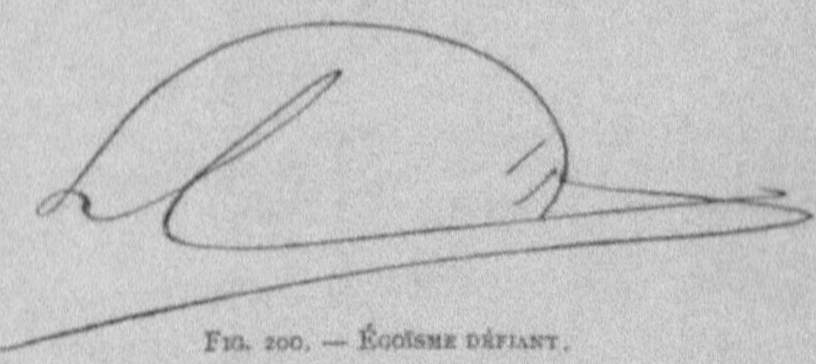

Fig. 200. — Égoïsme défiant.

Cependant la signature de la figure 199 représente assez bien le fameux rat dans son cercle étroit, fortifié par les enroulements vaniteux de l'égoïsme aigu.

Dans l'exemple 200 le colimaçon se hausse et s'élargit. Il admet dans sa forteresse sa famille et ses amis, mais il est muré pour les étrangers ; l'éperon de défense qui s'avance vers la droite ne peut laisser aucun doute à cet égard. La défiance lui sert d'avant-garde.

Fig. 201. — Paraphe en colimaçon.

Voici un troisième colimaçon d'une forme beaucoup plus esthétique ; c'est un colimaçon civilisé et même raffiné (fig. 201).

On devine que de temps en temps la vanité du scripteur doit lui faire ouvrir sa porte pour éblouir ses amis, mais qu'il doit la refermer avec une joyeuse précipitation.

Cette sorte de paraphe enclavant se trouve souvent chez les supérieurs de couvent, pour lesquels tout l'intérêt de la vie est concentré dans leur cloître, ou bien encore chez les curés dont la seule préoccupation est leur paroisse.

En voici un exemple tout à fait typique (fig. 202).

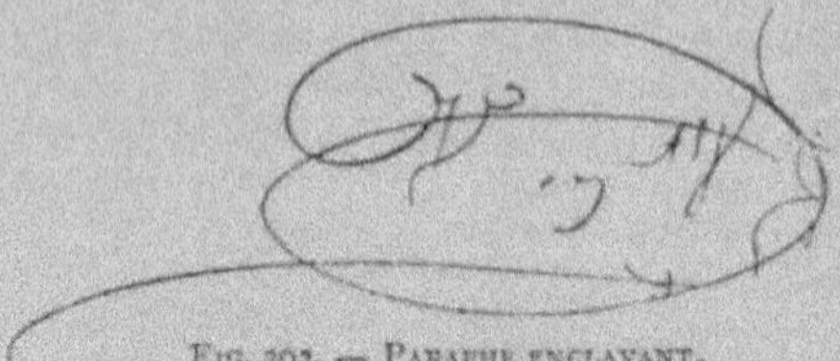

Fig. 202. — Paraphe enclavant.

L'exemple que nous donnons ensuite n'est pas moins typique comme égoïsme d'une personne ayant des aptitudes commerciales et se renfermant exclusivement dans le cadre de ses affaires (fig. 2o3).

FIG. 2o3. — ÉGOÏSME COMMERCIAL.

Nous avons réservé pour la fin (fig. 3o4) un affreux petit colimaçon qui dit l'égoïsme le plus bas ; nous devons avouer qu'il appartient à un détenu d'une prison centrale.

Il est utile d'observer que le pa-

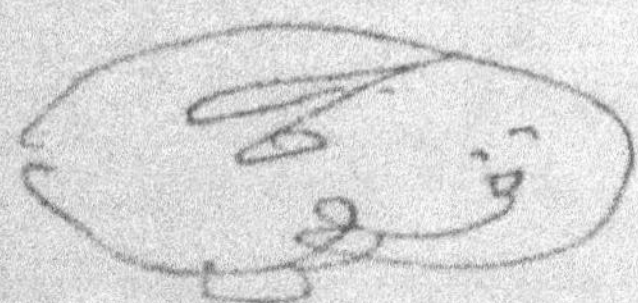

FIG. 3o4. — ÉGOÏSME BAS.

raphe enclavant est toujours un signe de défiance.

Nous terminons ici cette longue étude sur l'égoïsme, étude dont l'importance au point de vue de l'application pratique n'échappera à personne.

CINQUIÈME LEÇON

LES SIGNES DE LA MORALITÉ (*Suite*).

Arrivé à la moitié de notre enseignement, nous croyons pouvoir soutenir — sans crainte d'être contredit par nos lecteurs — qu'un graphologue quelque peu expérimenté doit saisir d'un coup d'œil le trait capital du caractère, tout comme nos yeux voient à l'instant si un homme est blond, brun, grand, petit, beau ou laid.

C'est surtout ce rapide coup d'œil que nous nous attachons à développer chez nos élèves.

LES CARACTÈRES FRANCS

Tout ce qui prend sa source dans le cœur a une telle importance que nous donnons un développement exceptionnel à cette partie de notre ouvrage.

Nous abordons maintenant l'étude des caractères francs et des caractères faux. Suivant notre usage, commençons par les bons afin d'avoir du courage pour étudier les mauvais.

Signes de la Franchise.

FIG. 205. — FRANCHISE.

La franchise est la parfaite concordance entre la parole, la pensée et les actes.

Elle se révèle par l'écriture naturelle, simple et claire ; les signes complémentaires en sont l'égalité en hauteur, les a et les o ouverts par le haut, et la direction des lignes sans sinuosité ; de plus la signature doit être lisible et *semblable au texte* ; en un mot, la franchise doit répondre à tous les signes principaux de la supériorité, car elle en est le point capital au point de vue moral (fig. 205).

Signes de la Sincérité.

La sincérité est en plus de la franchise le besoin de rechercher la vérité.

La différence assez subtile qui existe entre la franchise et la sincérité est que la première est spontanée tandis que la seconde est réfléchie. La franchise est un don naturel, la sincérité est une qualité acquise. Logiquement le graphisme de la sincérité ne peut être que supérieur.

L'exemple 206 montre la réunion des plus belles qualités morales dont la sincérité est le couronnement.

L'égalité des lettres en hauteur et l'ouverture sans exagération des *o* et des *a* sont les signes de cette disposition morale qui rend si dignes d'estime ceux qui la possèdent

Si par bonheur la sincérité régnait

Monsieur
J'ai été très heureuse de recevoir les portraits car je quitte Alfort aujourd'hui.

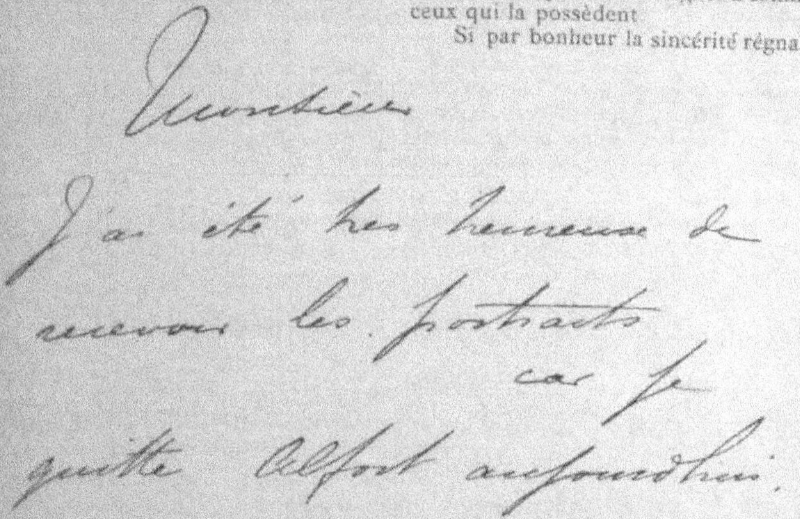

FIG. 206. — SINCÉRITÉ.

un jour sur le monde toutes les conditions de la vie sociale se trouveraient bientôt changées.

Mais verrons-nous jamais ce rêve réalisé ? Dans le paradis terrestre seulement la sincérité a pu être souveraine, et encore jusqu'au serpent exclusivement ; aussi depuis la chute de nos premiers parents l'animal hideux — incarnation du mal sous toutes ses formes — est devenu l'emblème de la tromperie. Il est donc naturel que l'écriture de la duplicité s'appelle « serpentine » et que celle de la sincérité soit droite dans sa direction et légèrement plus haute à l'extrémité des mots. L'écriture filiforme ne fait-elle pas songer à la queue du serpent ? La réunion de la franchise et de la sincérité donne l'esprit de justice, lequel engendre la loyauté !

Signes de la Loyauté.

Madame B
Rue Perrault
Paris

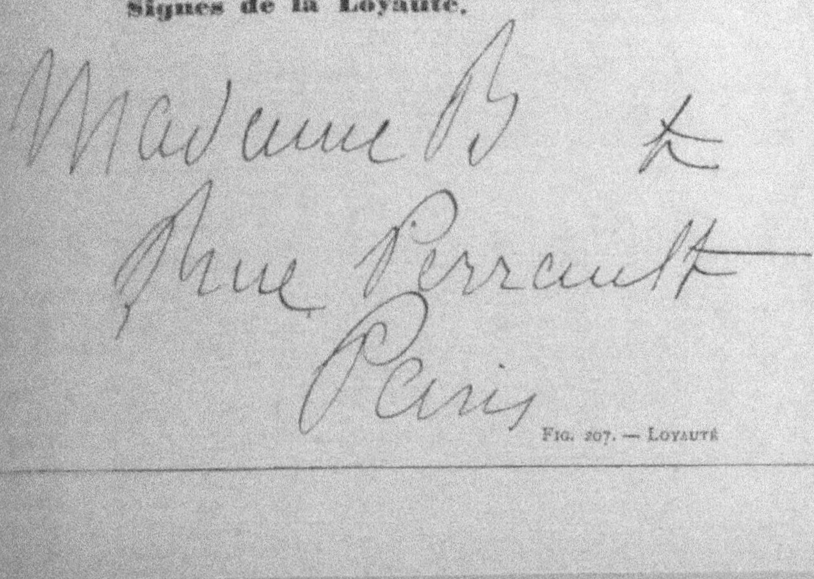

FIG. 207. — LOYAUTÉ

L A loyauté est la fidélité aux engagements pris, c'est le culte de l'honneur.

Les signes de la loyauté sont naturellement ceux de la franchise, auxquels il faut ajouter une écriture haute, révélatrice des idées larges et élevées. La loyauté peut également se rencontrer dans les écritures petites possédant tous les signes précédemment énoncés de franchise et de sincérité. Dans l'exemple de la figure 207 il est bon de remarquer la hampe du *d* indiquant l'idéalisme, les *a* très largement ouverts, quelques lettres légèrement grossissantes, et les barres de *t* accrochées dans le bas, indice de persévérance.

Signes des Natures ouvertes.

FIG. 208. — NATURE OUVERTE.

L ES natures ouvertes disent ce qu'elles pensent et comme elles le pensent; c'est plutôt chez elles un besoin de vérité qu'un besoin d'expansion; aussi, remarquez dans le graphisme 208 combien les lettres sont peu penchées, elles sont même presque droites, mais les *o* sont largement ouverts ainsi que le *q*.

Ce genre de scripteur est aussi incapable de cachotterie que de finesse d'esprit.

Signes de la Candeur.

FIG. 209. — CANDEUR.

La candeur est la pureté de l'âme.

La candeur se reconnaît à tous les signes de la franchise unis à ceux de la chasteté, c'est-à-dire un tracé sans appui, quoique net, avec des points élevés et légers.

Naturellement l'écriture doit être simple et sans traits inutiles. L'exemple 209 que nous donnons, réalise toutes les conditions que nous venons d'énoncer. Son seul aspect donne une sensation de repos à l'œil et de confiance au cœur. Nous voudrions voir ce graphisme à toutes les femmes.

Signes de la Naïveté.

La naïveté confine à la crédulité. C'est le fait des âmes éternellement jeunes dont le premier mouvement est de croire tout ce qu'on leur dit. Avec les années, il arrive souvent qu'à force d'avoir été trompées les âmes naïves

FIG. 210. — NAÏVETÉ.

deviennent défiantes; aussi il ne faut pas s'étonner si le signe de la naïveté et celui de la défiance se rencontrent fréquemment ensemble, malgré l'anomalie apparente de cette union. Le signe de la naïveté est la lettre finale grossissante associée à toutes les caractéristiques de la franchise (fig. 210).

Signes de la Crédulité.

FIG. 211. — CRÉDULITÉ.

LA crédulité est la propension à croire sans examen tout ce que l'on entend. La grande différence qu'il y a entre la crédulité et la naïveté, c'est que l'une se rencontre avec toutes les marques de la supériorité, tandis que l'autre est presque toujours unie à l'infériorité.

Le signe de la crédulité est donc la lettre grossissante, comme celui de la naïveté, mais joint à une écriture vulgaire.

Il n'y a qu'à considérer les crochets rentrants, l'inharmonie de l'ensemble et les a très fermés de l'exemple 211 pour s'en convaincre.

Nous nous trouvons donc en présence d'une intelligence bornée qui croit tout par bêtise et non par candeur.

Signes de l'Expansion.

L'EXPANSION est un besoin de se confier qui se produit surtout dans les natures tendres et affectueuses ; par conséquent, le signe de l'expansion doit se trouver dans la réunion de la franchise et de la sensibilité.

FIG. 212. — L'EXPANSION.

L'écriture 212 est très inclinée — signe de sensibilité, — assez appuyée — signe de matérialité, — les o et les a très ouverts — signe de franchise, — étant donné l'ensemble général de l'écriture.

Ce graphisme est donc un bon exemple de cœur expansif.

Expansion avec Finesse.

FIG. 213. — EXPANSION MÊLÉE DE FINESSE.

Toutes les natures expansives ne sont pas nécessairement franches : il y a là une distinction utile à déterminer.

Observez dans le graphisme 213 l'extrême ouverture des o et la terminaison excessivement gladiolée des mots ; remarquez, en plus, presque tous les traits terminés en pointes aiguës — signe de traîtrise.

De la réunion de ces différents signes, nous pouvons conclure que le scripteur a certainement un grand besoin d'expansion, mais que, pour une raison ou pour une autre, c'est rarement la vérité qu'il exprime.

Signes de l'Expansion avec les étrangers.

Fig. 214. — Expansion avec les étrangers.

Le graphisme 214 a une particularité très intéressante ; au lieu que les lettres soient ouvertes par en haut, elles le sont en arrière ; observez les mots, « Madame », « votre », « dépêche », etc. vous y verrez les a, les d, l'o avec cette curieuse forme.

En voici l'explication très logique : puisque l'ouverture supérieure de la lettre indique l'expansion et la lettre fermée la réserve, nous devons conclure que ceux qui n'ouvrent leurs lettres qu'en arrière ne se confient qu'aux étrangers, et, pour une raison ou pour une autre, restent silencieux dans l'intimité de la famille.

Signes de la Discrétion.

Fig. 215. — Discrétion.

La discrétion est une retenue judicieuse dans les paroles et dans les actions.

Le gracieux graphisme 215 est un type intéressant de discrétion, parce qu'il renferme tous les signes de la franchise, avec cette particularité que les o et les a sont alternativement ouverts et fermés; la discrétion n'est pas ici le fait d'un mutisme naturel, mais le résultat d'une volonté réfléchie et fort entêtée, indiquée par les barres des t en retour. La réflexion conduit logiquement à la discrétion.

Signes de la Réserve.

me força à vous envoyer J'ai

cru mieux de ne pas recommen-

cer ma lettre ; l'écriture y eût

perdu de son naturel .... si elle

en a . —

Fig. 216. — Réserve.

Le beau graphisme 216 nous apprend à reconnaître les natures réservées, qui se possèdent en tout, qui ne livrent rien au hasard, et par suite joignent les qualités de la franchise à celles de la discrétion la plus absolue. Les signes de la réserve sont justement dans cette sobriété des traits, dans les lettres sans ouverture, mais d'une hauteur égale et même légèrement grossissantes ; les barres courtes des t, indice de force, de résolution, montrent que cette réserve est l'effort de la volonté et non le fait de la disposition naturelle. La vertu conquise sur l'imperfection humaine est digne d'éloge.

Signes des Natures renfermées.

Ma chère Jeanne,

Merci de votre bonne

lettre Avec quel plaisir elle

a été lue et combien elle

m'a touchée !

Fig. 217. — Nature renfermés.

Les natures renfermées, à l'inverse des natures ouvertes, n'expriment rien de ce qu'elles pensent ; ce n'est pas chez elles défaut de franchise, mais concentration innée. Elles ne disent jamais un mot de ce qui n'est pas la vérité, mais préfèrent rester silencieuses. Le graphisme 217 est très significatif de ce genre de caractère.

Vous pouvez observer qu'il renferme tous les signes de la franchise, de la bonté et de l'intelligence ; mais que pas une seule lettre n'est ouverte, c'est un indice d'impénétrabilité.

Signes de l'Indiscrétion.

FIG. 218. — INDISCRÉTION.

L'INDISCRÉTION se dit de toute parole qui ne devrait pas être dite, et de toute action qui ne devrait pas être faite.

Les o et les a très ouverts dans un graphisme extrêmement couché sont les signes principaux d'une nature indiscrète, surtout quand ces différents signes se trouvent dans un ensemble d'infériorité, et qu'il vient s'y joindre comme couronnement le signe du verbiage, dont nous voyons un exemple dans l'autographe 218 ; la lettre p du mot « expression » se termine par une petite courbe qui est l'indice du besoin de parler pour parler.

Signes de l'Habileté loyale.

FIG. 219. — HABILETÉ LOYALE.

Il est très important que le graphisme 219 ne puisse être confondu avec celui de l'expansion sans franchise (voir la figure 213) ; les nuances qui les séparent sont très légères et pourtant radicales.

Nous voyons ici tous les signes de

la franchise, sauf l'égalité en hauteur des mots, qui ont une tendance à se terminer par une lettre plus petite que celle du commencement; ce n'est pourtant pas là du gladiolement, mais seulement un signe de finesse de l'esprit qui répond à l'idée « d'habileté loyale ». L'honnêteté peut s'unir au savoir-faire.

Signes de la Diplomatie.

FIG. 220. — DIPLOMATIE.

Le diplomate est celui qui doit concilier les intérêts les plus opposés. Il a donc besoin de finesse, de souplesse et de tact.

L'inégalité des lettres en hauteur indique une nuance d'activité cérébrale et de souplesse d'esprit qui se combine admirablement avec les lettres très ouvertes du graphisme 220.

Cette écriture est un exemple exceptionnellement bien fait, pour nous apprendre à reconnaître l'union de la loyauté et de l'habileté diplomatique. Observez la netteté, le relief et la simplicité du tracé; l'écriture légèrement redressée annonce l'homme qui se défend; les finales très écourtées sont l'indice de la réserve prudente en tout.

Signes de la Prudence.

FIG. 221. — PRUDENCE.

Lа prudence enseigne les moyens de parvenir à ses fins en évitant tout danger.

Nous avons dans le graphisme 221 tous les signes de la réserve avec une note en plus, qui nous est révélée par la signature. Cette signature — très lisible — est suivie d'un point, qui semble être mis là comme un gardien ; c'est le signe de la prudence, surtout rapprochée du texte où les o et les *a* sont si soigneusement fermés.

Signes de Prudence en affaires.

FIG. 222. — PRUDENCE EN AFFAIRES.

Lа prudence est une qualité précieuse dans le cours de la vie.

Le sage a dit : « Dans le doute abstiens-toi ; » mais la prudence devient une nécessité particulièrement utile quand il s'agit d'affaires.

Le graphisme 222 est un exemple de supériorité morale vraiment remarquable ; il nous montre quelques lettres grossissantes — surtout dans le mot « faute » — ; elles sont là, comme des témoins de cette candeur et de cette confiance natives qui vont si bien avec l'ensemble de cette écriture, mais la vie a passé, et la signature présente non seulement le point de la prudence mais une sorte de bouclier, formé de lassos qui marque la *prudence en affaires*. Le scripteur a dû garder dans l'intimité sa belle confiance.

Signes de la Prévoyance*.

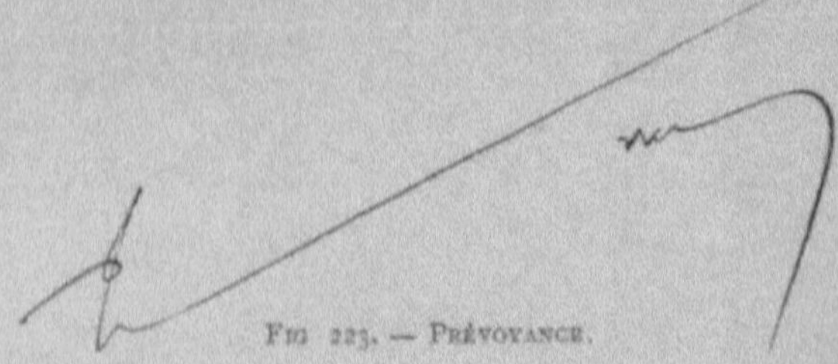

Fig 223. — Prévoyance.

LA prudence sert de frein à nos actions et nous met en garde contre les dangers. La prévoyance exerce son action sur l'avenir.

C'est un sentiment de défense et, par suite, de défiance, mais mitigé.

La signature 223 est tout à fait révélatrice. Le V majuscule se transforme en un long bras qui couvre le nom d'une façon protectrice très significative. La signature se trouve complétée et confirmée par l'éperon que forme le paraphe, arme de défense qui a des formes douces, mais qui n'en tient pas moins les gens à distance. Il écarte plutôt qu'il n'éloigne.

Signes de l'Honnêteté*.

Fig. 224. — Honnêteté.

L'HONNÊTETÉ s'entoure de tout ce qui est conforme à l'honneur et à la probité.

Nous avons choisi comme exemple d'honnêteté le graphisme d'une maîtresse d'hôtel, pensant qu'un exemple choisi dans la classe dirigeante aurait beaucoup moins de valeur. Ici la supériorité, — même l'honnêteté — est naturellement relative, mais elle n'en existe pas moins. Le tracé net, quoique léger, les lettres très largement ouvertes, la sobriété des traits et la clarté des lignes indiquent une nature au-dessus de la moyenne dans sa classe, quelques finesses dans la fin des mots révèlent un esprit natif et surtout de l'habileté. Il y a donc dans ces lignes les manifestations d'une honnêteté très avisée et qui, par suite, n'en a que plus de mérite. Nous ferons néanmoins observer que le côté faible dans cette nature est la volonté, ce qui atténue la valeur de l'ensemble.

Sentiment du Devoir.

je vous serai reconnaissante de vouloir bien me redire tout abso- lument tout ce que vous pensez de moi. J'aimerai à savoir la vérité

Fig. 225. — SENTIMENT DU DEVOIR.

Nous ne croyons pas nous écarter de notre sujet en intercalant ici le signe indiquant le sentiment du devoir, qui est après tout une des raisons d'être de l'honnêteté.

On le trouve dans le *v* minuscule couvrant un peu le reste du mot, ainsi qu'il est facile de s'en rendre compte dans la figure 225.

Ce petit geste de protection révèle les gens qui comprennent leur responsabilité dans la vie et qui savent s'y soumettre ; quand ce signe — trouvé par M. Adrien Varinard — se rencontre accompagné de tous ceux de la supériorité, il indique logiquement un degré de moralité supérieure ; mais s'il ne se trouve que de temps en temps au milieu des signes de l'infériorité, nous pouvons en conclure que c'est une semence qui n'a pas fructifié, parce que le sol où elle a été jetée n'était pas favorable à son épanouissement, ou bien parce que les facultés morales se sont abâtardies dans les promiscuités de l'existence. On peut rencontrer ce signe même dans les écritures de viveurs ou de femmes légères ; dans ce cas, nous pouvons dire qu'ils ont la conception du devoir mais ne la mettent pas en pratique.

Il y a aussi les gens qui ont le culte du devoir professionnel, mais négligent complètement les autres.

Un employé modèle peut être un très mauvais père de famille ; il remplira donc son devoir d'un côté, mais pas de l'autre ; de là l'intermittence du signe. La dominante du caractère montre comment le scripteur entend le devoir.

j' leur devoir était m'en faire part et le chercher à savoir ce qu'elles pourraient contenir de vrai. [...] vivements ne m'en demandez pas [...] vous ne doutez point que je ne doi [...] vous écrire ceci. Je sais le bien. [...]

Fig. 226. — LE DEVOIR SANS CHARME.

L'exemple 226 montre un homme d'un caractère aussi désagréable qu'il est profondément imbu de ses devoirs. Tous les *v* ont le signe caractéristique, mais les petits angles qui servent de base à cette écriture agitée révèlent bien un caractère essentiellement grincheux.

FIG. 227. — LE DEVOIR MALGRÉ TOUT.

Il est facile de reconnaître que dans les deux mots de la figure 227, le graphisme est tremblé et empâté, par suite de causes physiques, en sorte que le trait de protection semble faire effort pour arriver à couvrir le mot, sans y parvenir.

Cet effort visible de la main correspond à un effort moral qui révèle l'énergie que l scripteur doit déployer pour remplir son devoir malgré son mauvais état physique. Ce graphisme inspire la pitié à cause de la souffrance qu'il décèle.

Signes de l'Exagération.

FIG. 228. — EXAGÉRATION.

Les natures exagérées voient tout comme à travers un verre grossissant ; elles ont un jugement faux et font d'un grain de sable une montagne.

Dans l'exemple 228 il est facile de reconnaître l'excès qui préside à l'ensemble ; il suffit de constater la proportion des mots grossissants pour ne plus croire à la crédulité et encore moins à la candeur ; il faut en chercher la cause dans l'exagération capable d'aller jusqu'à l'exaltation.

Les appuis du tracé et l'inclinaison excessive des lettres indiquent une nature passionnée. Les lettres ont beau être hautes et quelques-unes ouvertes, il est prudent de se tenir en garde contre ce genre de franchise.

Exagération du Devoir.

FIG. 229. — DEVOIR EXAGÉRÉ.

Le graphisme 229 montre le signe protecteur du *v* extrêmement affirmé dans une écriture grossissante, ce qui nous est une indication d'exagération; cela nous induit à conclure que le scripteur fait du zèle en allant au delà de son devoir. Rappelez-vous l'ours et son pavé, et défiez-vous de ce genre d'amis.

Signe de la Protection *.

FIG. 230. — PROTECTION.

Le signe que nous étudions se trouve également dans le *v* majuscule qui couvre alors largement le ou les mots qui le suivent.

Le geste protecteur, dans ce cas, s'élargit, et sa signification alors devient « l'amour de la protection » (fig. 230).

Si le graphisme révèle tous les signes de la bonté et de la générosité, nous voyons la protection qui vient d'un cœur réellement compatissant; si, au contraire, le graphisme dénote l'égoïsme et la vanité, nous n'y voyons plus que la *protection par pose*.

Signes de la Conscience *.

FIG. 231. — CONSCIENCE ÉTROITE.

La droiture, la franchise et la conscience concourent au même but : faire un honnête homme, mais qui sont distinctes l'une de l'autre.

On dit une *nature ouverte* pour rendre l'impression que cause une nature honnête. Ce mot expressif révèle le mouvement physiologique traduit par la plume. Toutes les lettres très ouvertes dans leur sens normal sont donc révélatrices d'ouverture et par suite d'idées larges, de conscience sans étroitesse.

Chacun sait que la « conscience est une grande exactitude à observer la règle, à remplir ses devoirs ». Mais l'excès en tout est un défaut. Il est donc nécessaire de reconnaître le degré et la nature de la conscience. c'est dans la minuscule *s* que nous en trouvons la révélation.

La figure 231 et la figure 232 représentent le graphisme du mari et de la femme.

Les natures vulgaires et en même temps consciencieuses, forment soigneusement toutes leurs lettres, par suite elles ferment leurs *s*. C'est ce qui arrive à la scriptrice de la figure. 231

La figure 232 montre des *s* beaucoup moins fermés.

Ceux de la femme indiquent une nuance d'étroitesse d'idées, et ceux du mari une nuance dans le sens opposé; ces graphismes nous donnent l'un et l'autre deux types courants qu'il est important de bien observer.

FIG. 232. — CONSCIENCE LARGE.

Signes du Scrupule.

L'excès de la conscience conduit au scrupule. Il est reconnu que le

FIG. 233. — SCRUPULE.

scrupule est une véritable maladie de l'âme, surtout au point de vue religieux.

Le signe du scrupule est l'*s* fermé par un trait qui traverse en remontant, ainsi que dans le mot « souvenirs » de la figure 233.

La figure 234 est une variété de ce signe, unique en son genre : l'*s* est fait en sens inverse de la lettre normale, et vient se croiser avec un petit trait remontant que nous classons dans la manifestation du scrupule.

Ce genre d's rentre également dans la classification des gestes sinistrogyres. On a observé que cette sorte de signe se rencontre dans les graphismes de personnes ayant des ascendants dont l'équilibre cérébral laissait à désirer. Nous avons pu vérifier par nous-même l'exactitude de cette assertion. Ce genre de scrupules peut donc s'assimiler à l'inquiétude de l'esprit. Il rentre un peu dans la catégorie des cas pathologiques.

FIG. 234. — CONSCIENCE MALADIVE.

Conscience ouverte et généreuse.

FIG. 235. — CONSCIENCE GÉNÉREUSE.

LA conscience ouverte et généreuse est la source de la charité morale; elle n'a pas de fausses indignations ni d'injustes sévérités; elle s'efforce de voir les choses avec justice, et surtout avec une immense indulgence.

La figure 235 renferme un exemple d'a d'une rare originalité : ici le tracé suit la marche inverse de celui de la lettre normale. Par un trait détourné de sa direction pour aller en avant, la scriptrice lance en un long trait ce qui devrait être le retour de la lettre, c'est l'excès contraire à la manifestation de la figure 233. Nous y voyons la révélation d'une nature généreuse exceptionnellement; c'est pour nous le signe d'amétralement opposé à celui du scrupule. Ce long trait, de gauche à droite, marque encore un peu de combativité; combativité pour le bien sous toutes ses formes. Cette singulière lettre, se trouvant dans un graphisme où s'étalent tous les signes de l'intelligence, confirme notre opinion que cet s est l'indice d'une grande largeur de vues.

FIG. 236. — CONSCIENCE BIEN ÉQUILIBRÉE.

La figure 236 fournit un parfait exemple de conscience bien équilibrée, n'étant ni trop ouverte ni trop fermée. Ce scripteur est le mari de la scriptrice de la figure 235. Nos observations sur les s sont un complément d'information sur le moral mais ne peuvent servir de base à un portrait (1).

(1) Nous avons choisi nos exemples — pour cette partie si importante de la conscience — parmi des personnages ayant occupé les plus hautes charges de l'État.

SIXIÈME LEÇON
LES SIGNES DE LA MORALITÉ (*Suite*).

LES CARACTÈRES FAUX
Le Mensonge.

LA vérité est une, uniforme, unique ; le mensonge est multifacial et multicolore. Ainsi s'exprime la baronne Ungern-Sternberg au début d'un travail extrêmement fouillé qu'elle a fait paraître dans le *Journal de la graphologie*, sous le titre « Essai sur le mensonge » (1).

La baronne Ungern-Sternberg est une grande dame russe qui écrit notre langue comme beaucoup de Français voudraient pouvoir le faire. Elle a un esprit étincelant et une érudition universelle. Vice-présidente d'honneur de la Société de Graphologie, elle est une autorité en la matière.

Son ouvrage sur le mensonge est une œuvre de haute portée morale et philosophique.

Comme le dit avec juste raison la baronne Ungern-Sternberg, la question qui revient le plus souvent sur le tapis, quand on veut y voir clair dans l'âme de son prochain est : « Puis-je me fier à un tel ou une telle ? » C'est toujours cela qui prime dans le questionnaire qui vous est infligé. Question grave par cela même qu'on ne saurait, en bonne conscience, la trancher par un oui ou par un non.

Du reste, une âme bien née « franche et sans dol », s'ingénie afin d'accorder pour le moins à l'incriminé le bénéfice du doute. Enjambera-t-il le passage du mensonge, de la dissimulation à l'action foncièrement déloyale ?

« Dans le Faust de Gessing, le héros passe en revue sept diables présentés par Méphistophélès, et chacun de ces anges déchus s'empresse de décliner ses titres. Au gré de ses désirs fiévreux, Faust les juge tous trop lents.

Mais voici apparaître le démon créant l'occasion pour le passage du bien au mal. Et Faust de s'écrier : « Tu « es bien le diable qu'il me faut ! » Oh ! rien ne saurait dépasser la célérité vertigineuse de cette transmutation.

En effet, pour qu'on faillisse il faut que l'occasion facilite la tentation. Et si elle tarde à se présenter, un homme aux instincts déplorables continuera à passer pour intègre. Pour avoir louvoyé prudemment autour des limites extrêmes du code pénal, mainte canaille, couronnée de cheveux blancs, s'est vue comblée d'honneurs et de considération. »

Un collègue en graphologie nous avouait, un jour, s'être fait beaucoup d'ennemis en disant trop crûment ce qu'il voyait dans l'écriture des gens qui le consultaient.

La baronne Ungern-Sternberg nous donne un conseil pratique à cet égard : « Pris au dépourvu par des gens peu estimables et qu'il faut ménager cependant, recourons aux euphémismes, qui ont alors toute leur raison d'être, si bien que, tout en ne *froissant personne on peut rester dans la plus stricte vérité.* »

Les signes simples considérés isolément forment la substance de la graphologie au 1er degré.

Nous appellerons graphologie au 2e degré la recomposition des caractères au moyen de la combinaison des signes ; c'est ce qu'on nomme *les résultantes.*

Les Résultantes.

Nous sommes arrivés à un point où la clef des résultantes nous est indispensable pour parvenir à fouiller les replis d'une conscience humaine.

(1) Paru récemment en volume 150, boulevard Saint-Germain, à la Société de Graphologie.

M. Hans Busse, président de la Société graphologique de Munich, propose d'appeler *caractér logie* cette partie de la graphologie.

Les résultantes forment la partie supérieure de l'enseignement graphologique ; il faut connaître tous les éléments de la science, pour s'en servir, comme un chimiste le fait des produits qu'il mélange dans son laboratoire.

Depuis que nous avons commencé l'étude des signes particuliers, nombre de résultantes sont passées sous nos yeux sans que nous ayons attiré particulièrement votre attention sur ces associations de défauts et de qualités qui, combinés, forment un tout, une résultante.

Il est bon de nous reporter à ce que dit M. Crépieux-Jamin à ce sujet : « Dans les résultantes, les signes qui ont un rapport direct avec la sensibilité sont des *modificateurs* ; ceux qui réagissent contre cette faculté sont des *modérateurs* ; ceux qui l'exaltent, des *multiplicateurs*. » C'est en termes différents ce qu'avait déjà établi Michon dans sa méthode.

L'enseignement par l'exemple nous paraissant à tous les points de vue préférable, voici dans la figure 237 une première démonstration :

FIG. 237. — JALOUSIE.

L'écriture très couchée indique la grande sensibilité ; le crochet rentrant très affirmé est ici le signe *modificateur* ; cet élément d'égoïsme apporté à la sensibilité donne comme résultante la *jalousie*. En effet, un cœur passionné qui est égoïste, n'admet pas l'ombre d'un partage dans l'affection qu'il a la prétention d'inspirer. De plus, de nombreux traits secs et droits commençant les lettres — même le *d* — annoncent la combativité ; ces trois éléments combinés forment un tout complet :

1° Écriture très couchée — sensibilité excessive ;

2° Crochets rentrants accentués — égoïsme ;

3° Traits secs commençant *m* et *d* — combativité.

Résultante :

Tendance à faire des scènes de jalousie.

FIG. 238. — LE DEVOIR COMBATTANT L'INCLINATION AU PLAISIR.

Dans l'exemple 238, nous avons tous les signes d'un cœur passionné, écriture couchée et mouvementée, écriture très grasse — signe de sensualité ; finales recourbées — signe d'accaparement.

Il y a dans ce graphisme tous les éléments qui révèlent une nature de viveur, mais c'est ici qu'intervient le signe *modérateur* que nous trouvons dans le *v* du sentiment du devoir.

1º Écriture très couchée — sensibilité;

2º Écriture mouvementée — agitation;

3º Écriture grasse — sensualité;

4º Finales recourbées — accaparement;

5º *v* minuscule couvrant le mot — sentiment du devoir.

Résultante :

Tempérament de viveur contenu par le sentiment du devoir. Par suite, personnalité ne manquant pas de mérite.

FIG. 239. — PASSION EXALTÉE.

Le troisième exemple est encore le graphisme d'un passionné : écriture très couchée et très mouvementée, *t* sans barre, graphisme pâteux; et enfin lettres grossissantes : c'est là le signe *multiplicateur*.

1º Écriture très couchée — sensibilité exagérée;

2º Écriture très mouvementée — grande impressionnabilité;

3º *t* sans barres — facilité à être influencé ou entraîné;

4º Traits pâteux — inclinations matérielles;

5º Lettres grossissantes — absence de jugement et tendance à l'exaltation.

Résultante :

Nature passionnée jusqu'à l'exaltation.

Nous pourrions multiplier ces exemples à l'infini; mais au cours de l'étude très compliquée des signes du mensonge, nous aurons de nombreuses résultantes à établir.

Mensonge par Faiblesse.

L'OPPRESSION est parfois l'origine du mensonge.

L'être faible qui veut déjouer son tyran se sert de la ruse pour le tromper et s'affranchir au moins momentanément de son joug.

Il est à remarquer que dans la nature l'être faible est quelquefois le moins bon; la force engendre souvent la bonté parce qu'elle donne la sécurité.

Chacun a pu éprouver qu'un gros chien est bien meilleur qu'un petit roquet.

Dans la figure 240 se trouvent résumés les signes les plus généraux du mensonge, c'est-à-dire la terminaison filiforme des mots et la *sinuosité des lignes*. Voilà deux caractéristiques absolument fondamentales du mensonge.

C'est maintenant qu'il est bon d'observer que le graphisme que nous avons sous les yeux ne révèle pas une mauvaise nature, mais une faiblesse complète; en effet, les majuscules sont liées aux mots — signe de dévouement;

mais les *t* ne sont généralement pas barrés ou le sont si faiblement, que c'est à peine si on peut distinguer les barres. De plus, l'irrégularité excessive de l'écriture indique le nervosisme, et la direction descendante la dépression

Nous avons reçu votre aimable invitation pour la noce d'Ernest. Ma femme et moi nous nous ferons un plaisir d'y assister. Joséphine est très contente, il y a si longtemps qu'elle n'a vu Caroline !!

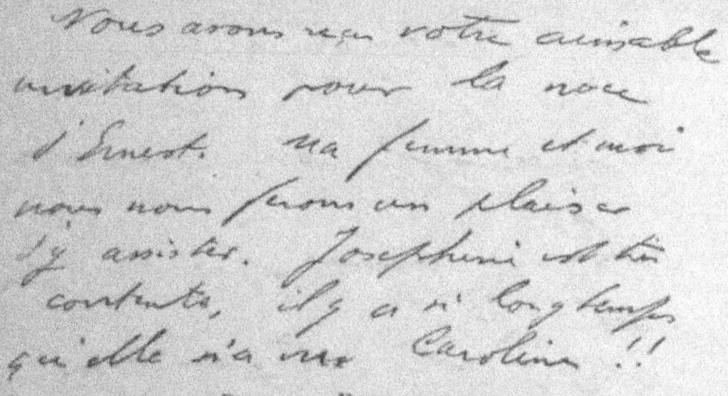

FIG. 240. — MENSONGE MALADIF.

physique, impression confirmée par les empâtements de quelques lettres dans un tracé généralement grêle.

Le scripteur est évidemment un être bon, mais maladif et faible, habitué à être dominé, et se tirant d'affaire par la ruse.

Son mensonge est presque excusable.

La figure 241 montre un graphisme

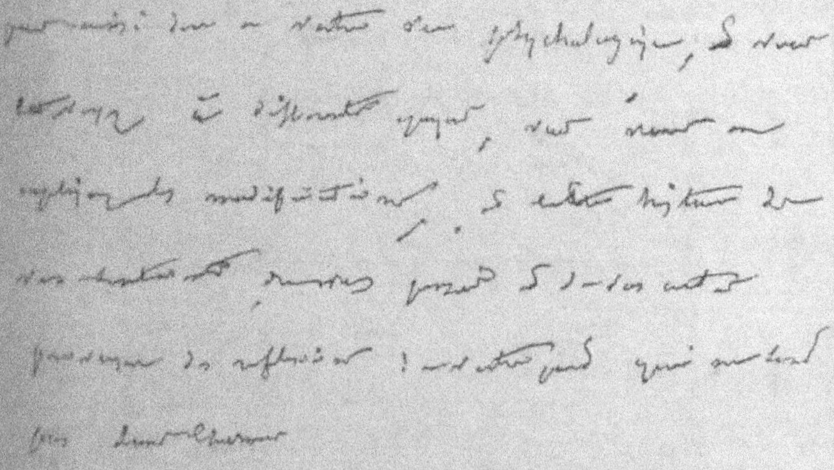

FIG. 241. — MENSONGE MÉCHANT.

sinueux, encore plus que gladiolé; on peut y reconnaître tous les signes du nervosisme qui excite plutôt qu'il ne déprime le moral. Ici les *t* sont tous barrés — signe de volonté, mais avec des barres montantes qui annoncent l'amour de la discussion et même de la chicane. Le mensonge ne procède donc pas ici de la faiblesse, mais du mauvais caractère.

La figure 242 est le graphisme d'une des plus complètes menteuses que nous ayons rencontrées. Elle pousse le mensonge jusqu'au génie, pour la complication des inventions et de la mise en scène. Aussi l'imagination joue un grand rôle dans ce mensonge; les *d* avec larges boucles

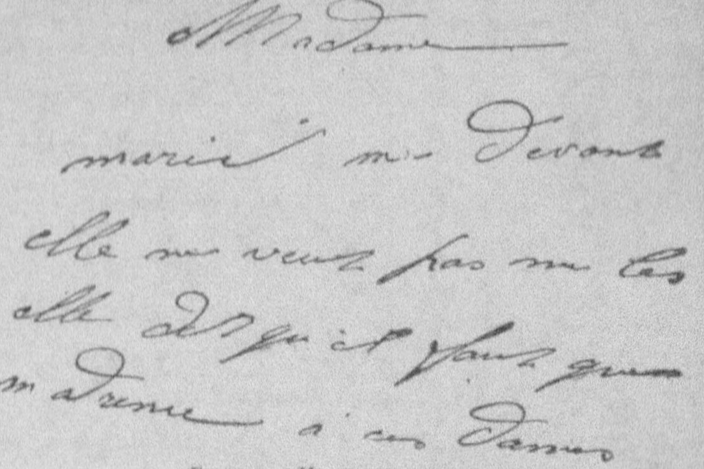

FIG. 242. — MENSONGE IMAGINATIF.

en sont un témoignage. Il est bon également de faire la part de l'état pathologique que tout révèle mauvais; la première ligne qui monte, tandis que les suivantes dégringolent, les boucles empâtées, le tracé tremblé, révèlent un état nerveux qui peut se traduire par le mot hystérie. Dans ce cas, le mensonge est vraiment maladif.

Signes de la Ruse.

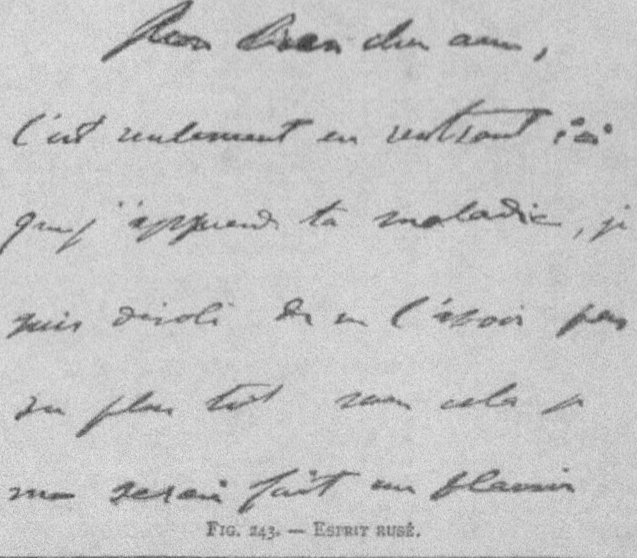

FIG. 243. — ESPRIT RUSÉ.

Le rusé ne se contente pas de mentir; il met son mensonge en action. Par suite, aux signes que nous avons étudiés précédemment il faut ajouter un large élément d'intelligence. Ceci nous rappelle un mot d'une domestique arrivant de la campagne :

« Je suis trop bête pour savoir mentir, » disait-elle. Il y a toujours beaucoup d'habileté dans la ruse.

La figure 243 montre bien, par l'air qui circule entre les lignes, une intelligence claire, par les barres de *t* placées en avant de la lettre, une idéation rapide, par la sobriété des traits, une intelligence cultivée, en sorte que le gladiolement accusé et la sinuosité exagérée, associés à cet entourage de signes qui dénoncent l'intelligence, deviennent de la ruse.

Signes de la Finesse rusée*.

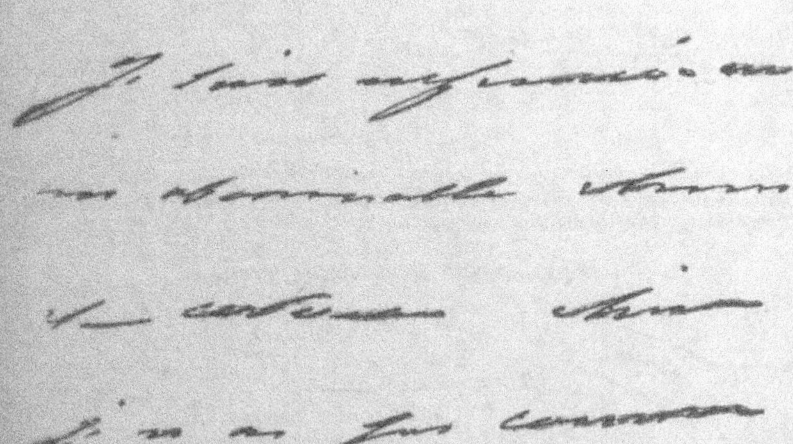

Fig. 244. — Finesse rusée.

Le graphisme 244 présente la disposition gladiolée, mais avec des lignes parfaitement droites, et tous les signes d'une grande intelligence.

De plus, il est bon de remarquer dans le mot *cerveau* le *v* du sentiment du devoir très affirmé. La résultante produite par ces différents signes est incontestablement la révélation d'un esprit qui pousse la finesse jusqu'à la ruse, mais qui ne transporte pas cette ruse dans ses actions.

Signes de l'Insaisissabilité.

Il est difficile de trouver un exemple plus complet d'écriture filiforme, c'est-à-dire où les mots sont terminés par un simple trait, que la figure 245; au lecteur de deviner s'il peut. C'est le signe de l'insaisissabilité.

L'esprit est tellement prompt dans ses manifestations qu'il ne prend pas le temps de compléter ses idées.

L'imagination est si développée

dans cette nature qu'elle emporte tout sur les ailes de la fantaisie ; le gra- phisme est tout à fait remarquable par sa légèreté, et les *d* minuscules par

FIG. 245. — INSAISISSABILITÉ.

eurs envolées en forme de volute. Ces différents signes donnent comme résultante la révélation d'une coquette impénétrable et insaisissable, n'ayant qu'une soif ardente d'hommages, mais aucuns besoins affectifs.

Mensonge par Exagération.

FIG. 246. — MENSONGE PAR EXAGÉRATION.

Ce graphisme montre une variété plus fréquente qu'on ne pense ; c'est le menteur de bonne foi, qui voit tout à travers une loupe et raconte les choses telles qu'il les voit ; néanmoins son récit diffère totalement de la vérité ; mais c'est la faute de son sens visuel et non de son absence de véracité. Observez l'écriture mouvementée, presque échevelée, les finales grossissantes à côté d'autres gladiolées, l'énorme *s* du mot *sérieusement* qui annonce l'imagination gracieuse, mais développée à l'excès, le renflement sensuel de quelques lettres, enfin l'ensemble du graphisme qui est absolument typique d'exagération.

Mensonge par Hâblerie.

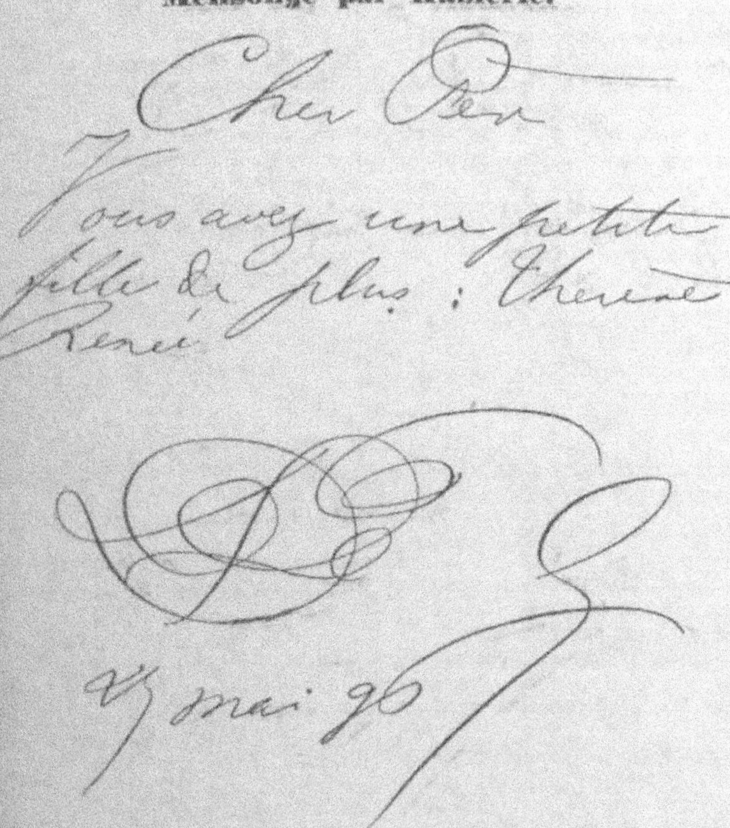

FIG. 247. — MENSONGE PAR HÂBLERIE.

Voici maintenant le hâbleur qui enchevêtre ses traits et les multiplie à plaisir, surtout vers la partie supérieure, domaine de l'imagination. C'est le graphisme de l'homme qui s'étourdit de ses propres paroles, il parle pour parler, et, comme il faut bien dire quelque chose, il mêle le vrai et le faux au hasard de ce qui passe par sa tête assez peu solide.

Il y a encore celui qui, sans être menteur, éprouve le besoin de tout enjoliver, de broder ses récits de faits faux plus ou moins ouvragés. La trace de ce goût de l'accessoire se trouve dans les *o*, les *a*, les *d* où le centre de la boucle est occupé par des traits illustrant le blanc. La figure 247 montre l'*a*, le *d* ayant un double trait dans la boucle qui rentre dans ce mouvement de complication. Nous devons la connaissance de ce signe à Mme Duranthon.

Signes de la Dissimulation.

Lᴀ baronne Ungern-Sternberg s'est constitué depuis longtemps une collection d'autographes des individualités complexes.

Aussi les écritures renversées n'ont plus de secrets pour elle; elle leur attribue comme signification principale la *contention*, c'est-à-dire le désir et la recherche de la maîtrise de soi; le fruit de ses expériences et de ses recherches patientes lui ont fait acquérir la certitude *que plus l'écriture renversée penche à gauche, moins grande est la capacité du scripteur à se surveiller et à se dominer*; elle nous donne la recette très simple pour percer à jour le mur que ce genre de scripteur cherche à mettre entre le public et lui. Il suffit de retourner à droite l'écriture soumise à notre scalpel, pour lui faire divulguer son secret mal gardé.

Ceux qui exagèrent le redressement visent à la maîtrise d'eux-mêmes et n'y arrivent pas ; leur masque d'impassibilité tombe à la première impression vive. « Ils essayent de donner le change sur la note sensible qui demeure la même au fond, non altérée, malgré les dehors froids dont ils font parade. »

La figure 248 montre un graphisme

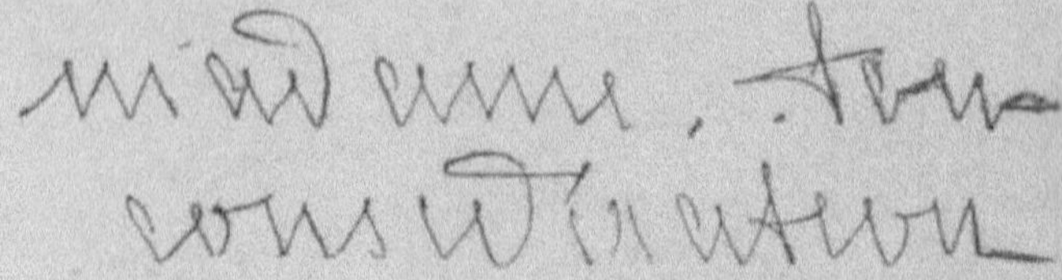

grêle, anguleux et renversé, avec des *o* et des *a* très largement ouverts. Le cœur, nativement sensible et expansif, a dû se redresser sous l'empire d'une profonde déception, aussi dans ce redressement pourrons-nous voir à la fois une attitude de défiance et de défense.

La figure 249 est une écriture de jeune fille, chez laquelle l'intelligence l'emporte sur toutes les autres facultés; l'*a*, le *d* et l'*o* du mot *Mademoiselle*, largements ouverts tout en étant bouclés indiquent que notre sujet a son franc parler — permis sans doute par sa situation, — mais qu'elle croirait déroger si elle avait un moment d'expansion ou d'abandon.

Il faut observer cette espèce de boucle qui remplit en quelque sorte l'ouverture de la lettre, c'est la manifestation d'une grande puissance de dissimulation. Nous devons l'interprétation de ce signe à notre éminente collègue, Mme Duranthon, élève de Michon.

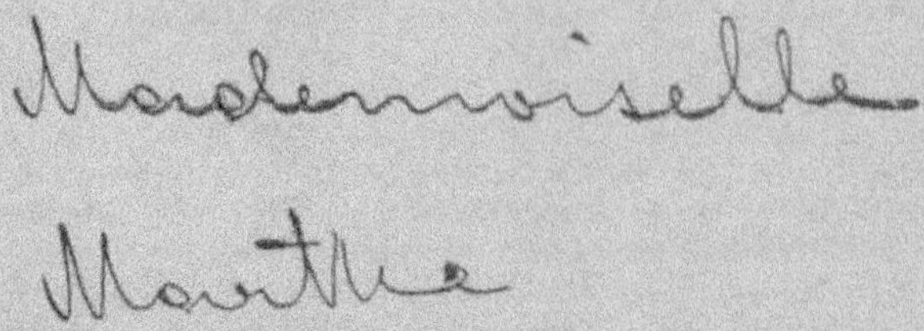

La figure 250 présente un graphisme d'une originalité sans exemple.

Ces traits contournés et bizarres, ces queues fortement massuées, ces pleins et aussi ces lettres séparées les unes des autres indiquent bien une nature passionnée, imaginative et ardente qui fait de grands efforts pour maîtriser sa nature, que tout fait supposer indomptable.

Mr. Wallis says
when you send
three money for
Edgar will you

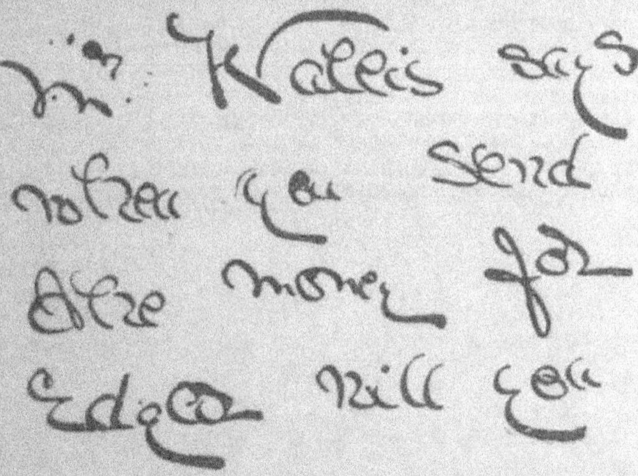

Fig. 250. — Type d'écriture verticale.

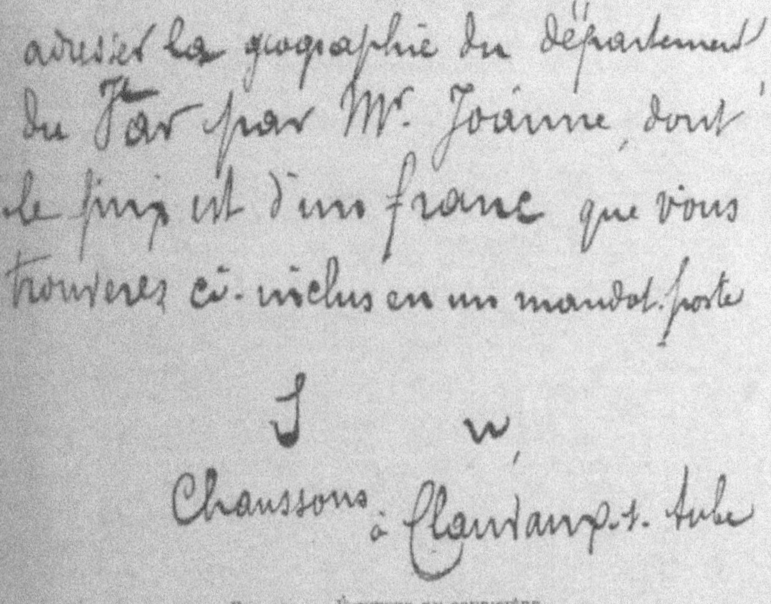

adresser la géographie du département
du Var par Mr. Joanne, dont
le prix est d'un franc que vous
trouverez ci-inclus en un mandat-poste
J. W.
Chaussons

Fig. 251. — Écriture en souricière.

Ainsi que Mme Ungern-Sternberg vient de nous l'apprendre, l'écriture renversée est celle des gens qui cherchent à se rendre maîtres d'eux-mêmes sans y parvenir, tandis que l'écriture verticale dit, seule, la maîtrise de soi à son apogée. « Aussi, ajoute-t-elle, on la quitte avec bonheur dans les lettres intimes où la contrainte n'est pas de rigueur. Pour déchiffrer l'attitude impassible de ce graphisme, il importe donc particulièrement de rechercher des documents multiples et surtout une lettre confidentielle qui puisse nous renseigner sur le degré de sensibilité du scripteur. »

« *Toute écriture verticale est une écriture artificielle*; aussi l'écriture verticale n'est-elle pas le début du mensonge, mais bien une dissimulation supérieure. »

Armés de ce renseignement, enga-

Pour ceux qui on vus pas

Dernierement a la reception

Harmonie Nautique par la popula

Dijonnaise, nous avons ete

arrivee le long du cortege

tempete de fleurs. —

FIG. 252. — CONTENTION.

geons-nous dans le dédale des écritures verticales ou artificielles, c'est-à-dire fabriquées avec soin et ne répondant nullement aux mouvements spontanés de l'âme.

La figure 251 est le graphisme d'un détenu; les traits rigides disent un caractère fermé; la direction verticale, la maîtrise de soi; les *a* ouverts en arrière et bouclés par-dessus ont une forme appelée *souricière*.

Ce titre est explicite : la souricière n'est faite que pour prendre les souris; le scripteur n'est expansif qu'avec les étrangers et pour mieux prendre ses dupes.

Comme il est facile de s'en convaincre, le mensonge ne se reconnaît pas exclusivement dans les traits sinueux et filiformes, pas plus que l'égoïsme dans le crochet rentrant. Le signe simple se rencontre surtout dans l'être simple et rudimentaire. L'être civilisé c'est-à-dire cultivé est par suite complexe; les éléments qui composent son être moral sont donc complexes comme lui, réunion d'éléments très divers, très alambiqués, très combinés. C'est un vrai travail de chimiste qu'il faut faire pour déterminer chacun de ces éléments et leur donner à tous leur part d'action dans l'ensemble.

La figure 252 offre un étrange graphisme: avec des airs simples, pas une lettre n'est naturelle. A remarquer surtout les *d* des mots *dernièrement* et *Dijonnaise*, qui, par leur forme étrange, apportent une note d'originalité à la contention de ce caractère.

L'écriture verticale et tous les *o* et les *a* hermétiquement fermés annoncent dans cette écriture — relativement supérieure — une dissimulation savante ; les petits enroulements de toutes les lettres révèlent une vanité de tous les instants qui pose pour l'humilité.

La figure 253 est certainement un des plus extraordinaires graphismes que nous ayons encore vus ; il s'y trouve un rare degré de bizarrerie voulue ; les *g* surtout affectent des formes de gothique flamboyant bien amusantes. Le scrip-

Mon fils est maintenant un grand
sans nounou ; les nuits sont
quelquefois dures. Les deux gran-
passions de mon fils sont : les
ges et surtout les crayons au

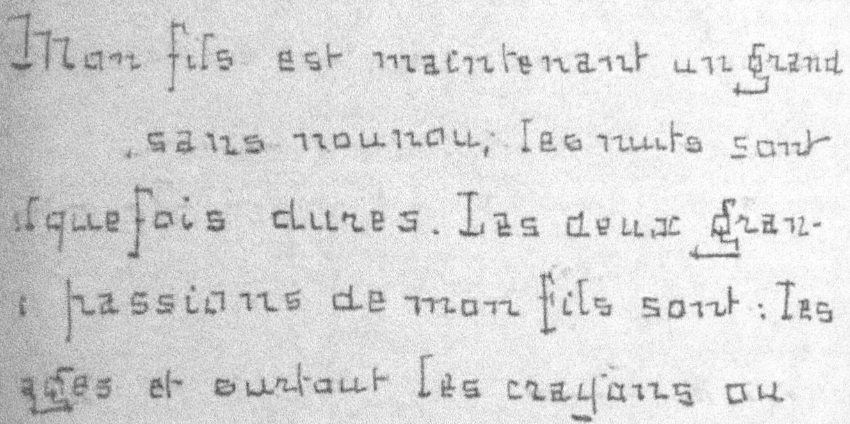

Fig. 253. — Impénétrabilité poseuse.

teur a trouvé le moyen de tracer tous les caractères de l'alphabet avec des carrés, pas une courbe, mais des angles droits partout. Il ne peut donc être question ici de lettres ouvertes ; la porte de cette âme est plus que fermée, elle est murée par le besoin presque maladif d'agir autrement que les autres. Nous espérons — particulièrement pour lui — qu'il possède une autre écriture ; il est même impossible qu'il en soit autrement.

Permettez, que la reconnaissance
me mette la plume à la main pour vous
offrir, à ce renouvellement d'année, mes
meilleurs vœux pour la prospérité de vos
affaires et votre bonne santé.

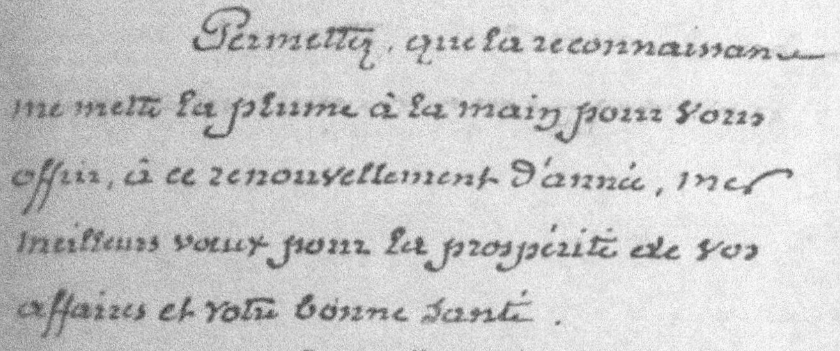

Fig. 254. — Nature murée.

La figure 254 nous montre aussi le graphisme d'une nature absolument murée. Dans ces caractères si bien tracés, si uniformes, dans ces *o* et ces *a* dont quelques-uns si rigidement fermés, comment trouver un indice révélateur des sensations intimes de l'âme ? Il est évident que ce scripteur, comme le précédent, doit avoir une écriture toute différente pour son intimité.

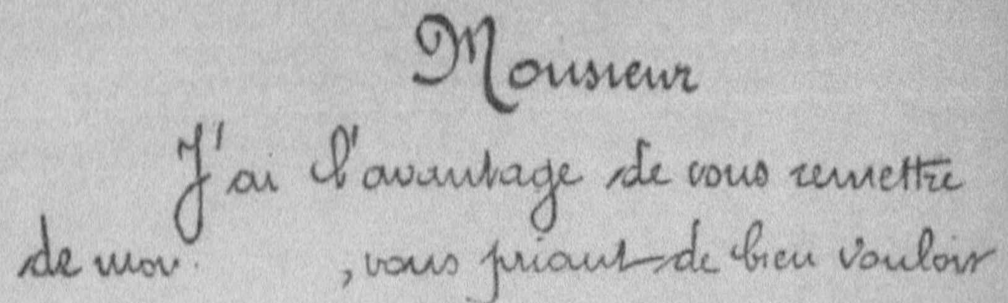
Monsieur
J'ai l'avantage de vous remettre
de moi , vous priant de bien vouloir

Fig. 255. — Écriture officielle.

La figure 255 a l'apparence d'une écriture officielle et ne livrant en rien le secret du scripteur. Mais un petit trait droit et inutile se trouvant avant le *d*, dénote un esprit de querelle et même de chicane qui se cache sous un air placide.

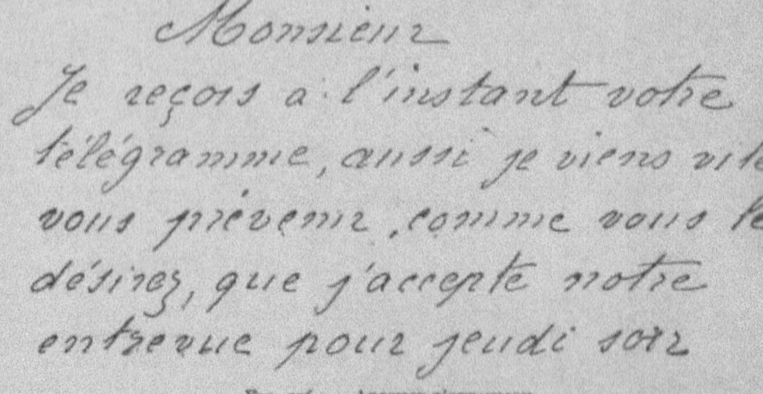
Monsieur
Je reçois à l'instant votre
télégramme, aussi je viens vite
vous prévenir, comme vous le
désirez, que j'accepte votre
entrevue pour jeudi soir

Fig. 256. — Absence d'expansion.

La figure 256 est plus penchée que les précédentes, mais par son allure officielle, par l'extrême égalité de son tracé, par ses *o*, ses *a* et ses *d* strictement fermés elle se rattache aux écritures verticales. Elle est un type d'impénétrabilité absolue avec des lettres de formes tout à fait normales, ce qui ajoute de la valeur à la signification de ce mutisme.

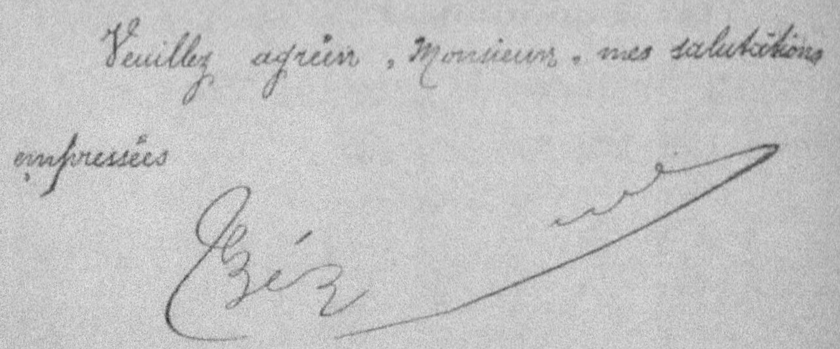
Veuillez agréer, Monsieur, mes salutations
empressées

Fig. 257. — Signature différente du texte.

Signature différente du texte.

LA baronne Ungern-Sternberg nous dit que « cette différence confirme l'axiome illustré par Goethe dans Faust et par Daudet dans Tartarin, à savoir que deux âmes qui jurent se partagent parfois la même carcasse humaine. Cela prouve en outre l'importance énorme qui s'attache au paraphe pour divulguer le fin fond d'un caractère. »

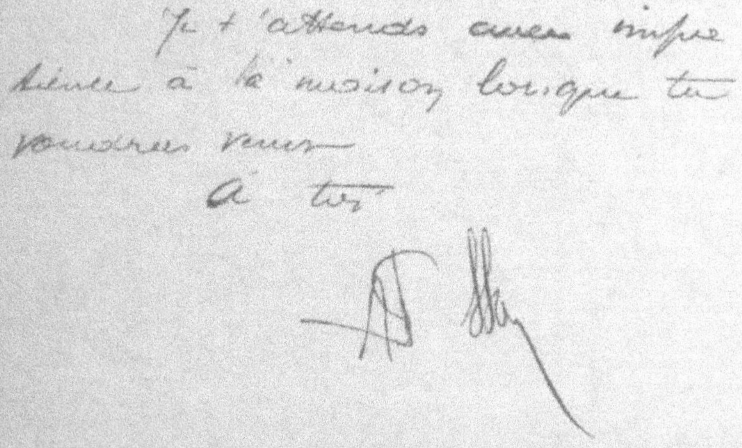

FIG. 258. — FAUSSE BONHOMIE.

La figure 257 est un bon exemple de cette dualité dans la personnalité. Elle a été tracée par un pensionnaire de Clairvaux, tandis que la figure 258, beaucoup moins accusée, nous révèle seulement un faux bonhomme.

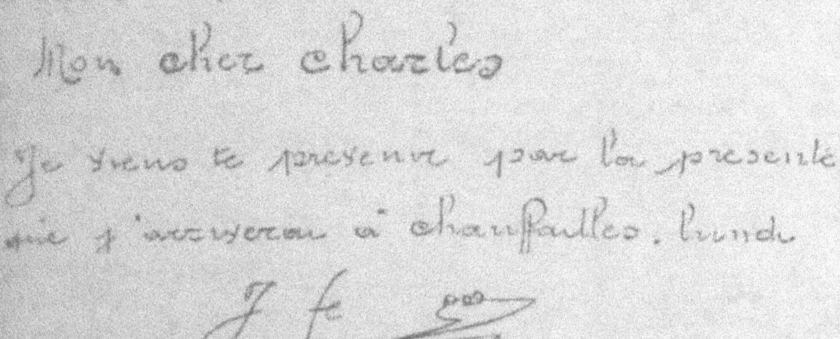

FIG. 259. — DISSIMULATION RÉFLÉCHIE.

Dans la figure 259 non seulement la signature est différente du texte mais l'écriture est verticale ; de plus les boucles rajoutées à tous les jambages révèlent l'inquiétude de laisser percer le mouvement spontané et la préoccupation constante de contenir l'élan de ce mouvement. C'est la manifestation d'une dissimulation de tout instant, profondément réfléchie, qu'il ne faut pas confondre avec le désir du perfectionnement.

L'Hypocrisie *.

Lᴇ mensonge consiste à dire le contraire de la vérité, il y entre souvent une grande part d'imagination.

La dissimulation, — beaucoup moins coupable, — ne fait que cacher les sentiments.

Mais l'hypocrisie, raffinant sur le tout, se pare de vertus absentes ; c'est

Fɪɢ. 260. — Hʏᴘᴏᴄʀɪsɪᴇ.

la tromperie par excellence, c'est le mensonge en action. Pour l'excuser, on dit que c'est un hommage rendu à la vertu ; elle n'en reste pas moins le plus antipathique des défauts.

Le triomphe de la graphologie est

Fɪɢ. 261. — Fᴏᴜʀʙᴇʀɪᴇ.

de pouvoir découvrir l'hypocrite malgré le masque épais sous lequel il se cache.

Le signe auquel il se reconnaît est l'o et l'a ouverts par le bas ; cette disposition se rencontre surtout dans l'o (1).

La figure 260 montre l'exagération

(1) Ce signe a été découvert par Michon et confirmé par M. Adrien Varinard, son ami et son continuateur.

de ce signe, surtout dans les mots *Monsieur*, *honneur*, *octroi*, etc., où la lettre est faite absolument à l'encontre de la forme normale.

Dans la figure 261, la même disposition se retrouve, complétée par des mots fortement gladiolés. Ces deux signes de ruse et d'hypocrisie se fortifiant l'un l'autre donnent comme résultante la *fourberie*.

FIG. 262. — HYPOCRISIE MALADIVE.

La figure 262 montre un graphisme très supérieur aux deux autographes précédents; aussi l'hypocrisie s'y trouve-t-elle si habilement dissimulée, qu'il faut une attention soutenue pour en trouver la trace. Les *a* sont très normalement faits et même ouverts; mais les *o* présentent une étrange anomalie; ils ont presque tous la forme d'une poire, comme dans le mot *vous*, tandis que l'o retourné se trouve dans les mots *envoyer* et *pour*. Les traits tremblés de l'ensemble du graphisme nous donnent à penser que le scripteur doit être un malade, d'un caractère excessivement original, d'une nature loyale primitivement, avec des accès intermittents et sournois d'hypocrisie qu'il faut peut-être rattacher à l'état pathologique.

Signes de la Tendance au Vol.

Nous entrons ici dans une question si grave que ce n'est qu'en tremblant que nous osons nous y aventurer. Aussi nous tenons à dire avant tout que jamais nous ne nous permettrons d'affirmer : « Voici l'écriture d'un voleur ou d'un assassin. » Nous nous contentons de reconnaître les *tendances* pouvant entraîner au crime; ces réserves indispensables formulées, nous croyons ne pouvoir mieux faire que de citer encore M. Crépieux-Jamin, qui nous apprend la *résultante de l'escroquerie*, dans la troisième édition de l'*Écriture et le Caractère*, page 321 :

« Mensonge
« Égoïsme   Escroquerie. »
« Imagination

Dans son *Essai sur le mensonge*, la baronne Ungern-Sternberg ajoute, pages 22 et 23 : « Citons encore, pour être au grand complet, les résultantes bien connues et bien avérées de Crépieux-Jamin :

Mots gladiolés — finesse   Diplomatie
Écriture sinueuse — sou-   ou
    plesse d'esprit   mensonge.

« Mensonge
« Égoïsme   Vol.
« Hypocrisie (o ouvert en bas)

Écriture ronde — douceur, faiblesse — penchée — sensibilité } Manque de conscience ou plutôt manque de force de résistance morale. »

J'y joins la résultante suivante, souvent pathologique :

Grande sensibilité
Imagination } Entraînement au mensonge.
Sentiment

Comme de raison, ces trois facteurs sont inégalement répartis. Tantôt c'est le sentiment qui a le dessus, tantôt c'est la sensibilité qui broche sur le tout ; d'autres fois, l'imagination s'en donne à cœur joie. Mais il est de fait que la réunion de ces trois éléments simples finit toujours par produire une rupture de l'équilibre moral qui porte atteinte à la sincérité.

M. Léonce Vié conseille d'ajouter un élément pour compléter le milieu favorable à l'éclosion du vol, c'est la *cupidité*.

Quant à nous, nous avons maintes fois expérimenté qu'un des signes les plus inquiétants au point de vue de l'honnêteté, c'est l'o ouvert dans le bas.

Plus ce signe d'hypocrisie est caché, plus il est redoutable ; il se trouve trop souvent dans des écritures claires, nettes, faites pour inspirer la confiance. Il est surtout grave lorsqu'on le rencontre dans l'écriture d'un caissier. C'est le graphisme de l'homme qui a toutes les apparences de l'intégrité, et qui machine son vol avec des raffinements d'habileté, des ruses patientes d'Apache.

FIG. 263. — ABSENCE D'HONNÊTETÉ.

La figure 263 est le graphisme d'une caissière convaincue d'infidélité. Vous pouvez voir à quel point l'écriture est nette, claire, ordonnée, donnant pour ainsi dire toutes les caractéristiques de l'honnêteté. C'est seulement en regardant à la loupe, que nous pourrons voir qu'elle a tracé à l'envers les o des mots *voir* et *vous*. Cet indice si léger est toute une révélation. Il est évident que le manque d'honnêteté de notre sujet est bien plus redoutable que celui de la figure 260, beaucoup plus grossier, dont la malice, par suite, est cousue de fil blanc ; tandis que celui-ci — dans son raffinement — ne peut être découvert que par des yeux exercés.

Ne quittons pas cette écriture sans observer la façon très particulière dont est fait le *d* du mot *de* et l'*a* du mot *amitié* ; ils sont révélateurs l'un et l'autre de cet égoïsme, aussi profond qu'il est caché tout comme le signe précédent. Il est, du reste, fort logique que le signe qui annonce l'hypocrisie soit difficile à saisir. Relevons également les finales légèrement gladiolées.

Tout, dans ce graphisme, est dosé avec des proportions absolument délicates. Cette écriture nous fournit une démonstration dont nous allons décomposer la résultante :

1° Mots gladiolés — finesse ; 2° Enroulements concentriques — égoïsme ; 3° o faits à l'envers — hypocrisie ; 4° Écriture arrondie — douceur, faiblesse ; 5° Écriture penchée — sensibilité ; 6° *t* manquant souvent de barres dans le reste de la lettre — manque de force, de résistance morale et facilité à être influencé.

Résultante : vol.

Inclus sur mandat de
les Œuvres de

Boileau

La figure 264 répond aux indications précédentes : le graphisme
est couché, les volutes des *d* sont
très développées, et le renflement
des lettres extrêmement marqué.
Nous y ajouterons différentes observations caractéristiques, surtout les points de la signature,
signe de défiance, et le lasso
entièrement indépendant du nom,
signe d'intrigue ; ce lasso particulièrement bien tracé dit encore
l'habileté manuelle.

A l'aide de tous ces traits réunis
nous arrivons aux présomptions suivantes : le scripteur ayant des appétits
de viveur très développés, étant sans
doute dans l'impossibilité de les satisfaire, éprouva un sentiment d'envie terrible contre ceux qui pouvaient jouir.

FIG. 264. — TENDANCE AU VOL.

Entraîné d'abord au mensonge, il l'a
été ensuite au vol, par esprit de con-
cupiscence ; doué d'une rare habileté
de main, il devait être un remarquable
pickpocket. Si nous nous permettons
ces graves déductions, c'est que cet
autographe arrive directement d'une
maison centrale.

L'Intrigue.

Monsieur de la   , l'expression

les plus respectueux.

LE signe de l'intrigue doit
nécessairement trouver
sa place ici, car il procède à la
fois du mensonge et de l'hypocrisie, puisque ses menées
sont généralement secrètes et
déloyales.

L'intrigue est caractérisée
par un lasso compliqué entièrement indépendant du
nom comme nous venons de
le voir dans la figure 264, mais
il méritait une place à part.

FIG. 265. — INTRIGUE.

Dans l'exemple 265 il vient à la suite d'un graphisme vertical renfermant une foule de lettres en souricière, ce qui annonce un intrigant ayant une forte tête, n'agissant jamais qu'à coup sûr, pour mieux prendre ses dupes.

L'intrigue n'est pas toujours déloyale, elle est le plus souvent de l'habileté ; on assure que la plupart des femmes ont le génie de l'intrigue. Tout dépend donc du milieu où s'épanouit le lasso indépendant de la signature.

Signes de la Défiance.

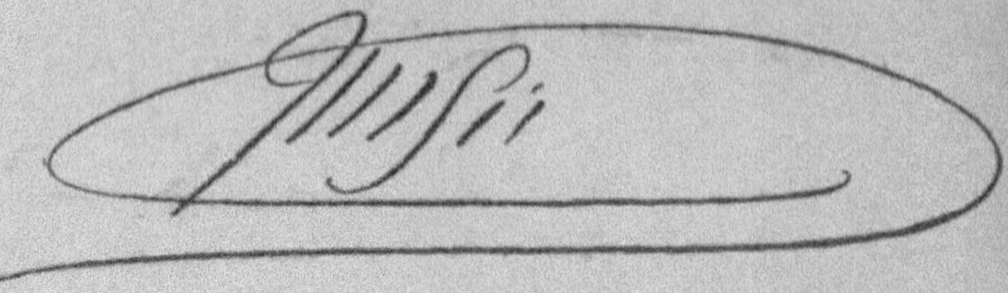

FIG. 266. — TRAIT DU PROCUREUR.

APRÈS avoir passé en revue tant de graphismes dangereux, voyons les défiants qui se mettent en garde contre les scripteurs précédents.

Le trait du *procureur* est une des manifestations les plus logiques de la défiance ; elle consiste à prolonger la finale du mot qui termine la ligne, afin qu'il ne reste pas de blanc dans cette ligne, et qu'on ne puisse y intercaler un mot. Il faut se garder de confondre ce prolongement du trait avec le signe de la générosité, que nous étudierons ultérieurement. Le signe qui nous occupe ne se trouve qu'à l'extrémité des lignes, et non pas dans le corps de la ligne.

Dans la figure 266, cette manifestation de défiance est renforcée par le paraphe en colimaçon.

FIG. 267. — TYPE DE PARAPHE DE DÉFIANT.

Nous avons déjà rencontré ce paraphe pour l'égoïsme familial. En effet, ce genre d'égoïsme tient la porte de sa maison hermétiquement fermée, autant par défiance que par désir de ne rien partager avec son voisin. Le large enclavement de la figure 267 est un remarquable exemple de ce qui précède.

Un autre signe de défiance très caractéristique est un point après la signature ; il semble être comme un tour de clef donné à la personnalité.

Lorsque ce signe se trouve dans une signature dont le paraphe est enclavant, il prend naturellement une bien autre force, comme dans la figure 268.

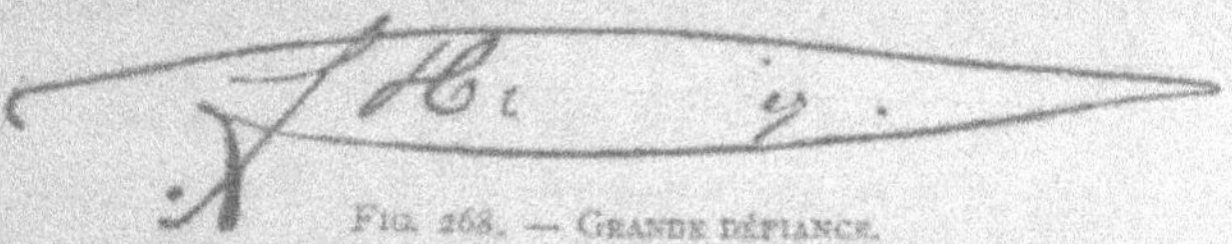

FIG. 268. — GRANDE DÉFIANCE.

La figure 268 est le graphisme d'un défiant qui se défend contre l'intrusion des étrangers avec bien plus d'énergie que le précédent, dont l'enclavement est une courbe, tandis que le sien est un angle.

La signature est gardée, au commencement et à la fin, par un point; mais en outre, l'éperon très aigu qui constitue le paraphe se dirige vers la droite comme pour repousser ceux qui veulent s'approcher.

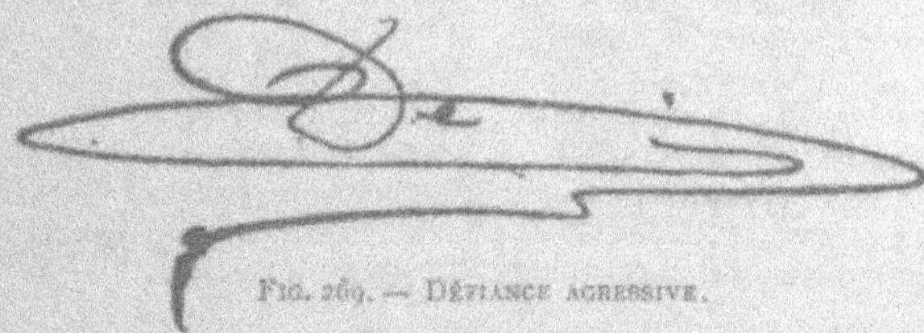

FIG. 269. — DÉFIANCE AGRESSIVE.

La figure 269 offre la même disposition avec un paraphe fulgurant, indiquant que le défiant a de plus un caractère atroce : sa défense est agressive.

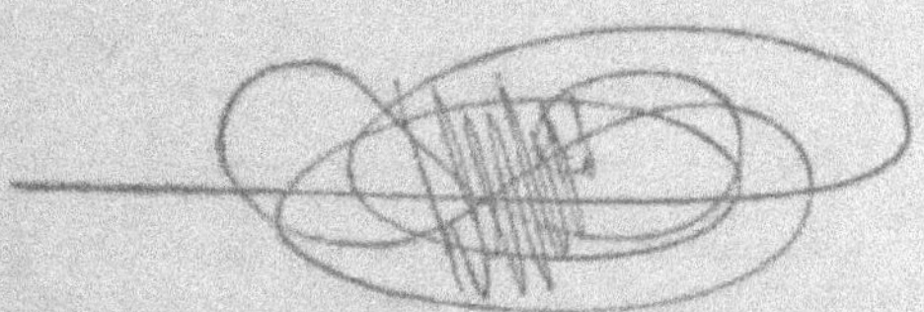

FIG. 270. — TYPE DE PARAPHE EN GRILLAGE.

Cette nouvelle manifestation de la défiance est bien particulière. Ce genre de scripteur ne se contente pas de se mettre à l'abri derrière une enceinte fortifiée, il lui faut encore un grillage qui le défende complètement du reste des humains. La figure 270 défend si bien la signature par ses mille enlacements qu'il est impossible de lire le nom.

FIG. 271. — DÉFIANCE OBSTINÉE.

La figure 271 a des mailles moins fines que la figure 270, mais le scripteur a compliqué ses moyens de défense par un trait concentrique en avant, qui dit l'obstination dans la défense, et il y ajoute — par surcroît — un point.

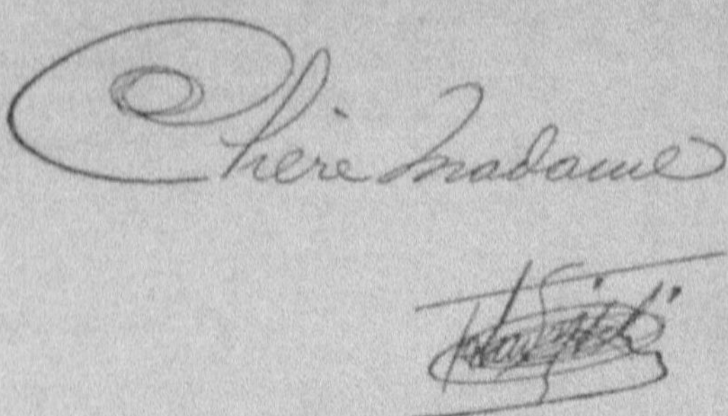

FIG. 272. — DÉFIANCE VANITEUSE.

La figure 272 est encore plus originale. Le scripteur a comme la vanité de sa défiance; le *C* majuscule est fantastique d'exagération et d'enroulement. Pénétré de l'importance de sa personnalité, il prend des précautions minutieuses pour la préserver; chacune de ces manifestations est bien réfléchie, car le nom est encadré par deux traits, signe d'égoïsme raisonné, puis un grillage à mailles très serrées vient recouvrir le tout.

L'araignée tisse ses fils afin de prendre le plus de moucherons possible; beaucoup d'humains agissent comme l'araignée.

FIG. 273. — TYPE DE PARAPHE ARACHNÉIDE.

La figure 273 fait penser à un truc fantastique qui a été présenté à l'admiration des Américains :

Un barnum, en mal de nouveauté, a imaginé de montrer une immense toile d'araignée, au centre de laquelle se tenait la bête, — digne par ses dimensions des animaux de l'Apocalypse, — des pattes velues de l'animal émergeait le corps d'une jeune et jolie femme!

Ce gracieux nom d'*Irène* sortant des enchevêtrements du paraphe nous paraît symbolique, tout comme l'invention de l'Américain.

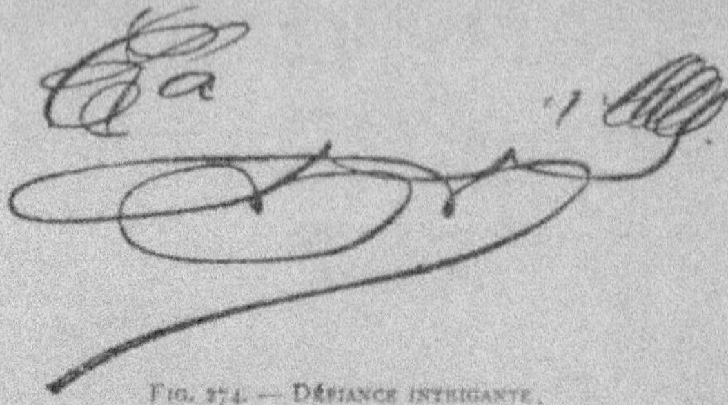

FIG. 274 — DÉFIANCE INTRIGANTE.

La figure 274 montre la toile d'araignée placée en avant du nom comme un bouclier pour le préserver; le fil se prolonge ensuite en lasso de l'intrigue

FIG. 275. — DÉFIANCE SAVANTE.

terminé par une énergique massue.

FIG. 276. — DÉFIANCE HABILE.

Dans la figure 274, le graphisme est grossier, partant les mailles manquent de finesse ; mais dans l'exemple 275 — qui présente la même disposition — la netteté du tracé tient réellement du goût artistique ; dans l'une comme dans l'autre signature de la figure 275, la défense est savante, mais le réseau est encore un peu large, tandis que la figure 276 est le type de la toile d'araignée bien tendue avec ses fins réseaux qui ne laissent échapper rien de ce qui la touche. C'est, en général, le signe de la défiance chez les gens habiles en affaires.

La figure 277 présente la disposition inverse de la figure 276 ; la toile d'araignée est placée avant le nom ; le tracé en est très net et assez artistique ; c'est bien également une arme de défense, car le trait soulignant qui va croiser le

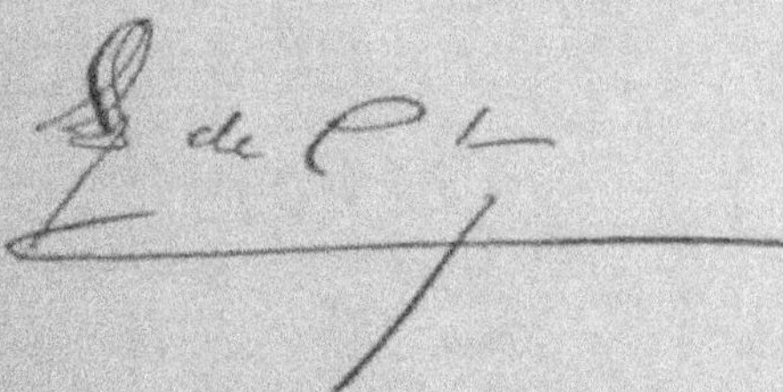

FIG. 277. — DÉFIANCE COMBATIVE.

trait plongeant de la fin du nom nous donne la vision de deux épées qui se lient dans un combat singulier.

Les traits formant la croix dans une signature sont toujours indice de combativité.

Dans la figure 278, le scripteur a élevé une véritable tour pour défendre sa personnalité ; comme dans la figure 277, il place ce bastion à gauche, et il y ajoute un point. — Les points dans la signature, à n'importe quelle place où ils se trouvent, sont toujours une manifestation de défiance.

Du côté droit notre sujet éloigne les importuns dans un large mouvement qui les fait reculer avec douceur ; mais le trait se termine par une massue annonçant beaucoup de résolution sous cette forme douce. D'ailleurs, tout est arrondi dans cette écriture, mais l'égoïsme ne s'y révèle

FIG. 278. — DÉFIANCE ÉGOÏSTE.

pas moins féroce. Observez les petits enroulements minuscules qui se trouvent dans le *c* du mot *cette*, dans la terminaison de l'*n* du mot *afin*, dans les *s* si bizarres des mots *vous* et *plaisir*. Le scripteur est moins dissimulé qu'égoïste, la façon dont il boucle ses *d*, ses *o* et ses *a* en est une preuve. Le calme du graphisme et les barres de *t* bouclées dans le bas disent en plus qu'il exerce tous ces défauts dans la pleine possession de sa réflexion.

Il n'est pas inopportun de dire, au sujet de ces paraphes et de ceux que nous rencontrerons par la suite, qu'il y en a qui sont conventionnels et imposés par les obligations professionnelles.

Un commerçant par exemple, est parfois obligé d'adopter une signature difficile à imiter afin que sa griffe ne soit pas transcrite à son insu sur des factures. Il est donc prudent de s'assurer de la signature intime de celui qu'on veut étudier.

Cette importante leçon sur le mensonge est le point culminant de notre cours.

Lorsqu'on est arrivé à lever le masque de l'hypocrite, à pénétrer le dissimulé, à remettre au point l'exagéré, à renverser de son piédestal le poseur, à enlever les oripeaux de la comédienne, et les fanfreluches de la coquette; quand on est ainsi parvenu à contempler la vérité sans un voile, on a franchi le seuil de la graphologie supérieure.

Cette étude fera sans doute perdre des illusions. Car la vérité n'est guère sociable; la politesse est une dissimulation, la vie un échange de bons procédés, de manières courtoises, de compliments plus ou moins sentis; et si le monde n'était pas tel, la vie de chaque jour n'y gagnerait guère.

Qui ne connaît ce fléau « le monsieur qui se fait gloire de dire à chacun ses vérités » ?

Et l'élégance, la toilette, ne sont-elles des manquements à la vérité? Si une femme — ou un homme – peu doués par la nature, cherchent à corriger leur disgrâce physique, ne tentent-ils pas aussi de dissimuler?

Puisqu'il y est des mensonges *joyeux*, il est aussi des mensonges conventionnels, qui ne tirent pas à grande conséquence. Ils ont droit à l'indulgence, même à la reconnaissance due à quiconque cherche à se rendre aimable, ou s'efforce d'avoir meilleur aspect. C'est une peine prise pour nous plaire, ne devons-nous pas, en bonne justice, nous efforcer de payer de retour?

SEPTIÈME LEÇON

LES SIGNES DE LA MORALITÉ (Suite).

SIMPLICITÉ – ORGUEIL – GÉNÉROSITÉ – AVARICE

Le graphisme des simples ne nous donnera pas grande peine à étudier la simplicité étant l'absence de toute complication.

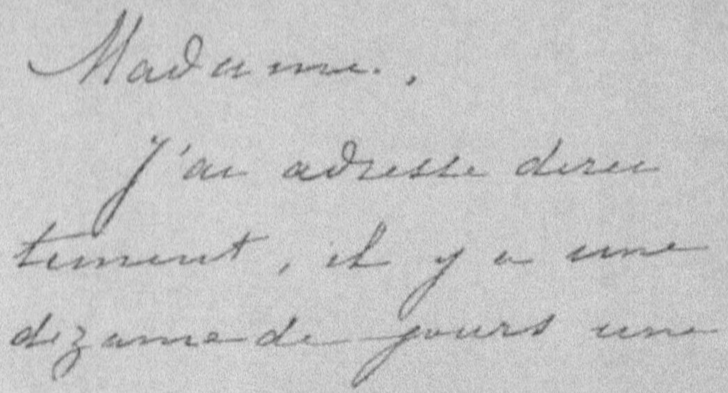

Fig. 279. — Simplicité.

Comme nous l'avons dit primitivement, la simplicité est l'un des éléments primordiaux de la supériorité. Il ne faudra donc pas vous étonner si les exemples en sont rares.

Le graphisme 279 est celui d'une personne modeste, qui aime la vérité avant tout et ne cherche à en imposer à personne. Les deux jambages de l'*M* sont égaux en hauteur, les o et les *a* sont largement ouverts, et

Fig. 280. — Naturel.

nous ne voyons pas un trait inutile dans ce graphisme vraiment sympathique.

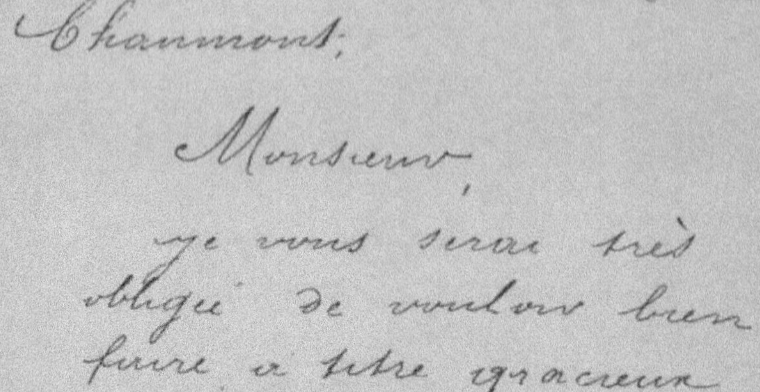

La figure 280 est le graphisme d'une personne très naturelle dans ses allures; comme dans la figure 279, les jambages de l'*M* sont égaux; les o et les *a* sont de même très ouverts, mais le tracé a moins de rectitude, il dénote un certain laisser-aller; la courbe qui commence le *C* du mot *Chaumont* révèle une nature enjouée, qui prend la vie par le bon côté; le naturel et la simplicité engendrent les heureux carac-

Fig. 281. — DIGNITÉ.

tères, car ils suppriment la plupart des sujets de mécontentement.

La figure 281 est le graphisme d'un être vraiment supérieur. Tout le révèle Le signe caractéristique de la dignité sans orgueil est l'*M* en escalier ayant

Fig. 282. — HUMILITÉ.

des proportions modérées en harmonie avec le reste de l'écriture tel que nous le voyons dans ce graphisme.

La figure 282 présente une écriture moins supérieure que la figure 281. Les majuscules transformées en minuscules sont un indice d'humilité, quand l'ensemble de l'écriture est bon, ce qui arrive ici. Dans le cas contraire, l'absence des majuscules trahit l'absence de culture.

La simplicité ne nous a retenus que peu d'instants; il n'en sera pas de même de l'orgueil. Le défilé de ses manifestations suffirait à remplir la fin de ce volume; nous devrons donc nous borner à en montrer au lecteur les types les plus saillants.

Signes de l'Orgueil.

Une nature orgueilleuse se révèle surtout par la hauteur de son graphisme.

Ce genre d'orgueil est souvent en même temps une manifestation de caractère noble, élevé, droit, incapable de toute mesquinerie. L'orgueil bien entendu porte aux grandes choses.

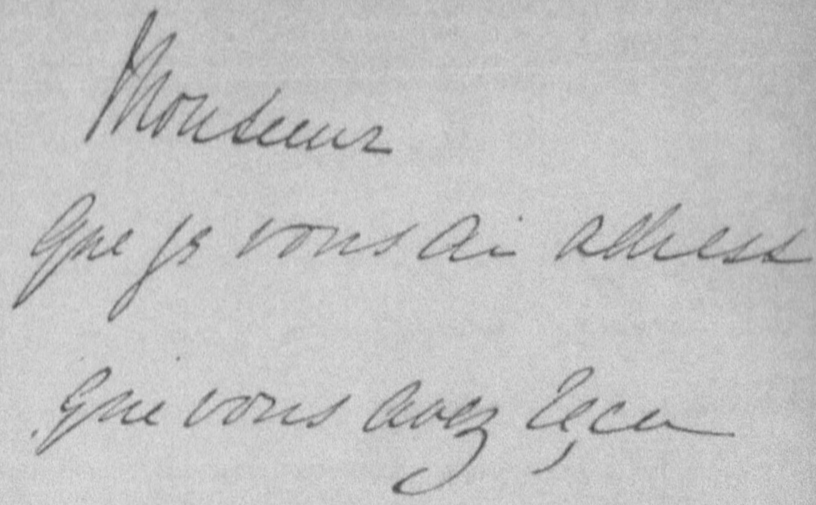

FIG. 283. — ORGUEIL NOBLE.

La figure 283 est le type de ce graphisme aristocratique au premier chef.

La seconde révélation de l'orgueil est une signature beaucoup plus haute

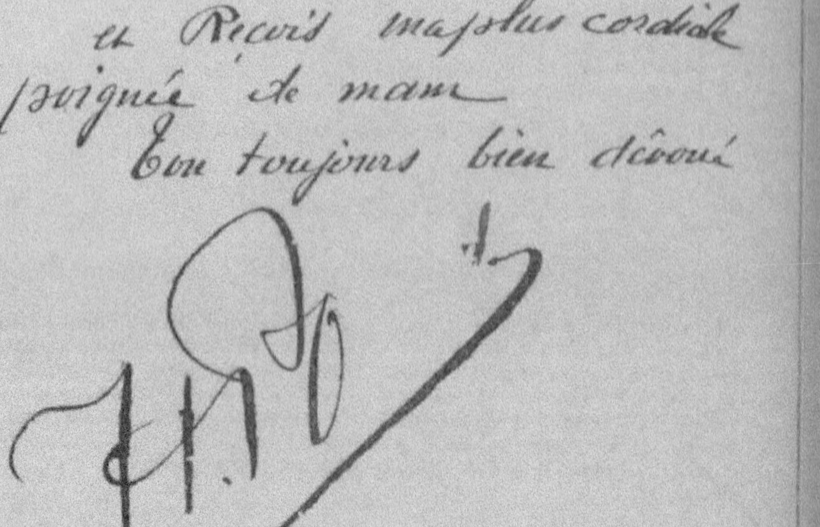

FIG. 284. — GRAND ORGUEIL.

que le texte, ainsi que vous pouvez le constater dans la figure 284.

La troisième manifestation d'orgueil est la disproportion des majuseules avec le reste des lettres. Le numéro 285 en est un pyramidal exemple.

La figure 286 est l'excès du signe; ce graphisme présente un véritable déséquilibrement, une sorte de folie d'orgueil.

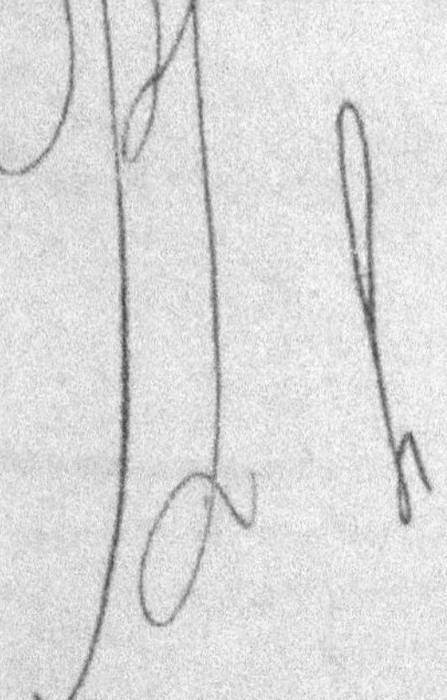

Fig. 285. — Orgueil démesuré.

Fig. 286. — Orgueil déséquilibré.

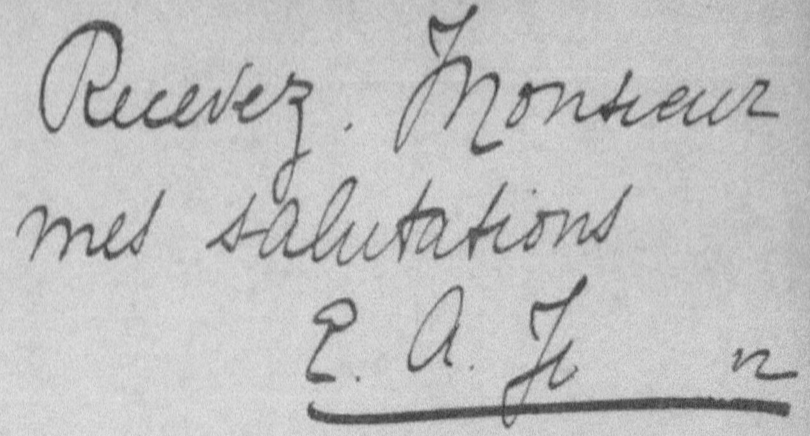

Fig. 287. — Orgueil de la situation.

La figure 287 réunit plusieurs signes :

1º La hauteur de l'écriture.

2º Les majuscules très élevées.

3º Le soulignement de la signature.

Résultante : grand orgueil.

C'est sur ce dernier signe que nous nous arrêterons.

Ce geste de soulignement est tout à fait rationnel : souligner, c'est mettre en vedette une chose à laquelle on attache une importance capitale ; il est donc logique que celui qui est fier de son nom le souligne. Le même signe peut s'appliquer également à la situation que vous ont faite vos ascendants.

L'orgueil de la situation qu'on s'est

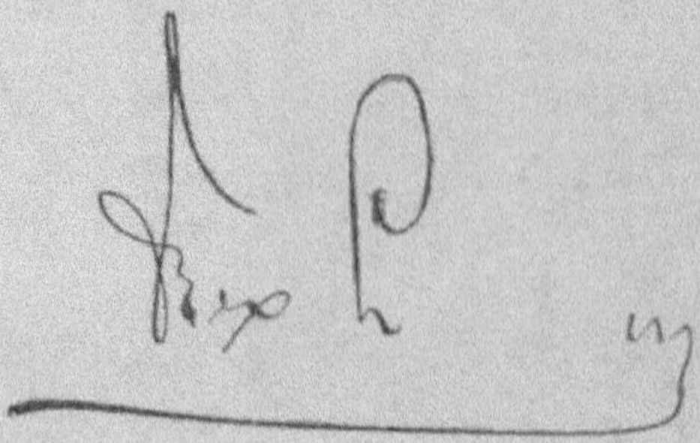

Fig. 288. — Orgueil de la situation acquise.

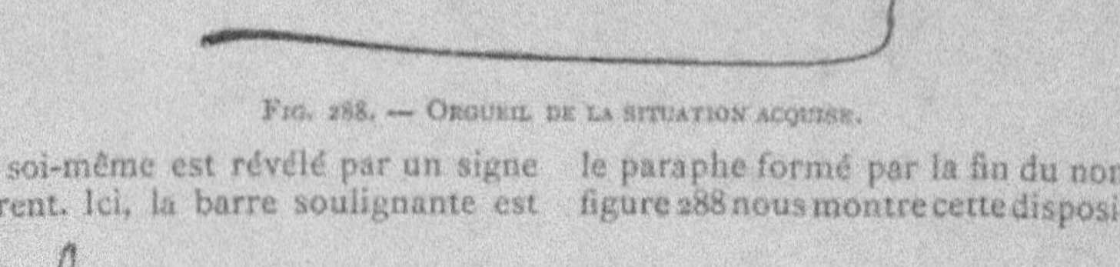

faite soi-même est révélé par un signe différent. Ici, la barre soulignante est le paraphe formé par la fin du nom ; la figure 288 nous montre cette disposition.

Fig. 289. — Mécontentement de la situation.

Le mécontentement de la situation est un effet de l'orgueil ; les humbles se trouvent contents de tout.

Le signe révélateur de ce mécontentement est le jambage médian de *m* majuscule plus bas que les deux autres, comme dans la figure 289.

D'après l'opinion qui fait du pre-

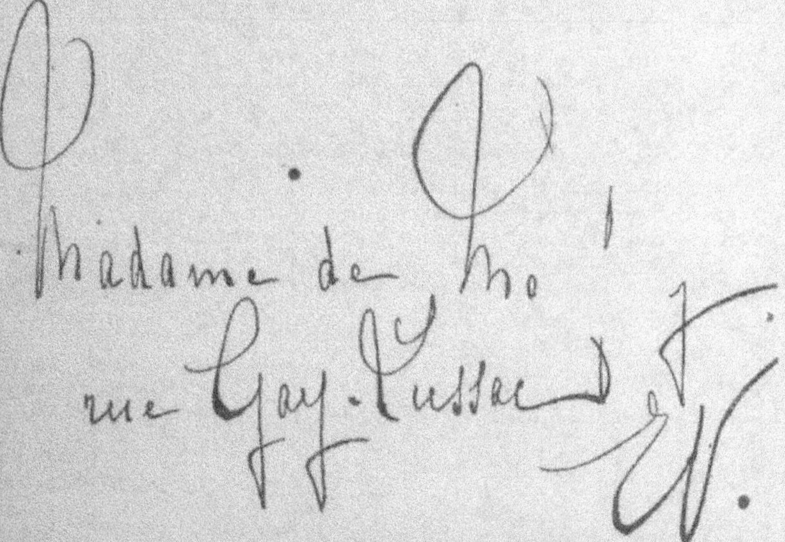

FIG. 290. — ORGUEIL DE COMPARAISON.

mier jambage de *M* majuscule le représentant de la personne elle-même, le graphisme 290 est un fantastique monument d'orgueil ; le scripteur ne se contente pas d'une colonne pour se mettre au-dessus de ses semblables, il lui faut le sommet du mont Blanc pour considérer l'humanité avec la plus profonde commisération.

Il est amusant de constater que dans tous les spécimens qui nous servent d'exemples, le scripteur ne se restreint jamais à un seul genre d'orgueil, il en a toujours plusieurs, concomitants du principal. Ainsi, dans la figure 290, il faut noter *L* surhaussé du mot *Lussac*. Le graphisme a de l'élégance, de la distinction ; il faut remar-

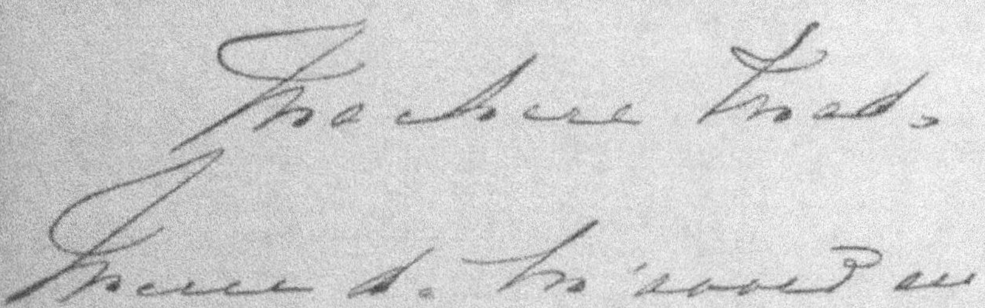

FIG. 291. — ORGUEIL HAUTAIN.

quer les boucles des jambages inférieurs revenant se fermer en croix, indices du despotisme domestique qui, combiné avec le formidable orgueil, donne une note inquiétante du caractère.

Comme dans la figure précédente,

le premier jambage de *M* est d'une importance beaucoup plus considérable que le reste de l'écriture. Ce premier jambage a, en outre, une boucle très gracieuse à l'œil, mais qui, par l'élévation du jambage annonce une fierté pleine de hauteur.

Dans une magistrale conférence, faite par M. Depoin sur la *Théorie des Mouvements de l'Écriture*, — au cours du Congrès International de Graphologie, qui s'est tenu au Palais des Congrès à l'Exposition, pendant la dernière semaine de mai 1900, — il a montré ce même signe comme le geste de celui qui se rejette en arrière dans un mouvement de défense, de recul hautain et d'humeur chagrine. Nous avons pu constater depuis qu'on y trouve réellement la révélation du *spleen* (1).

Orgueil intellectuel

Cette variété d'orgueil se manifeste dans l'enroulement en panache qui complète le *P* majuscule. Bien loin d'être la marque d'une intellectualité supérieure, elle se rencontre généralement dans les écritures où la prétention remplace le mérite réel.

La figure 292 présente un assortiment de vanités, depuis *M*, d'une forme si singulière, jusqu'à *r* majus-

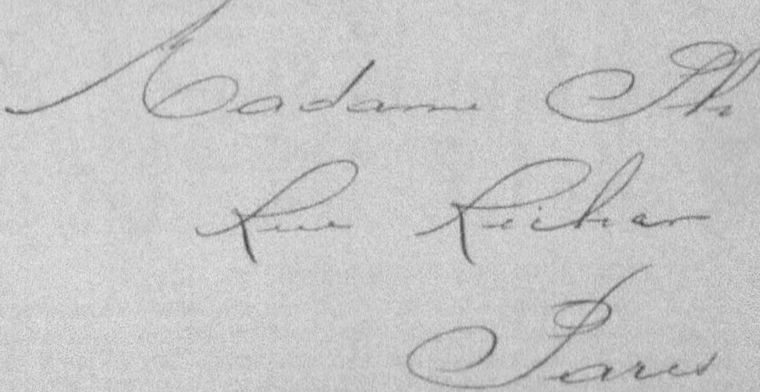

FIG. 292. — ORGUEIL INTELLECTUEL.

cule qui ne manque pas de grâce, en passant par les deux *p* majuscules qui sont l'objet particulier de notre intérêt.

FIG. 293.

La figure 293 montre un *p* majuscule encore plus réussi comme panache que le précédent; le lasso si compliqué de la signature — signe d'habileté en affaires — est certainement ici la cause de l'orgueil du scripteur, qui doit se glorifier de son habileté.

La barre de *t* voltigeant au-dessus de la hampe, est le signe de l'orgueil intellectuel chez l'être ayant une réelle valeur, et cherchant à imposer ses idées par la puissance de son raisonnement.

D'après le principe du docteur Papus, l'*m* à deux jambages, dont le pre-

(1) M. Depoin est depuis quelques années le Président de la Société de Graphologie, dont le siège est 130, Bd St-Germain. Sous sa direction, aussi éclairée que dévouée, la Société a pris une vie nouvelle.

mier est beaucoup plus petit que le second, montre le scripteur attachant une importance capitale à tout ce qui concerne autrui; mais ce n'est pas pré-

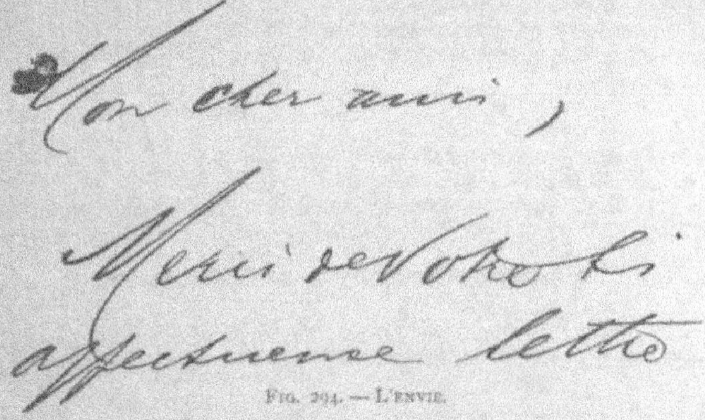

Fig. 294. — L'ENVIE.

cisement dans un intérêt bienveillant que cette préoccupation se manifeste; c'est, au contraire, dans un sentiment d'envie. Celui qui est pauvre jalouse celui qui est riche; en même temps il souffre de se sentir faible et misérable auprès de lui.

La figure 294 est un exemple de cette fâcheuse disposition qui produit les anarchistes.

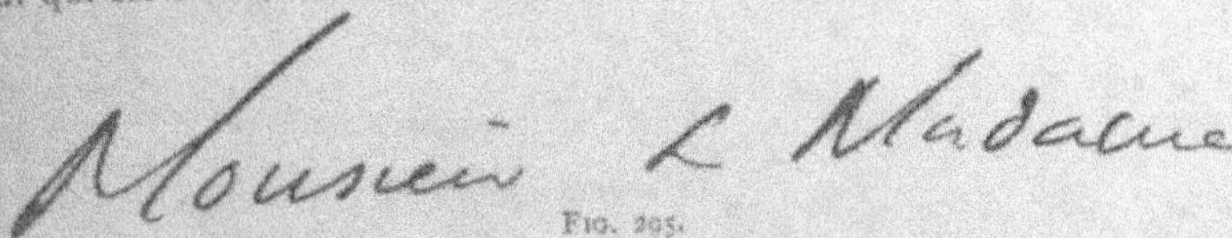

Fig. 295.

Dans la figure 295 nous voyons la même disposition, mais l'ensemble du graphisme, étant beaucoup plus relevé, donne à penser que le scripteur est un homme intelligent, arrivé par son mérite, mais ayant conservé l'esprit d'un parvenu; il écrase aujourd'hui ses anciens compagnons de misère sous le plus profond dédain.

Comme vous le voyez, c'est toujours un triste signe, car il révèle un fâcheux côté de l'âme humaine.

Signes de l'Ambition.

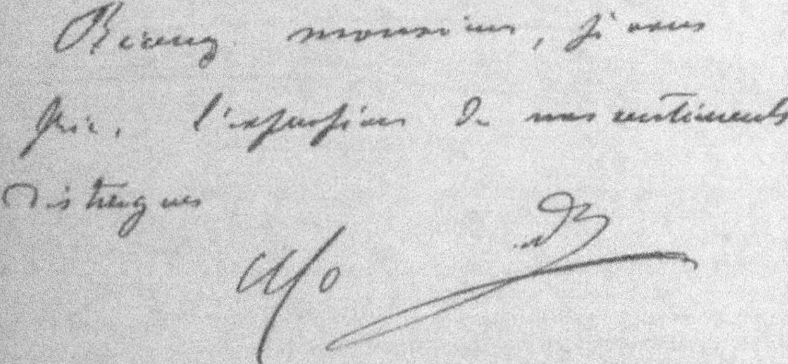

Fig. 296. — L'AMBITION.

L'ambition peut être un noble orgueil qui sert de levier à l'activité humaine.

La signature montante, quand les lignes du texte sont parfaitement droites, comme dans la figure 296 en est la manifestation.

La figure 297 montre un genre d'ambition moins relevé; l'*m* en escalier à l'inverse de la lettre aristocratique est l'indice de ce genre d'ambition; tandis que l'une condescend

à s'abaisser, l'autre met toute son

Fig. 297. — Ambition vulgaire.

ardeur à gravir les échelons sociaux.

Complaisance en soi-même.

La figure 298 présente un *c* majuscule prolongeant sa partie inférieure

sous le nom; tel est le signe de la complaisance en soi-même; dans le

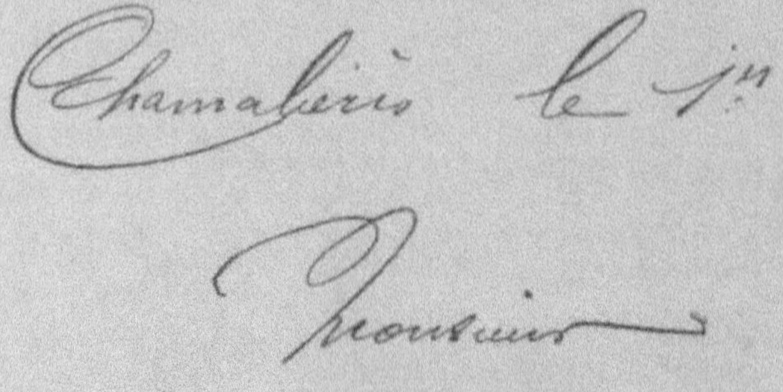

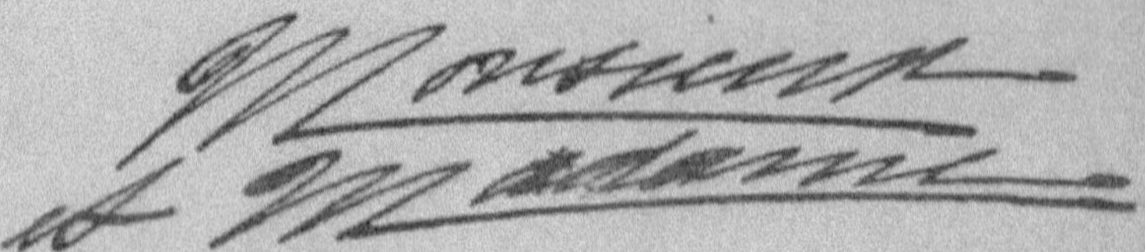

Fig. 298. — Complaisance en soi-même.

graphisme 298 se trouve en outre un signe d'égoïsme — enroulement de la partie supérieure du *c* majuscule, — et

un autre d'orgueil de comparaison dans le premier jambage de *m* majuscule, si disproportionné avec les deux autres.

Fig. 299. — Complaisance en soi-même aiguë.

La figure 299 reproduit le graphisme d'un personnage peu sympathique.

Cette fois c'est le troisième jambage de *M* qui se prolonge en un soulignement rigide et aigu, sous le mot tout entier; de plus le premier jambage de la majuscule commence par un enrou-

lement de vanité, et l'excès des angles nous induit à penser que le scripteur doit avoir un caractère particulièrement désagréable.

Le graphisme de la figure 300 rentre dans notre collection de grotesques; on ne peut regarder sans rire *l* majuscule. Le soulignement du mot *Monsieur* veut prendre des airs féroces qui ne réussissent pas à faire peur. Un trait se prolongeant sous le mot — à quelque lettre qu'il appartienne — annonce la complaisance en soi-même.

Satisfaction de soi-même ou Fatuité

FIG. 300. — COMPLAISANCE EN SOI-MÊME GROTESQUE.

L'écriture surélevée indique le contentement de soi-même. *L* surtout présente ce surhaussement de la partie inférieure, semblable à un piédestal où le scripteur se juche, dans un sentiment de supériorité par rapport à son entourage.

La figure 301 présente l'excès de ce

FIG. 301. — SATISFACTION DE SOI-MÊME.

signe : l'élargissement des boucles des *L* est aussi un indice de l'importance que le scripteur attache à sa personne. L'ensemble vulgaire du graphisme indique bien le genre de vanité sotte auquel nous avons affaire.

Le billet qui me parvient

Le souvenir de votre cher

FIG. 302. — FATUITÉ.

La figure 302 est un graphisme tracé par un brillant officier ; c'est surtout du haut de son cheval et fier de son beau physique que le scripteur contemple la foule de ses admirateurs. Remarquons en passant la forme étrange des *e* minuscules faits comme des *c* et dont l'enroulement prononcé révèle bien cet égoïsme profond des gens très infatués de leur personne.

Fig. 303. — Autre genre de fatuité.

La figure 303 montre le même signe mais avec des proportions moins monumentales, le paraphe en soulignement annonce que le scripteur est non seulement fier de son physique, mais encore de la situation qu'il s'est faite.

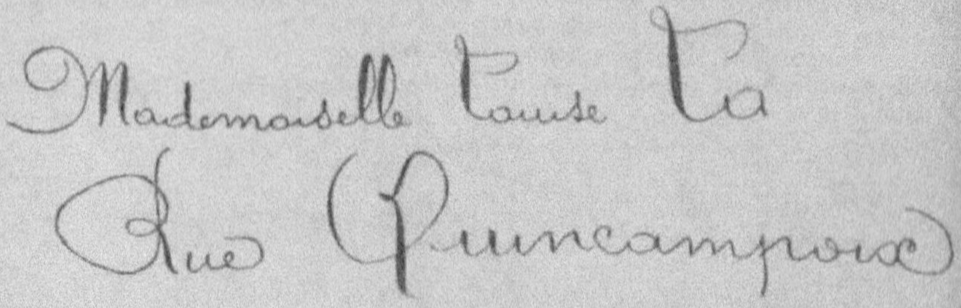

Fig. 304. — L'important.

La figure 304 est le même signe tourné au grotesque.

Ce piédestal pyramidal est bien complété par l'élargissement de *r* et de *q* majuscules, symbolisant l'homme important, M. Prud'homme en personne. Ce signe se rencontre rarement dans les écritures féminines. Les hommes sont fats et les femmes sont plutôt coquettes.

Cependant dans les graphismes féminins cette disposition de surhaussement si caractéristique se trouve quelquefois à *s* minuscule.

La figure 305 présente cette disposition; et la figure 306, — avec sa très grande délicatesse de tracé, — nous donne en plus la même manifestation dans la base du *t*. A examiner les mots *votre, petite, reste, tout.*

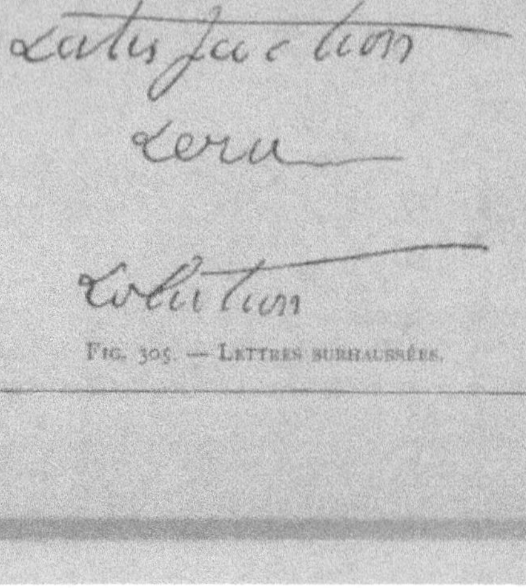

Fig. 305. — Lettres surhaussées.

votre superbe bonbon, cher
, votre petite amie vous
pour le reste permettez
embrasser de tout son

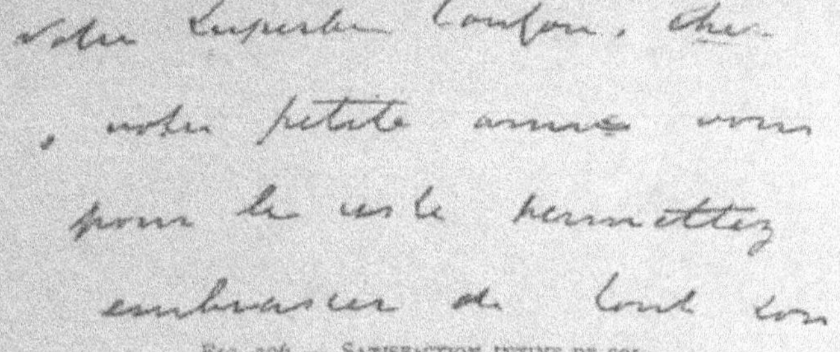

Fig. 306. — Satisfaction intime de soi.

Le surhaussement, quelle que soit la lettre où il se manifeste, a naturellement la même signification de satisfaction de soi.

Timidité par Orgueil.

Quoi qu'on puisse en penser, la timidité a souvent pour source l'or-

Monsieur

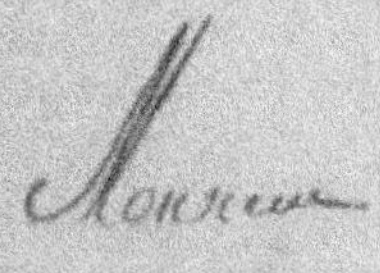

Fig. 307. — Gêne.

gueil ; les gens très simples, n'ayant aucune préoccupation de ce qu'on peut penser d'eux — car ils présument qu'on ne s'en préoccupe pas — n'ont aucune timidité. Les jambages très serrés les uns contre les autres sont la marque de la gêne parfois maladive que cause la timidité.

La figure 307 est le type de cette gêne engendrée par l'orgueil. La hauteur disproportionnée de la majuscule est le signe de l'orgueil, et le tassement des jambages les uns contre les autres est celui de la timidité.

La figure 308 renferme un *m* à trois

Ma chérie,
Il ne manquait que
toi pour jouir avec nous
du bonheur de nos petits
diablotins devant l'arbre de
de Noël

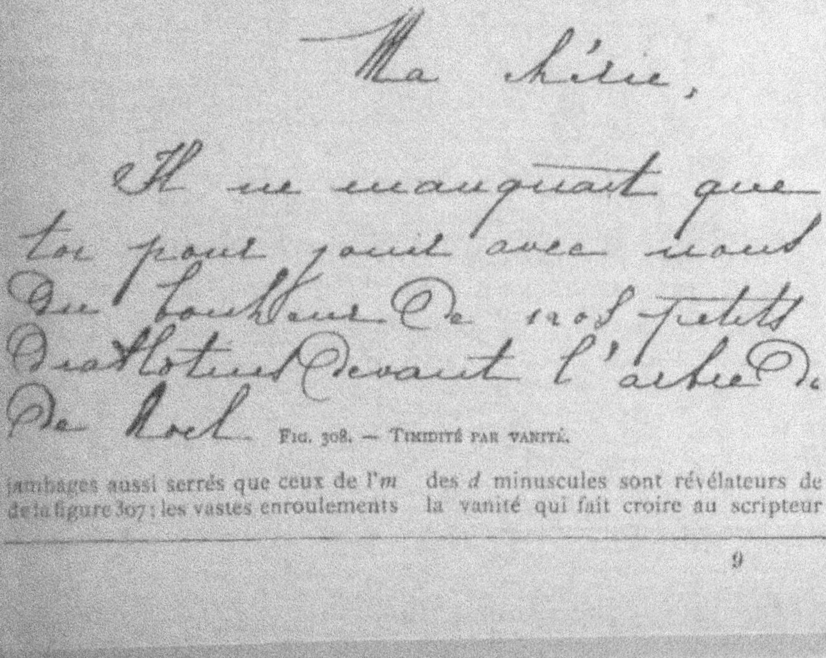

Fig. 308. — Timidité par vanité.

jambages aussi serrés que ceux de l'*m* de la figure 307 ; les vastes enroulements des *d* minuscules sont révélateurs de la vanité qui fait croire au scripteur que le monde entier a les yeux fixés sur lui. Ceci ne veut pas dire qu'il n'y ait pas aussi une timidité s'alliant avec la modestie. Les jambages serrés se rencontrent alors dans un ensemble de simplicité.

Défiance de soi-même.

Fig. 309. — Défiance de soi-même.

Il est une forme de timidité qui s'accorde avec la supériorité intellectuelle et morale, c'est la défiance de soi-même. Les natures d'élite ne sont jamais contentes d'elles-mêmes ; alors la signature tombe légèrement et se termine par un point, comme dans la figure 309.

Signes de la Coquetterie.

La coquetterie est compliquée par essence ; aussi est-elle la résultante de diverses manifestations dont il est utile que vous connaissiez le détail. Dans ce but, prenons un genre d'écriture banal par sa fréquence, et décomposons tous ses éléments.

Nous reconstituerons ainsi la silhouette d'une coquette comme on en rencontre à chaque pas dans la vie, type de femme élégante sans goût, intelligente toujours, quoique sans supériorité, et d'une amabilité intéressée.

La figure 310 représente un petit m

Fig. 310. — M de coquette.

envole dont nous avons rencontré le frère dans la galerie des égoïstes ; cette seule lettre sera féconde pour nous en enseignements : la courbe qui la commence indique la frivolité d'une personne en l'air ; le premier jambage, beaucoup plus haut que le second, manifeste l'orgueil de comparaison, c'est-à-dire celui qui consiste à penser que décidément personne n'est aussi bien que soi alentour, pensée intime et consolante qu'il est prudent de tenir secrète, le voisin ayant exactement la même.

Le second jambage, très petit, montre à quel point autrui est indifférent, si ce n'est pour se faire admirer par lui ; ce jambage est composé d'un plein d'autant plus frappant que le reste de l'écriture est grêle, signe grave qui ne trompe généralement point : c'est l'annonce de lourds retours vers la terre, l'esprit ayant les deux ailes coupées par la sensualité. Ce même petit jambage se termine par un crochet rentrant, dépassant carrément la ligne, — égoïsme déterminé — ; ce crochet forme une boucle plus haute que le jambage, indice du manque de proportion dans le jugement oblitéré par le *moi*.

La lettre, fortement inclinée, annonce la sensibilité passionnée. Passion et égoïsme engendrent comme résultante la jalousie. D'ailleurs, cette

Fig. 311. — Majuscules d'une coquette.

suite de défauts forme une chaîne serrée.

Notre sujet a pourtant une qualité,

— une, ce n'est pas trop, — c'est celle d'un ordre méticuleux dans son intérieur, et, quant à elle-même, d'une tenue très soignée.

Cela ne suffit pas à constituer une femme distinguée, malgré la haute idée qu'elle a d'elle-même, et que nous découvrons dans le développement anormal du *D* et de l'*E* majuscules.

Un autre signe de vanité et de pose, concomitant de toute coquette, c'est la

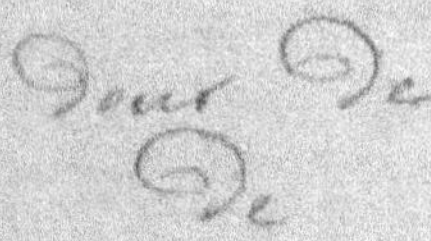

Fig. 312. — ENROULEMENTS DE LA COQUETTERIE.

hampe du *d* finement enroulée, comme dans la figure 312.

Arrêtons-nous devant un signe curieux, se trouvant dans le *g* du mot *renseigner*, déjà rencontré dans d'autres graphismes.

Fig. 313. — DESPOTISME DOMESTIQUE.

Remarquez la façon dont le trait qui forme la boucle vient se croiser à moitié du jambage sans rejoindre le reste du mot; c'est l'indice du *despotisme domestique*. Ce petit lasso familier s'enroule de façon si légère qu'on ne l'aperçoit qu'au moment où, voulant s'éloigner, on sent tirer sur la traîtresse cordelette qu'on ne soupçonnait

même pas; heureux celui qui en réchappe sans strangulation!

Fig. 314. — LASSO DE LA SÉDUCTION.

Mais voici le lasso de la signature dont l'envergure est bien autre.

C'est logique d'ailleurs, le cercle s'élargissant, l'instrument doit faire de même.

Devant le trio formé par la passion, la vanité et la sensualité, on peut hardiment classer notre sujet dans le clan des coquettes dangereuses.

Avec ces natures, le danger est double, car il se cache sous les apparences d'un caractère gai, aimable, facile même tant qu'on ne le contrarie pas. Quant à l'égoïsme, il est si bien dissimulé sous les fleurs, qu'il faut pour ainsi dire marcher sur lui pour le voir se dresser menaçant et sifflant. Tant que vous n'attaquerez pas l'intérêt, le bien-être intime, les jouissances de notre sujet, vous trouverez les dehors d'une femme bonne, dévouée, généreuse même!

Ne sait-elle pas qu'en ce monde on n'a rien pour rien? Elle donne pour recevoir. Sa générosité est donc une forme de l'égoïsme, car, chez elle, attirer est synonyme d'absorber et de dominer. Voilà donc notre coquette percée à jour; connaissant le dessous de ses comédies, il n'y a plus rien à craindre. La sagesse des nations assure « qu'un homme averti en vaut deux ».

Recherche de l'Effet.

L'ÉCRITURE à arcades présente cette particularité que les courbes y abondent au sommet des lettres; c'est un graphisme rare en France, mais très fréquent en Allemagne, nous dit la baronne Ungern-Sternberg. Il a donc une valeur plus particulière encore dans les écritures françaises.

Dans un savant article sur la

Théorie du mouvement de l'écriture(1), M. Depoin ramène ingénieusement le graphisme à arcades au panache, traduisant ce mouvement par le besoin de s'imposer. L'écriture à arcades a donc pour origine primordiale la « recherche de l'effet ».

Les deux autographes suivants vont en être une démonstration lumineuse.

(1) Ayant précédé sa conférence sur le même sujet au Congrès.

La figure 315 est le graphisme d'un jeune adolescent qui cherchait la possession de lui-même ; son écriture a une tendance au renversement, et tout y est en angles. Nous pouvons remarquer que l'esprit de contradiction se joint à ce principe de raideur, mais rien encore n'annonce la pose.

Le 2 Mai 71

Ils sont bien courts, mon cher oncle, les moments où l'on peut s'entrevoir, et ils sont en outre assez rares. Il est vrai qu'on a maintenant moins d'occasions et que l'absence d'un centre de famille permet

FIG. 315. — AVANT LA POSE.

En te disant j'ai essayé dégager la résultante des deux phases de mon marcelle dans la ma l'aïeule, puis au lycée

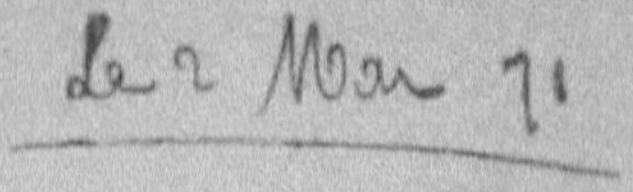

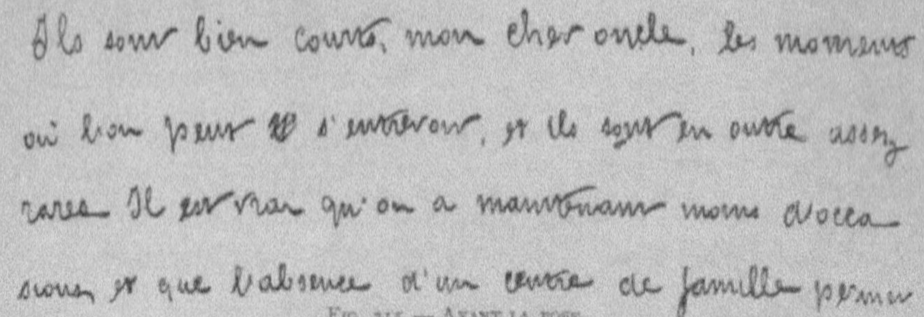

FIG. 316. — ÉCRITURE DE POSEUR.

La figure 316 montre le même scripteur écrivant vingt ans après.

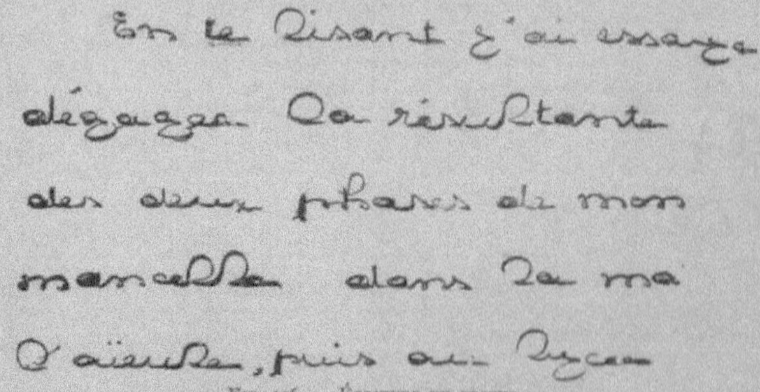

Serait-il possible de retrouver dans cette écriture la plus petite trace du jeune homme de 1871? Les *l* minuscules affectent-elles une forme assez byzantine! l'arcade s'étale-t-elle avec assez de complaisance!

Le rapprochement de ces deux graphismes, si diamétralement opposés l'un à l'autre, nous paraît une preuve convaincante de la recherche de l'effet,

A Monsieur,

Monsieur le Comte de

En son Château

(Eure)

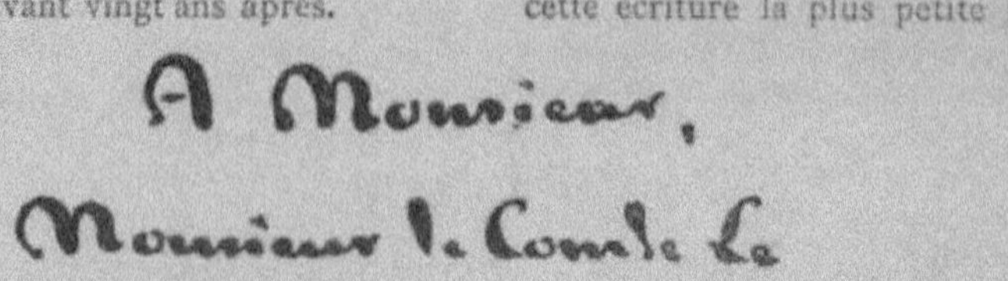

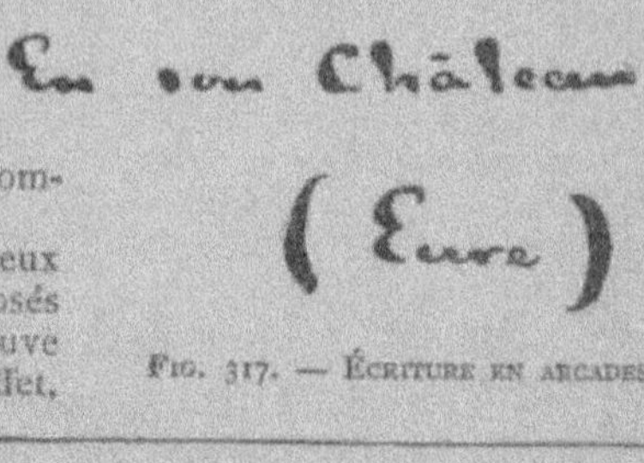

FIG. 317. — ÉCRITURE EN ARCADES.

du besoin de s'imposer, chez un homme très intelligent, très artiste, mais ne voulant pas l'être à la façon ordinaire.

La figure 317 montre l'arcade dans un graphisme particulièrement original. Considérez tous les jambages

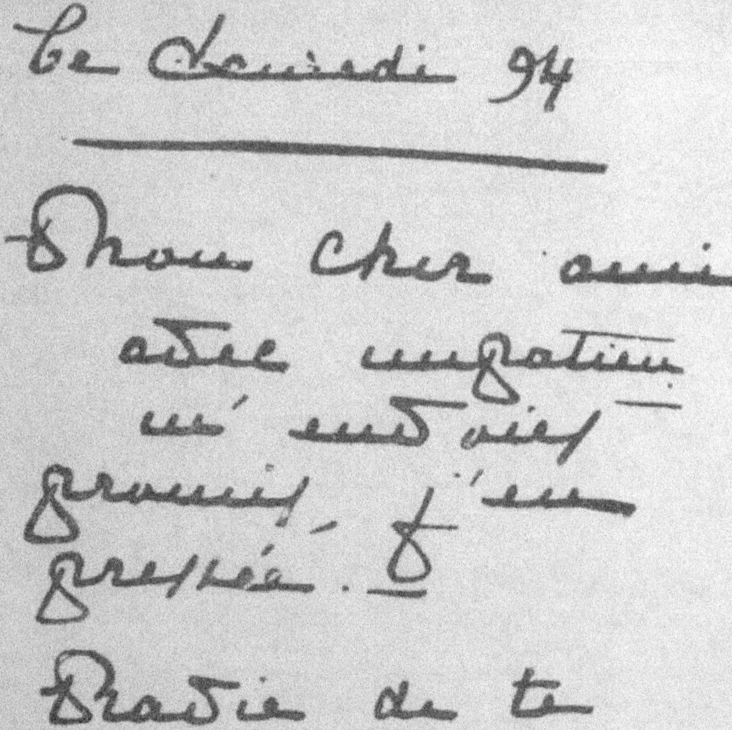

FIG. 318. — ÉCRITURE EN ARCADES.

supérieurs qui sont faits comme des larmes ; le besoin d'étonner son monde est visible, et *L* surhaussé vient confirmer l'impression que nous ont donnée les arcades de *a* et de *m* majuscules.

La figure 318 est certainement la perle de notre collection.

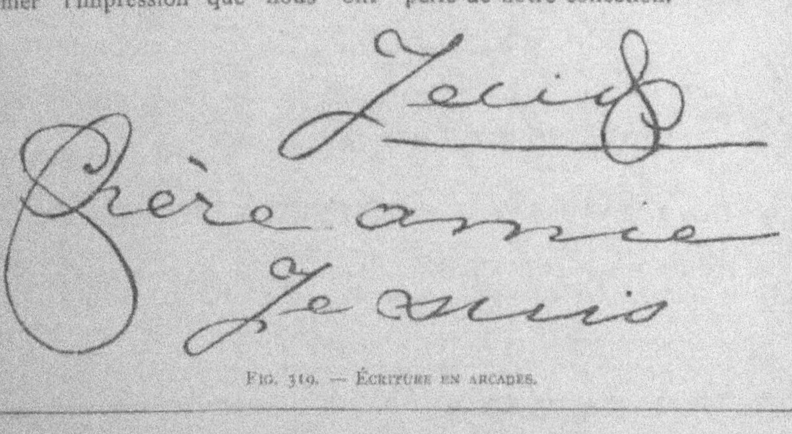

FIG. 319. — ÉCRITURE EN ARCADES.

Il est difficile de voir une écriture à la fois plus étrange et plus séduisante à l'œil ; S de *samedi*, — affectant la forme d'un bémol — m et r majuscules, v et p minuscules sont des lettres qui réalisent la perfection de l'arcade, tout en révélant une érudition profonde et des goûts ultra-raffinés.

La figure 319, dans un autre genre, présente un graphisme non moins compliqué et non moins intéressant. L'un et l'autre de ces autographes ont été tracés par deux sœurs dont la haute situation de nom et de fortune se trouve complétée par une intellectualité supérieure. Il est évident

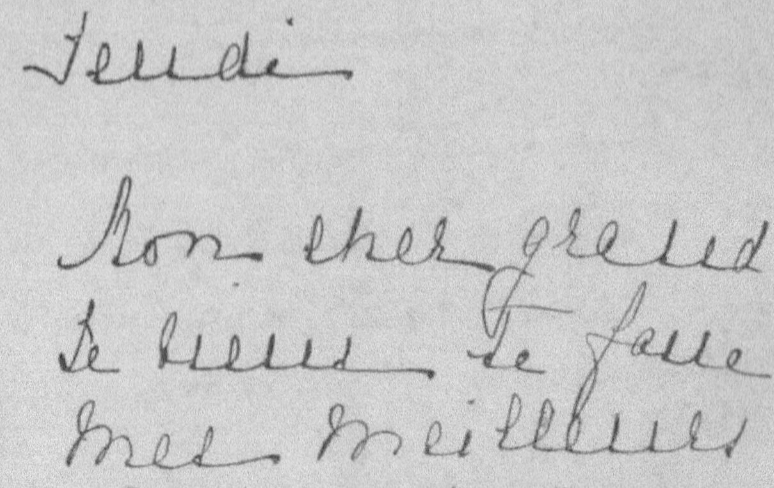

FIG. 320. — ARCADES A LA PARTIE INFÉRIEURE DE L'ÉCRITURE.

qu'elles se sont fait une individualité à part, adoptant une forme artificielle voulue de manières et de langage ; elles ont définitivement chassé le naturel, mais aujourd'hui elles ont pris une telle habitude de ce vêtement d'emprunt,

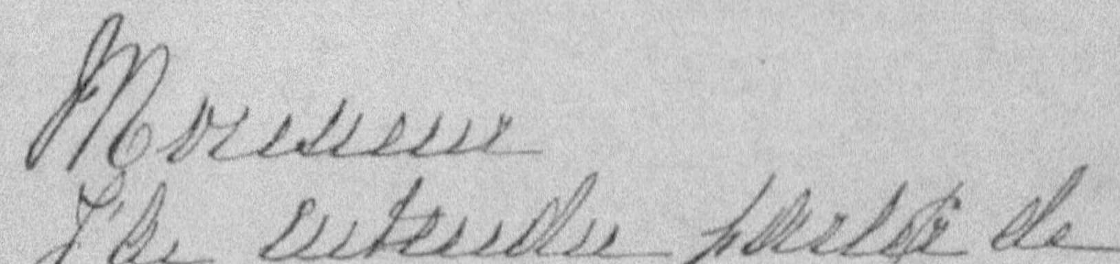

FIG. 321. — ARCADES A LA PARTIE INFÉRIEURE DE L'ÉCRITURE.

qu'il leur serait impossible d'en changer. Il est curieux d'observer l'S en bémol de l'une et le c en clef de sol de l'autre, car elles ont un rare atavisme musical.

Nos observations personnelles nous ont conduit à la persuasion que l'excès de la courbe inférieure doit être pris aussi dans le même sens que l'arcade supérieure. Ce n'est plus alors de la douceur, mais de la pose. La figure 320 fera comprendre notre pensée, de même que la figure 321. Ces graphismes émanent tous deux d'êtres intelligents et distingués, mais assoiffés du besoin de paraître.

L'artiste qui vit de l'effet qu'il produit doit logiquement se servir souvent de cette forme cherchée. La figure 322 est l'écriture d'un poëte conférencier, et nous y trouvons l'arcade transportée à l'a majuscule.

A l'appui de ce que Mme Ungern-Sternberg nous dit sur le graphisme allemand la figure 323 nous montre justement une écriture allemande où

FIG. 322. — RECHERCHE DE L'EFFET.

toutes les courbes sont inférieures, quoique l'ensemble de l'écriture révèle plus de raideur que de douceur.

Quelques angles aigus disent même le caractère très difficile, par conséquent la courbe n'est bien réellement ici que la recherche de l'effet.

La figure 324 est la révélation d'une

FIG. 323. — RECHERCHE DE L'EFFET.

autre forme du besoin de paraître : c'est l'e minuscule fait en forme d'epsilon (e grec).

Cela dénote premièrement un certain bagage littéraire ; mais cela indique aussi le goût pour les choses qui brillent, tels que les bijoux.

Nous avons trouvé ce signe significatif de goût pour ce qui brille dans l'écriture de nombre de numismates.

Beaucoup d'écritures anglaises possèdent cette forme d'e.

Nous avons déjà eu l'occasion de dire que la recherche du perfectionnement se manifeste par les boucles rajoutées.

La recherche du perfectionnement est un sentiment louable en lui-même ; mais on a dit avec quelque raison que « le mieux est l'ennemi du bien ». Ce signe, entouré comme il l'est, dans le graphisme qui nous occupe, perd de sa valeur, et n'est plus qu'une pose et une manie

La petite écriture de la figure 325 est intéressante à étudier en détail : la vanité s'y étale presque à tous les mots; *p* majuscule est en panache; *l* majus-

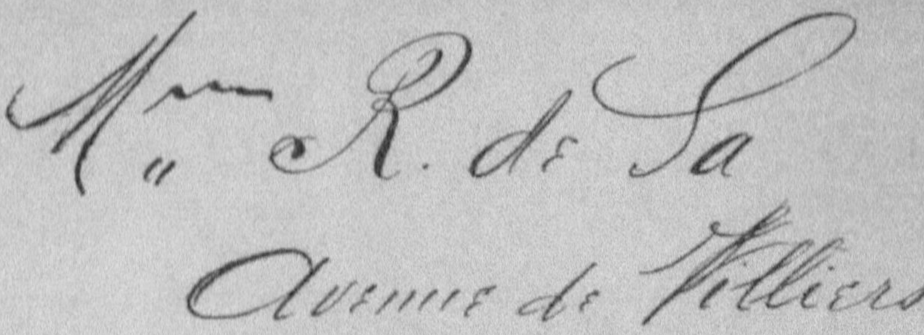

FIG. 324. — GOUT POUR CE QUI BRILLE.

cule est surhaussé; *c* majuscule de la signature a les proportions d'un éléphant au milieu d'un peuple de fourmis; les points et les accents retournés indiquent un esprit inquiet; les hampes des *d* droites nous révèlent des aspirations vers l'idéalité confirmées par la légèreté du tracé. Les boucles rajou-

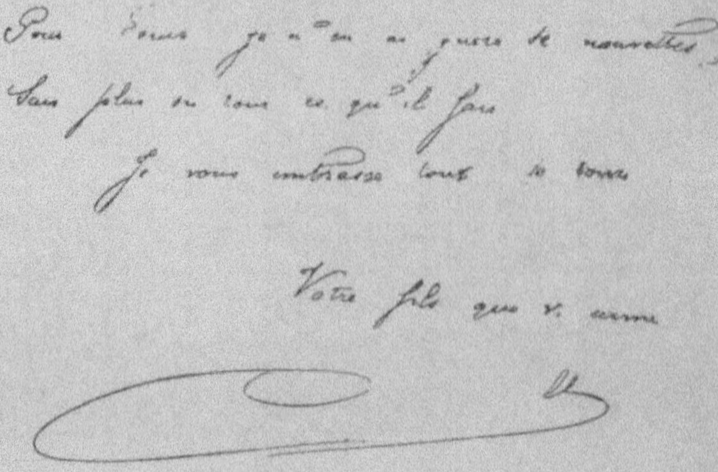

FIG. 325. — RECHERCHE DU PERFECTIONNEMENT PAR VANITÉ.

tées, — indice de la recherche du per-

FIG. 326. — RECHERCHE DE L'APPROBATION PAR VANITÉ.

fectionnement — se trouvant dans ce milieu d'orgueil nous font supposer

qu'il y a de ce côté une préoccupation quasi maladive d'embellissement, car l'équilibre cérébral nous paraît peu solide.

Si le premier jambage de *M* représente la personne qui écrit, le second jambage représente autrui.

Ceux qui vivent des succès que détermine l'engouement de la foule n'ont pas d'autre préoccupation que celle de plaire au public; c'est e qui explique cette disposition de *m* majuscule par laquelle le jambage médian s'élève considérablement au-dessus des deux autres. Dans l'exemple 326 le premier jambage est commencé par un enroulement de vanité confirmant le désir ardent des applaudissements. Il ne faut pas confondre ce signe avec celui de l'envie car l'un se trouve dans *M* à trois jambages et l'autre dans *M* à deux jambages.

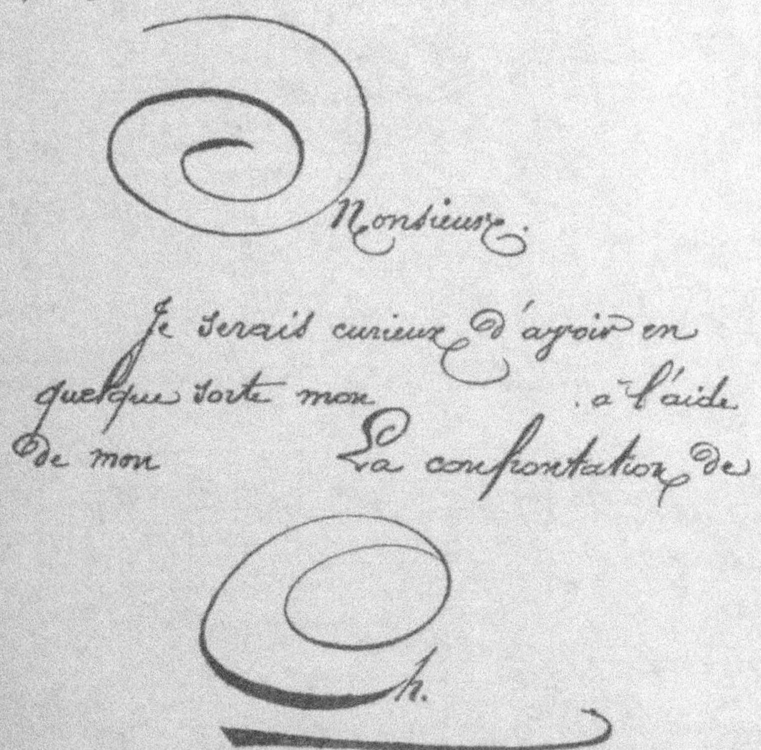

FIG. 527. — SIGNES DE PRÉTENTION ET DE PRÉSOMPTION.

Le signe particulier de la prétention est la fioriture, l'enroulement sous toutes ses formes. Le graphisme de la figure 327 présente l'exagération du genre, et nous l'avons choisi pour mieux frapper les yeux de nos lecteurs. L'enroulement du premier jambage de *m* majuscule peut prendre une brillante place dans notre collection de grotesques. C'est la vanité et la prétention poussées à leur maximum.

Il est utile d'étudier tous les signes concomitants de ce graphisme, chef-d'œuvre de vanité. Les *d* minuscules enroulés si soigneusement disent la recherche constante de l'effet à produire; ils disent surtout la personnalité dominante toujours inquiète du qu'en-dira-t-on; *l* majuscule surhaussé et fiorituré montre le scripteur établi sur son piédestal où il attend les hommages. La forme plongeante du *v* minuscule du mot *avoir* est significative de l'âpreté au gain ou aux honneurs. Dans le cas présent il est évident que ce sont des compliments qu'il lui faut. La signature ne peut que confirmer cette opinion. L'élargissement démesuré des majuscules est la manifestation de la présomption pouvant aller jusqu'à l'impudence. C'est le signe opposé aux majuscules serrées.

Nous avons déjà étudié le signe de la protection, — qu'il ne faut pas confondre avec celui du *sentiment du devoir*, qu'on rencontre dans le *v minuscule*, — il se manifeste par un grand trait couvrant les mots qui suivent la majuscule. Il se trouve surtout dans le *v majuscule*. Si nous y revenons, c'est que le graphisme 328 est un type de protection par vanité ; les en-

Fig. 328. — Protection par vanité.

roulements des *d* minuscules, celui du premier jambage de *M*, les accents retournés, — signe d'inquiétude d'esprit, — la boucle rajoutée du mot *combien*, tout nous annonce celui qui pose pour le bienfaisant. Nous disons « qui pose », car les signes de retour vers soi-même sont fréquents et ne peuvent laisser beaucoup de doute sur le dévouement réel.

SIGNES DE GÉNÉROSITÉ
La Générosité.

Il nous a semblé que la générosité, de même que l'avarice, ayant également leur source dans le cœur, leur place devait être parmi les aptitudes morales.

Les signes principaux de la générosité sont : l'écriture normalement espacée, les finales des mots assez longues et l'absence de tout mouvement concentrique de la plume.

La figure 329 présente ces principaux caractères sans exagération ; l'écriture pondérée et peu couchée nous permet de dire que le scripteur est généreux, mais sans emballement. Il n'en est pas de même pour la figure 330 ; dans celle-ci les finales sont beaucoup plus longues, l'écriture est très couchée, en revanche, elle est absolument anguleuse, et la longueur des barres de *t*, placées très haut, annonce le caractère facilement enthousiaste, qui agit, par suite, avec plus d'impulsion que de réflexion.

Donnez moi l'écriture d'une
personne que vous connaissez très
bien, mais que je ne connais pas

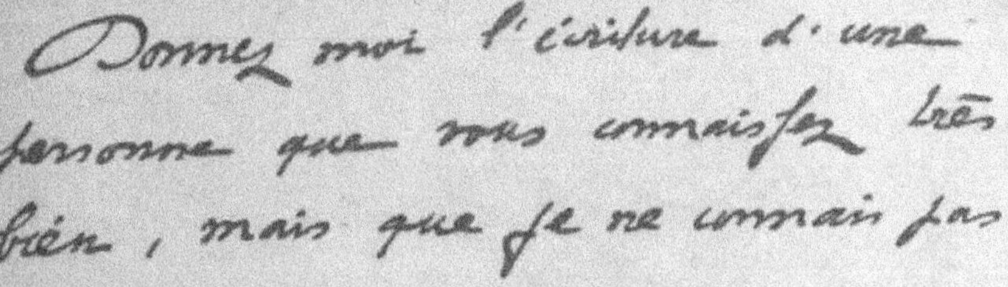

FIG. 329. — GÉNÉROSITÉ.

Le désintéressement est la forme la plus délicate et la plus élevée de la générosité ; il est le frère jumeau de l'abnégation, et possède par conséquent à peu près les mêmes caractéristiques ; l'absence de tout personnalisme est ce qui domine naturellement dans ces natures privilégiées.

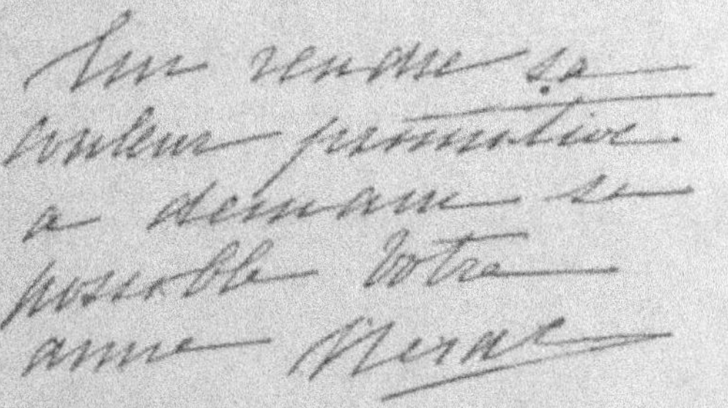

FIG. 330. — GÉNÉROSITÉ PAR EMBALLEMENT.

La figure 331 montre un bel exemple de cette rare qualité du désintéressement.

Il est bon de remarquer dans cette écriture la parfaite liaison de l'*m* majuscule à la lettre qui le suit, la pondération de l'ensemble, les *v* du sentiment du devoir si bien formés, signes qui prouvent tous que ce désintéressement n'est pas l'affaire d'un moment, mais un état d'âme continu.

La figure 332 présente les mêmes caractères, mais sur une échelle beau-

Ma chère petite amie
J'avais pensé, tout d'abord
des vers comme spécimen
logique puis, l'excellente

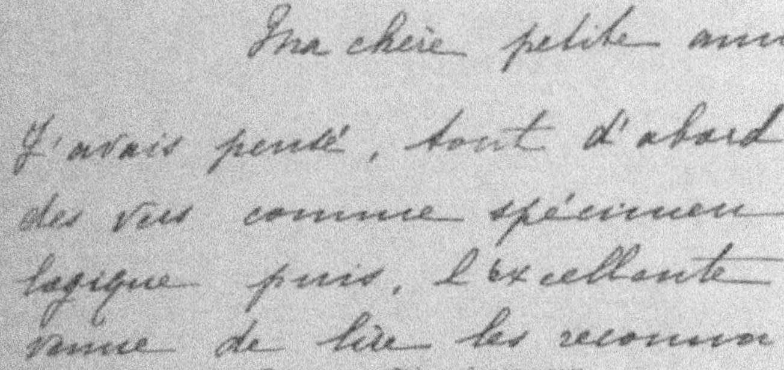

FIG. 331. — DÉSINTÉRESSEMENT.

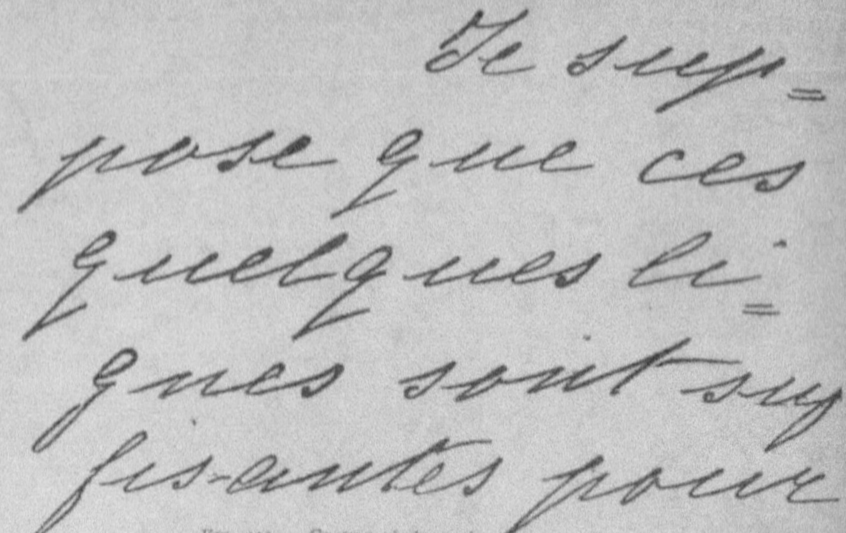

Fig. 332. — Grande générosité

coup plus considérable, il s'y joint donc une nature large ; la générosité est naturellement taillée sur le même patron.

La Dépensivité.

L'EXAGÉRATION de cette belle qualité de générosité conduit à la prodigalité. Or, la prodigalité est un grand défaut, parce qu'elle est un manque

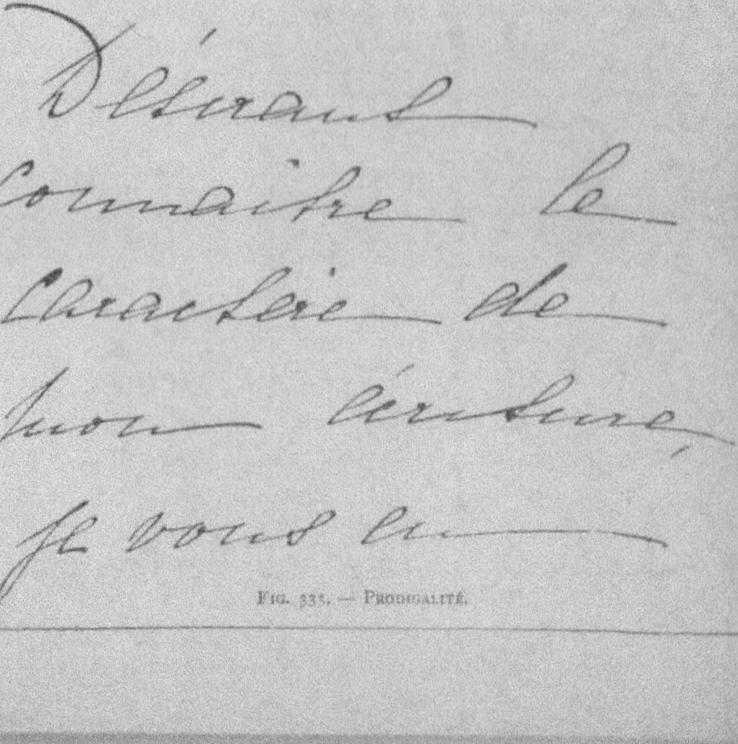

Fig. 333. — Prodigalité.

d'équilibre ; le prodigue, en voulant faire du bien à tous, fait du mal à beaucoup ; ce n'est pas tout que vouloir faire le bien, il faut encore le faire avec à-propos et utilité.

La prodigalité se reconnaît à l'espacement ridicule des mots — un mot à la ligne — et à la prolongation sans raison des finales. Dans le graphisme qui nous sert d'exemple, fig. 333, les

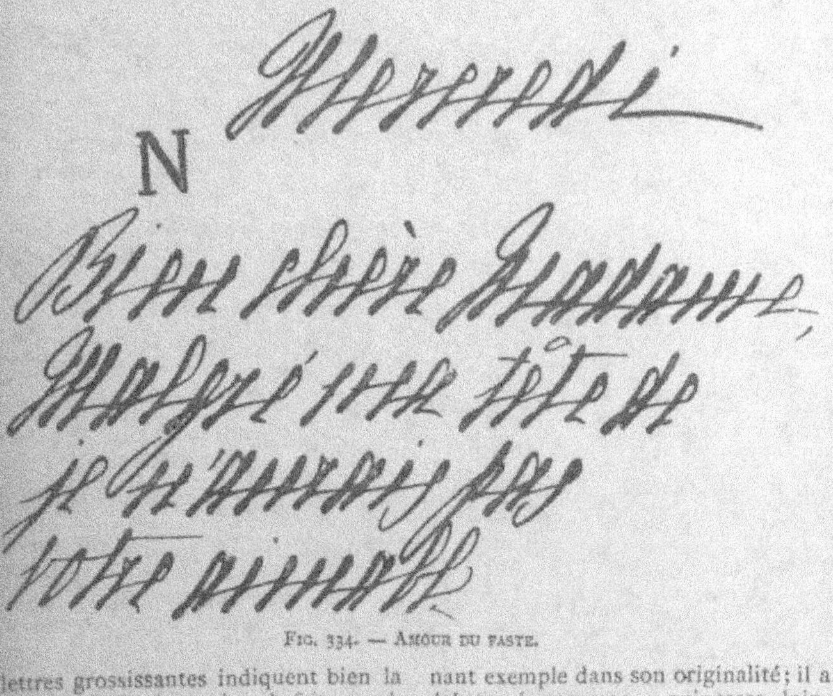

FIG. 334. — AMOUR DU FASTE.

lettres grossissantes indiquent bien la note d'exagération qui est le fait, en général, des prodigues. L'amour du faste, c'est-à-dire du luxe exagéré, rentre également dans la prodigalité.

Le graphisme 334 en est un étonnant exemple dans son originalité ; il a été tracé par une « princesse lointaine », habituée au faste de l'Orient, pour laquelle tous les caprices des *Mille et une Nuits* sont des réalités.

Il est bon d'observer que, si le dé-

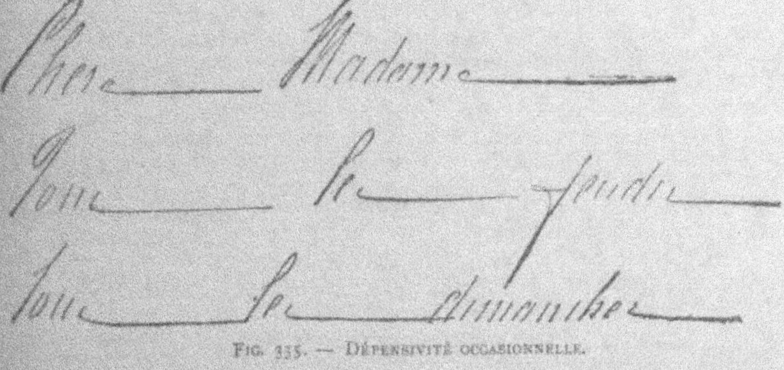

FIG. 335. — DÉPENSIVITÉ OCCASIONNELLE.

veloppement en hauteur est considérable, s'il y a quelques finales longues, la généralité de l'écriture est plutôt tassée : cette belle princesse aime donc plus l'apparat que la générosité. C'est, du reste, naturel, car les gens ayant de grands besoins personnels sont difficilement généreux.

La figure 335 présente aussi une extrême originalité qui consiste dans le

FIG. 336. — DISPOSITION A DÉPASSER SON BUDGET.

mélange des lettres tassées et des très longues finales ; il y a là une anomalie singulière, puisque ce sont les deux signes opposés qui se trouvent juxtaposés. Tâchons de l'expliquer par le raisonnement. L'écriture tassée indique l'épargne ; les longues finales, la prodigalité. On peut donc supposer que l'épargne prépare la prodigalité... à certains moments.

Nous retrouvons ici les mêmes que dans le graphisme de la page 93, — fig. 235, — mais bien plus accentués, et avec une nuance d'énergie en plus. Observez les mots *tous les jeudis, tous les dimanches.*

Voici une variété dans la prodigalité (fig. 336). Le scripteur a les meilleures résolutions pour être économe ; il fait soigneusement son budget, mais il ne manque jamais de le dépasser de la moitié. Cette particularité se reconnaît à la marge qui commence normalement et qui va toujours en s'élargissant. Ce n'est pas le fait du désordre, mais peut-être l'imagination inventive est-elle le moteur de cet entraînement, dans le cas présent.

Dans les inégalités de disposition, il convient de vous montrer celle qui consiste à serrer de plus en plus les lignes à mesure que la page touche à sa

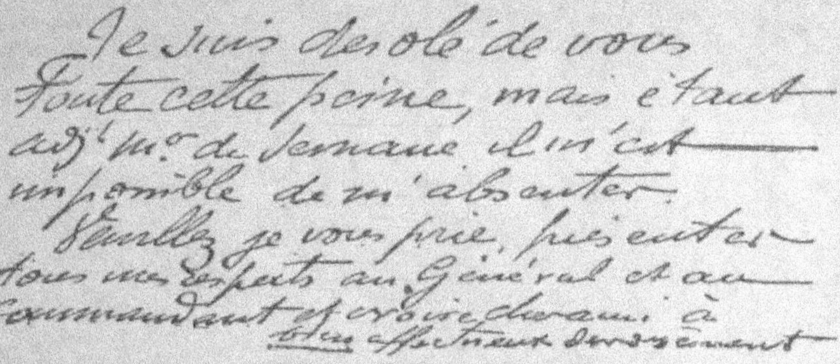

Fig. 337. — EMBARRAS D'ARGENT.

tin. C'est là encore une manifestation de manque de sens pratique et de jugement, la méconnaissance des nécessités de la vie, le désordre dans la dépense amenant les embarras d'argent * (voir fig. 337).

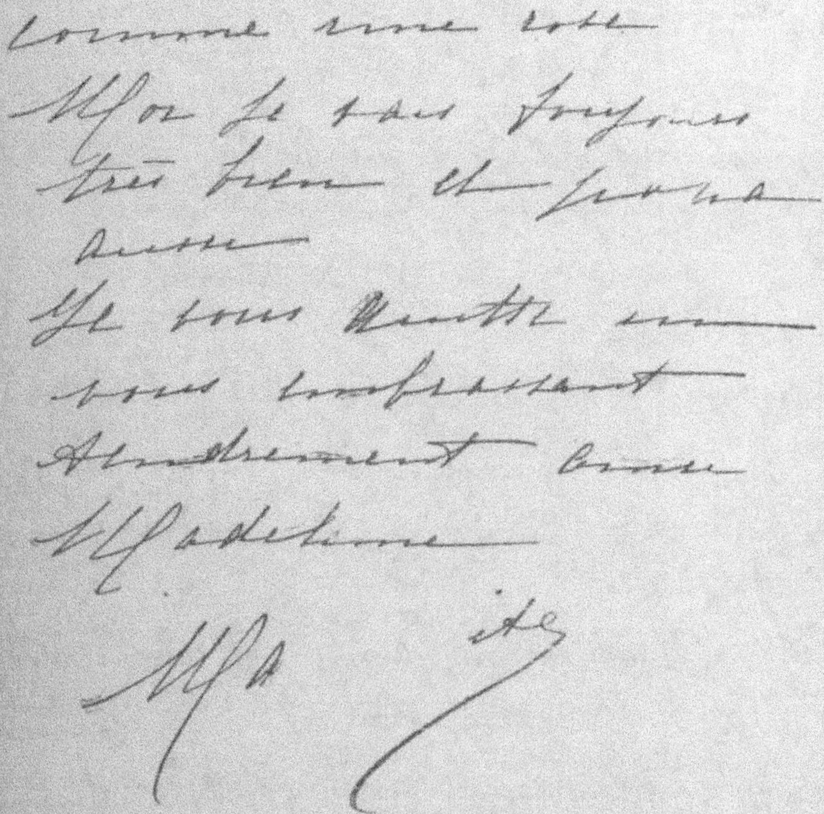

Fig. 338. — DÉPENSIVITÉ.

La générosité et la dépensivité ne doivent pas être confondues, car l'une procède du dévouement et l'autre de l'égoïsme.

Les signes de la dépensivité par égoïsme sont les longues finales unies aux crochets rentrants : il est facile de voir que la figure 338 réunit ces deux caractères d'une manière très marquée.

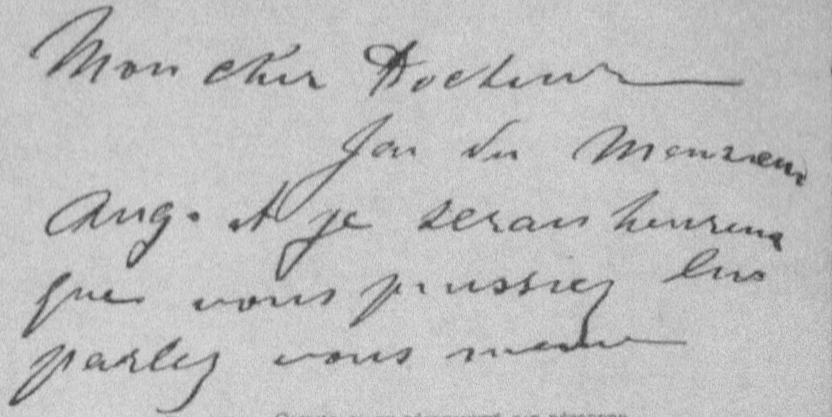

FIG. 339. — GASPILLAGE OU DÉPENSIVITÉ PAR DÉSORDRE.

Dans la figure 339 se trouvent les signes de la dépensivité par désordre et par manque d'entente; aucun crochet rentrant ici mais, en revanche, de longues finales, et même une boucle rajoutée au mot *cher* qui témoigne d'une certaine bonne volonté ; néanmoins, l'infériorité du graphisme et le désordre de l'ensemble en font un type de gaspillage.

SIGNES DU DÉSIR D'ACQUÉRIR

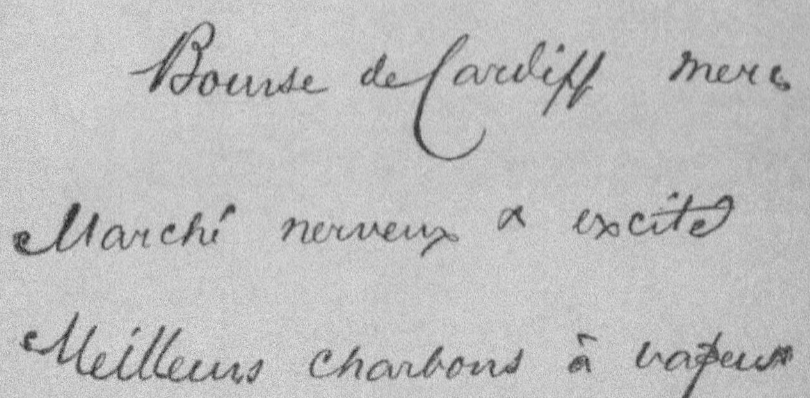

FIG. 340. — DÉSIR D'ACQUÉRIR.

Le signe du désir d'acquérir — dénommé aussi « acquisivité » — consiste dans un crochet qui commence la majuscule, généralement *M*.

La figure 340 montre ce signe très accusé, dans une écriture type d'intelligence pratique.

Nous avons déjà parlé de ce signe,

combiné avec ceux de la bonté dévouée; la résultante en est des plus favorables; c'est la révélation des caractères solides, capables de rendre des services sérieux, ayant les capacités pour enrichir les leurs, ou tout au moins leur donner l'aisance.

Les figures 341 et 342 montrent le même signe, moins accusé; il est à remarquer que ce signe se trouve

Fig. 341. — Acqui-sivité.

Fig. 342. — Acqui-sivité.

toujours avec les *m* à deux jambages

SIGNES DE L'ÉCONOMIE

L'Économie.

L'ÉCONOMIE est une vertu précieuse qui vaut souvent une fortune pour celui qui la possède. Elle est faite d'ordre, d'activité et de prévision, elle est l'opposé de la dépensivité.

Les signes qui la révèlent sont des

Fig. 343. — Économie.

traits sobres, ordonnés, amenant la clarté dans l'ensemble, et des finales très écourtées. Comme vous le voyez dans la figure 343, les lettres sont plutôt droites.

La grande pondération s'y trouve, en effet, au moral comme au physique.

La figure 344 ajoute une note de soins méticuleux à l'ordre et à l'économie précédemment observés.

Dans la figure 345, le signe de l'ordre est surtout dominant par la place bien exacte de chaque majuscule, de chaque ponctuation, la rectitude des

Fig. 344. — Extrême économie.

lignes et de la marge. L'ordre précis amène l'économie, même au milieu d'habitudes larges. Remarquez combien il y a plus d'espacement que dans le précédent autographe; il est bon de dire que la figure 344 est le graphisme d'un jeune missionnaire habitué à toutes les privations.

La figure 346 est l'exagération de l'ordre.

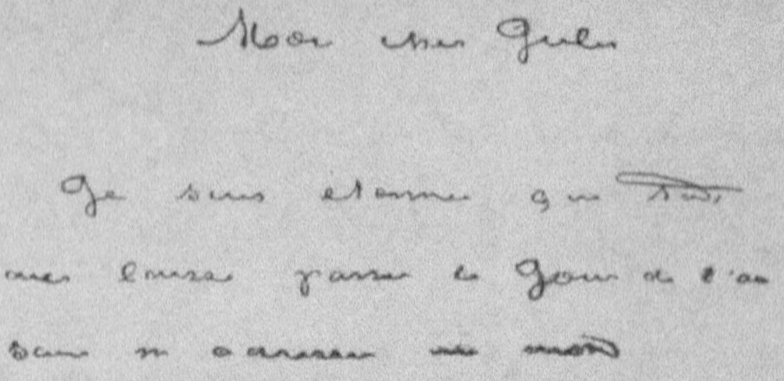

Fig. 345. — Ordre.

A ce degré, cette qualité devient de la manie, et devient une cause d'ennuis, se transforme en un véritable instrument de supplice pour toute la famille.

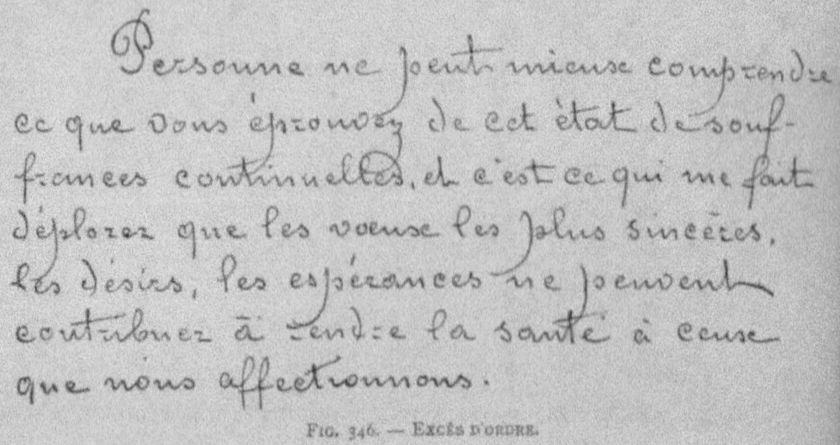

Fig. 346. — Excès d'ordre.

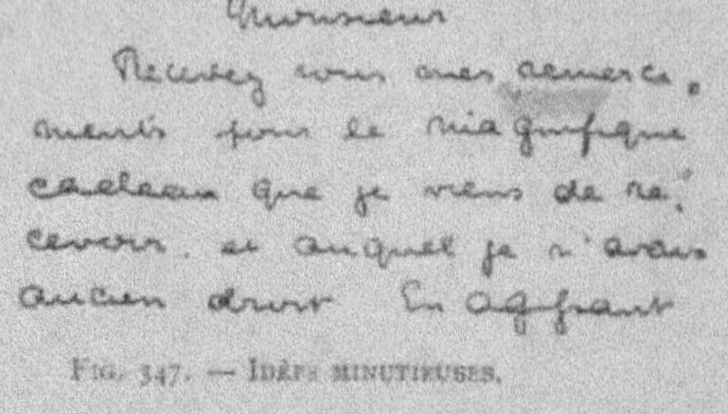

Fig. 347. — Idées minutieuses.

La figure 347, outre l'esprit d'ordre et d'économie qui est une qualité, nous indique un défaut, la petitesse dans les idées, marquée par l'écriture lilliputienne et par les points que le scripteur a placés très bas.

L'Épargne.

L'ÉPARGNE ne se contente pas des économies au jour le jour, il lui faut

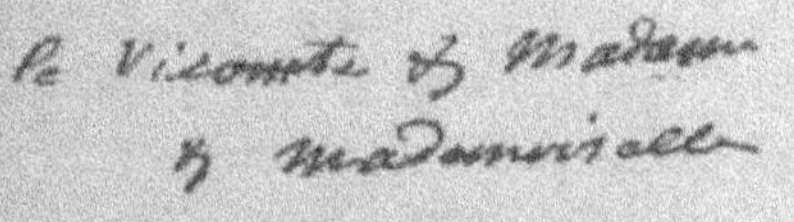

FIG. 348. — SIGNES DE L'ÉPARGNE.

encore mettre de côté pour l'avenir,

c'est donc un très bon sentiment ; mais il est à remarquer qu'il se rencontre plus souvent chez les gens riches que chez les gens pauvres. C'est fort logique, car il n'y a que ceux qui possèdent qui peuvent économiser, et à plus forte raison amasser.

Les signes de l'épargne sont une écriture à la fois ordonnée et tassée, avec des finales écourtées.

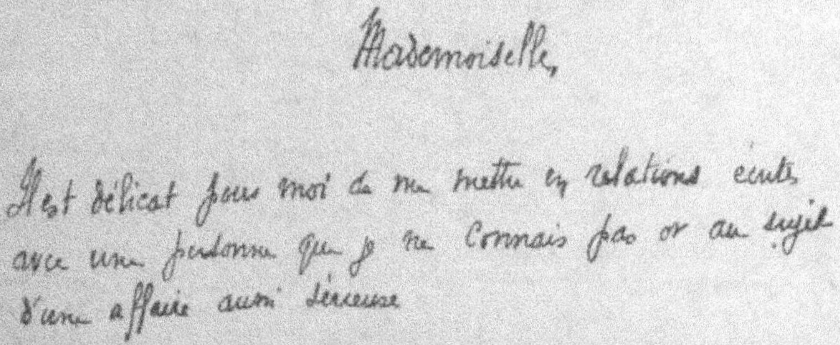

FIG. 349. — SIGNES DE L'ÉPARGNE.

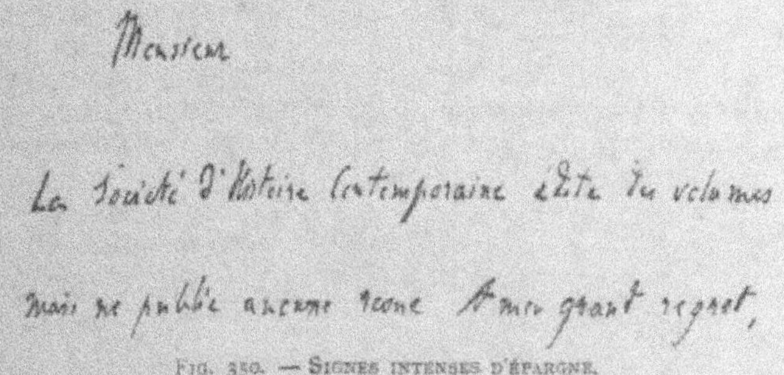

FIG. 350. — SIGNES INTENSES D'ÉPARGNE.

La figure 348 montre ces diverses dispositions qui s'accentuent dans la figure 349. La figure 350 présente l'intensité du signe.

SIGNES DE L'AVARICE

L'Intérêt.

LES signes de l'intérêt sont le crochet commençant *m* majuscule, complété par celui qui le termine ; l'intérêt est donc la résultante de l'acquisivité et de l'égoïsme. On veut acquérir pour so.

M de la figure 351 montre cette disposition bien caractérisée, avec le graphisme vertical qui indique que la tête est dominante.

Dans la figure 352, nous voyons la même disposition, mais avec un graphisme très couché, et un ensemble plutôt inférieur. Ceci nous indique l'intérêt par nécessité. Il est naturel que ceux qui travaillent pour vivre soient intéressés, ce n'est même pas un défaut pour eux, c'est une qualité.

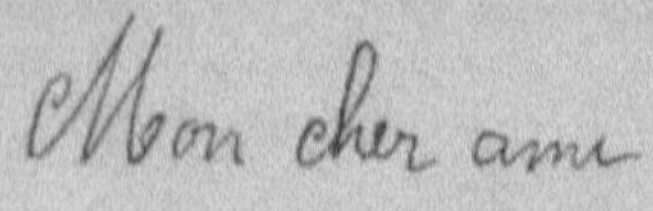

FIG. 351. — L'INTÉRÊT.

Ce signe prend une tout autre valeur dans l'écriture d'une personne appartenant aux classes élevées de la société; ce qui est légitime chez une

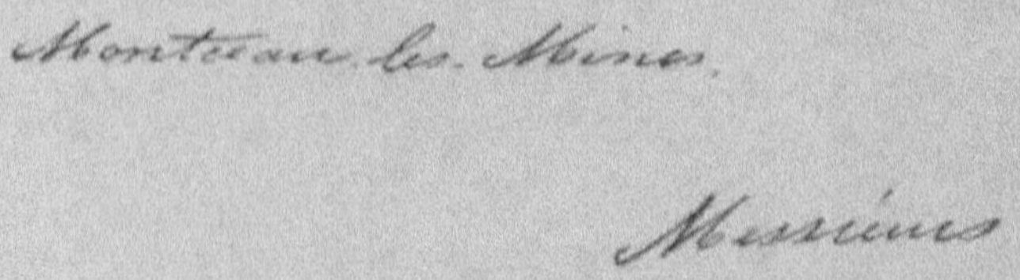

FIG. 352. — L'INTÉRÊT PAR NÉCESSITÉ.

pauvre petite ouvrière devient absolument inquiétant chez une femme du monde. La figure 353 reproduit cet M, fâcheusement significatif dans l'écriture d'une femme riche.

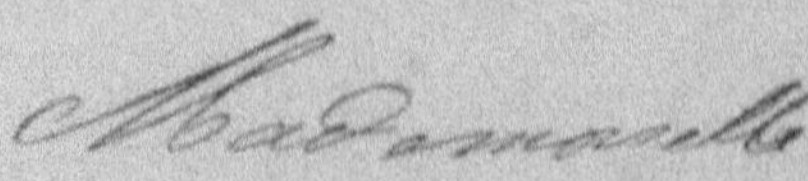

FIG. 353. — L'INTÉRÊT PAR INCLINATION.

La figure 354 montre encore la même disposition de double crochet dans une écriture absolument inférieure, avec le gladiolement de la ruse et le désordre

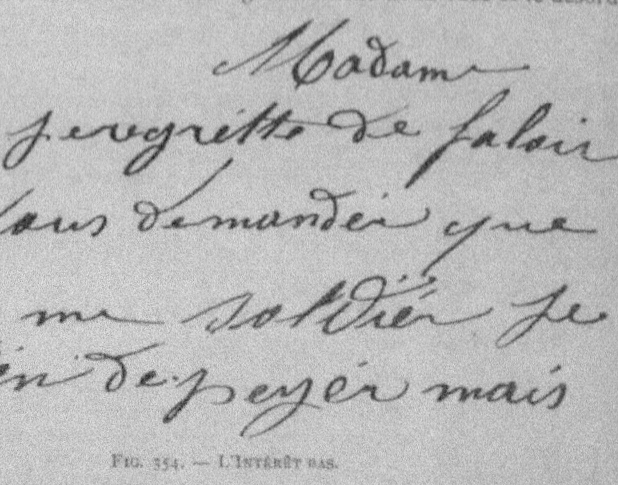

FIG. 354. — L'INTÉRÊT BAS.

le plus complet; l'inégalité de la marge est surtout typique : l'ensemble de tous ces signes révèle chez le scripteur l'intérêt vulgaire et bas.

La Cupidité.

LA cupidité est le désir immodéré des richesses. La figure 355 montre ce désir manifesté par les deux petits crochets si âpres de *m* majuscule, com-

FIG. 355. — CUPIDITÉ.

plétés par le premier jambage plus bas que le second, l'écriture grêle et l'ensemble d'infériorité. Il faut tenir compte aussi des finales écourtées.

L'exemple 356 est encore plus caractéristique, parce que le double crochet

FIG. 356. — GRANDE CUPIDITÉ.

se retrouve non seulement à *M*, mais à *a* majuscule ; et que la petitesse de l'écriture annonce l'étroitesse des idées. Les finales généralement absentes indiquent l'économie poussée aux dernières limites, toutes manifestations qui prennent une importance capitale lorsqu'on sait que le graphisme est celui d'une personne plusieurs fois millionnaire.

Comme nous venons de le dire, il est naturel, quasi légitime, qu'un être pauvre et n'attendant sa subsistance que de son travail, soit intéressé. Qui donc pourrait lui en vouloir ! Il est intéressant à observer que ce n'est pas en général dans cette classe besogneuse que se rencontre le plus de cupidité ; il semble que la possession de la fortune monte parfois au cerveau et rende insatiable le désir d'en posséder toujours davantage

L'Apreté au gain*.

L'APRETÉ au gain est l'exagération du désir d'acquérir.

Toutes les fois que les traits descendent anormalement au-dessous de la ligne, quelle que soit la lettre où cette disposition se trouve, nous pouvons y voir une révélation d'âpreté au gain ou aux honnéurs, suivant les

signes concomitants du graphisme.
Ce trait plongeant représente l'engin de celui qui est à l'affût de toute bonne occasion ; c'est la ligne de fond du pêcheur, patient pendant des journées entières pour guetter sa proie.

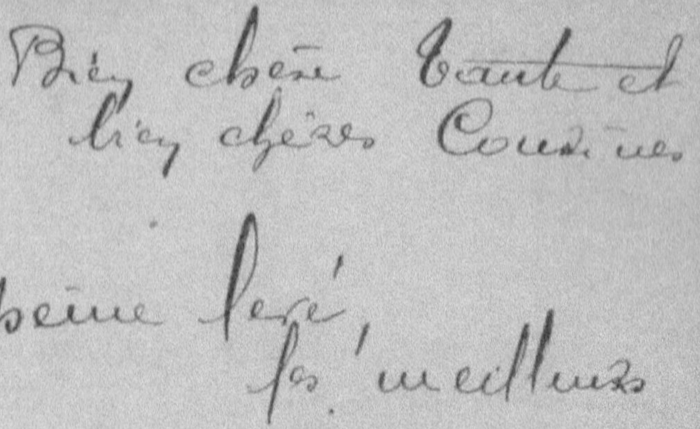

Fig. 357. — Apreté au gain.

La figure 357 montre plusieurs manifestations de ce signe ; observez avec soin la façon dont descend le dernier jambage de *n* minuscule dans le mot *bien*, de même que la seconde partie de *h* minuscule, ainsi que les *l* minuscules descendant sans raison au lieu de se lier au mot.

La figure 358 présente le même signe dans *m* majusculeà son premier jambage tandis que la figure 359 le montre, pour *m* majuscule à deux jambages, dans le trait plongeant du second jambage.

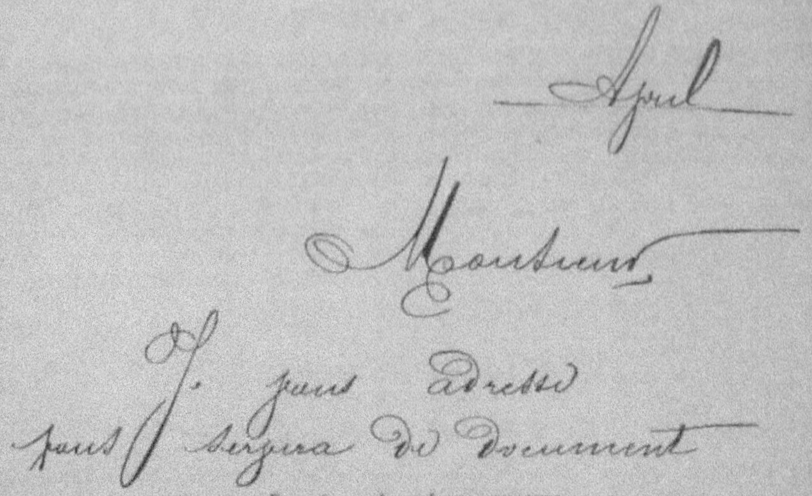

Fig. 358. — Apreté
au gain.

Fig. 359. — Apreté
au gain.

Fig. 360. — Apreté aux honneurs.

La figure 360 présente ce même signe au *v* minuscule; observez les mots *avril, vous, servira*.

De plus, ce graphisme renferme toutes les manifestations de la vanité.

Nous pouvons donc croire que le scripteur est ici plus avide de compliments et d'honneurs que d'argent.

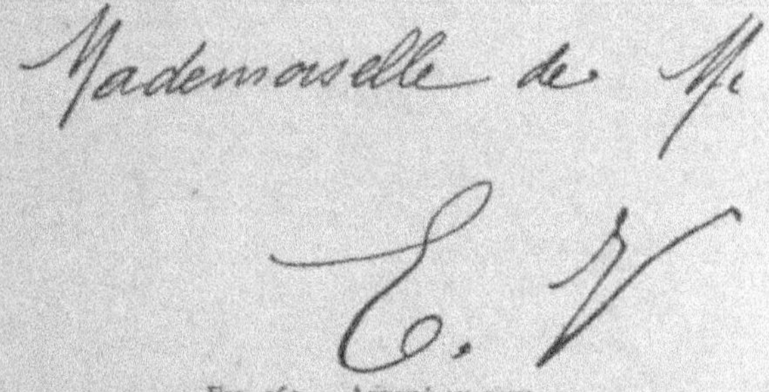

FIG. 361. — APRETÉ AU GAIN.

La figure 361 présente un trait plongeant droit et sec à l'extrémité de *m* majuscule; c'est une disposition qui se rencontre fréquemment.

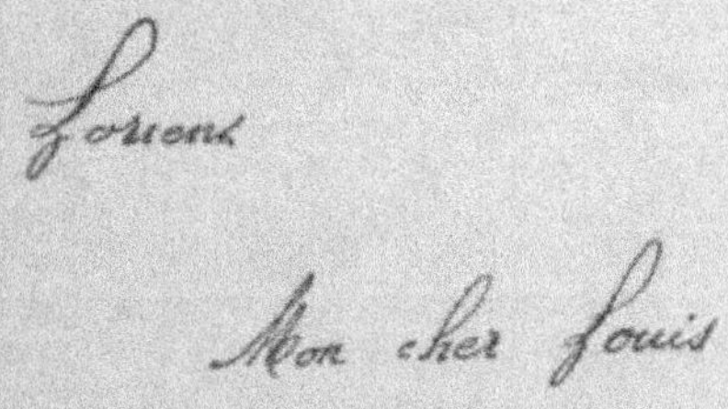

FIG. 362. — APRETÉ AU GAIN.

La figure 362 est une originalité; nous l'avons choisie pour montrer que ce singulier signe s'adapte à toutes les lettres. Ici, il se trouve à *l* majuscule.

Dans la figure 363 c'est presque à chaque mot que nous le retrouvons: à l'extrémité du crochet rentrant de l'*m* majuscule, au *j* majuscule, au *p* minuscule

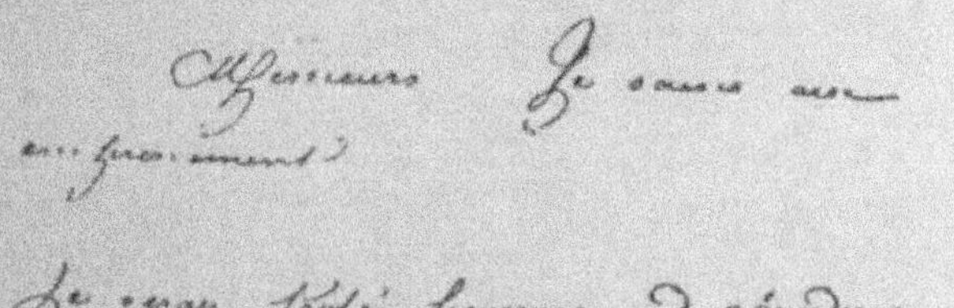

FIG. 363. — APRETÉ AU GAIN.

et à l'*f* minuscule. En outre l'*m* a le crochet de l'acquisivité et le petit harpon de l'extrémité représente exactement « l'hameçon » de la ligne.

L'Accaparement.

Nous avons déjà parlé de ce genre de graphisme dans le chapitre de l'égoïsme ; néanmoins, il est bon d'y revenir pour vous le montrer dans sa véritable acception, qui est « l'accaparement ». Chacun des traits formant une courbe semblable au mouvement de la main qui ramène est, en effet, particulièrement caractéristiqu...

Vous pouvez voir, dans la figure

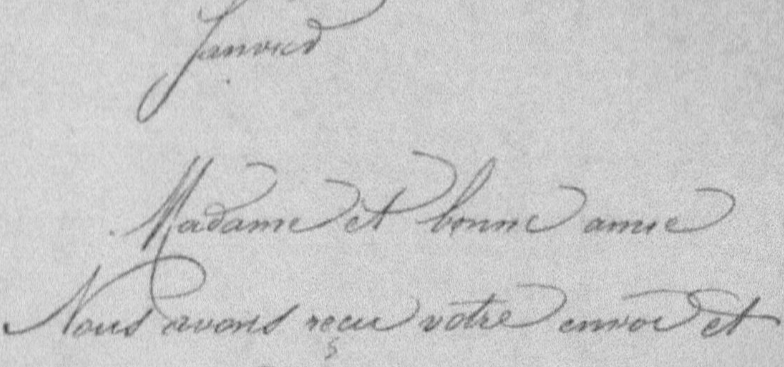

Fig. 364. — Accaparement.

364, que toutes les finales affectent cette disposition qu'il ne faut pas confondre avec les traits remontants du mysticisme.

Un économiste nous fait observer que le signe de l'accaparement doit être considéré comme un des éléments de l'esprit commercial. Nous ajouterons qu'il faut y joindre celui du désir d'acquérir. Quant à l'accaparement, pris dans cette acception d' « économie sociale », il peut être redoutable, mais il perd la mesquinerie qui lui convient dans les cas plus terre à terre et que l'esprit populaire a traduit par ces locutions expressives : « tirer la couverture à soi », « garder l'assiette au beurre », etc.

L'Avarice.

Fig. 365. — L'Avarice.

De l'épargne à l'avarice il n'y a qu'un pas. Celle-ci est l'exagération de celle-là. C'est la qualité transformée en défaut. Dans le cas présent, c'est plus qu'un défaut, c'est un vice, une passion honteuse; remarquez que, contrairement à presque tous les derniers graphismes qui viennent de passer sous nos yeux, la figure 365 reproduit des lettres très couchées, — signe de passion; or l'avarice est une passion, — en même temps extrêmement tassées, avec des finales aussi écourtées que possible; on dirait que le scripteur a peur de perdre une goutte de son encre. Voilà donc un exemple d'avarice que l'on peut considérer comme exceptionnellement complet.

Arrivés enfin au bout de l'étude des signes de la moralité, nous avons parcouru les points principaux de notre enseignement. Si les égoïstes ne peuvent plus se dissimuler à nos yeux clairvoyants, nous sommes à même de découvrir les dévoués qui se cachent par humilité, et nous savons quels caractères distinguent les bons et les sensibles, les méchants et les fourbes.

Nous avons cru devoir donner plus de développement à cette partie de notre ouvrage car elle correspond à l'importance que l'on doit attacher à la moralité. Passons maintenant à l'étude des signes de l'intelligence.

HUITIÈME LEÇON
LES SIGNES PARTICULIERS DE
L'INTELLIGENCE

APTITUDES VARIÉES

Dans les classifications du début, nous avons déjà indiqué tous les éléments de l'intelligence. Il ne s'agit donc plus que d'entrer dans les détails. Nous commencerons par l'étude des signes de la raison.

Signes de la Raison.

Le dictionnaire dit :

Raison : faculté intellectuelle par laquelle l'homme juge, connaît et se conduit; bon sens, sagesse.

D'autre part, nos études nous ont permis de reconnaître que la raison se révèle par l'ordre qui règne dans une écriture, c'est-à-dire : majuscules à leur place, régularité dans la longueur des jambages, absence de grands mouvements de la plume; de plus, la première lettre des mots séparée nous indique la faculté de juger; on appelle aussi cette manifestation : arrêt du penseur.

On distingue donc un homme de bon sens — la plus rare des choses — à la modération qui préside à la moindre manifestation extérieure de son *moi*. Or, l'écriture étant le « geste fixé », nous avons en elle l'indice qui trompe le moins.

Fig. 366. — Raison.

La figure 366 nous paraît un exemple excellent de cet ordre, de cette mesure, de cette proportion, de cette pondération en tout qui est l'indice de la raison.

La signature, pleine d'ambition, est celle d'un homme de lettres breton, justement apprécié dans toute la région de l'Ouest.

La figure 367 est également une manifestation intéressante de la raison, mais moins parfaite que la précédente.

La raison est bien maîtresse de ce

cerveau admirablement équilibré; la faculté du jugement s'y retrouve dans la séparation de la première lettre; cependant le graphisme a moins de

FIG. 367. — JUGEMENT.

relief, et tout l'ensemble indique une moindre valeur intellectuelle, notamment l'enroulement inutile de n majuscule. Maintenant que nous avons bien établi les signes de la raison, passons à ceux de l'imagination.

Signes de l'Imagination.

Il y a deux genres d'imagination.

Pour faire bien comprendre ce que nous entendons par là, nous aurons recours à une comparaison.

Quand les arbres d'un jardin ne sont pas taillés, ils poussent au hasard et ne tardent pas à former comme une forêt vierge où les branches s'entrelacent dans un fouillis presque inextricable.

Au contraire, lorsqu'un jardin est soigné, chaque saison voit tailler ses arbres, chaque branche mise à l'alignement; c'est ainsi qu'on obtient le type du parterre français, si longtemps en honneur. Eh bien! pour l'imagination, il en est de même: celle qui n'a pas été cultivée pousse ses rameaux en tous sens, ce qui amène le désordre; il en résulte l'infériorité par excès.

L'imagination cultivée, en revanche, se manifeste par l'écriture disjointe et simplifiée, mais non par les grands mouvements de la plume.

Nous allons passer en revue ces différentes nuances.

FIG. 368. — IMAGINATION INVENTIVE.

Les grands mouvements de la plume indiquent plutôt la rêverie, les divagations de l'esprit, stériles dans leurs productions, tandis que l'écriture hachée ou disjointe est l'indice de l'imagination inventive et créatrice.

Le graphisme de la figure 368 nous fournit un exemple précieux de l'imagination cultivée, par suite inventive et créatrice.

Chaque trait séparé de son voisin ainsi que la grande modération de l'ensemble et le relief du tracé montrent bien la valeur intellectuelle du scripteur. L'r majuscule de la signature indique la recherche de l'effet par sa forme en arcade. L'invention et la recherche de l'effet sont bien les traits principaux qu'on doit rencontrer dans l'écriture d'un romancier à succès, et c'est le cas pour le graphisme qui nous occupe.

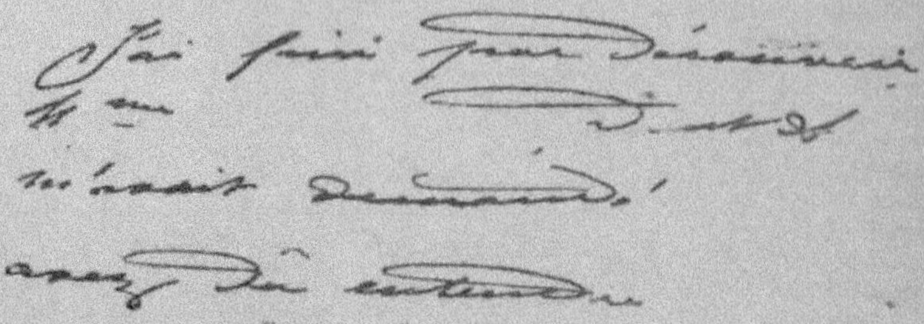

Fig. 369. — Imagination rêveuse.

Dans les trois lignes de la figure 369 les trop longs jambages inférieurs montrent une imagination qui gagne facilement du terrain et doit être absolument maîtresse dans certaines occasions.

Les longs jambages sont une manifestation beaucoup moins concluante que les hampes des *d* exagérées dont la figure 370 nous fournit un rare exemple.

Fig. 370. — Imagination combattue.

Nous voyons dans cette écriture une lutte véritable entre la raison et une imagination dévorante ; cette lutte se reconnaît à l'aplatissement des énormes hampes en lasso, qui se couchent humblement, quand elles voudraient librement s'élancer en plein espace.

Dans ces quelques lignes nous pouvons admirer six *d* à lassos fantastiques ; ce n'est donc pas un trait isolé, mais, au contraire, l'intensité du signe ; il signifie l'imagination prépondérante fortement combattue.

La marche que nous franchissons avec la figure 371 nous conduit à l'ima-

FIG. 371. — IMAGINATION DÉRÉGLÉE.

gination sans frein ; par en haut, par en bas, les traits s'épanouissent à l'aise, c'est l'imagination exaltée. Dans ces lignes il y a de l'agitation, de la déraison, tout le désordre moral enfin d'une femme qui avait une telle abondance de sensations et d'idées qu'elle fatiguait elle-même et surtout son entourage. Dieu ait son âme !

Nous voici arrivés au sombre carrefour où l'imagination côtoie la folie, laquelle n'est qu'une exagération des facultés sensitives et imaginatives.

Il nous souvient d'un homme d'esprit qui avait pour théorie que tous les humains sont fous !!! au moins sur un point ; folie partielle qu'on qualifie poliment dans le monde de « toquade ». Combien de braves gens, en effet, qui courent en liberté, seraient plus à leur place à Charenton !

FIG. 372. — IMAGINATION SANS FREIN.

La figure 372 est un petit poème en deux quatrains intitulé :

Bohème.

Avant de devenir fécond
J'habitais au premier étage,
Il fallut monter au second
Quand je fis mon premier ouvrage.

Je suis maintenant sous les toits,
Sans avoir une œuvre parue,
Encore une pièce et je crois
Que j'irai loger dans la rue.

Telle est, en huit vers, l'histoire même du scripteur.

Avez-vous remarqué que le manque de chance est presque toujours provoqué par un défaut de caractère, de nature, ou de conduite « du malchanceux » ?

Oh ! il y a des exceptions, ce n'est pas à contester, mais comme toutes les exceptions, elles ne font que confirmer la règle.

Or donc, voilà ce pauvre « bohème » qui a réalisé sa propre prophétie, et qui est passé des toits dans la rue, avec un bidon de pétrole d'une main, et une bombe de l'autre.

Est-ce par suite de son génie méconnu ? Point.

La cause va nous en être révélée par son graphisme. Voyez les *d* qui terminent les mots *fécond* et *second* ; leurs boucles annoncent la disposition à l'exaltation, ainsi que l's démesuré du mot *suis* ; en outre, l'ensemble agité donne l'impression du désordre. Mais ce qui est surtout caractéristique dans cet autographe, ce sont les barres de *t* vraiment formidables ; elles disent bien l'homme qui a pour devise « ni Dieu, ni maître », mais qui, en revanche, est dominateur comme un autocrate, violent, brutal et passionné comme un diable. Étonnez-vous, après cela, qu'il n'ait pas réussi !

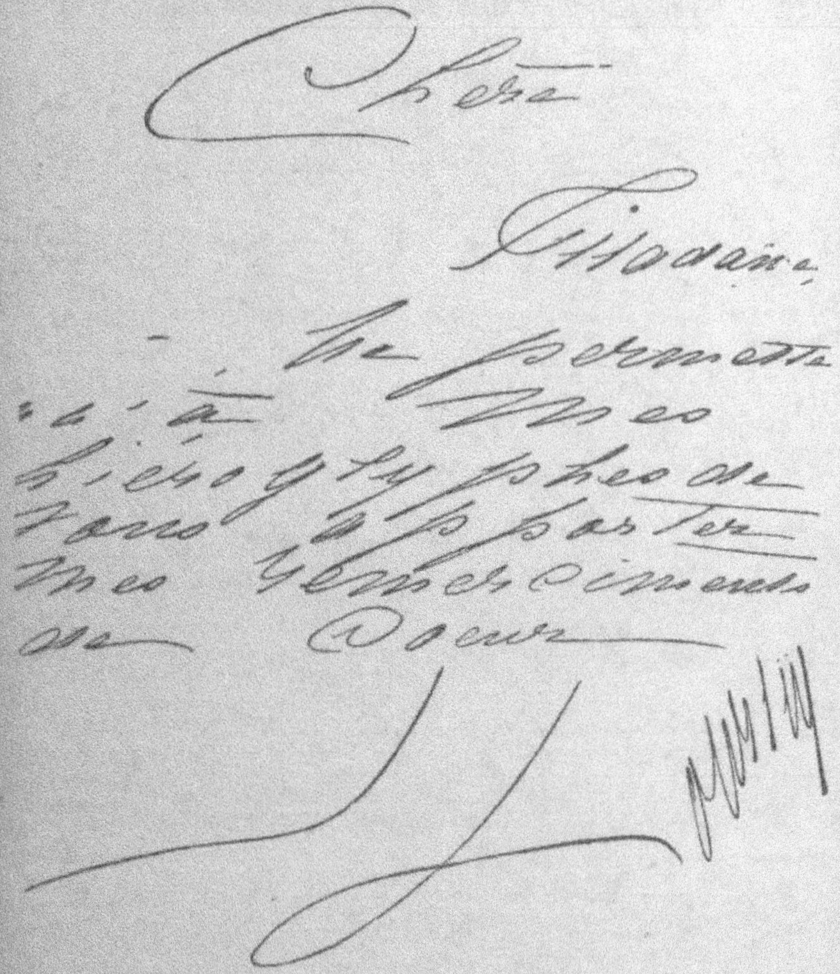

FIG. 373. — ABSENCE DE BON SENS.

La figure 373 est un spécimen encore plus rare.

Nous avons sous les yeux le graphisme d'une femme jeune et jolie, distinguée, intelligente et fort instruite.

Mais à quoi servent tant de facultés, si l'on n'y joint un grain de vulgaire bon sens ?

Il y a tout lieu de croire que chez elle c'est le cœur qui est plus malade que la tête ; en effet, l'inclinaison extraordinaire des lettres indique une susceptibilité maladive, tandis que le développement anormal des majuscules — surtout celles de la signature — révèle un orgueil poussé jusqu'à l'insenséisme ; toutes les lettres, séparées, donnent la note de l'intuitivité pure, c'est-à-dire du rêve, de l'utopie, du paradoxe. Nous retrouverons les « fous officiels » dans la partie traitant des aptitudes physiques.

Signes de l'Imagination gracieuse.

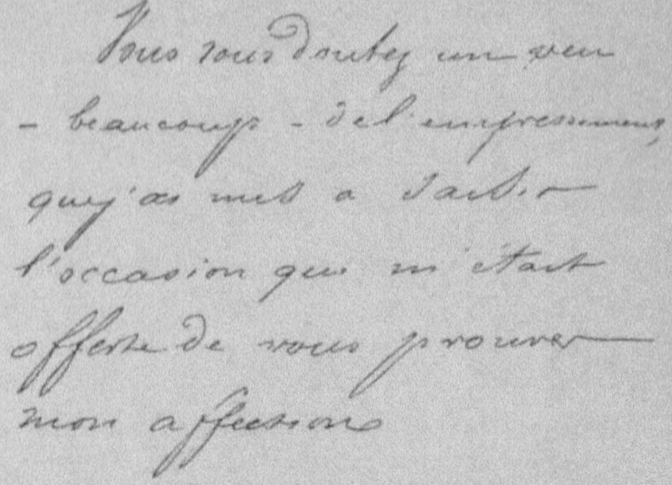

FIG. 374. — IMAGINATION GRACIEUSE.

IL est une autre manifestation d'imagination que nous ne pouvons passer sous silence. Elle consiste dans les *s* minuscules beaucoup plus hauts que le texte; c'est l'indice de l'imagination gracieuse.

La figure 374 en est un exemple d'autant plus heureux que l'écriture est fort harmonique. Ce signe se trouve complété par la volute des *d* annonçant l'absence de simplicité; il faut noter que ce graphisme léger appartient à un homme; d'où nous concluons que le scripteur a des goûts délicats, et qu'il aime tout ce qui est joli plutôt que ce qui est beau.

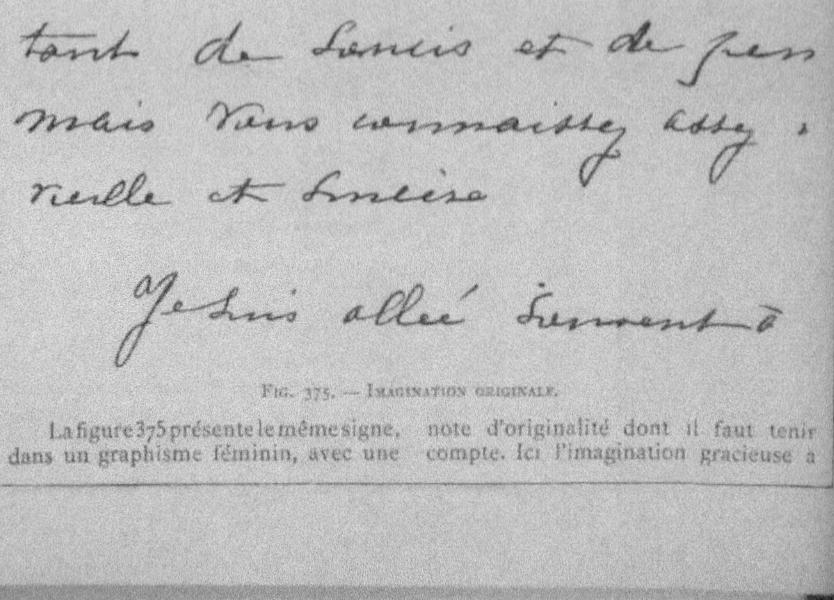

FIG. 375. — IMAGINATION ORIGINALE.

La figure 375 présente le même signe, dans un graphisme féminin, avec une note d'originalité dont il faut tenir compte. Ici l'imagination gracieuse a beaucoup plus de valeur parce qu'elle se trouve complétée par le sens esthétique : on peut donc supposer que celle qui a tracé ces lignes a le don de la grâce dans l'art. Observez les mots *soucis, sincère, souvent.*

J'ai vu l'année dernière beaucoup de personnes vous écrire, il fallait les voir s'appliquer, c'est vrai

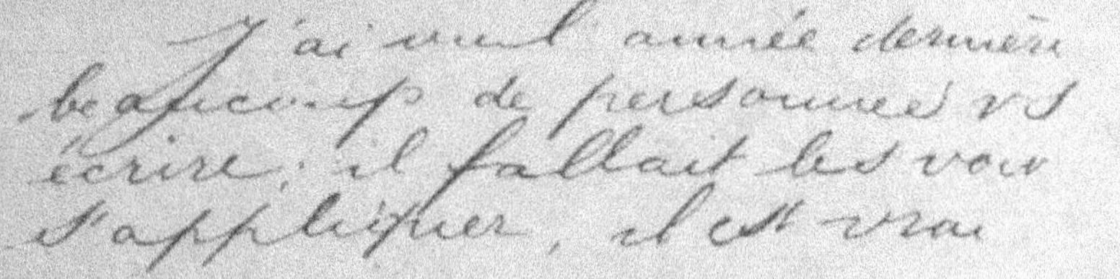

FIG. 376. — IMAGINATION VULGAIRE.

Dans la figure 376 nous trouvons l'*s* d'une hauteur exagérée ; et les jambages inférieurs des lettres avec un tel développement qu'ils traversent souvent deux lignes, indice d'une imagination développée jusqu'au déséquilibrement. Le graphisme, manquant d'élégance et d'harmonie, nous porte à croire que le scripteur exerce son goût pour les jolies choses dans un ordre d'idées fort terre à terre.

La figure 377 est l'expression la plus exagérée du signe ; l'ensemble passionné du graphisme augmente encore cette signification d'exaltation. C'est un vieillard de plus de quatre-vingts ans qui traçait ces lignes, dans un élan de renaissance juvénile, type remarquable de vitalisme persistant, mais aussi de trouble cérébral engendré par la sénilité.

Marseille

Chers et fidèles de Ténès,

FIG. 377. — IMAGINATION EXALTÉE.

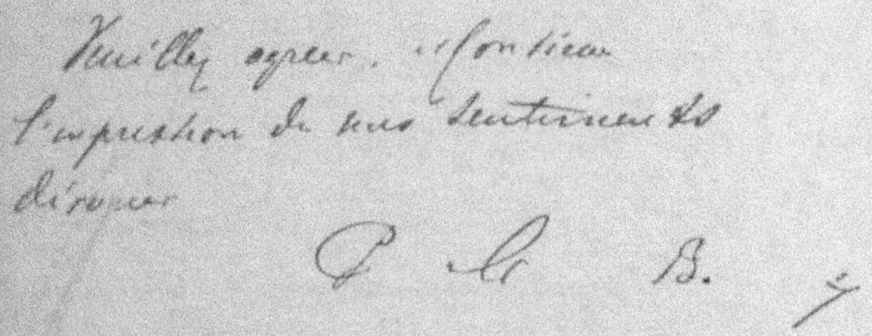

Veuillez agréer, Monsieur, l'expression de mes sentiments distingués

P. C. B.

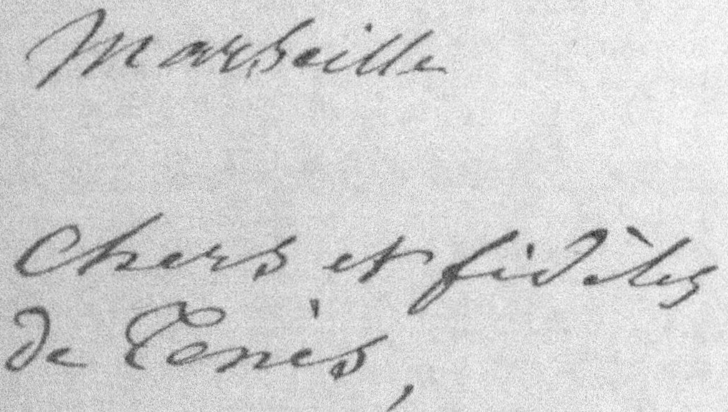

FIG. 378. — IMAGINATION ARTISTIQUE.

Il est intéressant de rechercher ce signe de l'imagination gracieuse dans les graphismes d'artistes ; la figure 378 nous le montre assez affirmé, mais

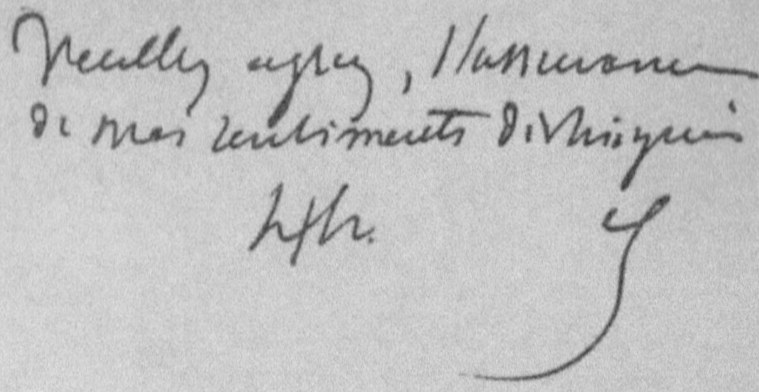

Fig. 379. — Imagination artistique.

il l'est bien davantage dans la figure 379.

Ces deux autographes ont été tracés par des peintres célèbres.

Signes de la Logique.

Si la liaison des majuscules avec le mot a une grande importance au point de vue moral, la liaison des minuscules en a une non moins grande au point de vue intellectuel.

Leur enchaînement est le signe de la logique, c'est-à-dire de la faculté de raisonner juste. Il s'ensuit que le signe de la logique est la liaison de toutes les lettres dans un mot.

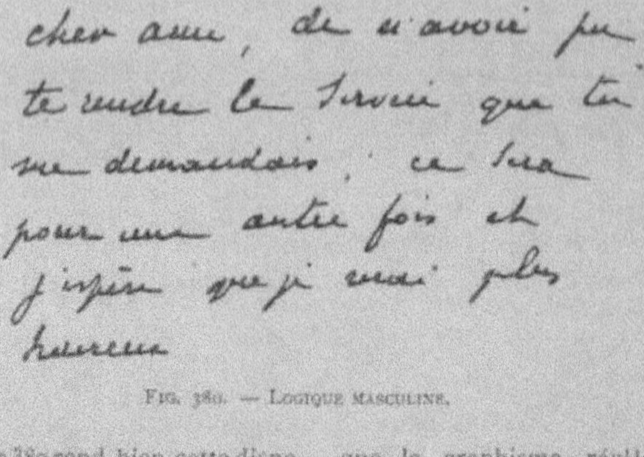

Fig. 380. — Logique masculine.

La figure 380 rend bien cette disposition normale de l'écriture, plus rare qu'on ne peut le supposer.

Vous pouvez voir en même temps que le graphisme révèle une nature supérieure à tous les points de vue ; c'est celui d'un homme, tandis que celui de la figure 381 est d'une

elle m'a accueillie ; mais il m'a
semblé que quelquechose était
brisé entre nous.

FIG. 381. — LOGIQUE FÉMININE.

femme bien féminine et ne visant pas à l'esprit transcendant, mais ayant comme qualité supérieure la raison.

La figure 382 nous apprend à con-

FIG. 382. — D DE LA LOGIQUE.

naître le *d* de la logique, c'est-à-dire un *d* de proportion très modérée, dont la partie supérieure forme une boucle qui va se lier à la lettre suivante.

Signes de l'Enchaînement dans les idées.

Le graphisme de la figure 383 présente, en plus des signes de la logique que nous venons d'étudier, la réunion de deux mots ensemble comme : *votre*

FIG. 383. — ENCHAÎNEMENT DES IDÉES.

lettre, de faire ce qui est une accentuation du signe. Ici l'esprit ne se contente plus de raisonner, il enchaîne encore son raisonnement et ses idées.

Dans la figure 384 la même disposition se retrouve, mais avec un graphisme beaucoup moins supérieur.

Il est bon de vous faire observer que

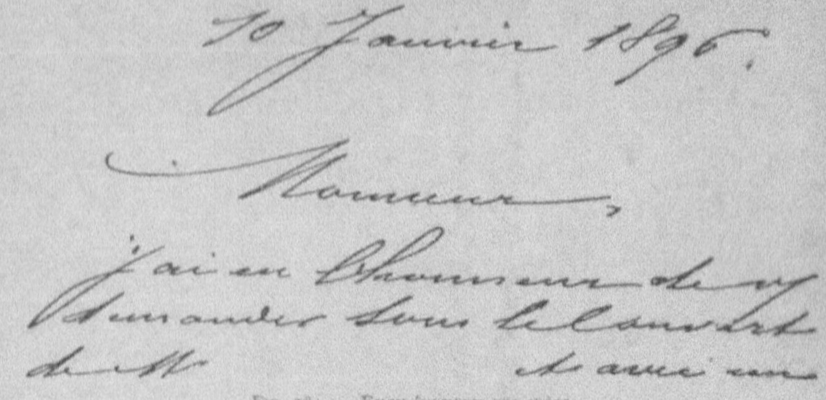

Fig. 384. — Enchaînement des idées.

la saine logique est difficilement compatible avec le crochet rentrant, puisque la liaison des lettres en est le signe.

A noter que tout trait qui précède une lettre manifeste une liaison avec une idée antérieure.

Signes de la Déduction.

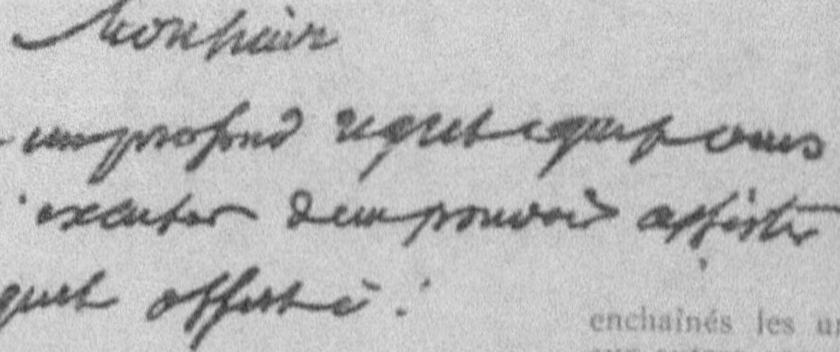

Le graphisme 385 nous apprend comment un puissant cerveau tire des déductions d'un raisonnement.

Il est facile de voir que presque tous les mots sont

Fig. 385. — Déduction.

enchaînés les uns aux autres comme dans la phrase : *Regrets que je vous.* C'est l'intensité du signe ; la figure 386 en est l'exagération.

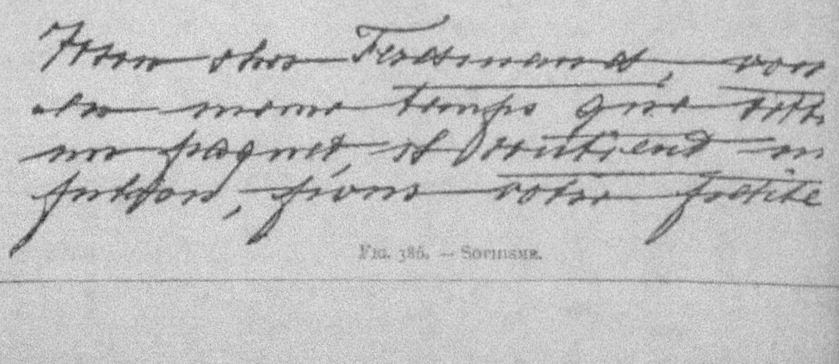

Fig. 386. — Sophisme.

Ici les mots, les lignes, tout s'enchevêtre, pour ne plus faire qu'un. Cet excès conduit au *sophisme*, c'est-à-dire au raisonnement faux.

Signes de l'Intuition.

L'INTUITION est une connaissance claire, droite, immédiate de vérité qui, pour être saisie par l'esprit, n'a pas besoin de l'intermédiaire du rai-

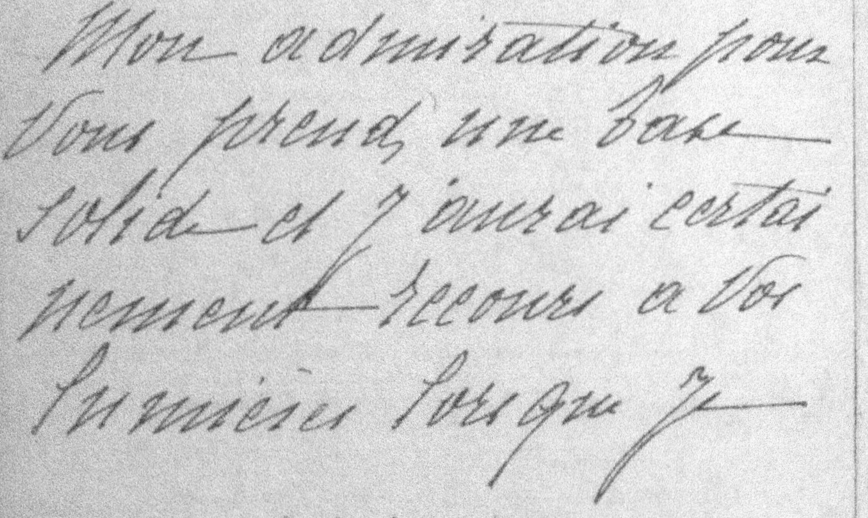

FIG. 387. — INTUITION FÉMININE.

sonnement. Par conséquent, l'intuition est l'opposé de la déduction. La graphologie, dans sa logique immuable, trouve le signe de l'intuition dans l'écriture disjointe, à l'inverse de la déduction qui se reconnaît dans l'écriture liée.

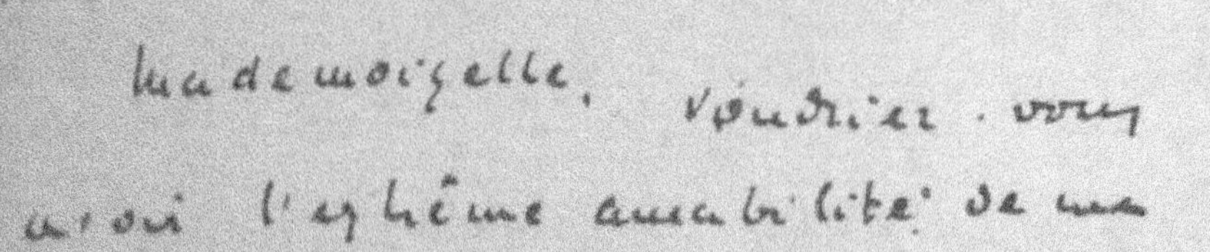

FIG. 388. — INTUITION MASCULINE.

La figure 387 montre cette forme dans un graphisme de femme élégante et distinguée.

La figure 388 est encore plus caractéristique dans l'écriture d'un homme de lettres de talent.

Signe de l'Utopie.

L'EXAGÉRATION du signe de cette riche qualité intellectuelle qu'est l'intuition conduit à l'*utopie*, c'est-à-dire à l'irréalisable.

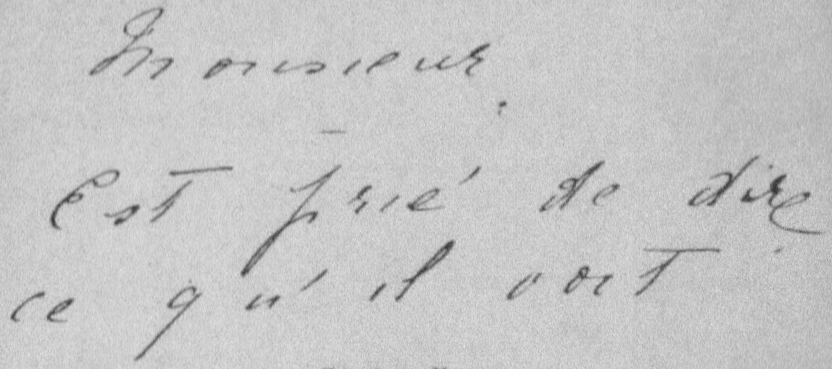

Fig. 389. — UTOPIE.

Dans la figure 389, ce caractère de rêve est accentué par les lettres allant en grossissant, annonce de l'exaltation.

Nous retrouverons le graphisme des intuitifs lorsque nous nous occuperons spécialement des manifestations esthétiques.

Signes de l'Équilibre dans les facultés.

COMME nous venons de le voir, ne posséder que du raisonnement ou n'avoir que de l'intuition sont également dangereux.

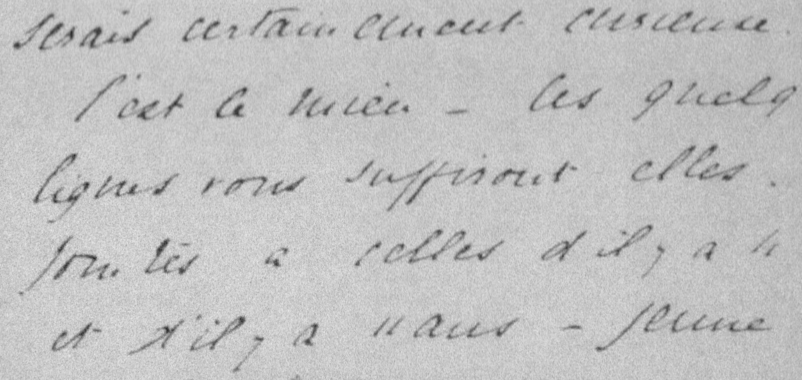

Fig. 390. — ÉQUILIBRE DANS LES FACULTÉS FÉMININES.

Pour qu'un esprit soit bien équilibré, il a besoin d'une partie égale de déduction et d'intuition. L'intuition devine et imagine ; la déduction réalise.

La figure 390 présente cette heureuse réunion des deux signes ; nous le reconnaissons aux lettres réunies par groupes, ainsi que dans les mots *certainement curieuse*, où les lettres sont séparées en deux parts. Cette observation peut s'appliquer également à tous les mots de l'exemple.

FIG. 391. — ÉQUILIBRE DANS LES FACULTÉS MASCULINES.

La figure 391 nous présente la même disposition dans une écriture d'homme, tandis que la figure 390 est une écriture de femme.

L'équilibre dans les facultés entraîne des aptitudes variées. Ceux qui ont cette section partielle des mots très marquée possèdent des connaissances encyclopédiques, parce qu'ils ont une grande facilité d'assimilation.

Signes de l'Assimilation.

Nous avons pourtant observé que le signe spécial de l'assimilation consiste dans les liaisons anormales; par exemple, comme dans la figure 392 le point de l'*i* du mot *laisser* qui, passant par-dessus le premier *s*, sert de

FIG. 392. — ASSIMILATION.

premier jambage au second, et l'accent grave de *a* qui forme le commencement de l'*l* du mot *l'abandon*.

Le graphisme de la figure 392 est

FIG. 393. — FACILITÉ NATURELLE.

celui d'un homme d'une bonne moyenne d'intelligence, qui compte trop sur sa facilité naturelle. La figure 393 est le graphisme d'une femme pleine d'intelligence.

Ici la liaison se fait surtout avec les barres de *t*; ainsi le *t* du mot *sont* est barré par un trait qui passe par-dessus le mot *un* et va former le trait initial du *p* du mot *peu*.

La figure 394 montre ce même signe. Le don d'assimilation donne à l'esprit une si grande promptitude de compréhension qu'il en résulte des

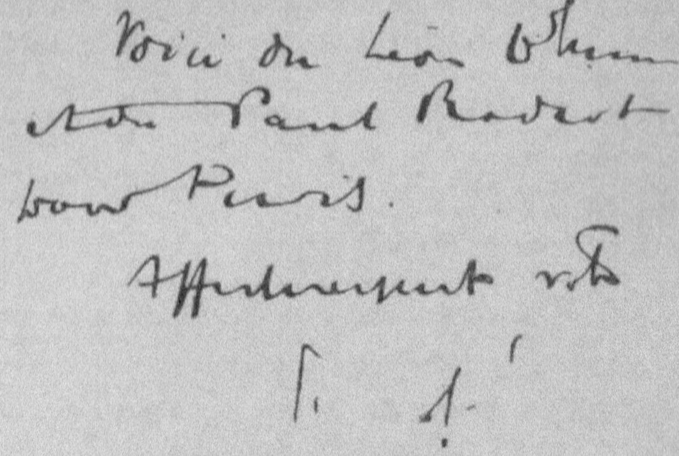

Fig. 394. — Activité cérébrale.

lueurs sur toutes les questions ; il arrive souvent que ces natures privilégiées abusent des dons qu'elles ont reçus et, se fiant à leur merveilleuse facilité, ne prennent pas la peine d'approfondir les questions ; ce sont parfois des esprits très brillants, mais un peu superficiels.

Comme nous l'avons dit précédemment, ce genre de liaisons anormales est un des signes les plus concluants de l'activité cérébrale.

Signes de l'Esprit Observateur.

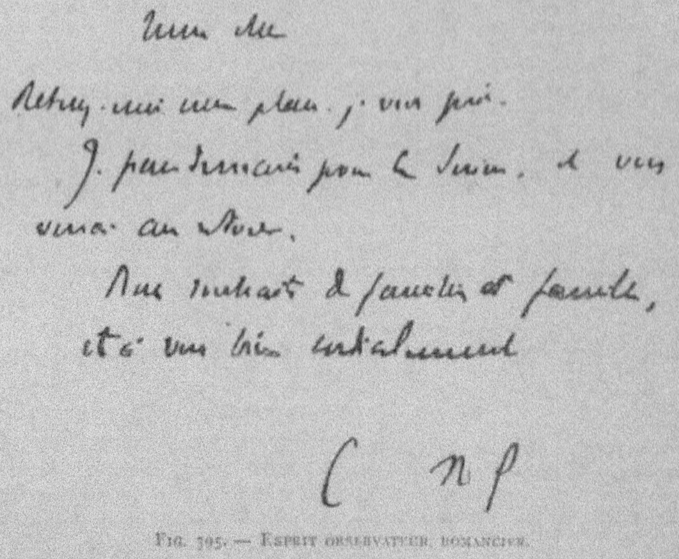

Fig. 395. — Esprit observateur, romancier.

L'esprit observateur est tout différent.

Il rentre, — pour ses manifestations, — dans la catégorie de la raison la plus stricte.

Il suffit pour s'en convaincre de

Fig. 396. — Esprit observateur, sculpteur.

jeter les yeux sur les figures 395 et 396. Ces deux autographes proviennent, en effet, de deux grands observateurs, l'un de l'âme humaine, puisque c'est un romancier, l'autre de la plastique humaine, puisque c'est un sculpteur.

Signes de l'Esprit Cultivé.

Fig. 397. — Esprit cultivé.

Toutes les facultés que nous venons d'observer servent à cultiver l'esprit, et c'est la manifestation de cette culture que nous allons relever dans la figure 397. La culture de l'esprit se reconnaît surtout dans la simplification des lettres, c'est-à-dire dans les lettres faites d'un seul trait.

Dans le graphisme de la figure 397, les *a* sont surtout curieux, car ils sont tracés d'un simple petit zigzag ainsi que dans les mots *avec, grand, plaisir, m'avez, fait, adresser.*

A remarquer aussi le *g* du mot *grand*, l'*f* du mot *fait*, et l'*h* du mot *honneur*. L'étrangeté, la fantaisie et la culture manifestés dans ce graphisme répondent pleinement à une nature d'artiste.

La particularité du graphisme des gens très cultivés est donc de former les lettres d'un seul trait et non pas en s'y reprenant à plusieurs fois, comme ceux qui n'ont pas une grande habitude de la plume.

Signes de la Finesse d'Esprit.

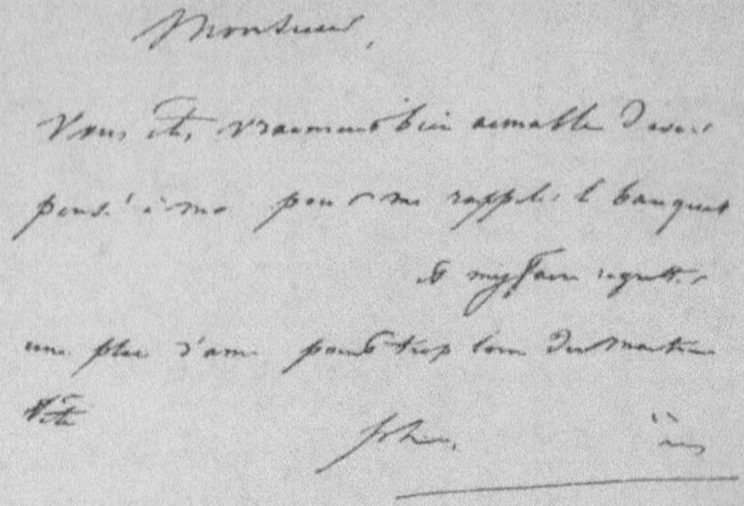

FIG. 398. — ESPRIT FIN, ROMANCIER.

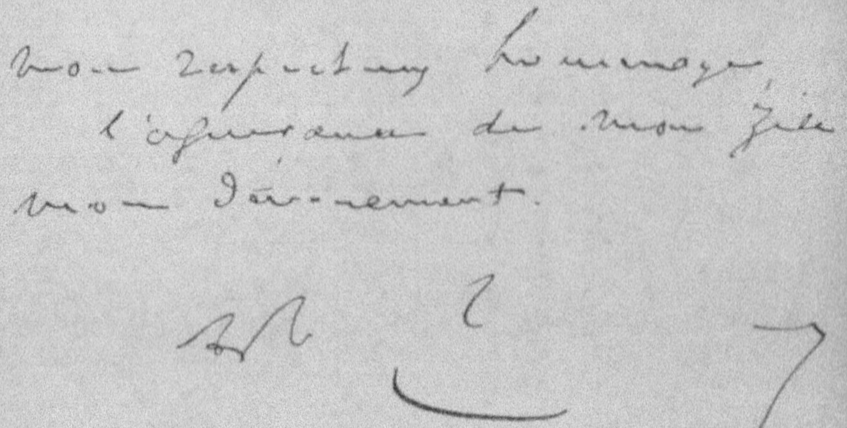

LA finesse d'esprit se comprend par elle-même.

Elle est traduite dans une écriture supérieure par un léger gladiolement, indice de finesse et de subtilité.

L'esprit fin est souvent un esprit curieux; c'est permis et même nécessaire quand il s'agit d'un romancier, comme dans la figure 398 ou d'un journaliste comme dans la figure 399.

FIG. 399. — ESPRIT FIN, JOURNALISTE.

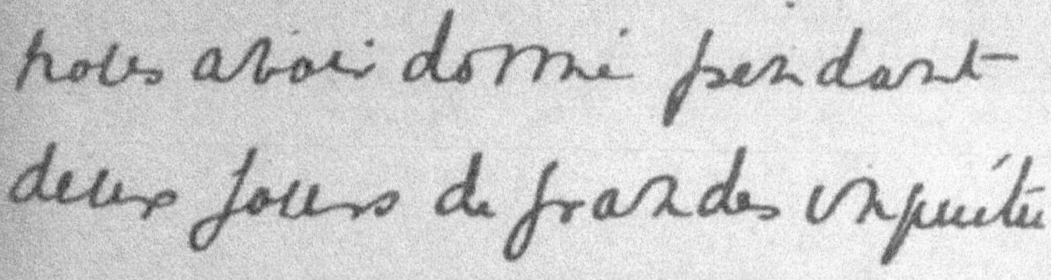

FIG. 400. — ESPRIT VISANT A L'EFFET.

La figure 400 montre un homme d'esprit qui tient à en faire parade.

Ce graphisme est intéressant par l'abondance des arcades — chose rare — dans les *n* minuscules. Ce mélange d'arcades et de gladiolement indique bien, comme résultante, recherche de l'effet par l'esprit.

Absence de Finesse.

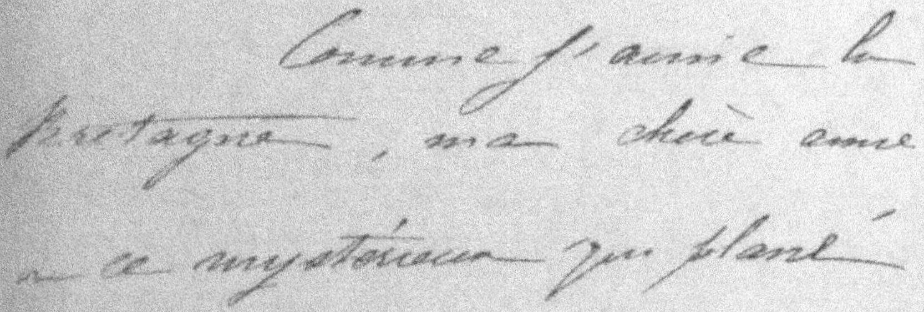

FIG. 401. — ABSENCE DE FINESSE.

L'absence de finesse, comme nous l'avons déjà étudié dans les signes généraux, se manifeste par des lettres grossissantes à l'extrémité des mots. Cette disposition dans le graphisme annonce une tendance certaine à l'exa-

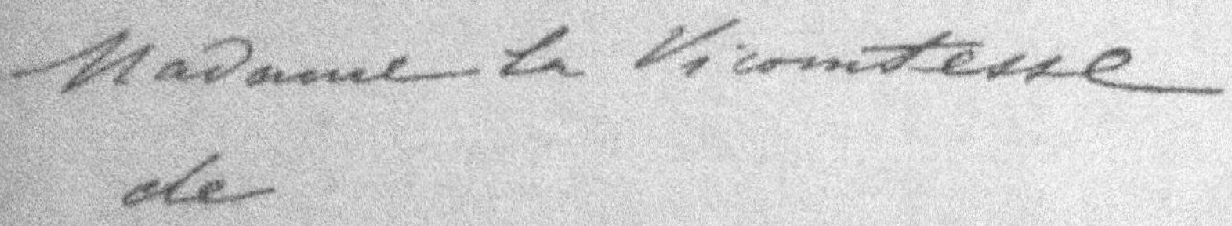

FIG. 402. — MANQUE DE TACT.

gération, un manque de jugement par défaut d'optique, le scripteur ayant comme un lorgnon aux verres grossissants devant les yeux ; le manque de tact est le résultat assez logique de ces diverses imperfections.

La figure 402 est l'exagération du signe.

Signes du Jugement.

Le jugement se révèle par la séparation qui existe entre la première lettre du mot et la suite de ce mot.

Cette séparation est surtout caractéristique dans le mot qui commence une lettre et n'atténue en rien les manifestations de l'altruisme — liaisons des majuscules au mots — qui se retrouvent dans le reste du texte. On l'appelle aussi « l'arrêt du penseur ». Après avoir tracé la première lettre, le scripteur s'arrête; il envisage d'un coup d'œil tout ce qu'il a à dire, et les conséquences de ses paroles; puis, ayant pesé le pour et le contre, il va de l'avant.

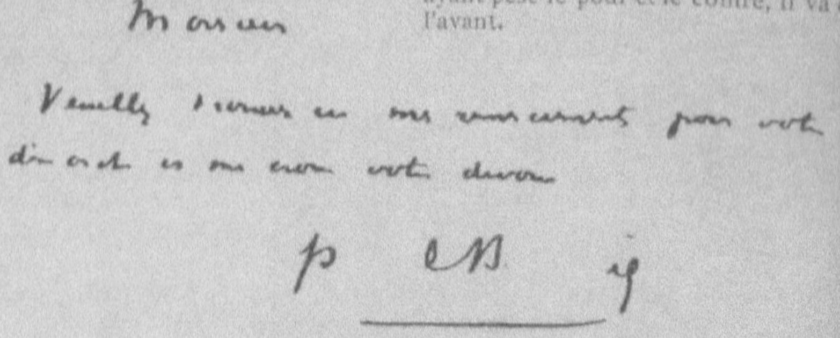
Monsieur

FIG. 403. — ARRÊT DU PENSEUR, ROMANCIER.

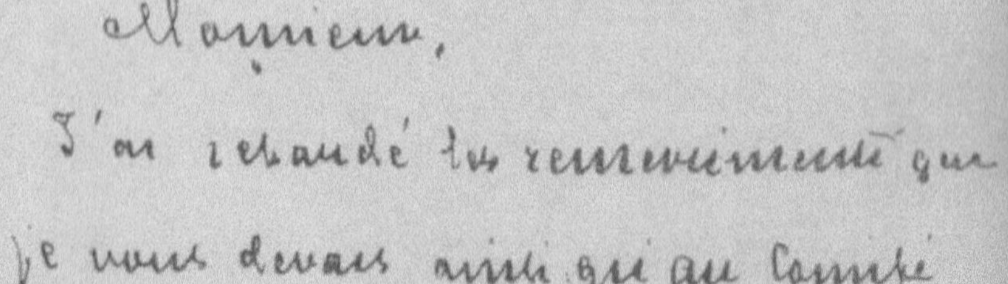
Monsieur,

J'ai retardé les remerciements que je vous devais ainsi qu'au Comité pour la gracieuse invitation que vous m'avez fait l'honneur de m'envoyer, parce que j'ignorais s'il me serait possible d'être à Paris le 16 —

FIG. 404. — COUP D'ŒIL JUSTE, PEINTRE.

Quand le graphisme est celui d'un docteur, on conclut de ce coup d'œil à la sûreté du *diagnostic*. Cet arrêt est l'indice d'une des plus belles facultés de l'esprit humain; aussi nous le retrouverons chez la plupart des grands penseurs, qu'ils aient à la main la plume ou le pinceau, comme dans la figure 403, qui est l'autographe d'un de nos plus célèbres psychologues, ou dans la figure 404, qui est l'autographe d'un de nos grands portraitistes.

Trouble du Jugement.

Nous avons vu qu'il peut y avoir manque de jugement par défaut de proportions dans la manière de voir les choses, et qu'il est révélé par l'écriture grossissante.

Plus généralement, le manque de

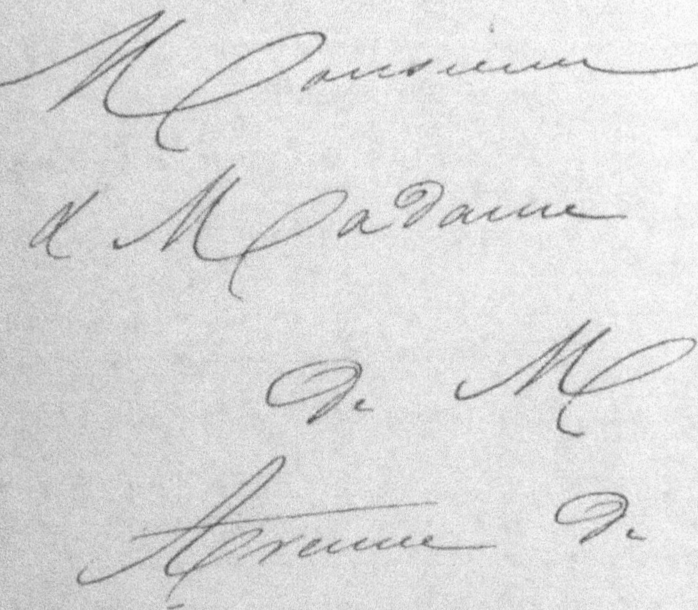

FIG. 405. — MANQUE DE JUGEMENT.

jugement vient de l'oblitération de l'esprit par le développement inconsidéré du *moi*.

Le graphisme 405 est un exemple complet de ce personnalisme envahissante, qui ne permet plus de juger les faits qu'en partant de son propre point de vue et en ramenant tout à cette base, qui ne peut manquer d'être fausse.

Les énormes crochets rentrants des *m* et de l'*a* majuscules, et les volutes si bien enroulées des *d* minuscules forment un tout qui réalise le type de l'amour-propre annihilant le jugement.

Signes de la Clarté d'Esprit.

La clarté d'esprit est une qualité plus solide que brillante, mais qui va avec la raison et le jugement; elle se reconnaît à l'écriture sobre, ordonnée, avec des lignes bien espacées, où l'air circule librement, comme dans la figure 406. C'est un des éléments primordiaux de toute supériorité intellectuelle.

Ma chère amie,

Je ne veux pas laisser passer cette fin d'année sans vous adresser mes bons souhaits de santé et de bonheur. FIG. 406. — CLARTÉ D'ESPRIT.

Signes des Facultés variées.

QUAND on remarque dans un graphisme les lettres séparées par groupes, et des formes très variées pour chaque lettre, on se trouve en présence de l'indice de facultés multiples, et, par suite, d'une réelle

FIG. 407. — RICHESSE INTELLECTUELLE

richesse intellectuelle. L'autographe 407 est un bon exemple de cette particularité qui nécessite pour ainsi dire l'étude indépendante de chaque lettre; il est utile surtout d'observer la diversité des formes des hampes de *d* minuscule. Le *d* minuscule est la lettre particulièrement révélatrice de tout ce qui a rapport aux facultés cérébrales; par conséquent, l'étude de ces différentes formes trouve exactement sa place dans cette partie de notre ouvrage; nous y reviendrons un peu plus loin.

Dans l'autographe qui nous occupe se trouvent les principaux types de hampes de *d*, celui de l'idéalité, celui de l'acquis, celui de l'imagination, celui de la vanité; comme l'ensemble du graphisme est tout à fait supérieur, il y a là un exceptionnel sujet d'observation.

Signes de la Mémoire*.

FIG. 408. — MÉMOIRE OCULAIRE.

LA mémoire est une aide précieuse pour l'intelligence ; elle ne constitue pas l'intelligence, mais elle y fait croire, chez beaucoup de gens qui en sont doués.

Il est évident qu'il y a plusieurs genres de mémoires : il y a la mémoire par les yeux ou *oculaire* et la mémoire par les oreilles ou *auditive*.

Naturellement le signe doit être différent d'après le genre de mémoire.

Nous n'avons pas encore acquis une certitude par rapport à la mémoire auditive, mais nous avons maintes fois constaté que l'écriture très ronde est un signe de mémoire oculaire.

L'exemple 408 montre des caractères très bien tracés et parfaitement arrondis dans une écriture très claire ; c'est pour nous le signe d'une rare mémoire.

Pour la majorité de nos confrères, la mémoire ne peut avoir de signes directs, parce que la mémoire est une *fonction* et non une *faculté*. Quant à nous, elle nous paraît être à la fois une faculté et une fonction. C'est là un des points les plus controversés de la science. Aussi a-t-il donné lieu à une véritable joute oratoire au Congrès de 1900, entre nos savants confrères de Beauchamps, Vié et Eloy, reprenant le champ de lutte courtoise où s'étaient déjà exercés MM. Héricourt, Varinard et Manvieux. Nous en avons conclu que l'écriture que nous trouvons révélatrice de la mémoire par les yeux est une synthèse des éléments cérébraux qui donnent, d'après eux, *des facilités de mémoire*. Notre observation, souvent répétée, nous a mis à même de constater que l'écriture ronde est celle des gens *doués* de mémoire sans l'avoir cultivée, tandis que beaucoup d'artistes lyriques ou dramatiques, qui exercent incessamment leur mémoire et l'ont créée souvent, possèdent une écriture couchée. Il est bon d'ajouter que, s'ils savent tragédies et comédies sans en oublier un mot, ils n'ont aucune mémoire pour les choses courantes de la vie. Chez eux, c'est donc surtout la mémoire auditive. Aucun signe ne la distingue de l'intelligence prise dans son ensemble.

Signes des Dispositions pour le Calcul*.

FIG. 409. — DISPOSITIONS POUR LE CALCUL.

Il est certain que la mémoire est un don particulièrement précieux aux calculateurs.

L'exemple de la figure 409 se compose de traits aussi bien arrondis que ceux de la figure 408, mais ayant une foule de points très bien marqués, et placés bien exactement au-dessus des i, indice de cette rectitude absolue que demande le calcul.

Signes des Dispositions pour les Mathématiques.

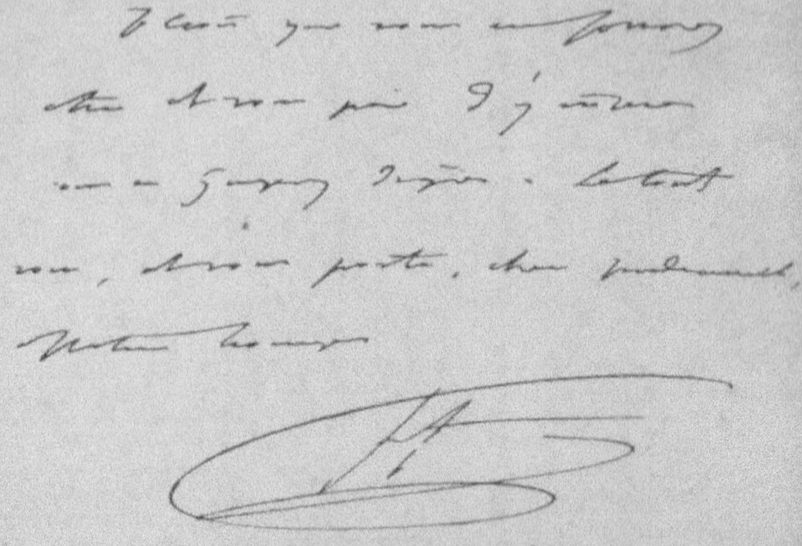

Fig. 410. — Dispositions pour les mathématiques.

Le calcul est la première marche qui conduit aux mathématiques, lesquelles embrassent toutes les sciences! Il sera intéressant de passer en

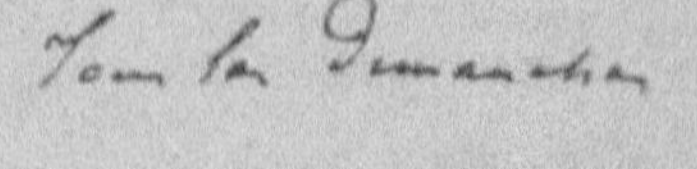

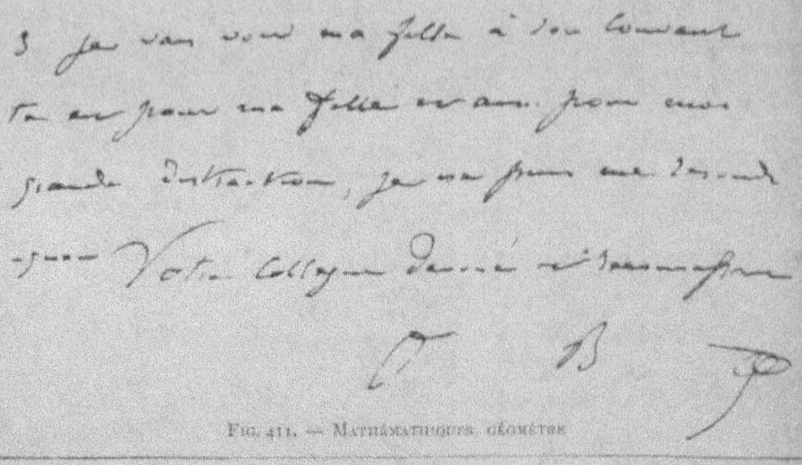

Fig. 411. — Mathématiques géomètre.

revue quelques écritures de savants qui nous permettront d'apprendre à les différencier des écritures d'artistes.

La figure 410 présente au premier chef la clarté, ainsi que la facilité d'assimilation; malgré la rapidité du tracé, tout y révèle les facultés de réflexion et d'observation. La note sensibilité y est extrêmement développée, c'est le graphisme d'un de nos plus célèbres ingénieurs des mines, membre de l'Institut.

La figure 411 est l'autographe d'un grand géomètre.

Il y a une évidente parenté entre cette écriture et la précédente avec cette différence cependant que celle-ci se distingue par des barres de *t* remontantes comme dans le mot *distraction*, indice de l'esprit de contradiction, ce qui est un trait particulier de caractère, mais n'entre en rien dans les éléments de la géométrie. La figure 412 complète cette trilogie de membres de l'Ins-

FIG. 412. — MATHÉMATIQUES, MÉCANICIEN.

titut, car c'est l'autographe d'un célèbre mécanicien.

Nous y remarquons surtout la précision.

Pourtant il semble que la mécanique demande une légère part d'ima-

gination, puisque nous nous trouvons dans le domaine des inventions. Aussi remarquez comment le scripteur met des majuscules là où il n'en faut pas comme dans les mots *Présentera* et *Méthode*.

FIG. 413. — MATHÉMATIQUES, ASTRONOME.

La figure 413 est encore un exemple des plus intéressants de ces graphismes précis, aux traits petits et sobres, qui distinguent les observateurs et les savants. Cet autographe est celui d'un

célèbre astronome; il complète notre série de savants mathématiciens.

L'écriture de la figure 414 rentre dans la classe des mathématiciens, bien qu'elle émane d'un illustre musicien. Il

Fig. 414. — Mathématiques, compositeur.

ne faut pas trop s'en étonner, car, la composition et la grammaire musicales étant faites de détails d'une précision mathématique, ce signe a ici sa raison d'être.

De la comparaison de ces différents graphismes de savants mathématiciens nous pouvons tirer cette conclusion, c'est qu'il y a analogie entre eux pour la netteté, la clarté du tracé et les lettres de formes plus ou moins rondes.

Signes des Aptitudes pour les Affaires.

Le côté de la graphologie qui nous a toujours paru essentiellement utilitaire c'est la possibilité de reconnaître, grâce à elle, les aptitudes des enfants, afin de les diriger dans la voie où leurs facultés doivent leur permettre de mieux réussir.

Combien de gens dont la vie a été irrémédiablement perdue parce qu'ils ont été mal orientés dans leur jeunesse !

Comment une nature d'artiste pourrait-elle réussir dans le commerce, et *vice versa* ? Nous venons d'apprendre à discerner les aptitudes pour les sciences. Étudions maintenant les aptitudes pour les affaires.

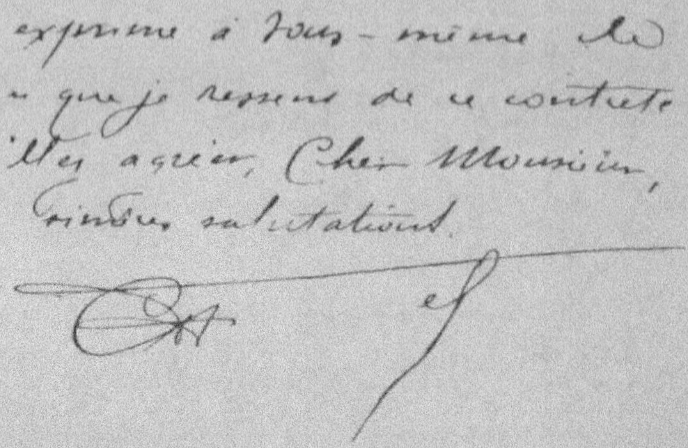

Fig. 415. — Aptitudes pour les affaires.

La figure 415 montre un graphisme révélant l'intelligence précise, la mémoire et la facilité d'élocution; la signature est couverte d'un long paraphe qui dit la prudence et qui est précédé d'un trait en retour annonçant l'obstination dans la lutte; de plus, les deux petits lassos qui enchevêtrent le début de la signature révèlent les aptitudes pour les affaires.

Comme on le voit, les aptitudes pour les affaires se révèlent par une série de signes qui forment une résultante.

Le principal de ces signes est la signature en lasso.

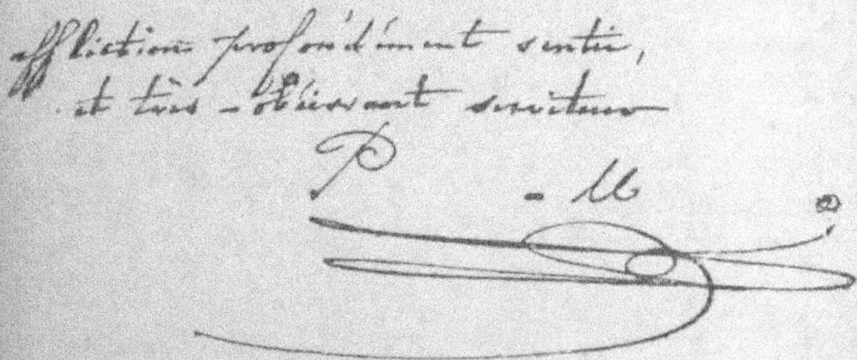

FIG. 416. — HABILETÉ EN AFFAIRES.

La figure 416 est le graphisme d'un homme extrêmement habile en affaires, aussi ayant fort bien réussi tout ce qu'il a entrepris.

L'écriture presque verticale et très ronde, le paraphe en multiples lassos, avec un petit enlacement à l'extrémité du nom — signe de défiance, — donnent bien tous les indices d'une grande habileté en affaires.

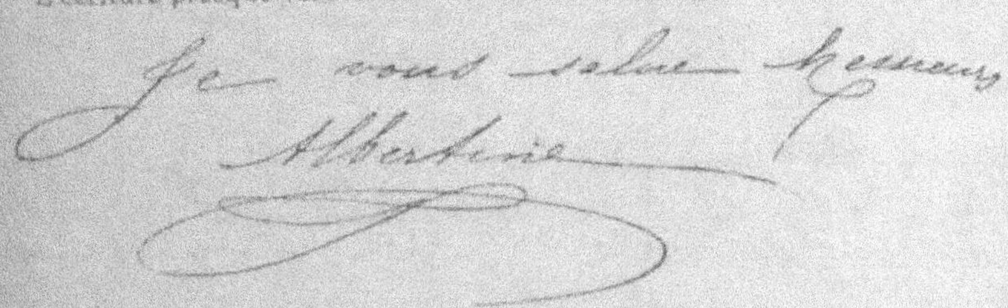

FIG. 417. — HABILETÉ INTRIGANTE.

La figure 417 est une écriture féminine, à lasso extrêmement bien formé et complètement indépendant du nom, ce qui double l'habileté du scripteur d'une forte nuance d'intrigue.

Signes des Aptitudes Commerciales.

Les signes des aptitudes pour le commerce se différencient légèrement de ceux révélant les aptitudes pour les affaires.

Les affaires embrassent, en général, un plus vaste ensemble que le commerce circonscrit sur une spécialité. Par suite, il n'y a de réel écart entre eux que par un graphisme supérieur intellectuellement dans le premier cas.

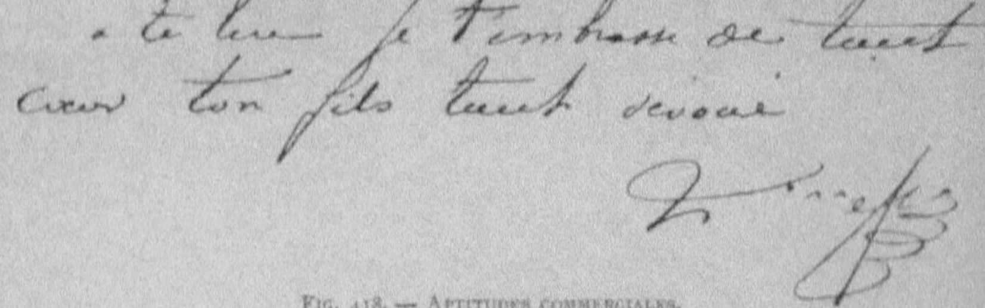

Fig. 418. — Aptitudes commerciales.

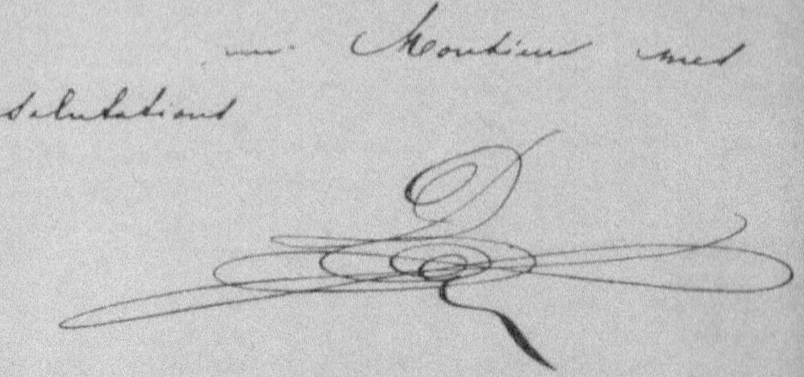

Fig. 419. — Aptitudes pour le commerce.

La figure 418 est le graphisme d'un employé de commerce. Ses aptitudes se révèlent surtout dans le paraphe, qui annonce à la fois l'entregent et la défiance. La figure 419 est encore plus caractéristique de cette habileté, faite de séduction engageante et persuasive.

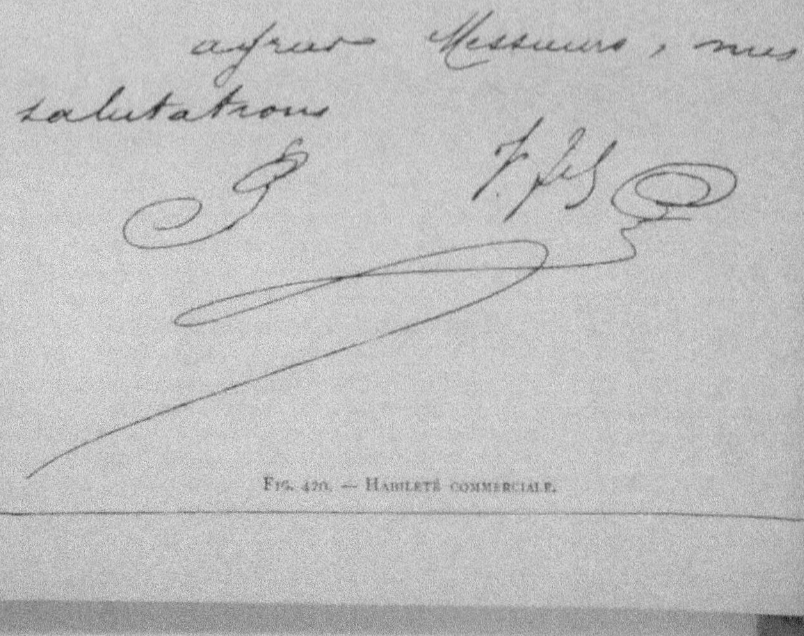

Fig. 420. — Habileté commerciale.

La figure 420 montre en plus la défiance, l'intrigue, et une extrême habileté; le paraphe est absolument significatif à cet égard.

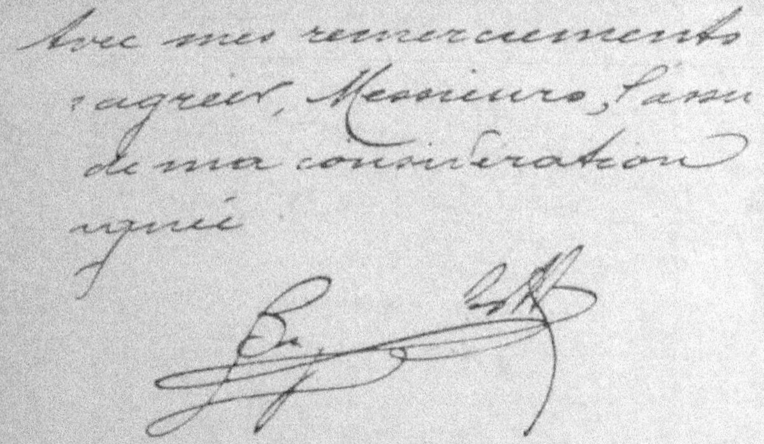

FIG. 421. — TYPE D'ÉCRITURE COMMERCIALE.

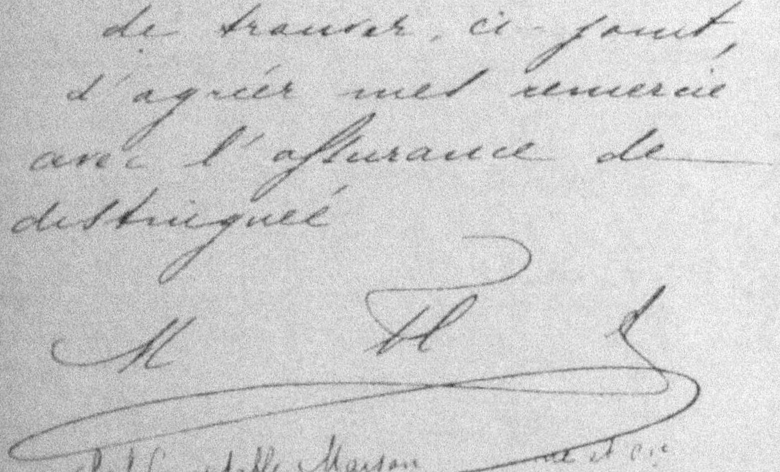

FIG. 422. — BELLE ÉCRITURE COMMERCIALE.

Les figures 421 et 422 sont de remarquables types d'écriture commerciale. Ces écritures renferment à la fois les signes de l'habileté — lasso du paraphe, — de la clarté et de la loyauté — hauteur et égalité de l'écriture, — et du goût artistique — courbes gracieuses des majuscules.

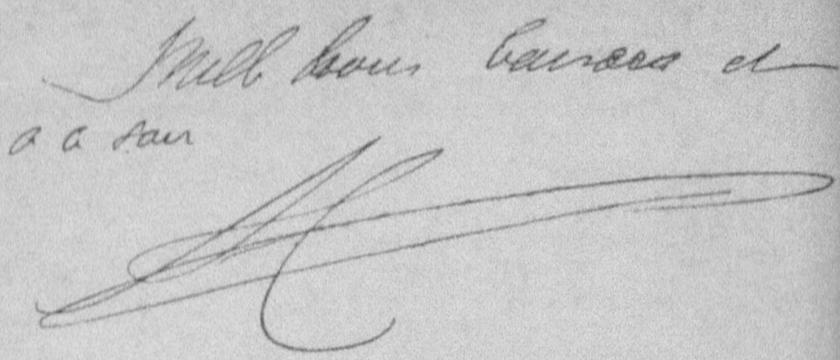

FIG. 423. — COMMERCE D'ART.

La figure 423 accentue ce côté artistique révélé par la courbe très gracieuse du *C* de la signature; le paraphe qui couvre le mot indique la prudence et la défiance commerciales.

Recherche de la Clarté.

En affaires, — nous parlons des affaires loyales, — la recherche de la clarté est une grande qualité.

En voici deux manifestations très différentes, mais qui ont le même but.

FIG. 424 — RECHERCHE DE LA CLARTÉ.

Dans la figure 424, au milieu du graphisme couché, nous voyons trois mots complètement redressés, — *article, je, crois;* — c'est une manière de soulignement, pour attirer l'attention.

La figure 425 présente une disposition tout autre : au milieu d'un graphisme relativement vertical et très appliqué se trouvent des mots beaucoup plus gros que le reste du texte; cela retient l'œil presque sans que l'on s'en aperçoive.

Il est bon d'observer le lasso si fin, si ténu, si bien tracé, véritable écheveau de fil, qui forme la signature. A

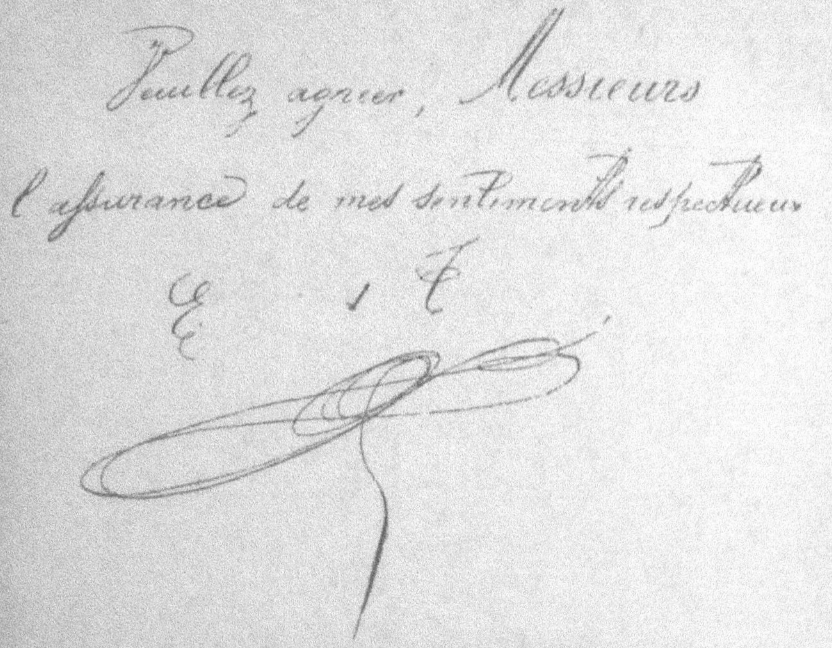

Fig. 425. — Recherche de la clarté en affaires.

observer aussi les singulières barres de *t* qui retournent en arrière, et qui rentrent dans le mouvement général de l'accaparement.

Signes de l'Esprit d'Agression.

Le premier degré de ce genre d'esprit, — l'opposé de la charité et de la bienveillance, — est la moquerie.

Avant tout, le moqueur voit les travers et les défauts des gens. Il lui faut donc le coup d'œil prompt, recon-

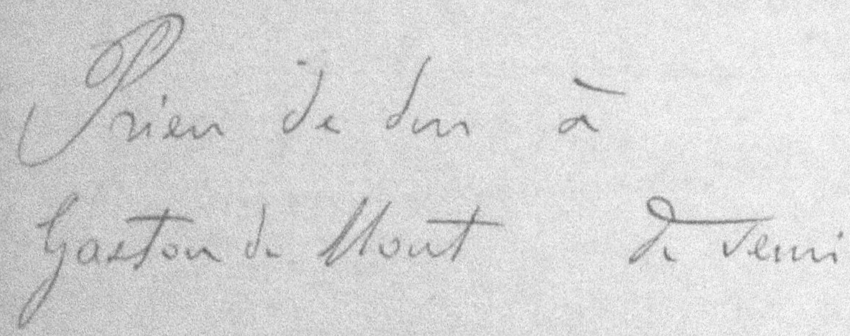

Fig. 426. — Moquerie.

naissable à la disjonction de la première majuscule du mot qui suit ; — ce signe doit être complété par les accents, les barres de *t* et les extrémités des lettres terminées en pointes aiguës. Le graphisme de la figure 426 en est un exemple typique. Il suffit d'observer l'accent grave de *à*, les deux barrés des *t* et l'extrémité du quatrième *d* minuscule pour s'en convaincre

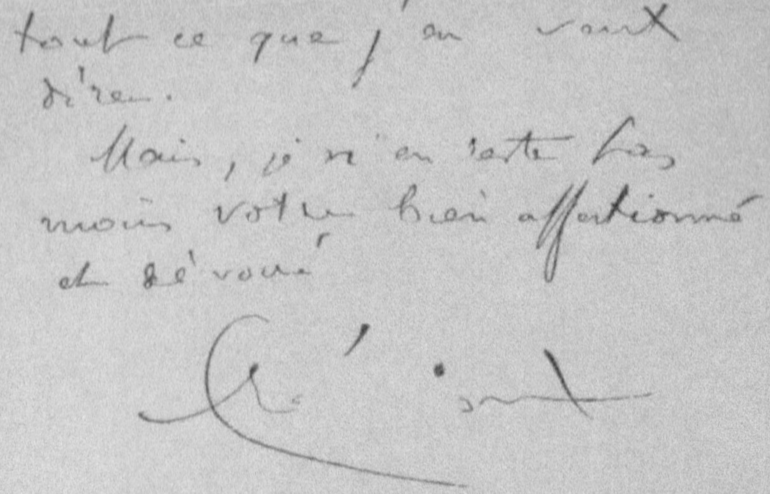
tout ce que j'en veux
dire.
Mais, je n'en reste pas
moins votre bien affectionné
et dévoué

Fig. 427. — Combativité.

La figure 427 nous fait monter d'un cran : ce n'est plus la causticité et la moquerie, c'est l'esprit de combativité.

Le signe en est très remarquable ;

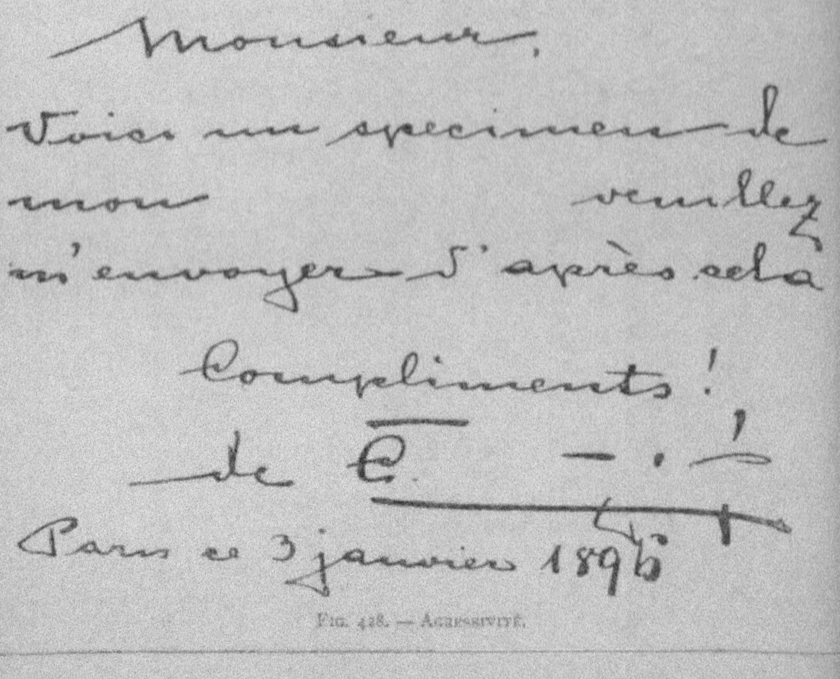
Monsieur,
Voici un spécimen de
mon veuillez
m'envoyer d'après cela
Compliments!
de C.
Paris ce 3 janvier 1896

Fig. 428. — Agressivité.

on le trouve dans les barres aiguës se croisant comme deux épées. L'exemple de la figure 427 présente cette singulière disposition dans l'x du mot *veux* et surtout dans la signature, qui se termine par une véritable croix formée de deux poignards. Du reste, tous les autres traits se terminent également en pointes aiguës, ce qui est d'autant plus significatif.

La figure 428 renferme tous les signes qui indiquent un caractère aimant la discussion, les procès, et apportant une énergie extrême à défendre ses idées. Ce qui l'annonce, c'est un trait raide et sec commençant les mots. Observez surtout les deux *c* majuscules, et le trait du *d* minuscule.

C'est un rare échantillon d'écriture révélant l'esprit d'agression.

Différentes formes de *d*.

admire la promptitude avec laquelle elle adressait les ouvrages qu'on lui demandait

FIG. 429. — INDÉPENDANCE.

QUELQUES lettres de l'alphabet ont le monopole de certaines révélations de qualités ou défauts, telles que l'*M* majuscule pour l'altruisme et l'égotisme, le *t* pour la volonté, etc. Le *d* concentre les manifestations des dons de l'esprit. Aussi nous allons passer en revue les formes variées qui se rencontrent le plus fréquemment.

La figure 429 montre un *d* minuscule se renversant complètement à l'inverse de la forme ordinaire.

Nous y voyons l'indice du goût pour l'indépendance ; comme l'ensemble du graphisme révèle une nature ferme et une volonté pondérée, nous en tirons la conclusion que le scripteur met ses goûts en pratique et que ses actes sont d'accord avec ses idées.

Revenons à vos deu

« domestique »

l'adorante.

FIG. 430. — INDÉPENDANCE DE LA PENSÉE.

La figure 430 est un graphisme absolument supérieur.

Le *d* à hampe presque droite est la caractéristique de l'indépendance de la pensée, surtout lorsqu'il est, comme ici, rapproché de l'écriture disjointe qui montre la nature imaginative et indépendante.

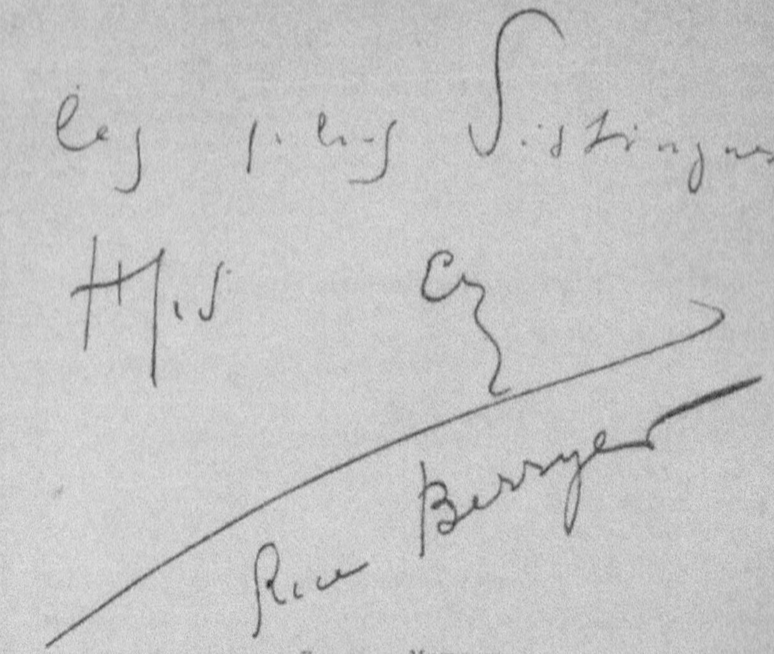

FIG. 431. — MYSTICISME.

La figure 431 est une écriture essentiellement intuitive, encore plus que la
précédente, contenant le d à hampe
droite révélatrice du mysticisme ou

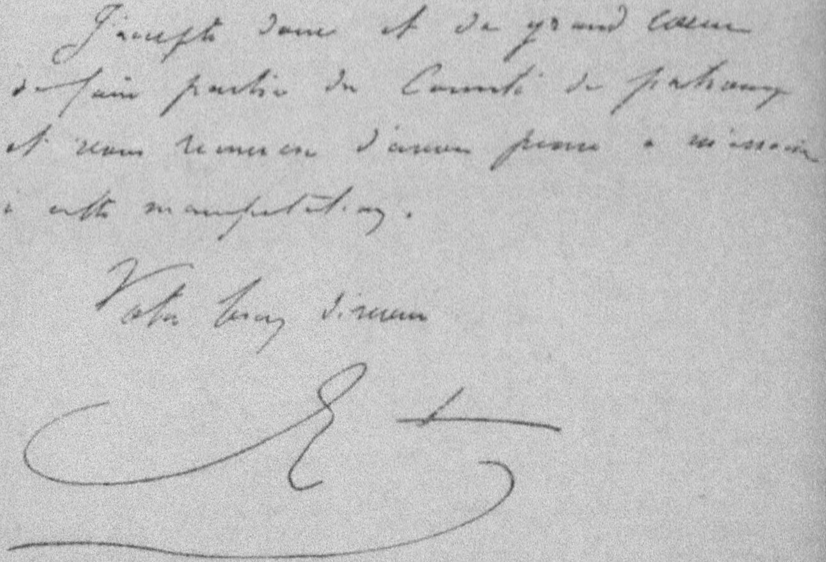

FIG. 432. — ASPIRATIONS VERS L'IDÉAL.

tout au moins des aspirations vers l'idéal*; le *d* si franchement retourné du mot *distingué* reproduit dans la figure annonce un excès d'indépendance; c'est le graphisme d'une femme vraiment douée de génie au point de vue de la composition musicale.

Dans la figure 432 se retrouve la manifestation du mysticisme (voir le *d* minuscule) qui peut se traduire par recherche de l'idéal chez les artistes; ce graphisme est celui d'un célèbre graveur.

Dans une écriture banale ou insignifiante, ce même *d* — qui a une signification si élevée — n'indique plus qu'une dévotion étroite, qui, au lieu d'élever l'infirmité humaine jusqu'à la divinité, rabaisse celle-ci jusqu'à elle.

La figure 433 nous montre juste-

Fig. 433. — DÉVOTION ÉTROITE.

ment le *d* du mysticisme dans une écriture insignifiante.

Dans la figure 434, le graphisme est essentiellement clair, net, en relief; le

Fig. 434. — ACQUIS.

d minuscule y est absolument pondéré, la hampe très petite inclinée un peu vers la gauche; c'est le signe d'un esprit observateur, qui, ayant beaucoup appris, a beaucoup retenu; ce *d* annonce donc l'acquis.

Fig. 435. — ESPRIT ORIGINAL.

La figure 435 reproduit un *d* particulièrement original, fait comme un *t* barré dans le bas; nous le donnons à titre de curiosité; il rentre dans le mouvement de l'assimilation.

La figure 436 montre un *d* majuscule

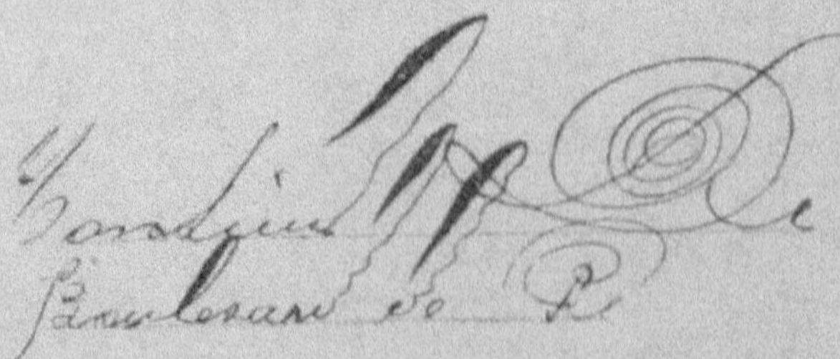

FIG. 436.— ESPRIT ESTHÉTIQUE.

non moins original que le précédent. Par sa forme gracieuse il rentre dans les manifestations esthétiques. La figure 437 montre encore un D

FIG. 437. — ESPRIT VULGAIRE.

mais d'une forme plus que bizarre et d'une vulgarité complète dans le mouvement de culbute qu'il semble faire. Cette collection de *d* est complétée

FIG. 438. — ESPRIT GROTESQUE.

par l'appoint de la note grotesque dans la figure 438.

La hampe du *d* du mot *boulevard*, semblable à un jet d'eau qui retombe en une larme épaisse, défie toute description ; le *d* et le *p* majuscules fournissent l'explication de cette bizarrerie, car leurs enroulements multiples sont la révélation d'une vanité fantastique comme ses manifestations.

Les d calligraphiques.

Nous venons d'étudier bien des formes différentes de *d* minuscules.

Il n'y en a pourtant qu'une que l'on puisse qualifier d'officielle, car c'est celle que l'on apprend dans les modèles d'écriture : ce *d* se compose de deux parties : un *o* et un *l*. Beaucoup de personnes conservent cette forme dans leur graphisme, tout en la faisant d'un seul trait de plume comme dans la figure 440 ; cette lettre se trouvant

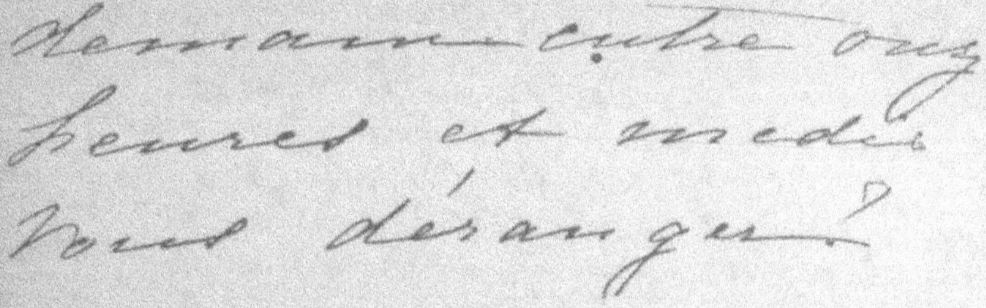

FIG. 439. — AMOUR DE LA TENUE.

dans un ensemble élégant et intelligent, comme celui de la figure 439, annonce le respect des traditions, le goût des usages, et l'amour de la tenue correcte.

Quand cette même lettre se trouve dans une écriture sans intérêt, comme celle de la figure 440, c'est une révélation d'insignifiance, et d'absence complète d'imagination.

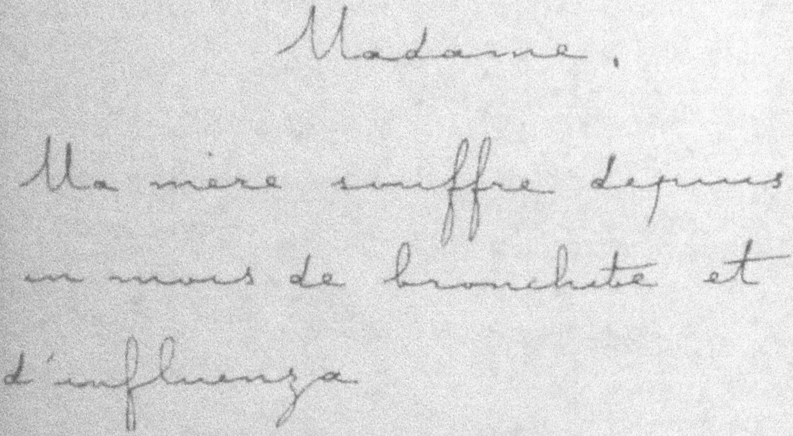

FIG. 440. — ESPRIT INSIGNIFIANT.

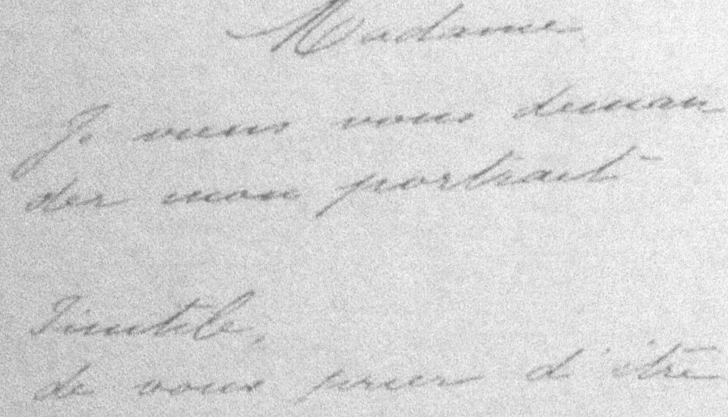

FIG. 441. — ESPRIT SE CONTENTANT DES IDÉES TOUTES FAITES.

Quand le *d* calligraphique est l'unique forme adoptée dans une écriture inférieure, il est la manifestation d'un esprit lent, paresseux et qui s'accommode des idées conventionnelles et toutes faites parce qu'elles ne lui demandent aucun effort, aucun travail de réflexion ; la figure 441 en est l'exemple.

Signes du Culte du Souvenir.

LE culte du souvenir est une forme de la mémoire qui a sa source dans

FIG. 442. — CULTE DU SOUVENIR.

le cœur. Il se manifeste dans les lettres majuscules se prolongeant d'une façon anormale vers la gauche.

On va vers la droite, tandis qu'on recule vers la gauche : donc la droite c'est l'avenir ; la gauche, le passé.

La figure 442 présente cette disposition dans le *d* majuscule ; le signe est peu marqué. Il s'affirme dans la figure 443 où nous voyons le *J* et l'*S* présentant cette disposition presque avec exagération ; pas autant cependant que

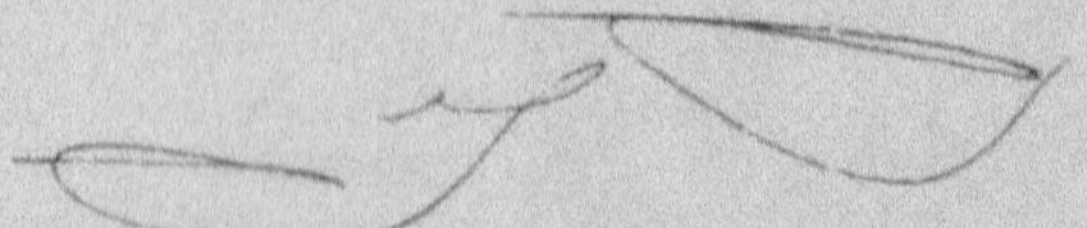

FIG. 443. — CULTE DU SOUVENIR.

dans la figure 444, où le développement tout à fait extraordinaire du *p* majuscule dénote l'intensité du sentiment.

Le culte du souvenir indique aussi

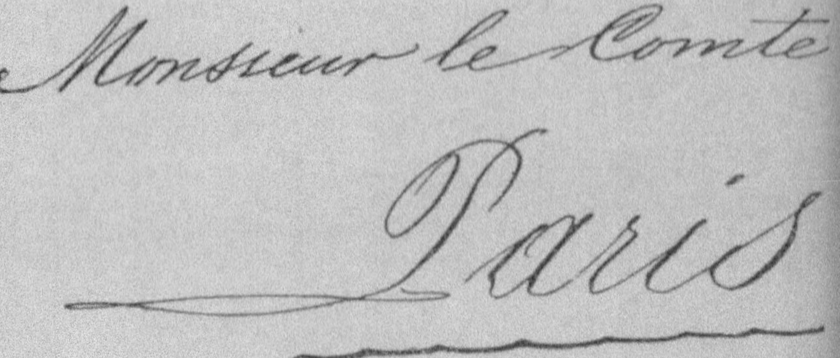

FIG. 444. — CULTE DU SOUVENIR.

l'amour des anniversaires et le goût des choses du passé, des recherches historiques, des collections d'antiquités, etc. L'excès devient de la pose.

Esprit inquiet.

LE signe qui révèle l'inquiétude de l'esprit est la forme retournée des accents, ainsi qu'il est facile de l'observer dans la figure 445.

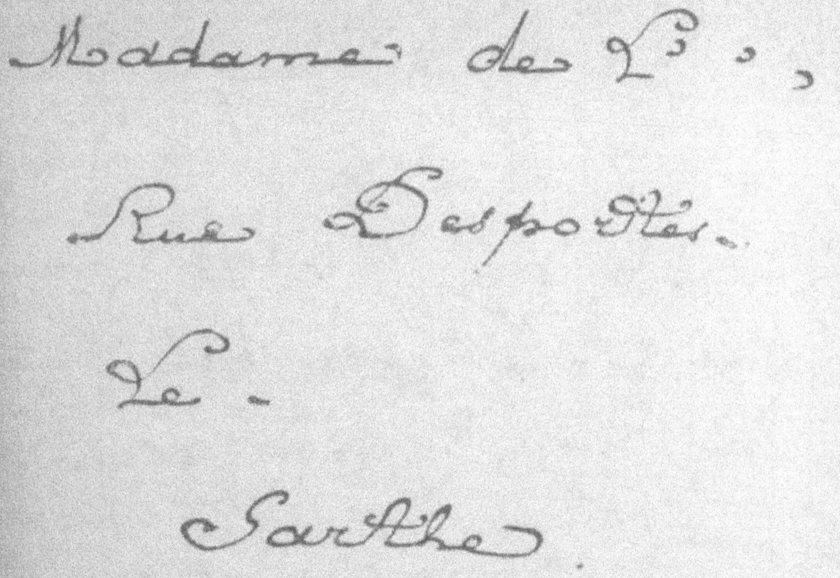

Madame de L... ,

Rue Desportes.

Le -

Sarthe

FIG. 445. — ESPRIT INQUIET.

Les arcades qui abondent dans ce graphisme, les barres de *t* contournées, l'*l* surhaussé, sont autant d'indices qui révèlent que l'inquiétude du scripteur est de paraître, et surtout d'étonner le public.

Mysticisme et Sensualité.

Constantinople

Messieurs

Messieurs,

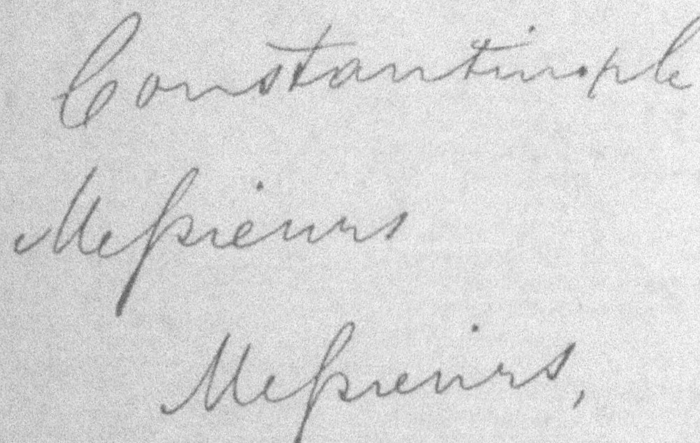

FIG. 446. — MYSTICISME ET SENSUALITÉ.

La nature humaine est composée d'une âme et d'un corps, — l'ange et la bête.

Cette double personnalité se révèle par la forme de l'*s* double. La figure 446 est un exemple accusé de ce signe, encore plus marqué dans la figure 447.

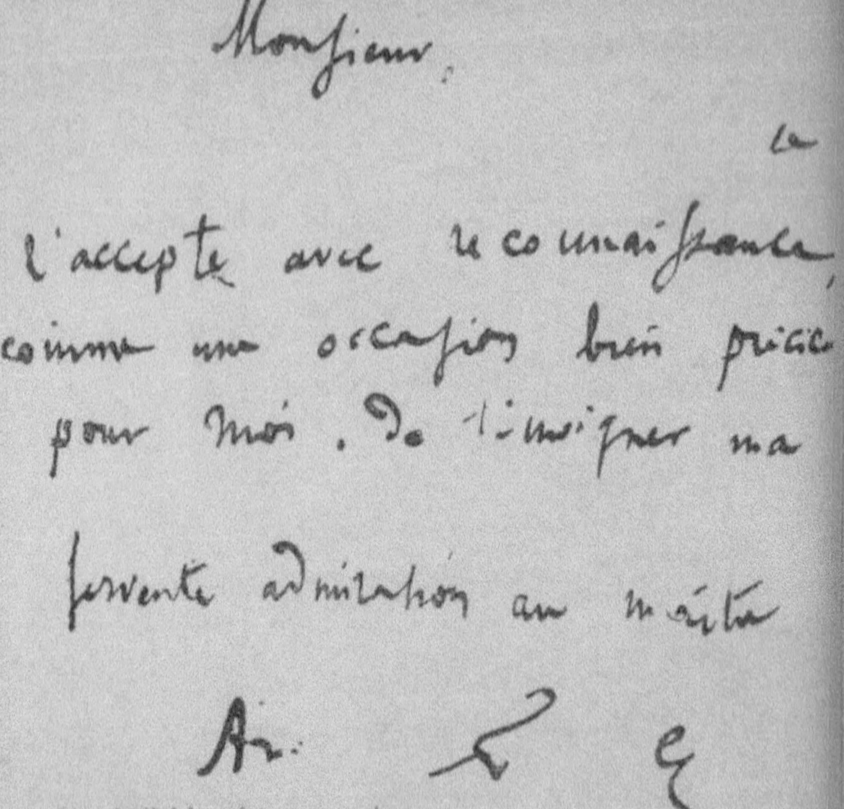

Fig. 447. — Mysticisme et sensualité.

Cette dualité devrait se trouver chez tous les humains, puisque nous sommes tous un corps servant d'enveloppe à une âme. Il est pourtant certain que chez les uns la matière est dominée par l'esprit, tandis que chez la majorité c'est la matière qui écrase l'esprit.

L'*s* double annonce l'équilibre entre ces deux puissances rivales de notre être.

La figure 447 est le graphisme d'un très célèbre académicien, grand fouilleur de consciences.

Son style admirable ne s'attarde pas toujours à la métaphysique; il emploie sa verve brillante, ses images colorées, à des descriptions qui donnent raison à cette partie de l'*s* qui descend vers des réalités tangibles où il se complaît visiblement.

Observez que la partie inférieure est beaucoup plus développée que la partie supérieure, — domaine des spéculations éthérées de l'esprit. — Voir le mot « occasion ».

En passant, il n'est pas inutile de constater que notre illustre sujet est beaucoup plus impressionnable que sensitif.

Inclination au Mystérieux [9].

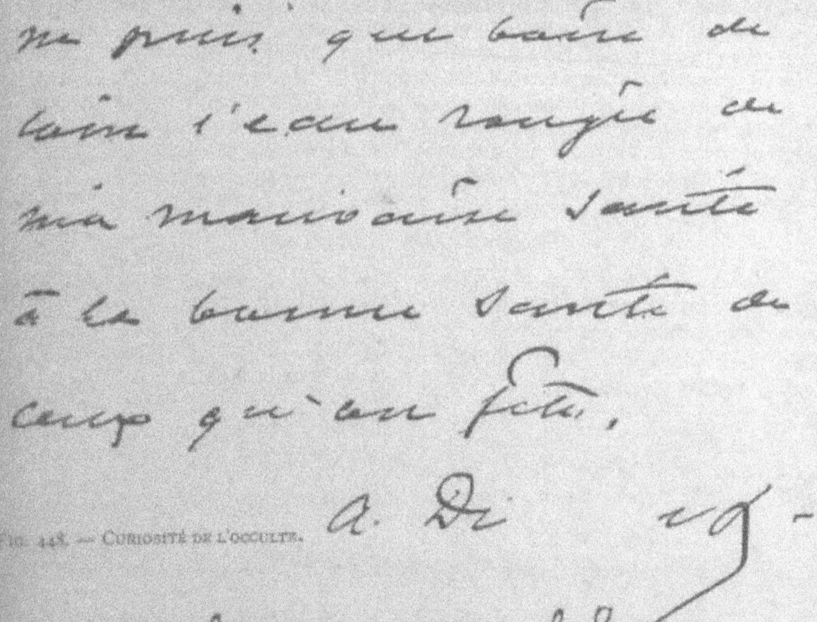

ne puis que boire de loin l'eau rougie en ma maison ou une santé à la bonne santé de ceux qu'on fête,

Fig. 448. — Curiosité de l'occulte.

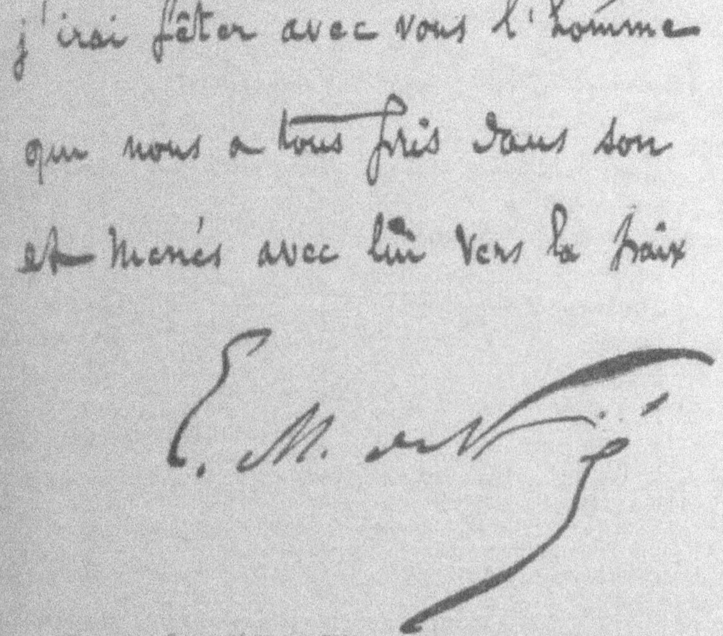

j'irai fêter avec vous l'homme qui nous a tous pris dans son

et menés avec lui vers la paix

Fig. 449. — Curiosité de l'au-delà.

L'INCLINATION au mystérieux est une disposition de l'esprit très intéressante à observer. Il ne faut pas la confondre avec le mysticisme ni la superstition, elle est la fille de la curiosité. Elle se révèle par des accents circonflexes affectant la forme de chauves-souris qui voltigent au-dessus du mot, comme dans la figure 448 où les points eux-mêmes prennent des formes bizarres ; les mots *boire*, *rougie*, *mauvaise*, *fête* sont remarquables à ce point de vue. Ce signe est un de ceux dont nous avons eu le plus souvent l'occasion d'appliquer et de contrôler la signification.

La figure 449 présente le même signe au mot *fêter* ; et il est particulièrement suggestif de le trouver dans deux graphismes supérieurs, appartenant à des académiciens.

Orgueil intellectuel*.

L'ORGUEIL intellectuel a une forme à part que nous avons voulu réserver au milieu des innombrables signes de l'orgueil observés précédemment ; nous en avons déjà dit un mot antérieurement.

Le signe de cet orgueil se trouve dans les barres de *t* voltigeant bien au-dessus des hampes ; c'est que,

FIG. 450. — DESPOTIVITÉ INTELLECTUELLE.

en effet, cet orgueil ne se contente pas de planer, mais veut imposer ses idées ; la barre voltigeante est toujours un indice de despotivité.

Cette disposition est remarquable dans la figure 450.

Il est intéressant d'observer en même temps que le scripteur ne fait pas une lettre majuscule, même pour commencer son nom, ce qui nous révèle dans son fait plus de simplicité affectée que réelle.

Nous retrouvons le même signe dans la figure 451.

Ici la barre se complique d'un petit lasso très significatif, car le gra-

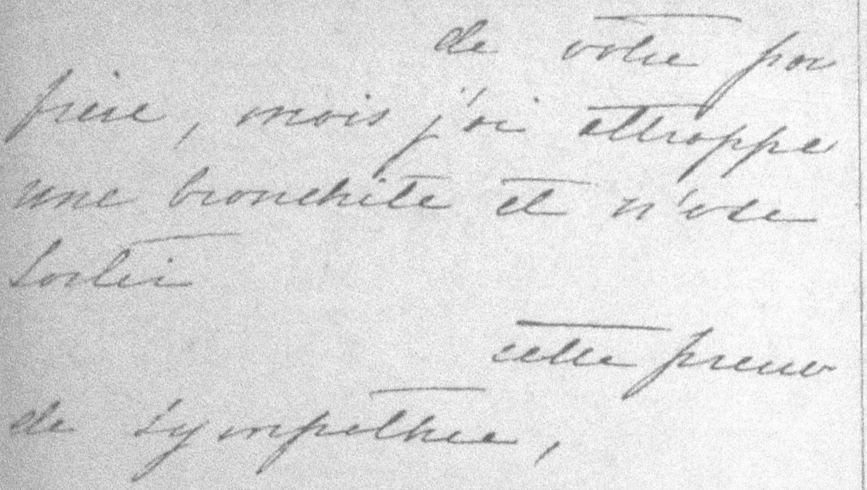

FIG. 451. — ORGUEIL DE L'ESPRIT.

phisme est celui d'une ex-grande beauté habituée à subjuguer tout le monde par ses charmes physiques et intellectuels.

Modestie intellectuelle.

Dans l'autographe 452 tous les traits sont si simples, si discrets, qu'il faut chercher les majuscules, les barres de *t* et même la signature, telle-

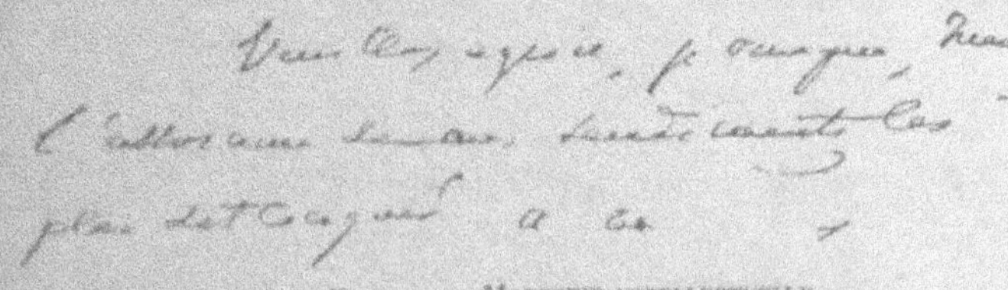

FIG. 452. — MODESTIE INTELLECTUELLE.

ment celle-ci se confond avec le texte. L'exemple est d'autant plus frappant que ce graphisme est celui d'un de nos immortels. La modestie — intellectuelle ou non — a pour signes distinctifs la grande sobriété des traits et le peu d'élévation des lettres majuscules.

Activité intellectuelle.

Les signes de l'activité intellectuelle se confondent avec ceux de l'assimilation tout en se complétant par les barres de *t* en avant.

A remarquer dans la figure 453 la barre du *t* du mot *votre*, le *v* du mot *vous*, et l'*i* du mot *aimable* qui va faire l's du mot *souvenir*.

Quand on veut écrire très vite, la plume quitte le moins possible le papier.

De là ces traits d'enchaînement et de simplification.

La figure 454 présente un graphisme beaucoup moins délicat et supérieur que la figure 453, mais rend encore mieux ce désir de rapidité.

Il est intéressant d'observer la

façon dont le scripteur enchaîne ses o d'un seul trait avec le reste du mot. Il faudrait bien se garder de confondre les o de cette forme avec ceux de l'hypocrisie

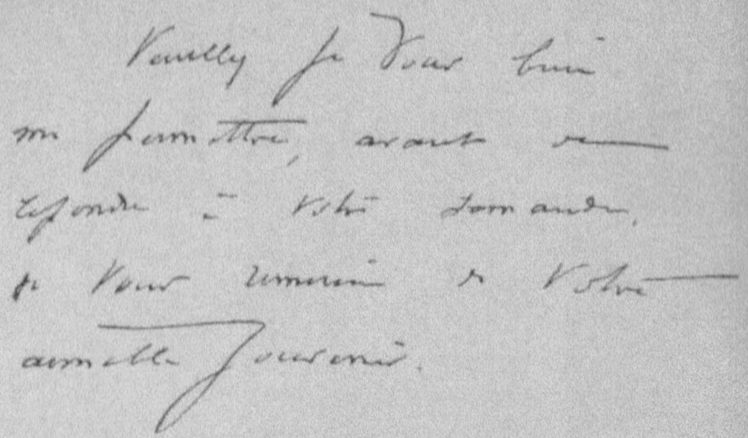

FIG. 453. — ACTIVITÉ INTELLECTUELLE.

qui, eux, sont fermés à l'envers. A observer : les mots *courrier*, *toi*, *crois*, *Ton*. De la rapidité on passe facilement à la précipitation, et la précipitation

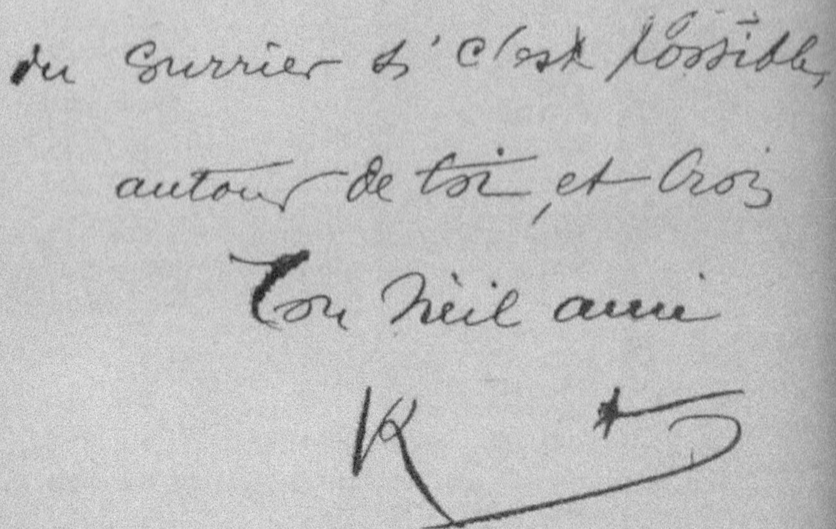

FIG. 454. — ACTIVITÉ INTELLECTUELLE.

entraîne souvent le désordre, dont nous trouvons la trace dans le graphisme, pourtant supérieur, de la figure 455. Il semble qu'on voit la plume courir précipitamment sur le papier, sans prendre le temps d'achever les mots, et faisant des traits légers au hasard.

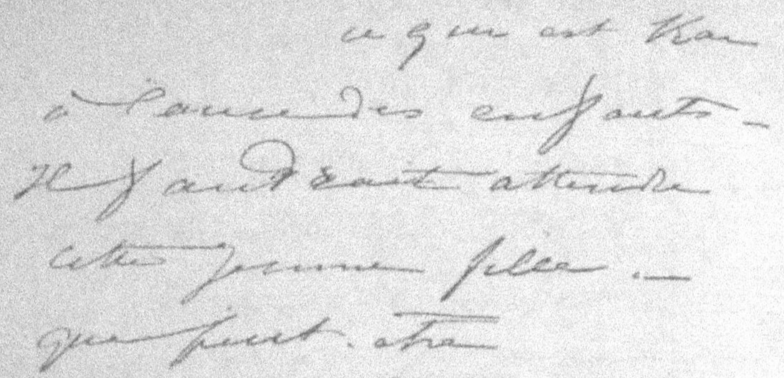

FIG. 455. — PRÉCIPITATION.

Facilité d'Élocution.

La facilité d'élocution est révélée par une sorte de courbe remplaçant les boucles aux jambages inférieurs, aussi bien dans un sens que dans l'autre. Ce signe n'est jamais la révélation de la grande éloquence ; dans une écriture d'intelligence moyenne, c'est la marque d'une personne s'exprimant en termes

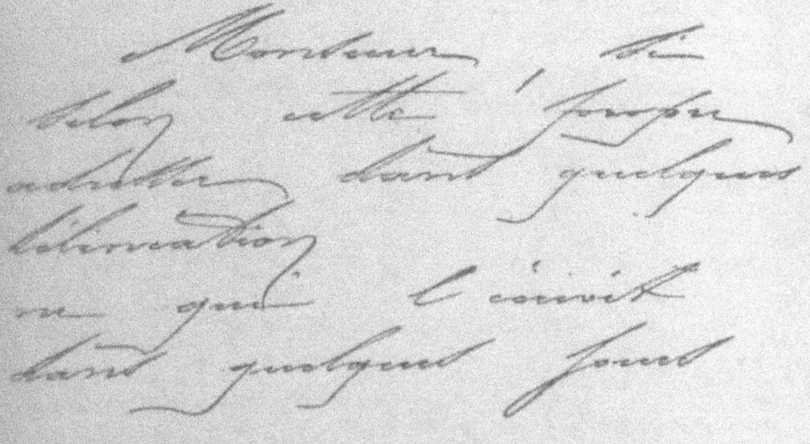

FIG. 456. — VERBIAGE.

choisis et corrects. Mais si on le trouve dans un ensemble ordinaire — ce qui arrive souvent — c'est l'indice du verbiage. La figure 456 montre ce signe à son intensité ; c'est alors la révélation du besoin de parler pour parler ; faire du bruit suffit à ce genre de bavard. L'expansion et la franchise n'ont rien à y voir ; bien au contraire, car souvent il se sert de ce flux de paroles pour mieux dissimuler sa pensée ; c'est une nuance importante à déterminer, car cette variété de fâcheux se rencontre incessamment. Mme Duranthon y voit la frivolité de l'esprit, ce qui s'accorde parfaitement avec les précédentes interprétations.

Nous avons étudié les manifestations de la pensée. Il reste à voir, dans la leçon suivante, celles de l'art ; nous les avons mises à part, comme étant le trésor intellectuel de l'humanité.

NEUVIÈME LEÇON
LES SIGNES PARTICULIERS DE
L'INTELLIGENCE (Suite).

APTITUDES ESTHÉTIQUES

Nous avons donc gardé, pour couronner l'étude des aptitudes intellectuelles, tous les signes révélateurs du sentiment artistique.

Il y en a trois primordiaux dont voici la nomenclature :

1° Les lettres typographiques;

2° Les courbes;

3° L'écriture disjointe.

Commençons par l'étude des lettres typographiques.

Lettres typographiques.

FIG. 457. — MAJUSCULES TYPOGRAPHIQUES.

La figure 457 et la figure 458 sont des graphismes d'inconnus.

Nous y trouvons une telle abondance de signes typographiques, que nous les choisissons pour servir de types à ce genre d'écriture.

FIG. 458. — MINUSCULES TYPOGRAPHIQUES.

La figure 457 témoigne en plus d'une originalité de caractère peu commune.

La lettre typographique est toujours un signe de culture d'esprit à un degré quelconque; parfois il est seulement l'indice de la mémoire oculaire.

Il pourrait en être ainsi pour la figure 457, mais pour la figure 458 elle annonce une rare érudition.

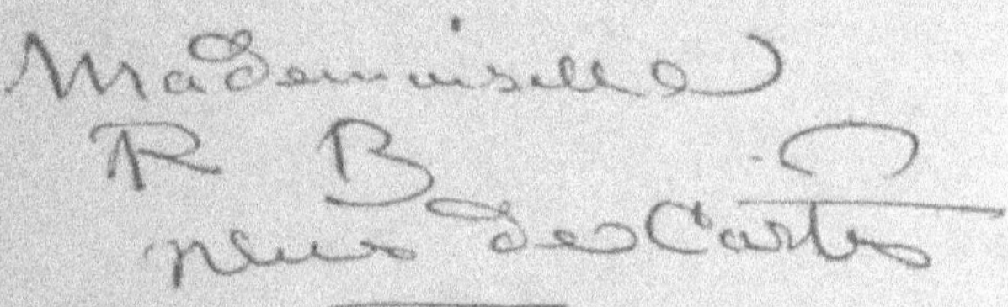

Fig. 459. — Lettres typographiques, Peintre.

La figure 459 montre dans une écriture un peu renversée un *R* et un *B* typographiques.

C'est le graphisme d'un de nos plus grands peintres féminins, et il est intéressant d'y constater une lutte virile contre la sensibilité qui répond bien à la vie de cette femme de génie.

Les Courbes esthétiques.

La courbe harmonique, si douce dans sa mollesse, si vraiment esthétique que les génies de la Renaissance, non seulement l'affectionnaient, mais la prodiguaient, est une des plus remarquables manifestations des facultés artistiques.

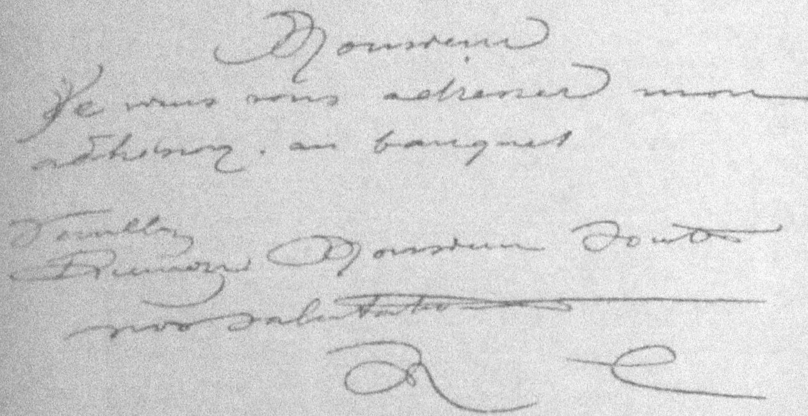

Fig. 460. — Courbes esthétiques, Peintre.

Il est à observer que ce signe se trouve chez tous ceux qui aiment, qui comprennent, qui admirent les arts, même sans les pratiquer.

La figure 461 est le graphisme d'un peintre délicat dont les traits aériens ont un côté trompeur de féminité; aucune bizarrerie cherchée dans cette écriture enrichie par les précieuses courbes, surtout aux *m* majuscules.

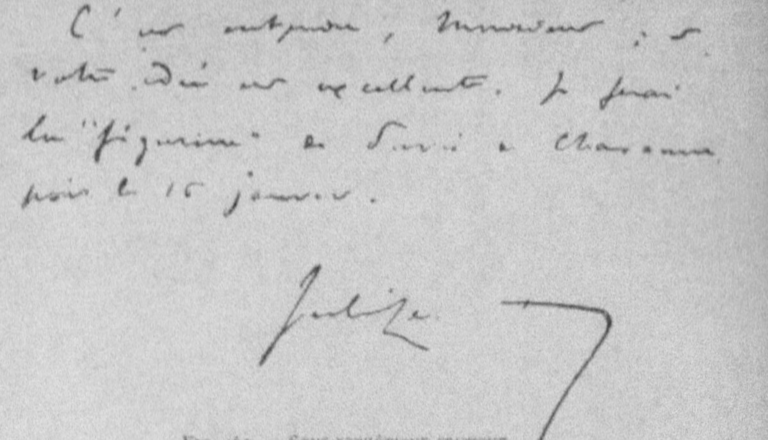

Fig. 461. — Sens esthétique critique.

Dans la figure 461, c'est la signature d'un de nos grands critiques qui contient la courbe. C'est donc ici la manifestation du sens esthétique, c'est-à-

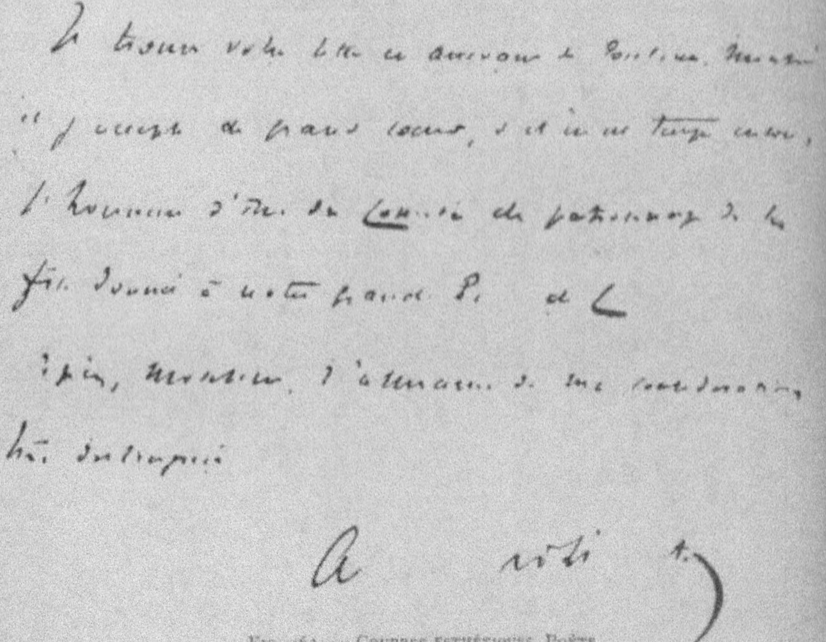

Fig. 462. — Courbes esthétiques. Poète.

dire de la connaissance du beau sous quelque forme qu'il se manifeste.

Nous venons de voir la courbe dans *m* et *l* majuscules.

Dans la figure 463, nous la trouvons dans le *c* majuscule : c'était la forme affectée par Michel-Ange. Mais pourquoi un empâtement subit vient-il désigurer ce séduisant graphisme? Hélas, c'est que le poëte qui a tracé ces lignes, après avoir chanté merveilleusement l'amour, descend subitement dans le réalisme au moment où on se laissait bercer par lui sur les sommets les plus éthérés.

La figure 463 abonde en courbes esthétiques. Tout comme dans les écritures de Raphaël et de Michel-Ange elles sont adaptées au *c* minuscule.

Admirez la grâce des *c* dans les mots *prochain*, *cœur*.

Cependant le scripteur ne manie ni le pinceau ni l'ébauchoir, mais, directeur du plus grands de nos théâtres, il a évidemment le sens de la forme et celui de l'harmonie dans les couleurs.

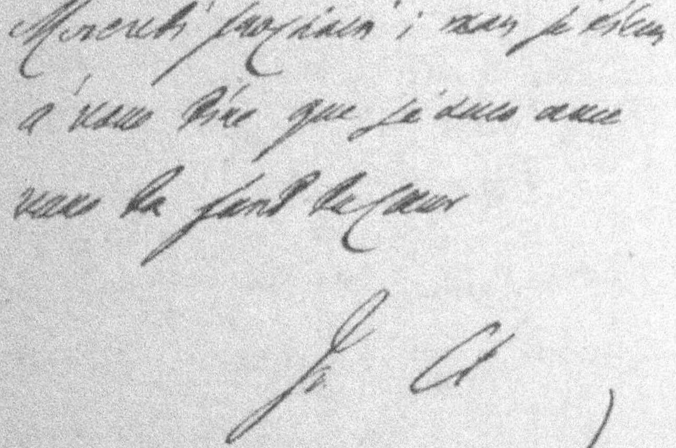

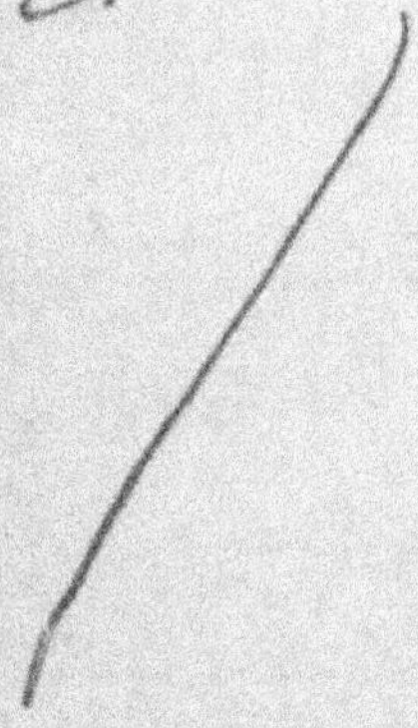

Fig. 463. — COURBES ESTHÉTIQUES, DIRECTEUR DE THÉÂTRE.

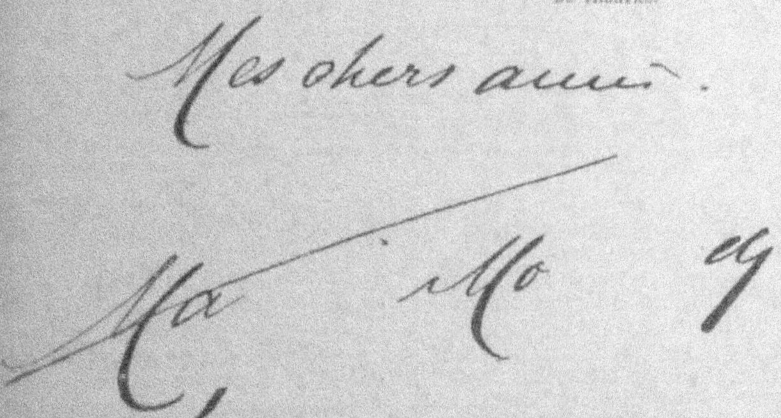

Fig. 464. — COURBES ESTHÉTIQUES, POÈTES.

La figure 464 présente également cette disposition de courbes très esthé-tiques dans le graphisme d'un poète symboliste.

Écritures Disjointes.

Nous avons déjà eu l'occasion de dire, à diverses reprises, que l'écriture disjointe est la manifestation de l'esprit intuitif et de l'imagination créatrice. C'est donc une révélation des plus importantes au point de vue esthétique.

La figure 465 en est un exemple con-

Fig. 465. — Imagination créatrice, Poésie.

cluant dans le graphisme d'un grand poète. L'écriture assez droite et iné-gale en hauteur montre l'extrême im-pressionnabilité du scripteur; quel-ques lettres grossissantes annoncent l'enthousiasme; l'A typographique du mot *agréez* est ici le complément de l'imagination créatrice; il faut encore observer une particularité remarquable dans les e minuscules dont la boucle est rajoutée, manifestation de la re-cherche du perfectionnement; ce sou-ci du perfectionnement uni à la puis-sance créatrice et réalisatrice donne — avec le concours de l'intelligence — une résultante absolument supérieure.

La figure 466 est encore un type d'imagination créatrice.

C'est le graphisme d'un illustre compositeur; la musique et la poésie

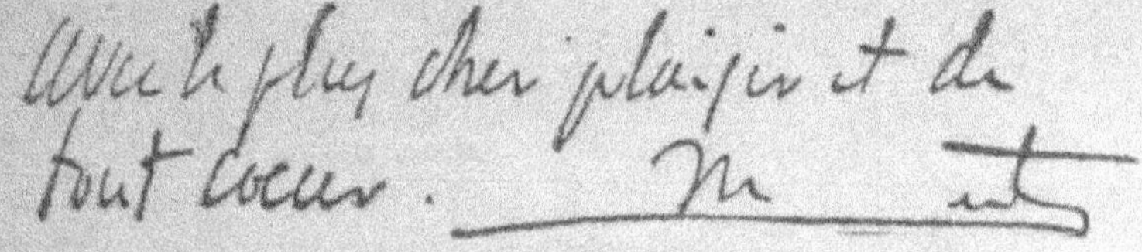

FIG. 466. — IMAGINATION CRÉATRICE, MUSIQUE.

sont sœurs, aussi pourrions-nous relever bien des analogies entre ces deux dernières figures.

La figure 467 est encore le graphisme d'un délicieux compositeur. Son écriture est essentiellement harmonique.

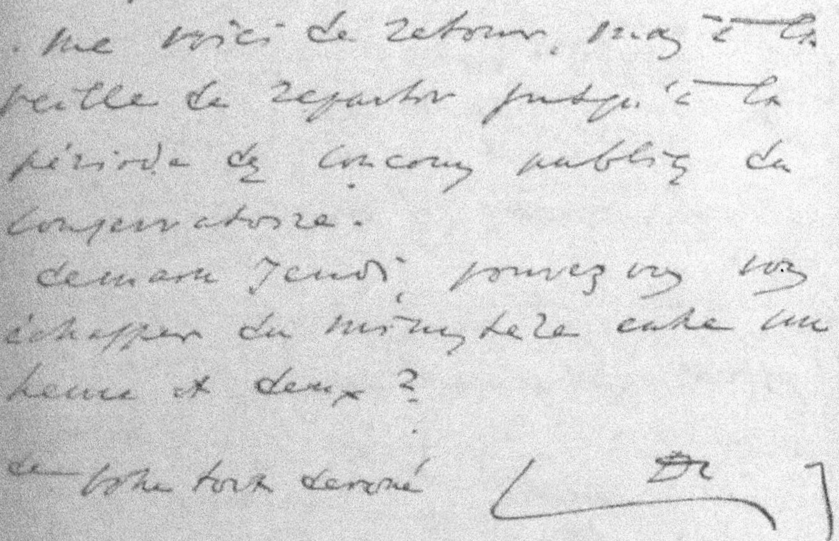

FIG. 467. — IMAGINATION CRÉATRICE, MUSIQUE.

La courbe esthétique se développe dans *L* de la signature ; les lettres séparées par groupes indiquent l'équilibre dans les facultés ; les liaisons révélatrices de l'assimilation sont fréquentes ; nous voulons attirer l'attention sur une simplification d'une grâce extrême qui se rencontre peu souvent, et qui a ici une signification bien caractéristique, celle des *d* minuscules qui ont tout simplement la forme d'un bémol.

La figure 468 est non moins révélatrice au point de vue des signes de l'imagination créatrice. C'est le

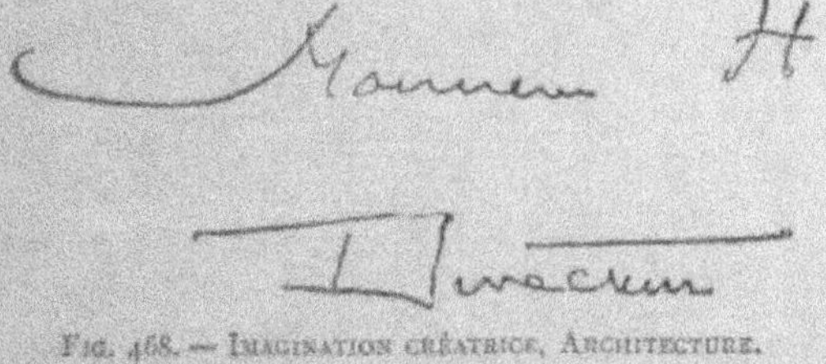

FIG. 468. — IMAGINATION CRÉATRICE, ARCHITECTURE.

Mon cher

Sûrement, je suis
avec empressement
de vôtre...
Je profite de ces
quelques lignes pour
vous envoyer
mes meilleurs vœux.

Votre bien dévoué

graphisme d'un célèbre architecte.

La figure 469 fourmille en signes esthétiques : l'm majuscule typographique ; l's majuscule d'une grâce étrange; la séparation dominante des lettres; mais aussi, hélas!

FIG. 469. — IMAGINATION CRÉATRICE, EXCENTRICITÉ.

la matière seule déifiée dans cette nature dont la robustesse presque brutale s'affirme dans les formidables masses qui servent de barres aux *t*.

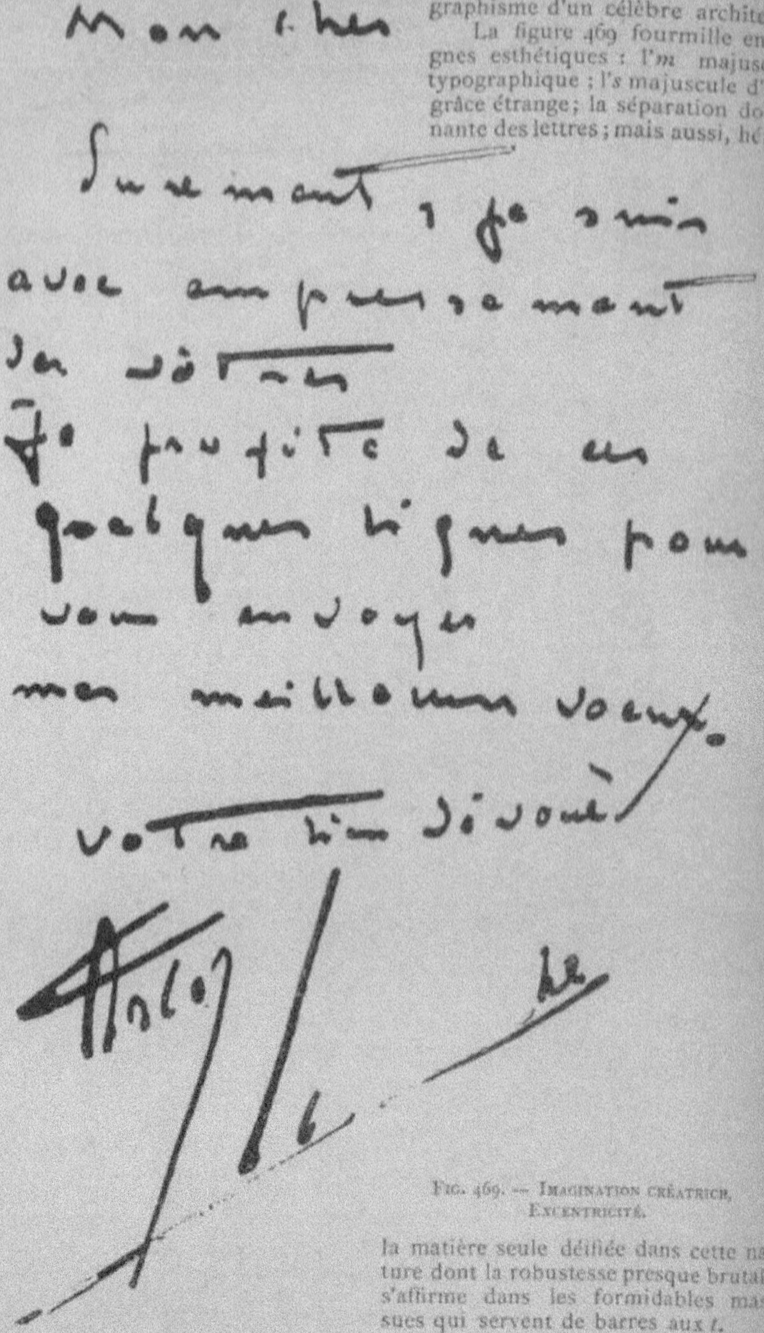

La signature est un chef-d'œuvre d'orgueil doublé d'ambition, avec la formelle volonté d'attirer les regards par tous les moyens d'excentricité, sans grand scrupule dans le choix et dans les procédés, pourvu qu'ils diffèrent de ceux du voisin. Le C enlacé à l'A, présentent tous deux une forme en arcade bien significative de la recherche de l'effet.

FIG. 470. — IMAGINATION CRÉATRICE, POÉSIE.

La figure 470, comme la précédente, est le graphisme d'un poète, mais, à l'inverse de ce qui se remarque dans le graphisme du premier, tout ici est sensibilité affinée au plus haut degré ; à la fois subtil dans ses sensations et impénétrable, il ne marche pas, il vole, il plane, mais lorsqu'il redescend de ses nuages, il souffre parce qu'il est à la fois passionné et susceptible.

Réunion des Signes Esthétiques.

La figure 471 offre la réunion rare de tous les signes esthétiques que nous venons d'étudier séparément. L'r majuscule du mot Rapp est une admirable lettre typographique ; le C de la signature présente un exquis modèle de la courbe esthétique ; l'écriture presque tout entière disjointe est la manifestation la plus complète de l'imagination créatrice ; quelques groupements de lettres indiquent la faculté réalisatrice ; la base des lettres arrondie indique la bonté dans la force, car la force est manifestée par de formidables traits massués, des barres de t courtes, toujours en avant, généralement placées en haut de la hampe, dénotant la puissance dominatrice, puissance qui ne se disperse pas et cherche sans cesse le progrès et la lumière. Voilà réellement l'écriture d'un homme de génie.

La figure 472 paraît être le pastiche de l'écriture précédente, mais au lieu du graphisme si beau, si large, que nous venons d'admirer, tout ici est tassé, serré ; cependant les traits sont tous indépendants les uns des autres ; c'est même l'exagération de la juxtaposition des lettres ; or, nous savons que cet excès conduit à l'utopie ; comme complément de cette indication, nous dirons que cet étrange graphisme se présente enca-

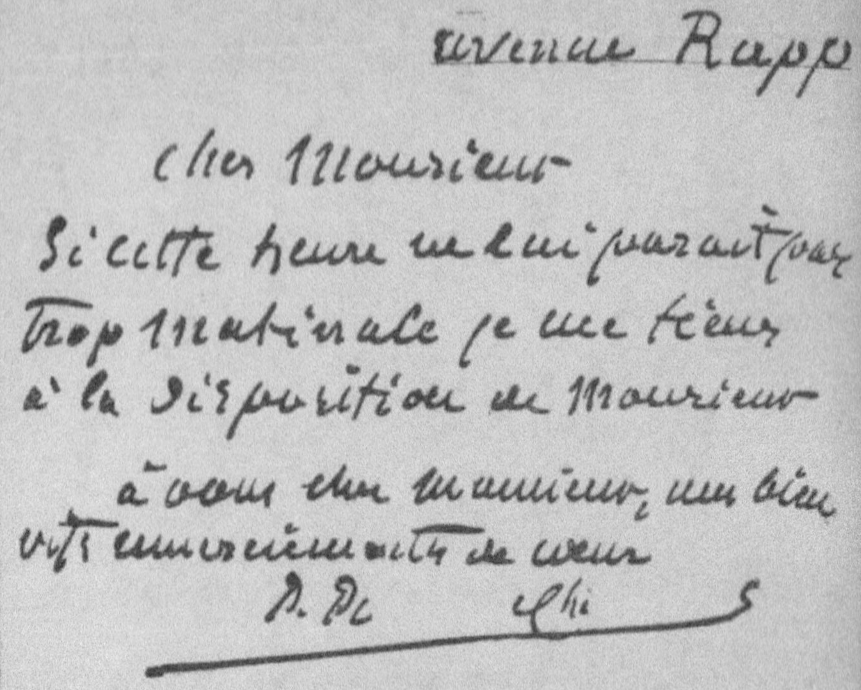

FIG. 471. — NATURE GÉNIALE, PEINTRE.

dré dans de larges marges, indice
d'un sentiment vraiment poétique;
les belles lettres typographiques ne
manquent pas plus que les barres de
t de la volonté puissante; nous nous
trouvons donc en présence d'un rêveur

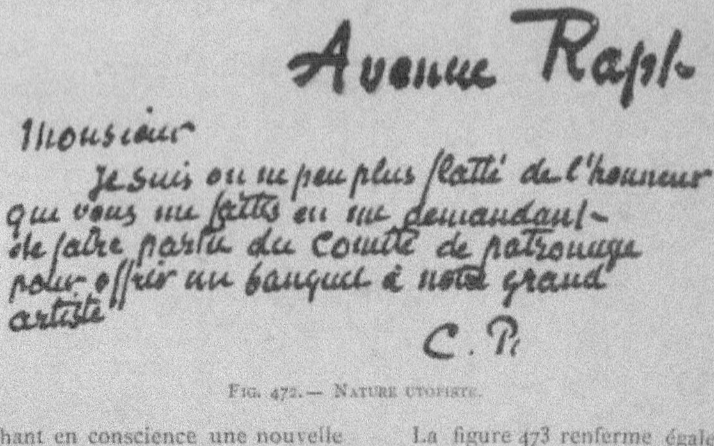

FIG. 472. — NATURE UTOPISTE.

cherchant en conscience une nouvelle
formule d'art, mais ne la demandant
qu'au réalisme.

La figure 473 renferme également
tous les signes esthétiques: lettres typographiques, courbes, lettres disjointes;

il y manque le charme sympathique qui attire et retient ; dans ce graphisme redressé, tout est raide, dur sec, les finales écourtées montrent l'absence de

Fig. 473. — Nature géniale, Écrivain.

générosité, les points et les accents posés bas sur les lettres la préoccupation dominante des questions matérielles. Néanmoins, il faut reconnaître que cette écriture offre la réunion des signes qui composent les organisations géniales.

Harmonie des Blancs.

Nous venons, au sujet de la figure 472, de faire observer l'importance des marges. Ceci nous conduit à traiter la question des espaces libres dans l'agencement d'une écriture. Il est évident qu'il y a là un côté esthétique qui rentre dans notre sujet, car il fait partie de l'harmonie de l'ensemble. Cette harmonie saute aux yeux et donne immédiatement une notion de supériorité.

Vous le savez déjà, l'air circulant *entre* les lignes est un premier indice d'intelligence ; l'air circulant *autour* est, en plus, une manifestation de goût.

Comme il faut de la proportion en tout, trop de blanc en haut et en bas ou sur les côtés est significatif d'affectation, de prodigalité, de manque d'équilibre.

La marge, en général, n'est plus à la mode ; elle ne reste un usage que pour les lettres d'affaires, afin de laisser la place aux annotations. Les marges égales, bien droites, indiquent l'ordre, le soin, le calme, tandis que les marges inégales signifient le désordre et l'agitation. Celles qui vont en s'élargissant vers le bas sont révélatrices d'une tendance inconsciente à dépasser le budget ; le mouvement inverse annonce la recherche constante de l'économie. Ce dernier scripteur, après avoir fait un budget honorable, s'ingénie à diminuer le plus possible chacun de ses chapitres. Laisser la marge à droite, au lieu de la laisser normalement à gauche, c'est recherche d'originalité, affectation de simplicité.

Les marges à droite et à gauche, encadrant le texte comme dans un livre, sont révélatrices d'un goût particulier pour l'art en général, mais surtout pour la poésie, ou tout au moins la versification. Ces nuances se déterminent d'après la valeur de l'écriture.

La missive commencée tout en haut de la page est le fait de l'intimité ; commencée très bas, c'est, au contraire, une manifestation de déférence exagérée. Il y a des règles de politesse, nous dirons même d'étiquette, sur la façon de placer les premiers mots d'une lettre.

Il en est de même pour l'enveloppe; chaque blanc a ici une importance encore plus grande. Notre savant collègue, Arsène Arüss, a traité la question des enveloppes avec une finesse d'observation tout à fait remarquable et des aperçus vraiment nouveaux; nous y reviendrons.

Ces quelques mots vous aideront à comprendre la part sérieuse qu'il faut attribuer *aux blancs* dans l'écriture.

A travers l'Art Moderne.

Les manifestations caractéristiques que nous venons de relever dans le graphisme de quelques personnalités privilégiées n'ont rien d'absolu, car il y a nombre de grands artistes qui n'ont dans leur écriture aucun de ces signes.

Grâce au travail des « résultantes » — dont nous vous avons donné précédemment la clef, — on peut arriver à découvrir quand même leurs facultés artistiques.

Il est bon, cependant, de faire observer qu'il y a les dons de nature et les facultés acquises, souvent au prix d'un travail acharné. Il y a aussi les artistes nés et les ouvriers d'art.

Contrairement à ce que pensent quelques-uns de nos confrères, nous ne croyons pas qu'il y ait des signes particuliers pour les différentes branches de l'art. A notre avis, toute nature supérieure a en elle des éléments qui, développés, peuvent faire un artiste; le tout est de déterminer le point vers lequel ses aptitudes l'entraînent.

Grâce à une curieuse collection de lettres relativement récentes, nous pouvons étudier et comparer les manifestations de ces aptitudes dans l'écriture de nos contemporains les plus célèbres: peintres, sculpteurs, poètes, romanciers, comédiens, etc.

Écritures de Peintres.

Fig. 474 — Peintre.

La figure 474 est assez déroutante au point de vue artistique, nous ne le nierons pas.

La boucle de l'*m* majuscule indique un esprit de coterie qui restreint fortement le sens esthétique. Le *b* majus-

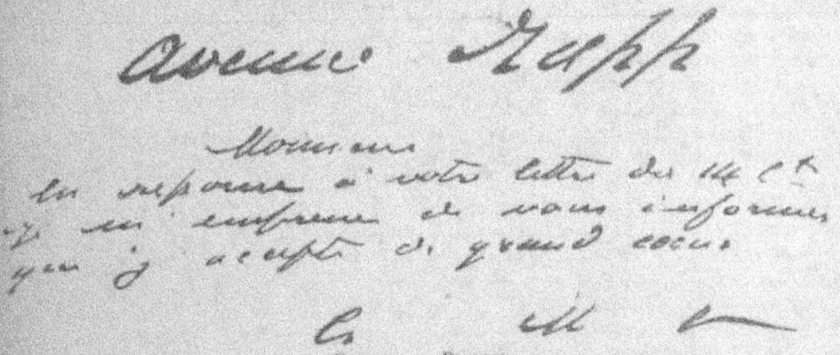
avenue Rapp

Monsieur

En réponse à votre lettre du 14 ct

je m'empresse de vous informer

que j'accepte de grand cœur.

Fig. 475. — Peintre

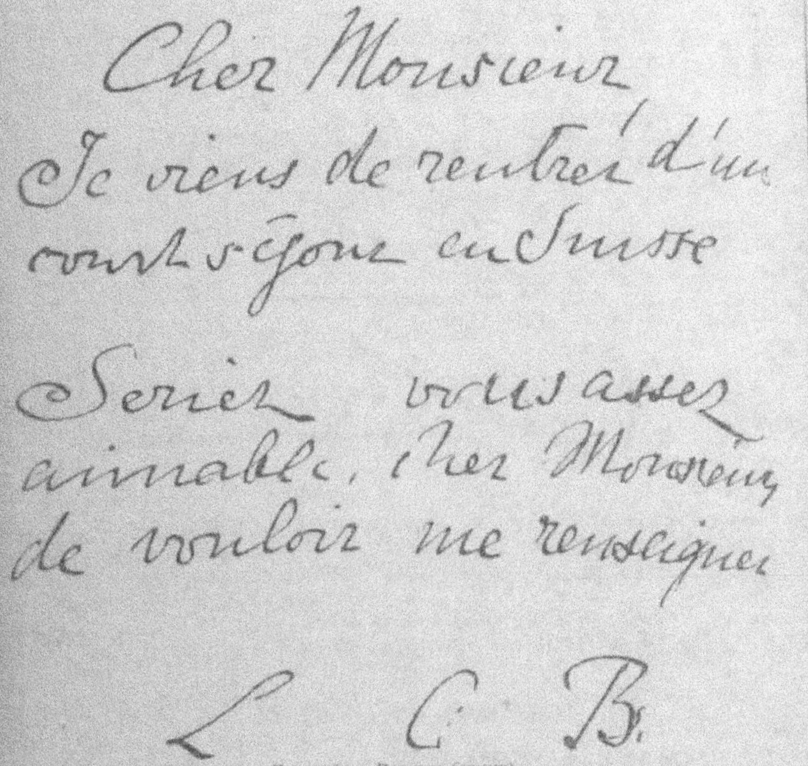
Cher Monsieur

Je viens de rentrer d'un court séjour en Suisse

Seriez vous assez aimable, cher Monsieur, de vouloir me renseigner

L. C. B.

Fig. 476. — Peintre (femme).

cule de la signature révèle un homme sûr de lui, qu'aucune audace n'épouvante; reconnaissons que les lettres simplifiées telles que *q* et *j* dans les mots *que* et *j'accepte*, sont des indices de sérieuse culture intellectuelle : il faut aussi constater que le scripteur n'a nul souci de l'exactitude dans les détails, car il serait difficile de trouver une trace de ponctuation dans les lignes qui précèdent.

La figure 472, ainsi que la figure 475 dont nous allons nous occuper, sont les graphismes des deux peintres qui ont cherché à former le mouvement de la jeune école actuelle.

Il est intéressant de constater que dans la figure 475 l'intuitivité est bien moins absolue que dans la figure 472; les lettres se cherchent, se groupent dans un essai de synthèse. Chez le premier, la tête domine avec une incroyable puissance de mémoire oculaire; chez celui-ci le cœur est maître, il suit ses impulsions avec la plus complète spontanéité; de là un besoin d'expansion, d'ouverture presque excessi — *o* et *a* largement ouverts ; — ce signe, joint aux barres de *t* haut placées, énergiques, et en avant, indique l'apôtre ardent, imposant ses idées par la parole comme par les actes.

Nous n'aurons garde de laisser échapper la manifestation féminine que nous procure la figure 476.

Il y a un rapprochement instructif à faire avec le graphisme de la figure 459. Ce rapprochement donne raison au penseur qui a dit : « Dans toute femme il y a un homme d'action. »

Il est encore curieux de rapprocher cette figure 476 de la figure 460, comparaison qui prouvera une fois de plus que l'énergie peut être le partage du sexe surnommé faible, tandis que la délicatesse poussée jusqu'à la mièvrerie peut être l'apanage du sexe soidisant fort.

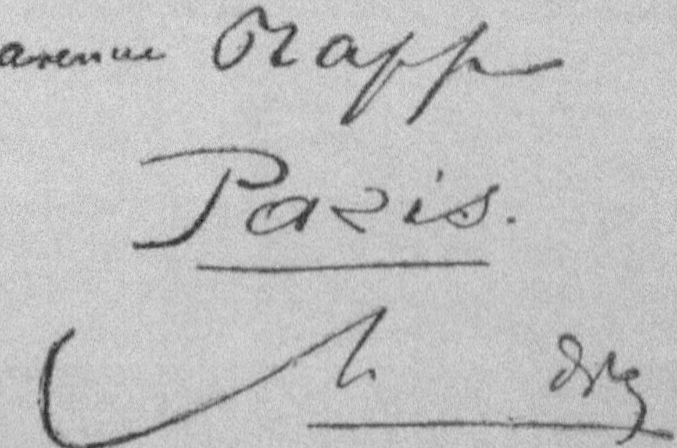

Fig. 477. — Caricaturiste.

La figure 477 est l'autographe d'un célèbre caricaturiste dont le graphisme correspond bien à sa fantaisiste imagination.

L'*r* minuscule du mot *Paris*, dans son étrange forme à arcade, montre le souci de l'effet à produire ; l'énorme courbe qui commence l'*l* majuscule est l'indice d'une gaieté un peu forcée ; le soulignement de la signature est typique comme manifestation d'orgueil de la réputation acquise.

Ecritures de Sculpteurs.

LA figure 478 nous met en face d'un passionné doublé d'un consciencieux — observez les *s* fermés, signe du scrupule dans les mots *expression*, et *sentiments* : — quelques boucles très pansues des jambages inférieurs, indices du développement d'imagination et de l'activité physique; les

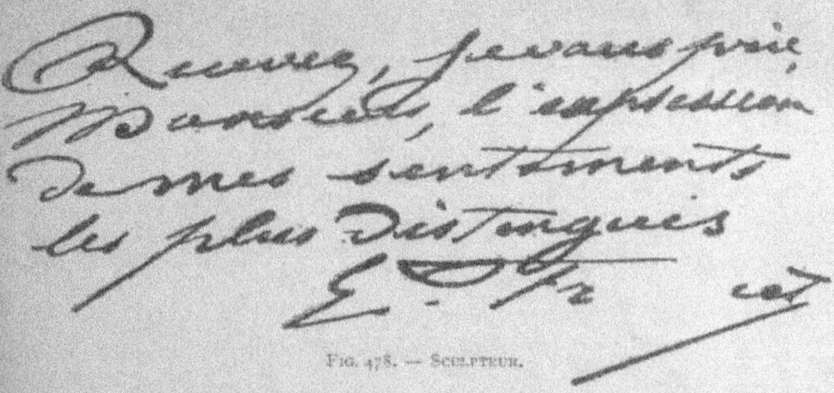

FIG. 478. — SCULPTEUR.

d'minuscules aux hampes très couchées à gauche montrent le combat obstiné entre la raison et la folle du logis, la première restant victorieuse.

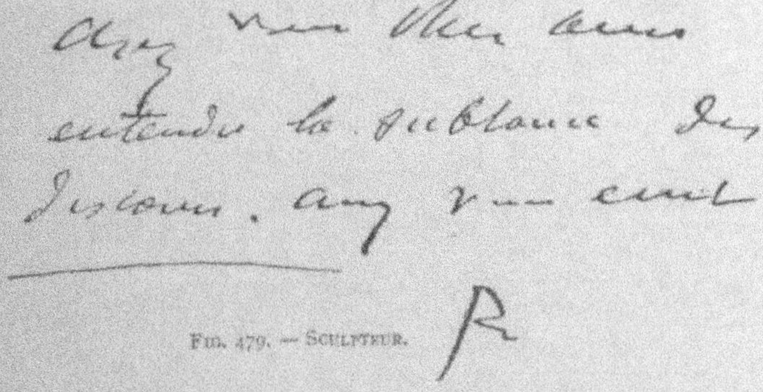

FIG. 479. — SCULPTEUR.

La figure 479 est un graphisme simplifié à l'excès dont la caractéristique est la spontanéité de sensation et d'action; il est évident que ce scripteur n'aime pas les détails en général, et surtout les détails inutiles.

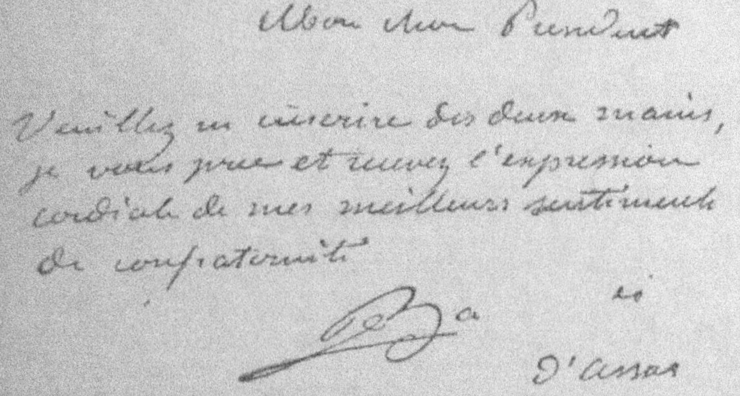

FIG. 480. — SCULPTEUR.

La figure 480 montre beaucoup d'équilibre dans les facultés; l'épanouissement de la majuscule, ainsi que le trait magistral qui souligne le nom montrent que le scripteur doit être un homme fier de sa notoriété.

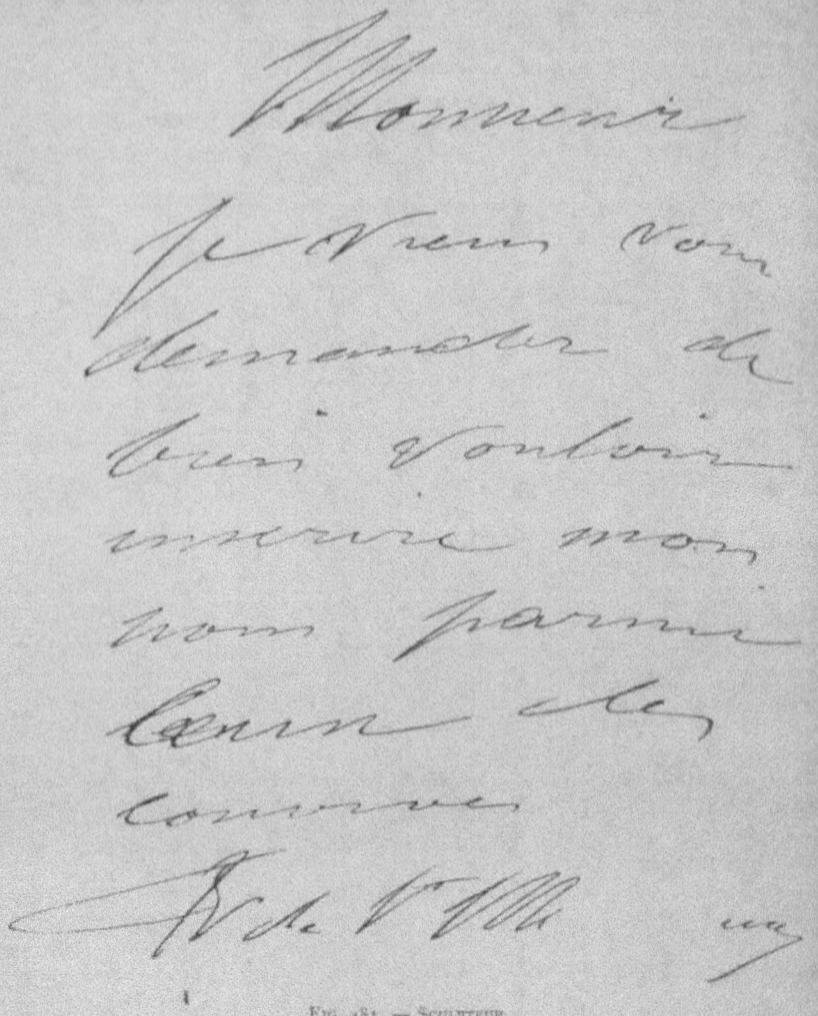
Monsieur
Je viens vous
demander de
bien vouloir
inscrire mon
nom parmi
ceux des
connus

FIG. 481. — SCULPTEUR.

La figure 481 présente un graphisme absolument différent des précédents. Ces traits légers, ces traits couchés, révèlent une extrême sensibilité et les points placés très haut indiquent l'élévation des idées.

Il est à remarquer que chez les sculpteurs il y a moins de caractères typographiques, moins de courbes esthétiques que chez les peintres. Faut-il en déduire que l'activité physique entrant pour eux dans une large part, les envolées de l'imagination se trouvent un peu atténuées ?

Écritures de Poètes.

La poésie nous paraît être la suprême manifestation de l'art.

La figure 482 présente cette sensibilité nerveuse, cette impressionnabilité de sensitive, cette immatérialité que nous imaginons dans nos

Fig. 482. — Poète.

rêves comme les éléments constitutifs de l'être supérieur que l'on nomme un poète. Saluons le *B* artistique de la signature de ce peintre fidèle des sentiments délicats et intimes, les multiples irrégularités révélant à la fois la souplesse et la facilité d'assimilation de cette riche nature.

La figure 483 montre un graphisme redressé, n'annonçant pas la tendresse de l'âme.

Il s'y révèle tout au moins une sérieuse défense contre la sensibilité native, mais cet impressionnable ne réussit qu'à demi à se maîtriser, car parfois l'ouverture exagérée des o révèle un expansif impénitent.

La figure 484 est un graphisme d'une incomparable lucidité. Seul, parmi les autographes que nous venons d'étudier, il conserve une marge à droite et à gauche, signe distinctif de l'esprit de poésie. L'écriture presque droite dit bien que le scripteur cherchait ses inspirations dans sa tête et non dans son cœur; les finales des mots relevées verticalement indiquent les aspirations vers l'idéa retenues par l'esprit positif. Ce novateur était un timide; remarquez les jambages rapprochés de l'm majuscule. La petite boucle convergente de la même lettre annonce en plus l'esprit de coterie; sa bizarrerie était voulue, longuement cherchée, minutieuse-

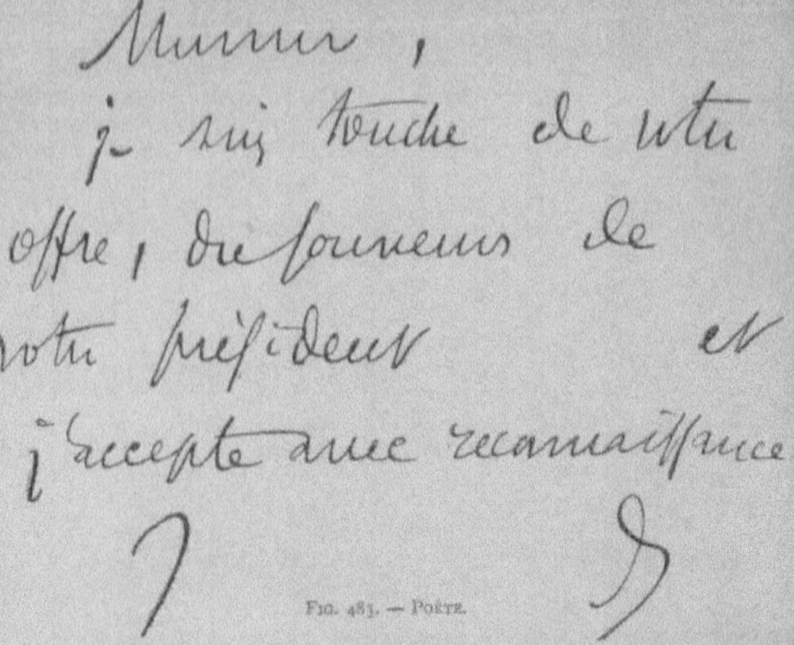

Monsieur,

j'ai suis touché de votre
offre, du souvenir de
votre président   et
j'accepte avec reconnaissance

FIG. 483. — POÈTE.

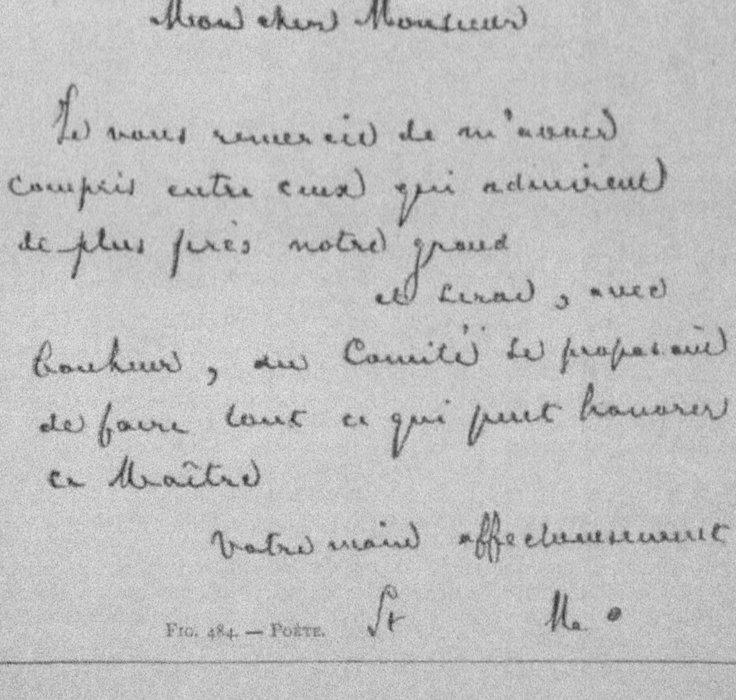

Mon cher Monsieur

Je vous remercie de m'avoir
compris entre ceux qui admirent
de plus près notre grand

et lirai, avec
bonheur, au Comité la proposition
de faire tout ce qui peut honorer
ce Maître

Votre main affectueusement

FIG. 484 — POÈTE.

ment étudiée; l's minuscule fait comme un petit *l* surhaussé en est une preuve; sa pensée torturée dans ses vers ne demande pas du reste à être comprise, il lui suffit qu'elle étonne.

Écritures de romanciers.

FIG. 485. — ROMANCIER.

L e graphisme de la figure 485 présente un ensemble d'extrême enchaînement dans les idées où la vivacité de l'idéalisme n'entrave pas la force du raisonnement.

La figure 486 nous permet d'admirer

FIG. 486. — ROMANCIER.

les signes d'une grande culture intellectuelle et d'une activité pleine d'énergie cérébrale. La paraphe en coup de glaive annonce un lutteur agressif, tandis que la barre qui couvre le nom donne une note de prudence; protégé d'un côté, défendu de l'autre, le scripteur avance dans la vie avec assurance, s'efforçant de refréner sa générosité native.

Il se défie plus de ses qualités que de ses défauts.

La Graphologie dans le Roman moderne.

Il est facile de comprendre que la graphologie, en se perfectionnant, pénètre plus largement dans les mœurs.

Plusieurs de nos romanciers contemporains, et non des moindres, nous le prouvent. Citons d'abord Paul Bourget :

« Comme il relevait la tête par un mouvement désespéré, ses yeux rencontrèrent le tableau ; il aperçut le signe de ses calculs, tracés à la craie, avec cette égalité absolue des lettres, cette absence de pleins et de déliés, qui donnaient à son écriture une physionomie d'incomparable lucidité. »

Marcel Prévost prête à son héroïne des *Demi-Vierges*, « Maud », une écriture qualifiée par un graphologue de « sensuelle ».

Georges de Peyrebrune nous montre une blonde éthérée restée très immatérielle jusqu'au jour où la passion la pousse devant son écritoire :

« De sa main brûlante, sur une feuille, que balayaient ses cheveux, elle écrivit, en lettres énormes, appuyées, où s'écrasait sa plume.... Les lettres tremblées et appuyées, puis les mots finissant en traits gladiolés, illisibles, révélaient un trouble particulier, sous une poussée immaîtrisable. »

La remarque suivante est de Paul Féval, qui nous fournit aussi un exemple graphologique :

« Il entoura son nom du large et beau paraphe qui complétait sa signature. Les paraphes de ces bons petits hommes sont presque toujours vastes comme leur orgueil. »

Nous pourrions multiplier à l'infini ces citations.

Écritures de Comédiens.

Fig. 487. — Comédien.

Depuis longtemps nous avions perdu de vue les crochets rentrants et les fioritures; nous les retrouvons chez les comédiens.

La figure 487 est l'autographe d'un célèbre acteur mort depuis longtemps. Les lignes montantes annoncent l'ardeur de cette fine nature d'artiste; les

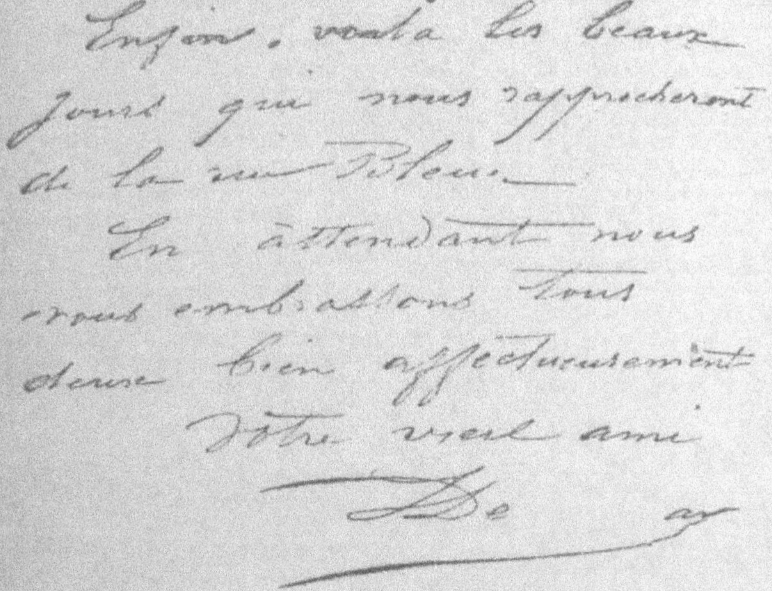
Enfin, voilà les beaux
jours qui nous rapprocheront
de la rue Bleue —
En attendant nous
vous embrassons tous
deux bien affectueusement
Votre vieil ami

Fig. 488. — Comédien.

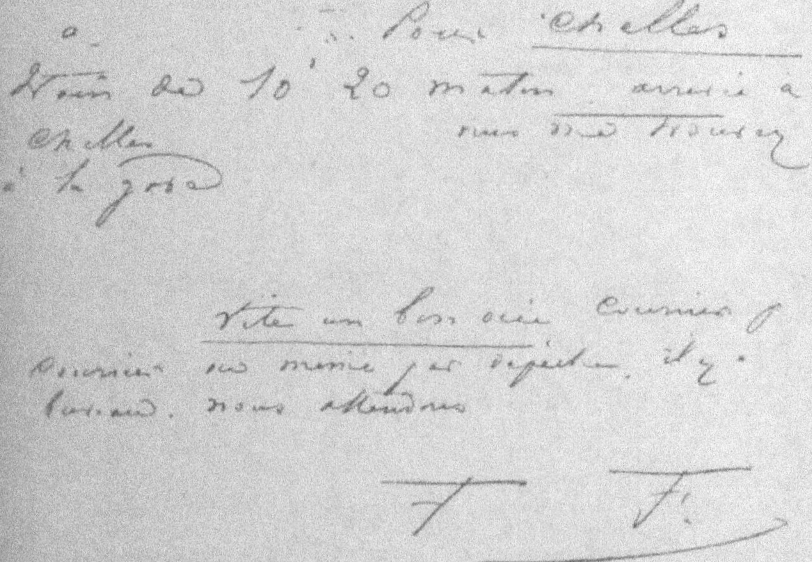
Pour Chelles
train de 10' 20 matin arrivée à
Chelles
à la gare

Fig. 489. — Comédien.

crochets concentriques des *M* et les enroulements des *d* minuscules sont l'indice de la personnalité vaniteuse. Le grand *R* et le grand *P* arrondis en arcades sont bien significatifs de la recherche de l'effet, qui est ici une nécessité professionnelle; le gladiolement des mots nous apprend la grande finesse d'esprit, et le paraphe résolu l'énergie dans l'action, mais aussi la difficulté de caractère.

La figure 488 est l'autographe d'un ex-sociétaire de la Comédie française qui eut le privilège de rester toujours jeune. Son graphisme incliné révèle bien qu'il mettait son cœur encore plus que sa tête dans ses rôles.

C'est sans doute pour cela qu'il avait le don d'émouvoir autant que de charmer; le *B* si artistique du mot *Bleue* décèle la valeur de son art; le paraphe en glaive annonce le lutteur; les barres de *t* fines placées à l'extrémité des hampes de *t*, — même au-dessus des *d*, — disent la vivacité de son caractère assez dominateur.

La figure 489 est l'autographe d'un ex-doyen de la Comédie française. Son graphisme rend toute la distinction et l'élégance raffinée de sa tenue; les caractères menus, délicats, aériens, sont l'exacte manifestation d'un esprit subtil, brillant, charmeur. Il prend de la peine pour séduire; ce souci de l'effet se révèle dans l'*r* minuscule en arcade qui se confond si originalement avec le *t* dans les mots *trains, trouver*; l'intuitivité est heureusement mélangée de déductivité; cet équilibre dans les facultés explique comment ce comédien de grand talent peut être aujourd'hui un écrivain non moins distingué.

FIG. 490. — COMÉDIENNE.

La figure 490 est l'autographe d'une quise sociétaire de la maison de Molière. Nous pouvons voir que chez elle le cœur domine absolument.

Écritures de Chanteurs.

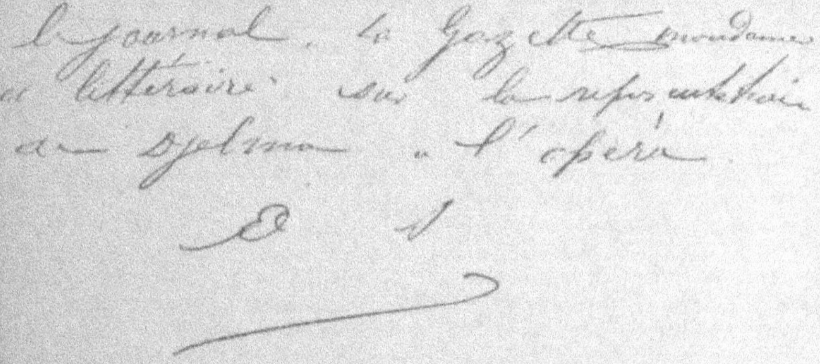

FIG. 491. — CHANTEUR.

LA figure 491 est l'autographe d'un des plus remarquables pensionnaires de l'Opéra ; nous lui voyons de rares qualités de volonté auxquelles il joint une grande force d'endurance — regardez les *t* accrochés dans le bas et barrés dans le haut ; — cet élan soutenu par la persévérance a dû être la cause primordiale de son succès.

Terminons par la figure 492, qui

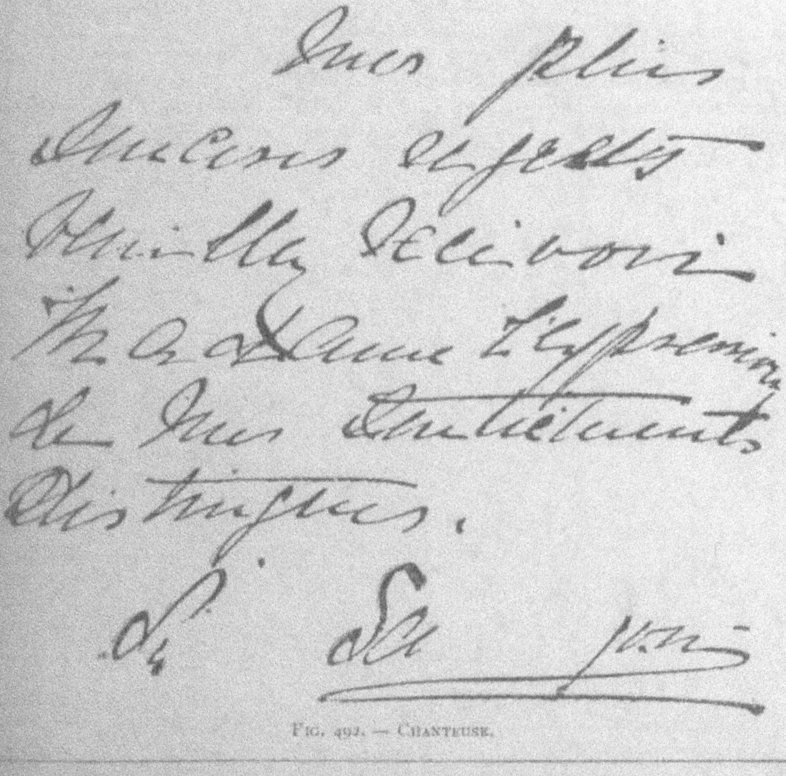

FIG. 492. — CHANTEUSE.

est le graphisme d'une ex-étoile de première grandeur.

Sa nature d'Américaine hardie se révèle aux multiples massues qui s'élancent en avant à l'assaut du succès.

L'écriture très couchée, à la fois énergique et très irrégulière, annonce un tempérament passionné. Les deux *s* majuscules de la signature sont réellement esthétiques. Son paraphe décèle l'agression qui n'attend pas l'attaque, ainsi que la disposition à la rancune ; les longues barres de *t* peuvent faire supposer que la douceur a été oubliée dans son bagage.

Comme il est facile de le constater, après ce rapide aperçu des différentes branches de l'art, les comédiens possèdent moins de signes exclusivement esthétiques que les autres artistes ; en revanche ce sont les peintres qui en possèdent le plus.

Arrivé à la fin de notre enseignement, nous espérons n'avoir oublié aucune des manifestations de l'intelligence malgré leur multiplicité et leur variété.

Les dispositions physiques vont nous retenir encore pendant une longue leçon.

Avant de poursuivre, nous tenons à dire que dans ces dernières leçons nous avons indiqué les signes généraux distinctifs de telles ou telles aptitudes et que c'est à ces signes généraux *seuls* qu'il faut se reporter, car les exemples que nous en avons donnés, pour fortifier et éclaircir notre enseignement, sont des cas particuliers ; ce serait donc courir à l'erreur que les prendre comme types exclusifs.

Supposons que vous ayez à chercher les aptitudes artistiques dans un graphisme, vous noterez seulement l'harmonie de l'ensemble, les courbes esthétiques, la disjonction des lettres ou les caractères typographiques, mais vous ne vous mettrez pas en tête d'y trouver la reproduction identique des exemples de notre Traité. N'oubliez pas, d'ailleurs, qu'il n'y a pas deux écritures absolument semblables ; elles sont aussi variées que les visages humains ou les feuilles des arbres. Il peut seulement y avoir entre elles un air de famille et, par suite, une ressemblance.

Ces réserves s'appliquent aux exemples qui suivront comme elles s'appliquent à ceux qui précèdent.

DIXIÈME LEÇON

SIGNES PARTICULIERS
DES APTITUDES PHYSIQUES

Pendant la dernière étape de notre cours — limité par le cadre de notre ouvrage — nous nous trouvons obligé d'effleurer seulement des questions qui demanderaient chacune un volume.

Commençons par l'étude des différents tempéraments et comme le physique influe sur le caractère, nous placerons l'étude des bons et des mauvais caractères immédiatement après.

Ensuite nous passerons en revue l'adresse manuelle.

Enfin nous terminerons par la recherche des signes caractéristiques des maladies.

SIGNES RÉVÉLANT LES DIFFÉRENTS TEMPÉRAMENTS

FIG. 493. — TEMPÉRAMENT BIEN ÉQUILIBRÉ.

Un des meilleurs indices de l'équilibre de la santé est la netteté du tracé, le relief du graphisme. L'exemple 493 montre cette parfaite netteté. De plus, les lignes ne sont ni montantes ni descendantes, second indice de l'équilibre des dispositions physiques.

On n'a pas oublié que l'écriture très montante est un signe d'excitation, tandis que l'écriture descendante est un signe de dépression.

Observez en passant dans le graphisme qui nous occupe trois mots qui se trouvent les uns au-dessus des autres : *en*, *avec*, *de*; chacun d'eux est précédé d'un petit trait qui ne le touche pas, tout à fait inutile dans la circonstance. C'est l'indice d'une tendance à discuter pour défendre ses idées.

Tempérament bien équilibré quoique délicat.

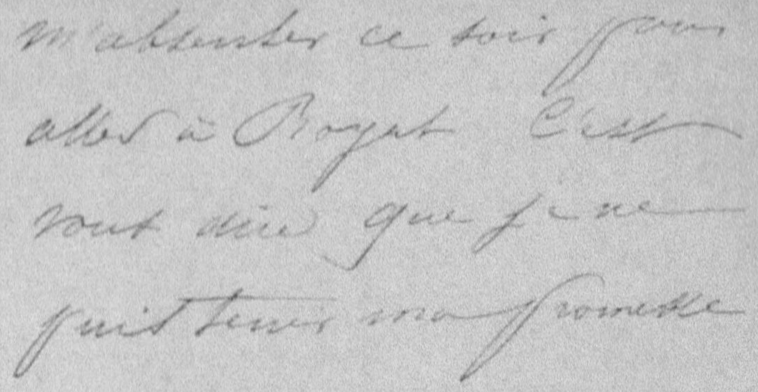

FIG. 494. — TEMPÉRAMENT FRÊLE.

ICI se retrouve la netteté du tracé, mais avec une beaucoup plus grande délicatesse, ce qui nous fait dire que le tempérament est bien équilibré, quoique délicat.

A observer, dans ce graphisme, un genre de *p* minuscules que nous n'avons pas encore eu l'occasion de rencontrer; il rentre dans le mouvement de l'arcade inférieure, et se complète par le mouvement supérieur du sentiment du devoir dans le *p* du mot *promesse*; très curieux à observer dans sa double évolution.

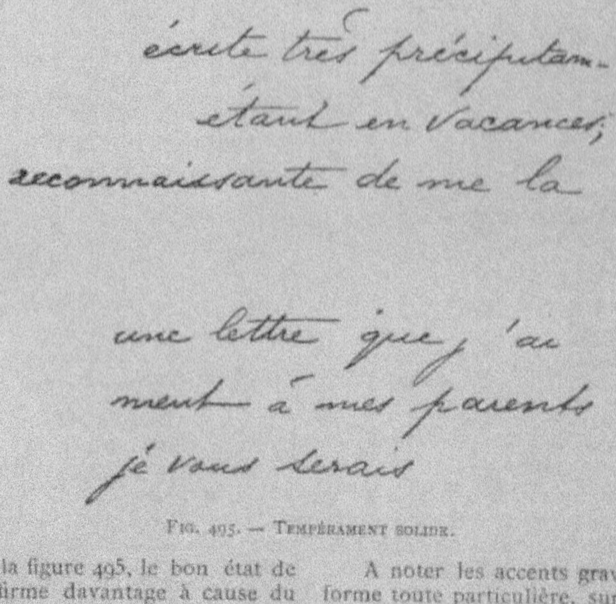

FIG. 495. — TEMPÉRAMENT SOLIDE.

Dans la figure 495, le bon état de santé s'affirme davantage à cause du graphisme plus nourri, qui annonce un besoin d'expansion vitale.

A noter les accents graves, d'une forme toute particulière, surtout dans les mots *très* et *à*; l'accent est transformé en un croissant, dont les cornes sont tournées à droite ; cette originalité se rattache au principe de l'accent retourné, indiquant toujours une sorte d'inquiétude, ainsi que nous l'avons déjà dit. Ce signe, rapproché du besoin d'expansion vitale, et du *v* minuscule — indiquant le sentiment du devoir — le tout au milieu d'une écriture calme, pourrait être un renseignement précieux pour la direction de cette jeune fille.

Tempérament Vigoureux.

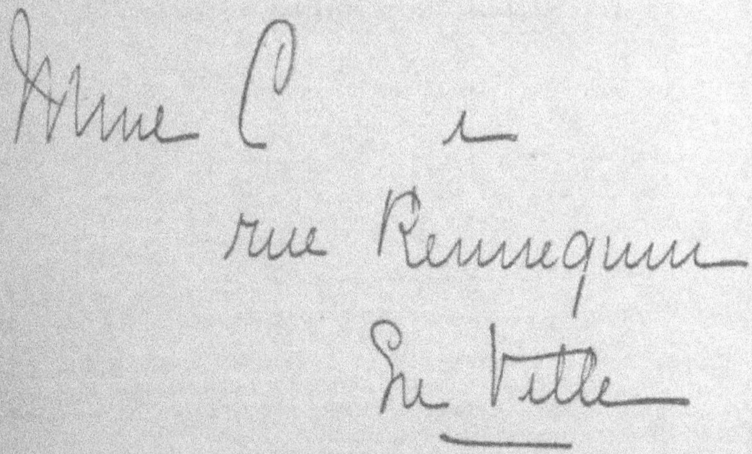

FIG. 496. — TEMPÉRAMENT VIGOUREUX (AMÉRICAINE).

La figure 496 montre un tempérament vigoureux ; la fermeté et l'énergie du tracé en sont le témoignage, complété par toutes les terminaisons en massues.

C'est le graphisme d'une de ces jeunes Américaines, au caractère viril, dont nous avons déjà eu plusieurs fois l'occasion de nous occuper.

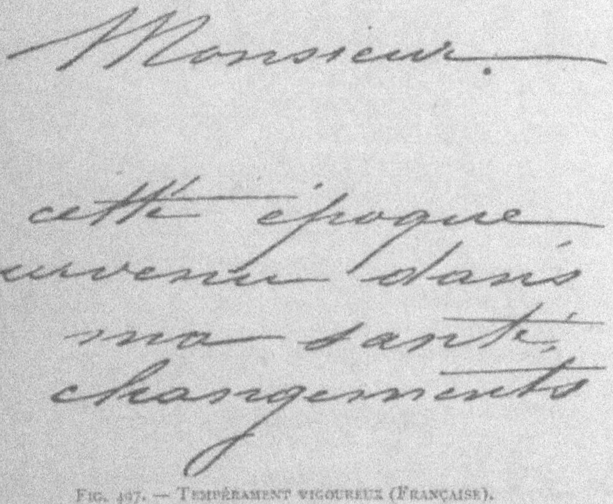

FIG. 497. — TEMPÉRAMENT VIGOUREUX (FRANÇAISE).

La figure 497 présente le graphisme d'une jeune Française au tempérament solide, — c'est encore le tracé assez épais qui nous l'annonce ; — mais la jeune Française n'a pas l'énergie calme et résolue de la jeune Américaine ; les longues barres des *t* le disent de reste ; en revanche, elle emploie sa vigueur à la discussion ; les petits traits inutiles qui commencent toutes les lettres en sont le témoignage ; c'est le signe que nous venons d'observer dans la figure 493 du commencement de la leçon.

Tempérament sans appétits matériels.

FIG. 498. — TEMPÉRAMENT SANS APPÉTITS MATÉRIELS.

LA figure 498 reproduit un graphisme très net, mais en même temps extrêmement léger ; pas un appui, une ténuité constante dans les traits : telles sont bien les caractéristiques d'un tempérament immatériel.

Il semble que ces deux mots : *tempérament immatériel*, jurent d'être accouplés, car, enfin, un tempérament est toujours matériel. Néanmoins, chacun comprendra cette expression, qui désigne un tempérament ayant peu de besoins matériels, et portant toutes ses aspirations vers les choses supérieures et idéales. Les points légers et placés haut complètent les indices précédents.

A observer la forme de l'*f* majuscule du mot *Fernande*, à la fois remarquable simplification et indice de disposition à la rancune.

FIG. 499. — TEMPÉRAMENT CALME.

La figure 499 est encore un graphisme sans appui, mais d'un ensemble beaucoup moins supérieur que le précédent ; la tranquillité de l'allure, la sobriété des traits, annoncent un tempérament calme.

Tempérament Nerveux.

LE tempérament nerveux se révèle par deux indices : d'abord l'inégalité du tracé, ensuite les traits grêles et menus.

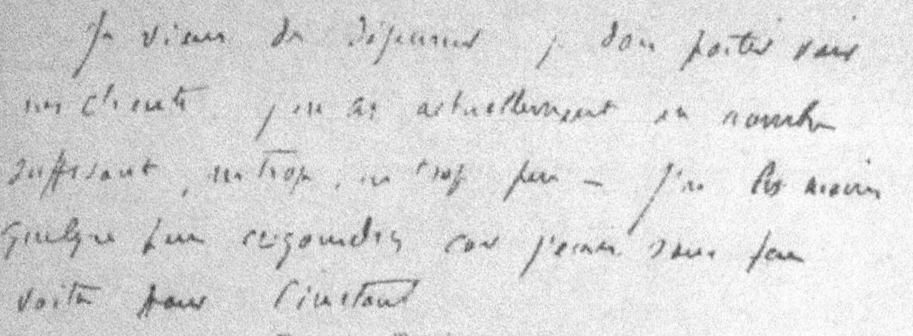

FIG. 500. — TEMPÉRAMENT NERVEUX.

La figure 499 est un bon exemple de ce genre d'écriture, d'autant plus que le graphisme est supérieur intellectuellement et moralement.

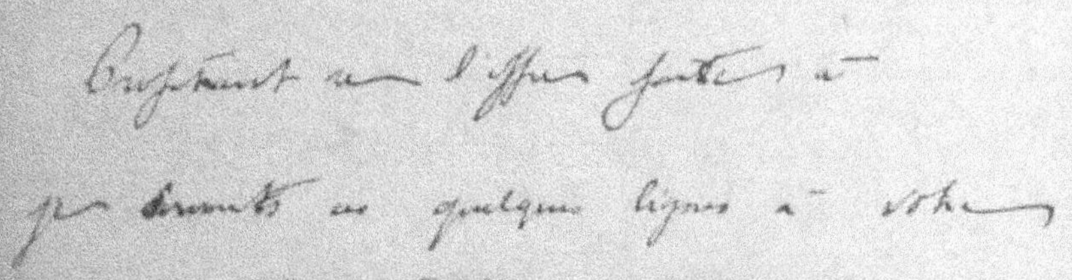

FIG. 501. — TEMPÉRAMENT NERVEUX SANGUIN.

Le graphisme du tempérament nerveux sanguin offre les mêmes dispositions d'irrégularité, avec un mélange de fréquents appuis.

L'irrégularité indique le nervosisme, et les appuis le côté sanguin.

La figure 501 montre ces deux signes réunis, et très accusés.

Tempérament faible.

La faiblesse du tempérament se reconnaît dans le tracé mou, flou, hésitant, avec quelques empâtements des boucles. La figure 502 montre des

J'ose espérer que ces quelques lignes
pour cela et dans cette
l'attente, je vous prie Monsieur,
d'agréer mes salutations empressées.

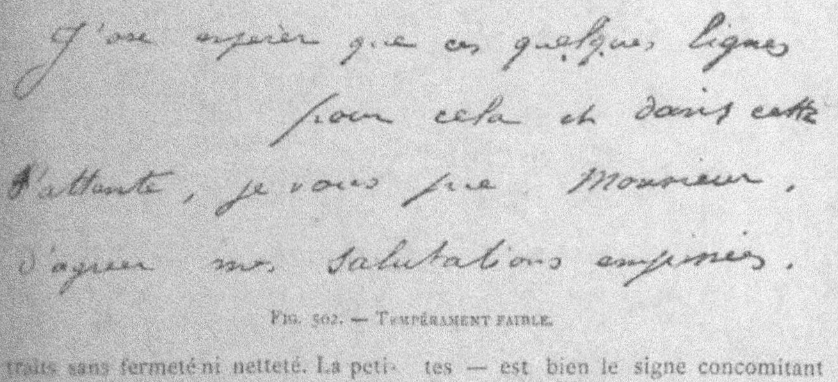

FIG. 502. — TEMPÉRAMENT FAIBLE.

traits sans fermeté ni netteté. La petitesse des barres de *t* — souvent absentes — est bien le signe concomitant d'une santé faible.

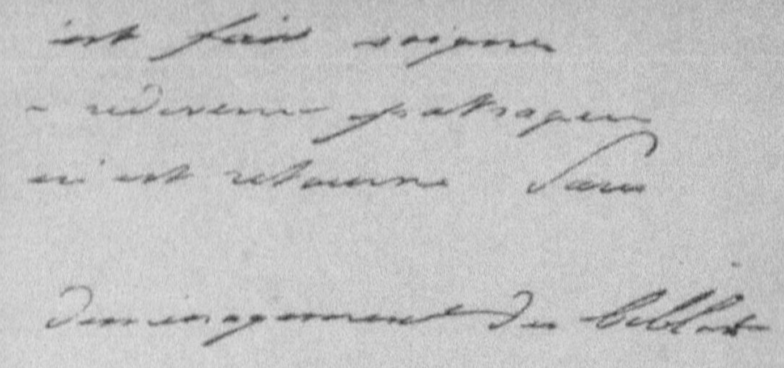

Fig. 503. — Tempérament très faible

La figure 503 représente un graphisme encore plus hésitant que le précédent, très couché, avec des finales indistinctes et aucune barre de *t*. C'est un type rare de tempérament très faible ou lymphatique.

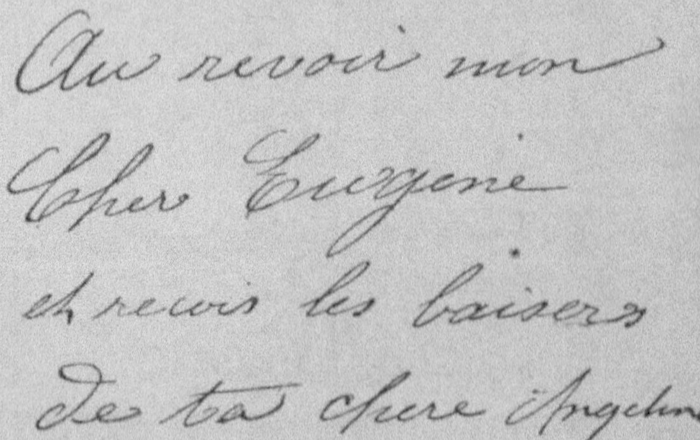

Fig. 504. — Tempérament mou.

Dans la figure 504 le graphisme n'est pas grêle, mais il est lâché ; les lettres vont à l'abandon et dégringolent comme elles veulent ; les barres de *t* — très longues — sont encore une preuve de grande faiblesse et de nonchalance ; la phrase : *aime-moi toujours*, dans sa descente accélérée, est complètement révélatrice d'un manque absolu d'énergie.

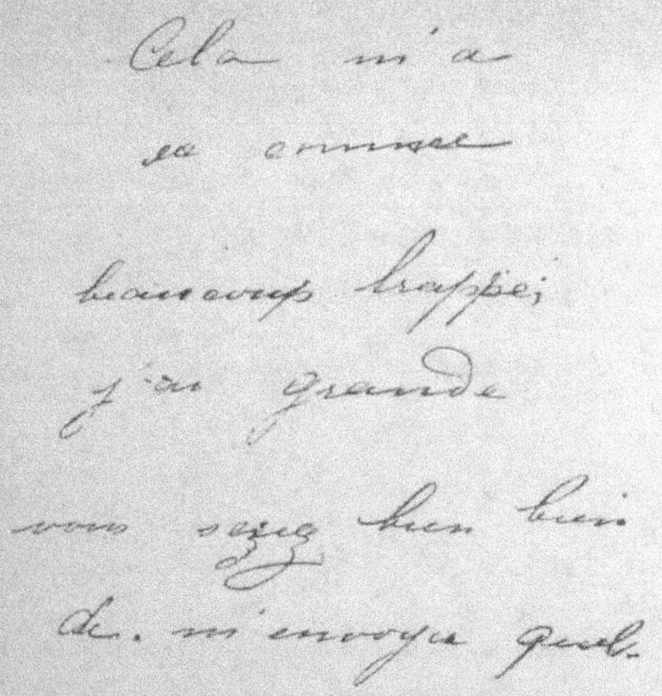

FIG. 505. — TEMPÉRAMENT LYMPHATIQUE.

Dans son graphisme, la figure 504 est supérieure intellectuellement à la figure 502, mais la faiblesse y est presque aussi grande ; nous l'attribuons à un

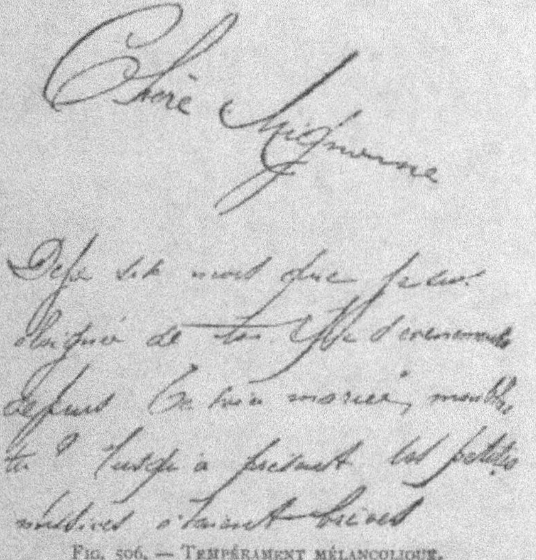

FIG. 506. — TEMPÉRAMENT MÉLANCOLIQUE.

tempérament lymphatique, car la volonté n'est pas absente, on y voit même la trace d'une certaine force d'endurance ; seulement la nature molle n'a pas l'énergie nécessaire pour réagir.

Le sentiment qu'inspire la vue de ce genre de graphisme est une sorte de pitié mêlée de sympathie comme pour tout être bon mais faible et par suite incapable de se défendre dans la vie.

La figure 506 est une autre forme de faiblesse : c'est le tempérament mélancolique ; la tristesse et la défiance de soi y sont à l'état chronique et maladif ; la dépression morale est absolument révélée par cette descente extraordinaire ; le graphisme est assez net, mais quelques légers empâtements ne laissent pas de doute sur sa faiblesse réelle.

Tempérament Sanguin.

Fig. 507. — Tempérament fort. Homme

Le tempérament sanguin est celui de la force et de la vigueur, surtout quand le graphisme est assez vertical, comme celui de la figure 507. La sobriété de l'ensemble indique une force calme et patiente ; c'est le graphisme d'un homme, aussi cette force nous est sympathique

Fig. 508. — Tempérament matériel, Femme

Ce même tempérament sanguin, — par suite matériel, — qui nous a été sympathique chez un jeune homme, nous met en défiance quand nous le trouvons chez une jeune fille, comme dans le graphisme de la figure 508.

L'*E* et l'*S* — faits en forme de serpents — étonnent et déroutent dans cette écriture où les courbes abondent; vous n'avez pas oublié que la courbe est un indice général de bonté, et que le trait fulgurant dénote toujours un caractère difficile. Nous en déduirons que c'est une nature bonne, parfois un peu difficile.

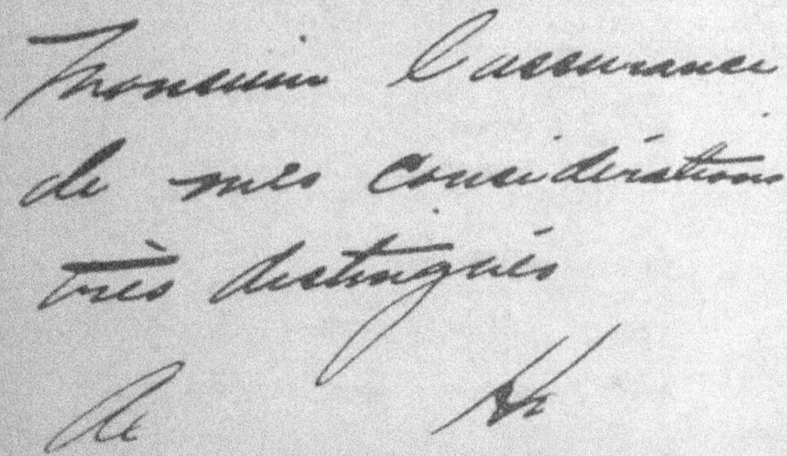

Fig. 509. — Tempérament très sanguin.

La figure 509 révèle un tempérament très sanguin donnant au scripteur un impérieux besoin d'action physique et de dépense vitale; c'est ce qu'explique

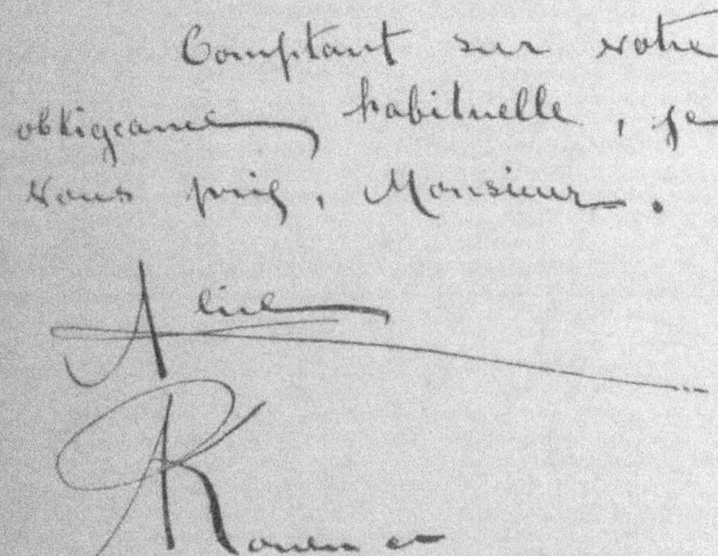

Fig. 510. — Tempérament très sanguin, femme.

l'écriture tout entière appuyée, les massues vigoureuses des barres de *t* et le long jambage inférieur du *g* dans le mot *distingué*.

Nous avons appris à reconnaître l'activité intellectuelle dans les barres de *t* en avant et les liaisons anormales, et surtout dans la rapidité du tracé ; l'activité physique, elle, se révèle dans le développement des jambages inférieurs et des traits en général.

La figure 510 est un type d'écriture de jeune fille au tempérament très sanguin. L'écriture redressée donne une note de possession de soi fort nécessaire dans le cas présent ; mais devant les lettres finales grossissantes, indiquant une nature exagérée en tout, l'inquiétude reste grande, étant donné le sexe de l'écrivain.

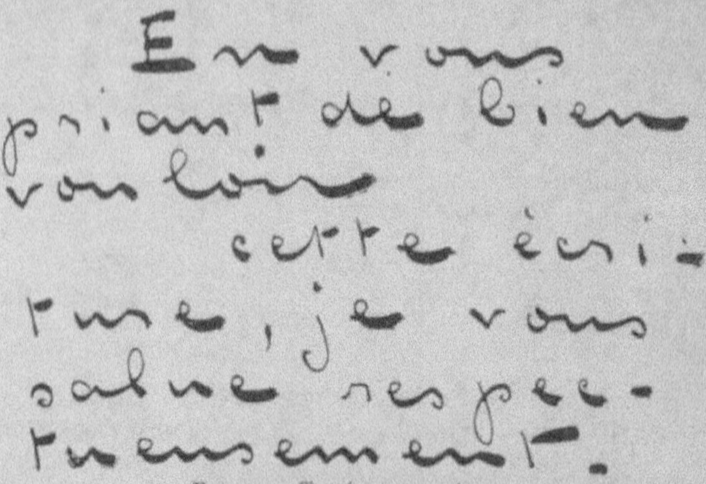

FIG. 511. — TEMPÉRAMENT MATÉRIEL.

Ainsi que nous l'avons déjà fait observer au sujet du tempérament immatériel, de quoi se composerait un tempérament si ce n'était de matière ? Il semble donc que ces deux mots soient un pléonasme ; cependant, on entend couramment par cette expression *tempérament matériel* celui qui a de grands besoins physiques et des aspirations qui ne s'élèvent guère au-dessus des questions terre à terre de la vie. En général, les gros mangeurs ont un tempérament matériel.

La figure 511 est un exemple très typique de ce genre de nature.

Le signe principal de la matérialité est l'écriture très appuyée dans son ensemble ; c'est là un côté tout physique et qui n'a qu'une influence réflexe sur le cœur et l'esprit.

Dans la figure 511, nous voyons en même temps une intelligence remarquable ; les nombreuses coupures des mots, la lettre typographique du commencement et la clarté qui circule dans les lignes en sont une preuve. Ici la matière n'altère donc pas les facultés intellectuelles, mais les points gros et bas sur les lettres révèlent que les facultés sont surtout appliquées aux questions purement pratiques. De plus, l'écriture verticale et les barres massuées donnent une indication précieuse au point de vue de la force volontaire, qui est à la hauteur de la force physique.

Tout ce qui est matérialité et force physique devrait être l'apanage exclusif du sexe masculin : « Du côté de la barbe est la toute-puissance. » Nous ne pouvons nous habituer à trouver dans des graphismes féminins les mêmes révélations de force et de matérialité que dans les graphismes masculins, aussi cette constatation nous cause des étonnements sans cesse renouvelés.

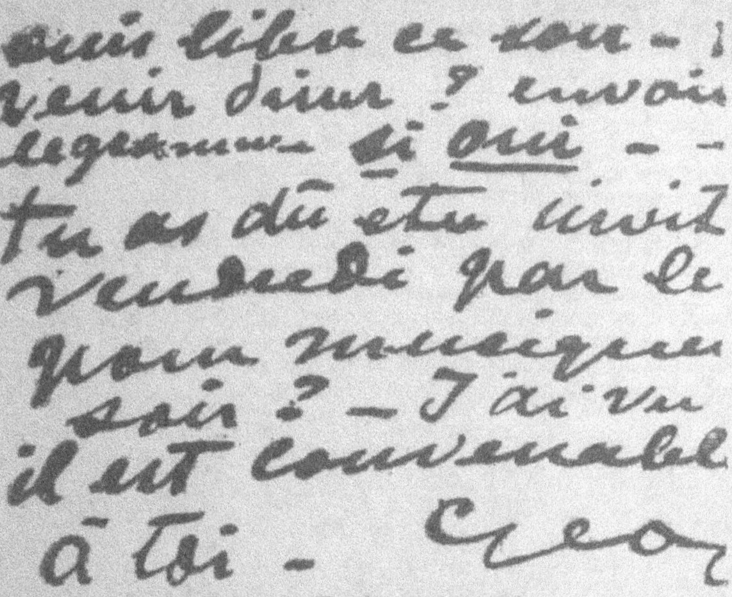

FIG. 512. — TEMPÉRAMENT PASSIONNÉ.

Dans la figure 512 se manifeste une résolution presque égale à celle de la figure 511; cependant les traits très épais peuvent provenir de l'usage d'une plume d'oie, ce qui arrive assez fréquemment; il faut en faire la part; c'est un genre que se donnent quelques femmes visant à l'effet. Or le gra-

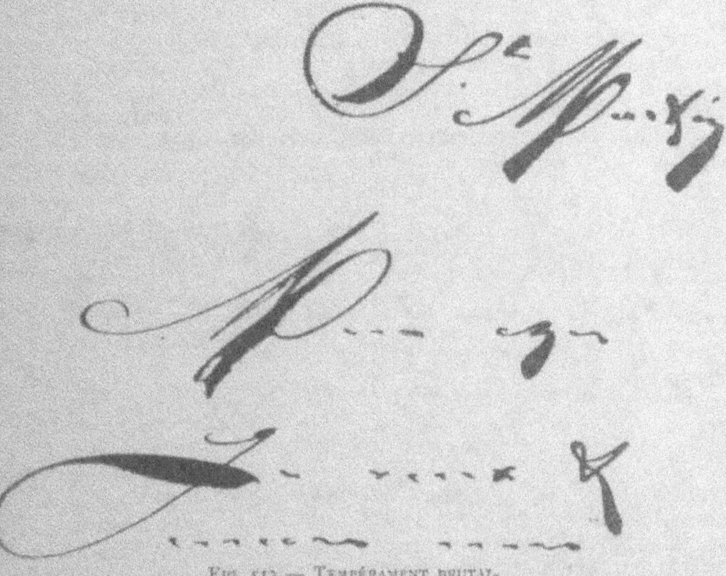

FIG. 513. — TEMPÉRAMENT BRUTAL.

phisme 512 provient, — croyons-nous — d'une belle artiste, très en faveur dans le moment présent.

En admettant la plume d'oie, les inclinations matérielles n'en persistent pas moins ; il s'y joint un côté cœur qu'il ne faut pas négliger ; l'écriture inclinée, à base arrondie, ainsi que l'absence de crochets rentrants le révèlent surabondamment ; c'est de toutes façons la révélation d'un tempérament ardent et passionné.

Nous savons que la terminaison des lettres en massues signifie la force résolue ; avec excès, la brutalité.

Il suffit de jeter les yeux sur la figure 513 pour rester impressionné par la violence des massues qui illustrent cet autographe.

Les formidables crochets convergents de l'égoïsme, les barres de *t* en retour et descendantes qui indiquent l'obstination, tout enfin, dans ce graphisme, est fait pour inspirer un sentiment d'épouvante.

Certains criminels ont des massues semblables dans leur écriture. Mais une chose nous arrête dans notre jugement, c'est l'écriture disjointe poussée à son excès — signe de rêve et d'utopie ; — ne serait-ce pas un être féroce seulement en imagination ?

Il y a des natures fines et il y en a de grossières.

FIG. 514. — TEMPÉRAMENT GROSSIER.

La figure 514 présente cette grossièreté de nature qui ne peut être mise au compte des défauts et qu'il est utile de savoir reconnaître.

Il ne faut pas confondre l'appui et l'empâtement ; il y a là une différence considérable dont la méconnaissance entraîne à de graves erreurs. L'appui du tracé est un signe de force ou tout au moins de tempérament sanguin ; l'empâtement, au contraire, est toujours un signe de fatigue ou de maladie.

FIG. 515. — TEMPÉRAMENT SURMENÉ.

La figure 515 est la reproduction d'un graphisme révélant un tempérament fatigué par surmenage.

Les lignes, d'une direction parfaitement droite, annoncent que le surmenage n'a pas encore déterminé d'état maladif, puisque la dépression n'existe pas.

Tempéraments sensuels.

Fig. 516. — Tempérament sensuel.

L a sensualité — comme chacun sait — est l'attachement aux plaisirs des sens; le premier degré est la gourmandise, le cœur n'a rien à y voir.

Nous avons vu des gens ayant un gros appétit; leur graphisme appuyé n'indiquait pas la sensualité gourmande, mais seulement les besoins physiques d'une forte nature.

La sensualité se révèle par un signe différent, qui consiste en appuis — ou pleins — dans un tracé relativement léger.

La figure 516 présente cette disposition dans un graphisme menu et très serré.

Le scripteur se possède beaucoup, l'imagination n'a chez lui aucune part, et le cœur très peu; il est économe jusqu'à l'avarice; il ne consent à dénouer les cordons de sa bourse que pour satisfaire son péché préféré.

Fig. 517. — Tempérament gourmand.

La figure 517 est un graphisme féminin présentant la même disposition, mais dans une écriture fort supérieure à la précédente.

Son ensemble a du charme et de l'harmonie; des signes de culture intellectuelle, — telle la lettre *q* formée d'un seul trait, la liaison des mots entre eux, les nombreux points de suspension, — indiquent une intellectualité tout à fait au-dessus de la moyenne. L'extrême délicatesse du tracé fait encore mieux ressortir l'explosion subite des pleins et donne la nuance d'une gourmandise raffinée par sa recherche. L'accent retourné du mot *éternelle* révèle la préoccupation de satisfaire à ce défaut de gourmandise qui demande de longues préparations.

Les points légers, mais placés bas sur les lettres, sont encore une confirmation pour notre jugement, car ils indiquent les soucis terre à terre d'un esprit délicat.

Le sensuel a des appétits matériels. Pour lui, les satisfactions de la gourmandise ne suffisent pas, le signe de la sensualité doit donc être beaucoup plus affirmé que celui de la gourmandise.

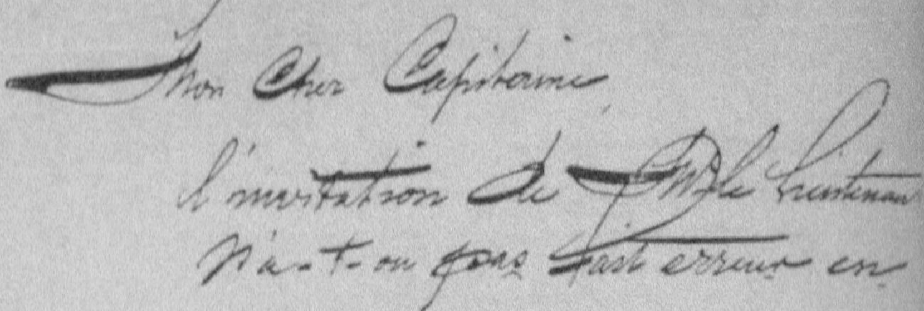

FIG. 518. — TEMPÉRAMENT SENSUEL.

La figure 518, avec ses enroulements de vanité et d'égoïsme, sent un peu le sous-officier.

Vous n'avez pas oublié que l'enroulement si prononcé du c est aussi un signe d'égoïsme profond, signe

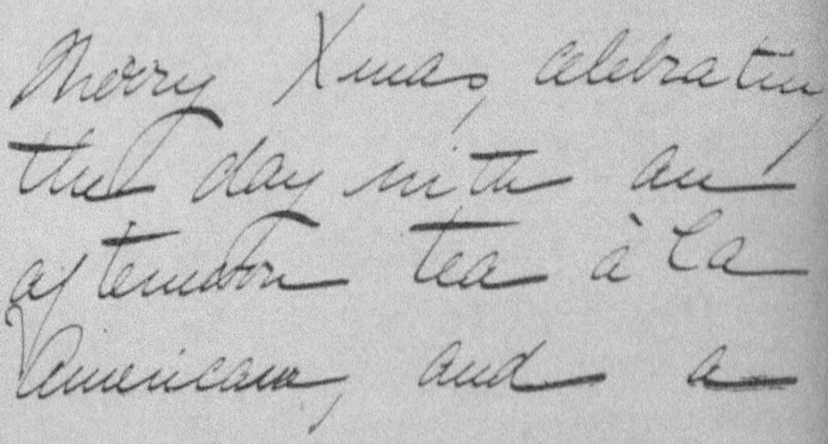

FIG. 519. — TEMPÉRAMENT SENSUEL, AMÉRICAINE

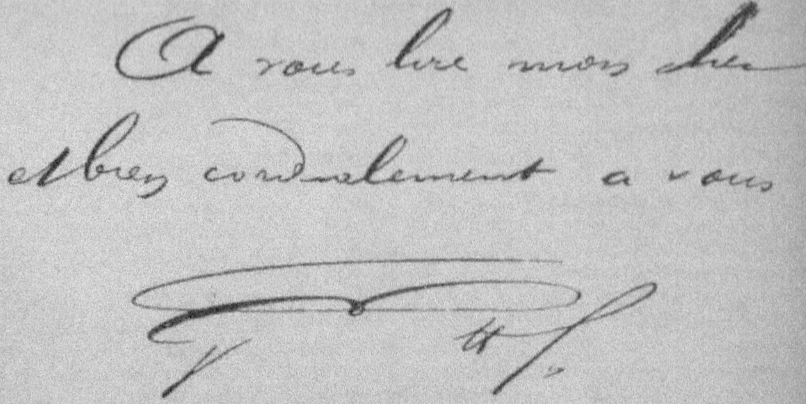

FIG. 520. — TEMPÉRAMENT TRÈS SENSUEL.

d'ailleurs concomitant de la sensualité.

Observez dans le graphisme 519 que l'*m* majuscule est parfaitement lié au mot, la matérialité n'a donc entravé en rien les sentiments de dévouement de la scriptrice.

Encore un graphisme d'Américaine bien significative dans sa résolution hardie.

Dans la figure 520, nous voyons les signes révélant une sensualité vulgaire. A observer surtout la partie supérieure du *g* majuscule de la signature, couvrant entièrement le nom. Le scripteur a l'amour du plaisir, mais il ne

FIG. 521. — AMOUR DU PLAISIR.

perd jamais de vue la prudence.

La figure 521 est également une manifestation de sensualité vulgaire; celle-ci est féminine.

Le double crochet de l'*m* majuscule indique un égoïsme qui ne cède pas, surtout quand il s'agit de son plaisir.

Les traits gracieusement arrondis, qui commencent les lettres *p*, *f*, *i*, annoncent un caractère enjoué; rapproché de la sensualité, ce signe donne comme résultante *l'amour du plaisir*. Il est bon d'observer que tout est très ordonné, très calme, dans ce graphisme; c'est un indice que l'amour du plaisir est réfléchi, et que l'entraînement n'y entre pour aucune part.

Tempéraments de Viveur.

Le viveur est celui qui n'existe que pour le plaisir; nous allons étudier les différentes manifestations de cette tendance.

La figure 522 ouvre la série; ce graphisme renferme les éléments principaux qui distinguent le viveur :

Le viveur est avant tout un séducteur, par conséquent la vanité entre pour une large part dans son caractère; — à observer les enroulements de l'*i* et de l'*o* majuscules et des *f* minuscules. Le viveur a besoin de beaucoup d'argent; — à observer la descente anormale des *p* minuscules, de l'*n* minuscule, et les terminaisons d'accaparement de tous les mots. Le viveur est essentiellement égoïste : son plaisir seul est en jeu, celui des autres ne l'intéresse qu'autant qu'il y participe; donc son cœur a peu de fonctions dans sa vie; — à observer le graphisme vertical, les enroulements bien formés, — signe d'égoïsme profond, — les retours accapareurs, les terminaisons aiguës de quelques lettres — telles que *p* minuscule — indiquant une nuance de méchanceté. Le viveur a besoin de son intelligence pour bien organiser son plaisir : à observer le graphisme, où l'air circule aisément, les liaisons de l'assimilation, le *p* minuscule s'élevant dans sa partie supérieure, — signe de l'esprit débrouillard. — De plus, le viveur a besoin d'être gai et aimable : à remarquer la petite courbe de l'enjouement qui commence la lettre *p*.

Chez une femme, la coquetterie est l'élément éminemment pervertisseur ;

FIG. 522. — TEMPÉRAMENT DE VIVEUR.

Une coquette a, par conséquent, en elle, le germe qui n'attend que l'occasion pour la faire incliner au mal.

Nous savons que les signes de la coquetterie sont les enroulements de la vanité unis aux appuis de la sensualité ; sans oublier un élément de sensibilité, qui ne se trouve pas chez les viveurs.

La figure 523 est le graphisme d'une femme lugubrement célèbre.

Au premier aspect, cette écriture paraîtra banalement jolie, ou tout au moins calligraphique ; cependant, en étudiant les enroulements de l's, du *p* et du *j* majuscules, ainsi que les renflements si soigneusement indiqués dans chacune des lettres, nous établissons vite un haut degré de coquetterie ; l'écriture très inclinée mais sans aucune irrégularité, annonce l'absence d'impressionnabilité ; ici la sensibilité ne vient donc pas du cœur, c'est une tendresse de surface qui tient à la nature féminine.

L'égoïsme s'étale en un magistral crochet rentrant. Cependant ce n'est pas dans ce signe que se révèlent la méchanceté et la traîtrise ; nous les voyons dans les petites pointes aiguës qui terminent l'extrémité inférieure des *p* ou qui forment les barres des *t* et les accents. Il ne faut pas négliger d'observer les signes d'assimilation qui se manifestent dans l'accent de *à* allant former le mot *Paris* ; l'ensemble clair et net de l'écriture, le tracé bien formé, les *d* calligraphiques indiquant une tenue correcte, tout révèle une femme d'autant plus dangereuse qu'elle ne le paraît pas.

Il est bien compris que les signes révélateurs du viveur sont : l'appui de la sensualité, l'enroulement de la vanité et la direction verticale.

Lorsque l'enroulement du *d* minuscule a pour base un point épais, comme

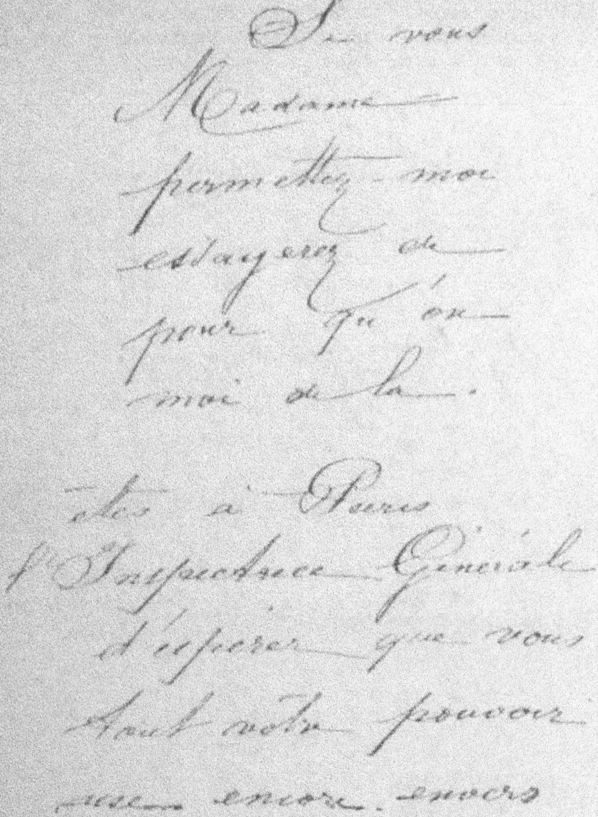

Fig. 523. — TEMPÉRAMENT DE COQUETTE DANGEREUSE.

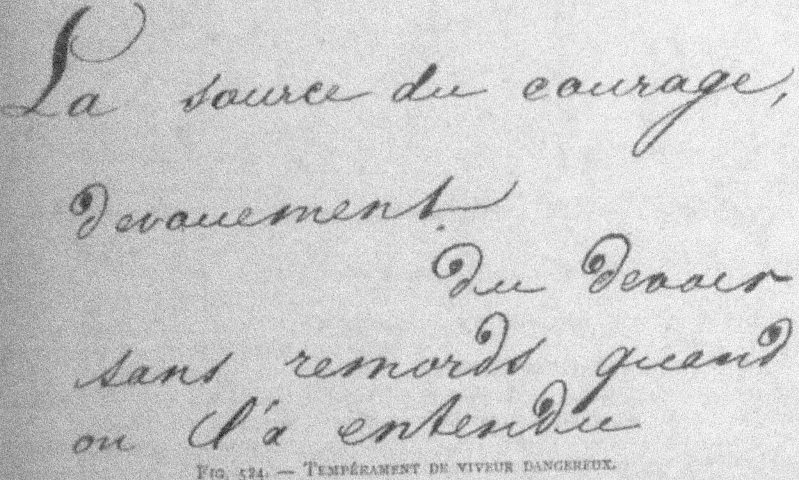

Fig. 524. — TEMPÉRAMENT DE VIVEUR DANGEREUX.

dans la figure 544, nous nous trouvons en présence d'un viveur féroce et brutal. La massue épaisse de la lettre *q* confirme notre jugement de brutalité. Le *t* accroché dans le bas annonce la persévérance inlassable du scripteur pour arriver à son but. Lui aussi est un type de viveur dangereux.

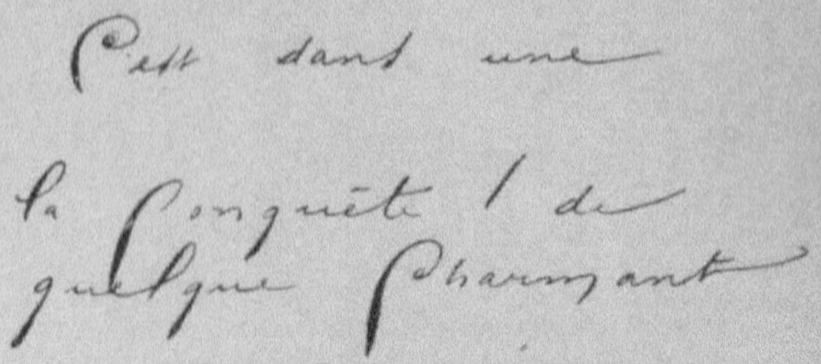

FIG. 525. — TEMPÉRAMENT APRE AU PLAISIR.

La figure 525 présente un graphisme extraordinairement original. Il faut surtout observer la forme des *C*; ils commencent par un petit enroulement bien formé — vanité du viveur — puis ils tombent subitement, — signe intense d'âpreté au gain ou au plaisir; — les nombreux appuis ne peuvent nous laisser aucun doute sur les appétits sensuels. Cette dominante d'âpreté complète cette vilaine nature.

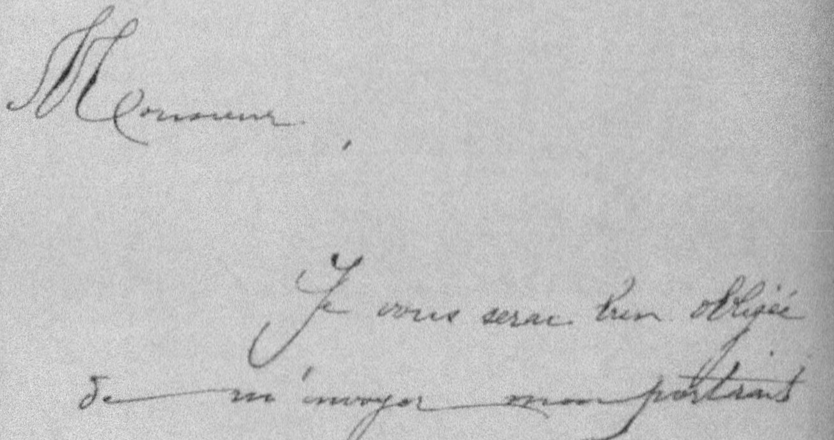

FIG. 526. — TEMPÉRAMENT VOLUPTUEUX.

La volupté est un raffinement dans la sensualité.

Le signe de la volupté est un plein, qu'il faut qualifier du nom de *fuselé*, parce qu'il est très soigneusement gradué, dans un graphisme léger. Voyez, dans la figure 526, comme le trait va en s'épaississant dans l'*m* majuscule pour finir en s'amincissant afin de rejoindre le trait léger; c'est le principe du son filé, que l'on attaque très doux pour enfler et diminuer ensuite. Cette disposition se retrouve dans toutes les autres lettres. C'est une écriture de femme.

Il nous a semblé que le joueur devait rentrer dans la catégorie des viveurs.

La figure 527 nous permettra d'observer que le joueur est moins sensuel

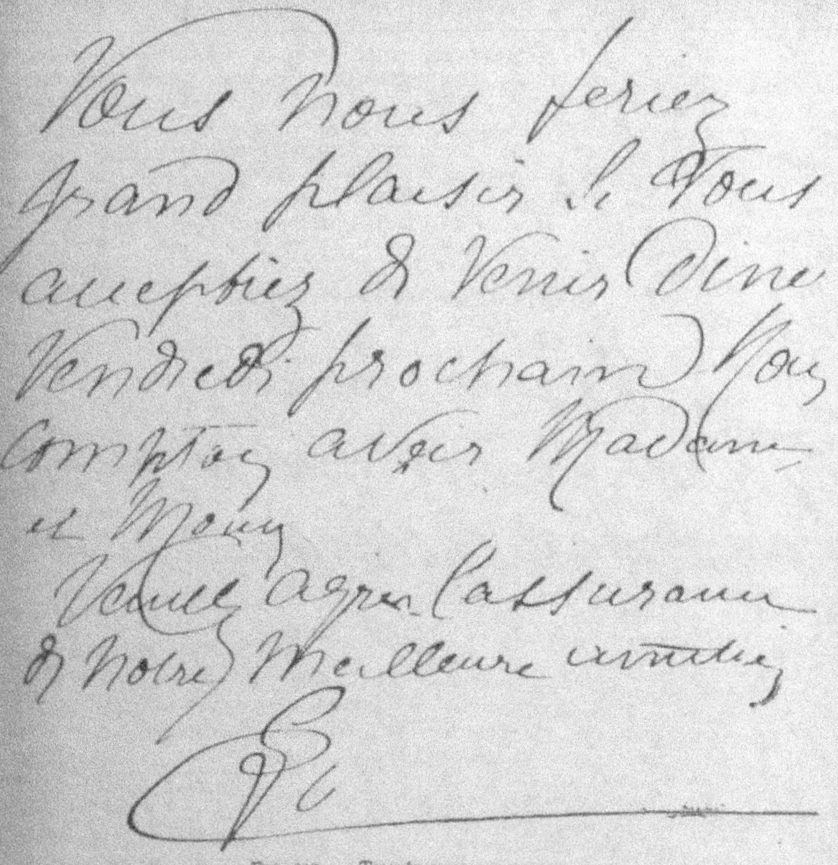
Vous nous feriez
grand plaisir si vous
acceptiez de venir dîner
vendredi prochain. Nous
comptons avoir Madame
et Mons.
Veuillez agréer l'assurance
de notre meilleure amitié

FIG. 527. — TEMPÉRAMENT DE JOUEUR.

que le viveur, ce qui se comprend, du reste ; mais il a moins de possession de lui-même, ce qui est encore logique, car le joueur avant tout se laisse

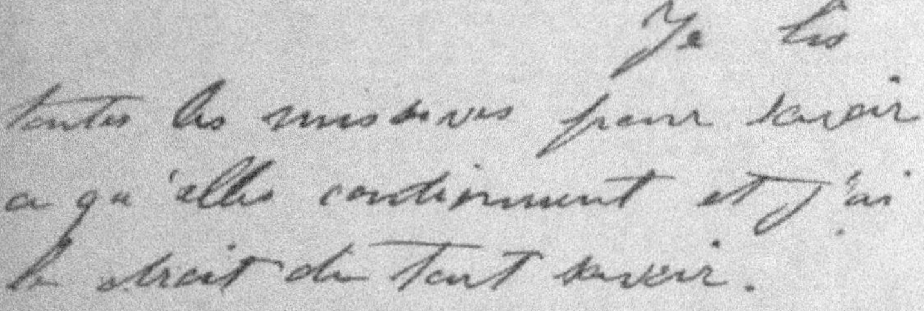
Je lis
toutes les missives pour savoir
ce qu'elles contiennent et j'ai
le droit de tout savoir.

FIG. 528. — TEMPÉRAMENT VICIEUX.

entraîner, c'est un passionné; le danger de sa nature, c'est l'impossibilité où il est de se modérer.

La figure 528 est un exemple à bien observer, car il va nous apprendre à reconnaître les signes révélateurs d'un tempérament vicieux.

Observez avant tout la laideur de ce graphisme. On peut dire qu'il a une apparence de saleté. Il est bon de noter que c'est le graphisme d'un homme riche et bien élevé; c'est là une indication importante. Les lignes sinueuses et les mots gladiolés révèlent l'infériorité morale; le tracé incertain et très couché, la passion mesquine; les pointes aiguës des accents et des barres de *t* — placées très haut — la domination méchante et sournoise; brochant sur le tout, de nombreux empâtements et les points placés très bas, indiquent les inclinations les plus basses; c'est le comble de la laideur morale.

Tempérament Bilieux.

FIG. 529 — TEMPÉRAMENT BILIEUX.

LE tempérament bilieux est un composé de sang, de nerfs et de bile.

L'appui du tracé indique le sang, l'irrégularité du graphisme indique les nerfs, l'écriture anguleuse et tassée indique la bile; comme résultante, cela donne un caractère à la fois malheureux et désagréable.

BONS CARACTÈRES

MAINTENANT que tous les genres de tempérament sont passés en revue, nous allons rattacher chaque caractère au tempérament dont il procède.

La figure 530 appartient au tempérament peu matériel.

Nous reconnaissons cette immatérialité au graphisme délicat et léger; aucune fioriture dans cette écriture : à peine une majuscule en commençant la lettre, elles sont mêmes absentes au nom propre et à *Paris*, — par conséquent aucune vanité; — les lettres couchées et liées entre elles, indice d'un cœur sensible et dévoué; les barres des *t* longues et très fines, placées très bas, — volonté douce et ne cherchant pas à dominer; — voilà les éléments d'un caractère facile.

La personne qui a tracé ces lignes était un modèle de bonté et de dévouement.

Pour nous résumer, disons qu'un bon caractère se reconnaît : au cœur bon et dévoué, à la simplicité la plus complète et à la soumission.

Avec ces trois éléments on peut être sûr de vivre en paix avec chacun, car on commence par s'oublier soi-même, c'est-à-dire s'effacer.

Un autre élément de bon caractère, c'est l'égalité dans l'humeur; le graphisme très calme et très égal de la figure 531 en est un heureux exemple; ajoutons-y la politesse qui se révèle dans cette figure, à la forme des *a* en 2

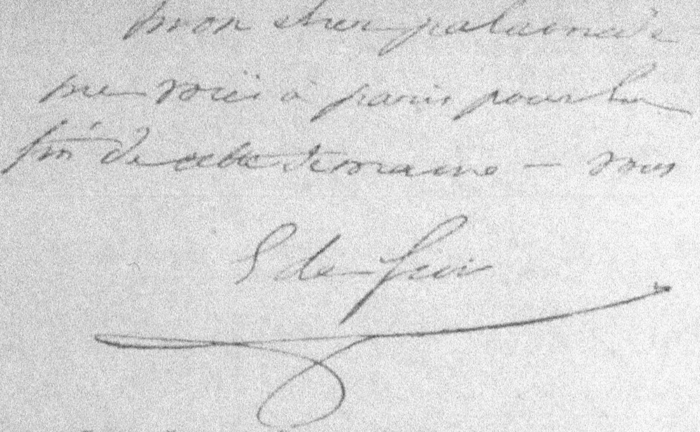

FIG. 530. — BON CARACTÈRE (1).

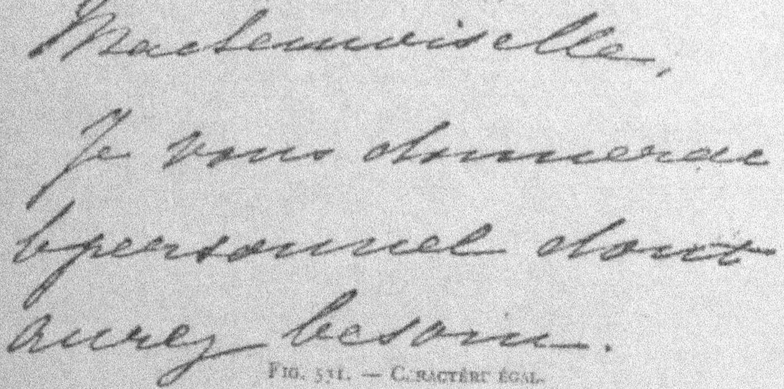

FIG. 531. — CARACTÈRE ÉGAL.

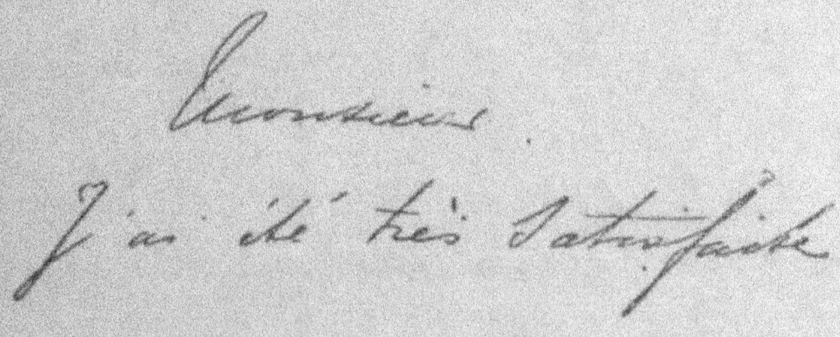

FIG. 532. — CARACTÈRE SOUMIS.

La figure 532 présente le même genre de graphisme avec des *t* barrés bien au milieu et des bases de lettres en courbes, — douceur et soumis-

(1) L'entrain est aussi un élément de caractère agréable. L'indice graphique en est l'écriture modéré- ment montante.

sion, — éléments d'un bon caractère.

Le caractère faible n'est pas précisément un bon caractère, car sa soumission n'est pas volontaire. Il est toujours dangereux d'avoir un roseau pliant à côté de soi, mais c'est certainement plus agréable qu'une barre de fer, sinon plus utile.

FIG. 533. — CARACTÈRE FAIBLE.

Le graphisme léger de la figure 533 et l'absence de barres des *t* sont bien les éléments de la faiblesse; ici c'est la faiblesse qui s'inquiète, nous le reconnaissons à tous les accents retournés.

Caractères fermes.

FIG. 534. — CARACTÈRE FERME.

Nous savons déjà que la fermeté se manifeste dans l'angle.

La petite écriture très ferme dans l'ensemble de la figure 534 a pourtant quelques barres de *t* absentes: ceci indique, chez le scripteur, l'abandon partiel de sa volonté par esprit de paix et de concorde. Il y a donc là une très grande différence avec la faiblesse, qui cède uniquement par nécessité.

La figure 535 indique une nuance de caractère raide et inflexible dans sa volonté. Nous en voyons la manifestation dans la direction verticale de l'écriture, ainsi que dans les petites barres si bien accrochées à la base des *t*, et surtout dans les petits angles aigus de chaque lettre qui donnent un ensemble carré bien original au graphisme.

Chère Mademoiselle,

de plus gentille

dire

mon écriture

Fig. 535. — CARACTÈRE RAIDE.

A observer la façon dont les *a* et les *d* sont faits indice de la puissance de dissimulation. Tout révèle que la personne qui a tracé ces lignes ne se met jamais en colère, mais ne fait jamais que ce qu'elle veut.

LES MAUVAIS CARACTÈRES.

Les caractères chicaniers et taquins ont leur chapitre spécial p. 42, parce que leur révélation se rencontre surtout dans les barres de t. Or, nous n'avons pas voulu dépareiller leur collection si curieuse.

Québec,

Messieurs,

Vous trouverez dans l'offre ci-jointe un spécimen et la feuille du prix

Fig. 536. — MAUVAIS CARACTÈRE.

Le caractère difficile ne s'explique pas, mais on en souffre. Il réside dans mille bizarreries qui choquent et contrarient sans cesse les gens qui ont le malheur de vivre auprès d'un mauvais caractère.

La figure 536 montre quelques-unes des nombreuses variétés qui composent un caractère difficile : le Q démesuré du nom *Québec* annonce d'abord, par sa disproportion, un grand orgueil; il affecte de plus la forme d'un 2 gigantesque, — nous dirons tout à l'heure que les lettres faites en forme de chiffres sont indice de manie. — Les bases des lettres en angles, les barres de *t* terminées en pointes aiguës, les *s* biscornus ayant l'apparence d'un serpent, autant de traits épars qui, réunis, composent un genre de caractère très difficile.

Le petit graphisme, grêle et glaciolé, de la figure 537 réunit tous les signes d'un caractère insupportable; c'est la mouche voltigeante ne vous laissant pas un instant de repos, pénétrant par la fenêtre quand la porte est fermée et vous faisant mille piqûres, insignifiantes en apparence, mais beaucoup plus douloureuses qu'une véritable blessure.

Voici maintenant le caractère tâtillon, c'est-à-dire celui qui se mêle de tout, qui chicane pour des bêtises, qui a un ordre exagéré et inutile, celui enfin qui fait prendre la vie en grippe à tout son entourage.

Fig. 537. — Caractère insupportable.

Le tâtillon a pourtant la passion du bien, et s'étonne du mauvais résultat qu'il obtient.

Le graphisme de la figure 538 montre ce genre exécrable, qui se révèle par l'écriture petite, menue, tassée, les petits enroulements des *d*, les petites barres fines de tous les *t*; — ce n'est pas dans ce graphisme qu'on trouvera un *t* non barré; — sans oublier les petits crochets rentrants de l'égoïsme et tous les petits harpons si crochus de l'extrémité des mots. Comme vous le voyez, les caractéristiques de cette écriture sont contenues dans ce mot unique: *petitesse*.

Fig. 538. — Caractère tatillon (Française).

Ayant vu et disséqué le caractère

FIG. 539. — CARACTÈRE TATILLON (AUTRICHIENNE).

...tillon d'une Française, passons maintenant au caractère tâtillon d'une Autrichienne.

Ici, comme précédemment dans la figure 538, tout peut encore se carac-tériser par le mot *petitesse*. Les lettres tassées les unes contre les autres, les o et les a hermétiquement bouclés, sont autant d'indices certains d'un caractère étroit et mesquin.

Les Caractères méchants.

La méchanceté consiste à faire le mal avec préméditation.

La figure 540 montre tous les signes qui révèlent la méchanceté : direc-

FIG. 540. — CARACTÈRE MÉCHANT.

tion verticale, bases des lettres en angles, et surtout pointes aiguës qui hérissent ce graphisme. Observez particulièrement la barre du *t* qui a l'air d'un javelot prêt à être lancé.

La méchanceté sournoise a un

FIG. 541. — MÉCHANCETÉ SOURNOISE.

degré de plus, comme tout ce qui est caché et en dessous ; elle se reconnaît aux petites pointes aiguës qui forment l'extrémité des jambages de la figure 541 ; de plus, les lettres bouclées, très petites, très tassées, font concorder le caractère étroit et tâtillon avec la méchanceté ; c'est complet !

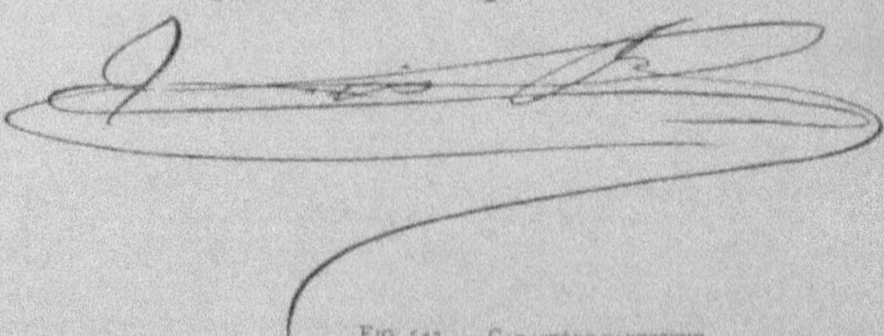

FIG. 542. — CARACTÈRE HORRIBLE.

La figure 542 montre tous les signes d'un caractère encore plus horrible ; ce graphisme est le triomphe des pointes aiguës, on peut dire qu'il en est tout entier formé. Ah ! fuyez quand vous rencontrerez de pareilles écritures !

Caractères de paresseux.

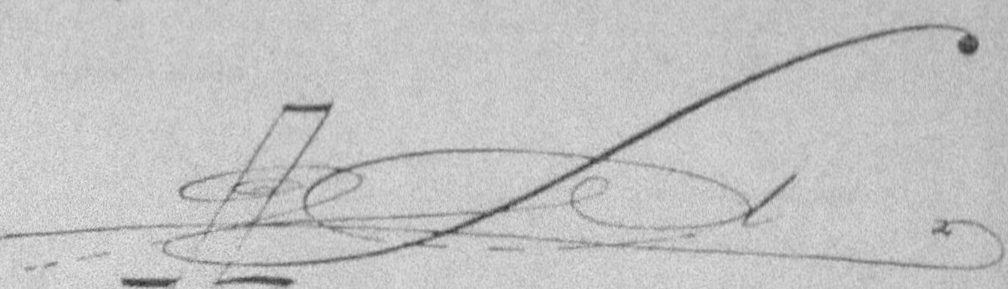

FIG. 543. — CARACTÈRE PARESSEUX.

Le paresseux est celui qui haït l'action.

« Ah ! qu'il est doux de ne rien faire quand tout s'agite autour de nous ! »

La signature que présente la fi-

FIG. 544. — PARESSE POSEUSE.

gure 543 montre l'I majuscule du nom complètement couchée sur le papier ; on croirait voir un grand corps étendu sur un divan. Ce paraphe est typique ; nous le retrouvons dans la figure 544, avec une nuance de pose en plus. Ici, le paresseux se fait gloire de sa paresse, il s'en pare.

La paresse est facile à reconnaître dans les écritures floues, dans l'absence des barres de t, dans la précipitation causée par le désir d'avoir plus vite bâclé ce qu'on a à faire, en un mot dans l'absence des signes de volonté et de possession de soi.

Caractères rancuniers.

FIG. 545. — RANCUNE DOUCE

Un homme d'esprit a dit que « la rancune est la reconnaissance des mauvais procédés ». Admettons cet aphorisme et voyons quel est le signe de la rancune.

Le signe de la rancune se trouve toujours placé dans la signature; c'est le paraphe formant un angle plus ou moins aigu.

Dans la figure 545 vous voyez la manifestation d'une rancune douce.

La figure 546 présente un angle

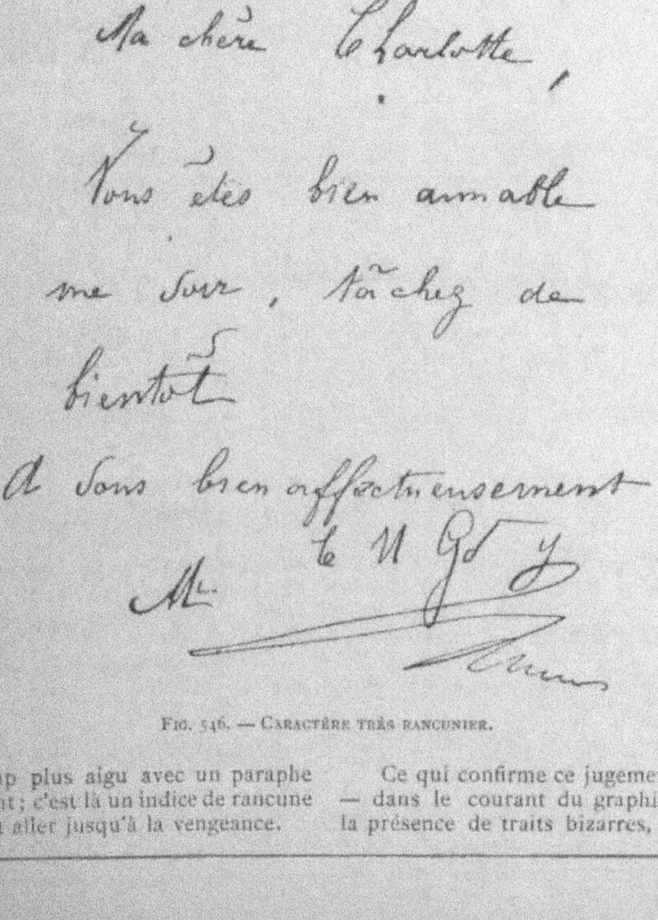

FIG. 546. — CARACTÈRE TRÈS RANCUNIER.

beaucoup plus aigu avec un paraphe fulgurant; c'est là un indice de rancune pouvant aller jusqu'à la vengeance.

Ce qui confirme ce jugement, c'est — dans le courant du graphisme — la présence de traits bizarres, comme les accents circonflexes qui surmontent les mots *chère, êtes, tâchez, bientôt,* et qui ressemblent bien plutôt à des comètes qu'à des accents.

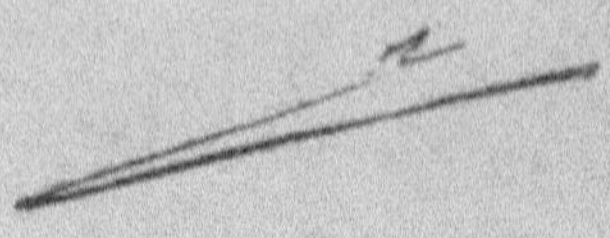

FIG. 547. — RANCUNE AIGUE.

Dans la figure 547 l'angle est aussi très accentué, mais ce qui lui donne surtout une mauvaise signification c'est le graphisme si complètement gladiolé et rempli de pointes aiguës.

La figure 548 montre la perfection du paraphe de la rancune. L'angle est absolument aigu et la barre qui remonte se termine en massue, signe d'agression par esprit de défense.

Ce qui ajoute une grande valeur à ce signe, c'est qu'il se trouve dans un graphisme très calme et très réfléchi. C'est donc la révélation d'une tendance à la vengeance longuement réfléchie et combinée.

Voilà certainement la rancune la plus dangereuse.

FIG. 548. — TENDANCE A LA VENGEANCE.

Les Caractères maniaques.

LE maniaque a des idées fixes; il a surtout des habitudes fixes qu'il n'admet pas qu'on dérange; c'est une des formes du caractère difficile ou tout au moins ennuyeux.

Les signes du caractère maniaque

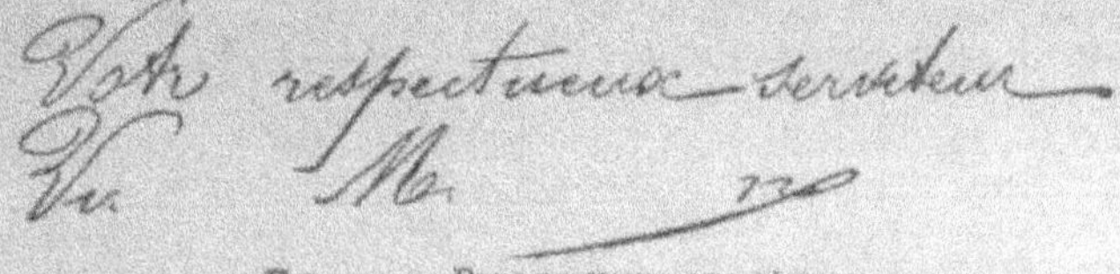

FIG. 549. — PLUS DE MANIE QUE D'ORDRE.

sont les lettres affectant la forme de chiffres.

La figure 549 montre les *V* commençant comme des *3*.

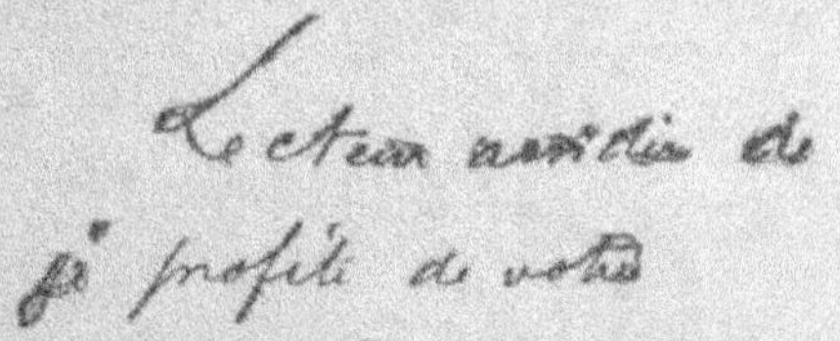

FIG. 550. — TENDANCE A LA MANIE.

La figure 550 montre l'*I* majuscule fait comme un *4*. Le petit graphisme méticuleux qui l'accompagne nous confirme dans notre opinion qu'il s'agit là d'un caractère maniaque.

La figure 551 montre les *r* minuscules faits comme des *2*; on peut s'en convaincre en comparant la date du

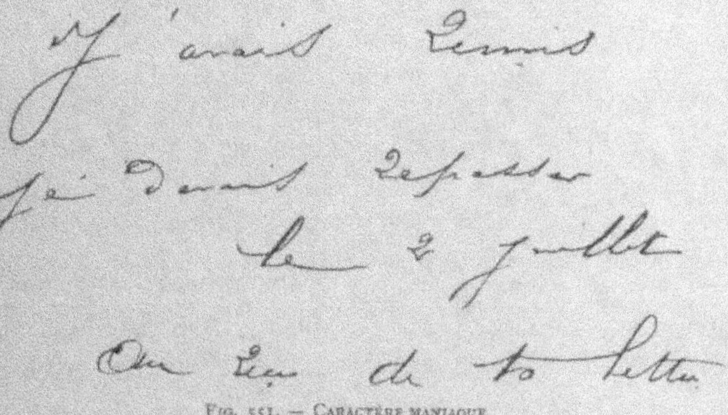

FIG. 551. — CARACTÈRE MANIAQUE.

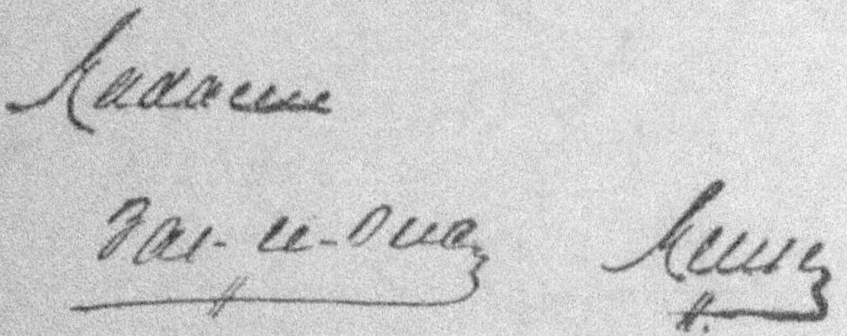

2 juillet avec le mot *repasser* qui est écrit au-dessus.

FIG. 552. — CARACTÈRE MÉTHODIQUE.

La figure 552 montre un graphisme extrêmement harmonique ; ici c'est le *B* qui est fait comme un *3*, dans le mot *Bar-le-Duc*.

Il faut observer encore comme signe de manie le singulier petit trait qui vient se placer en dessous de *Bar-le-Duc* et en dessous de *Meuse*.

Tous les chiffres ont leur tour dans ce genre de transformation ; il nous serait très facile de vous les montrer dans toutes les lettres de l'alphabet, si le temps et la place ne nous faisaient défaut.

Les Caractères bizarres.

FIG. 553. — CARACTÈRE ORIGINAL.

LA figure 553 présente un très étrange graphisme révélant un caractère à la fois susceptible et original.

La particularité de cette écriture est la façon dont les lettres sont liées et arrêtées dans le haut au lieu de l'être dans le bas ; ces traits grêles et serrés et en même temps très élevés dénotent une forte dose d'orgueil qui complète cette nature difficile.

FIG. 554. — CARACTÈRE ÉTRANGE.

La figure 554 est de l'étrangeté la plus absolue : tous les traits fulgurants qui composent l'écriture indiquent un caractère aussi détestable que bizarre.

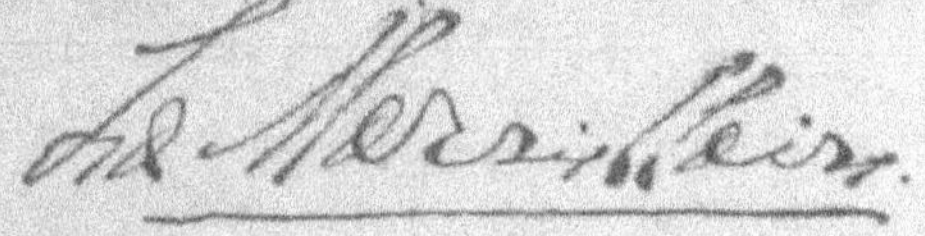

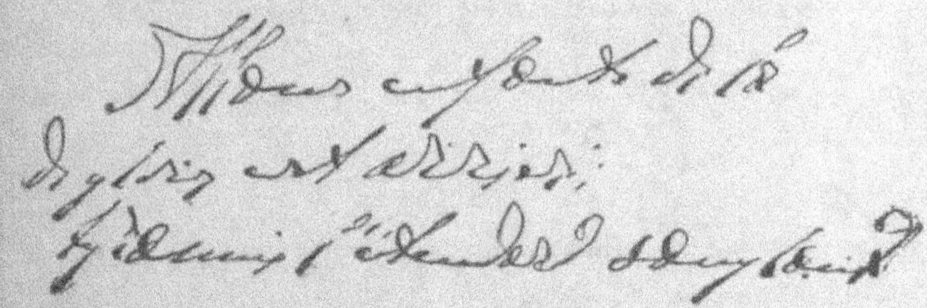

FIG. 555. — CARACTÈRE BIZARRE.

La figure 555 terminera la série des mauvais caractères. C'est le graphisme d'un Russe écrivant en français.

DE L'ORDRE EN GÉNÉRAL

Absence de Tenue ou désordre.

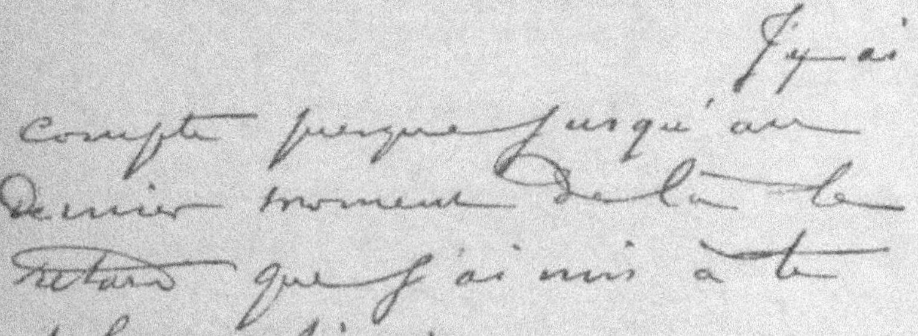

FIG. 556. — ABSENCE DE TENUE.

L'ABSENCE de tenue est révélée par un graphisme lâché.

Dans l'exemple ci-dessus, il faut remarquer la grande boucle qui sert de barre au *t* du mot *retard* ; c'est la barre en coup de fouet, indice du sans-gêne. Naturellement nous ne relèverons aucune trace de minutie dans cette écriture où l'ordre fait à peu près défaut.

Soin de la Tenue.

DANS la figure 557 pas un trait n'est laissé au hasard ; l'ordre est poussé presque jusqu'à la manie, l'r du mot *cordial*, fait comme un 2, est là pour

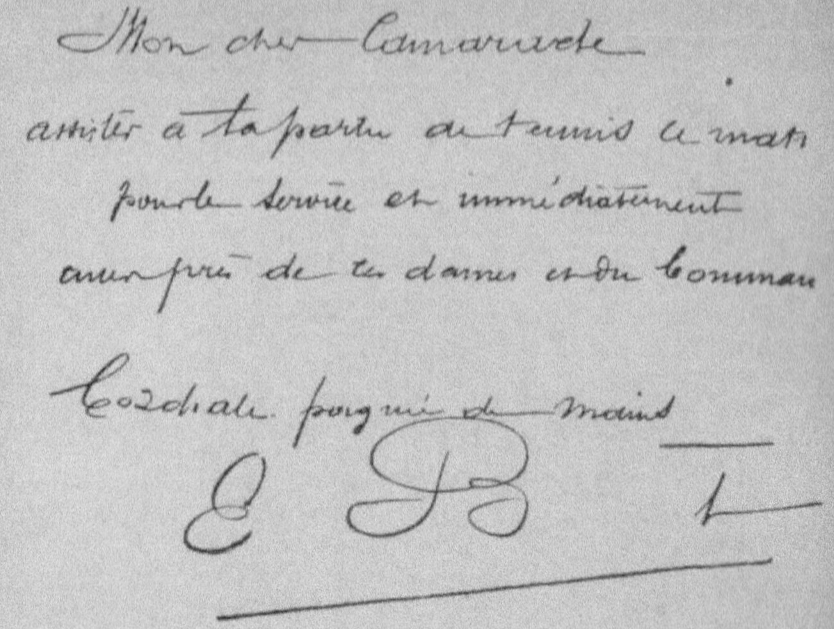

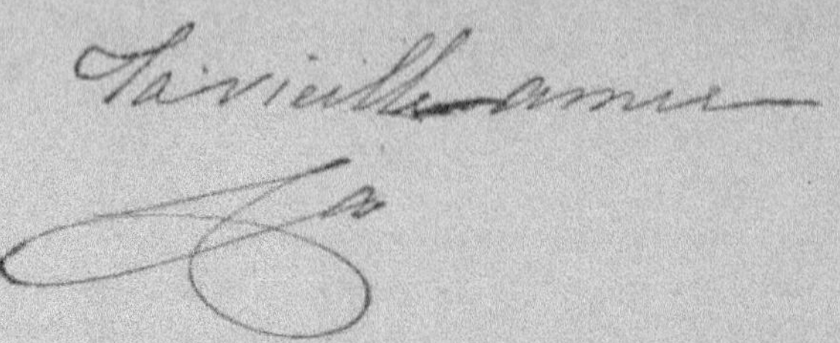

FIG. 557. — TENUE CORRECTE.

nous le prouver. Le *d* calligraphique annonce le soin de la tenue d'autant plus sûrement que ce graphisme appartient à un officier.

Adresse Manuelle.

L'ADRESSE manuelle se révèle toujours dans le paraphe, par des traits harmonieux et nettement dessinés ce qui distingue ce paraphe de celui indiquant les aptitudes commerciales.

FIG. 558. — HABILETÉ ESTHÉTIQUE.

La figure 558 en est un remarquable exemple.

C'est le graphisme d'une célèbre miniaturiste, dont le pinceau serait digne d'être dans la main d'une fée.

Admirez ce tracé si net, si esthétique dans sa délicatesse.

La figure 559 en est aussi un très bon exemple, ainsi que les figures 560 et 561.

Ce signe révèle aussi bien une

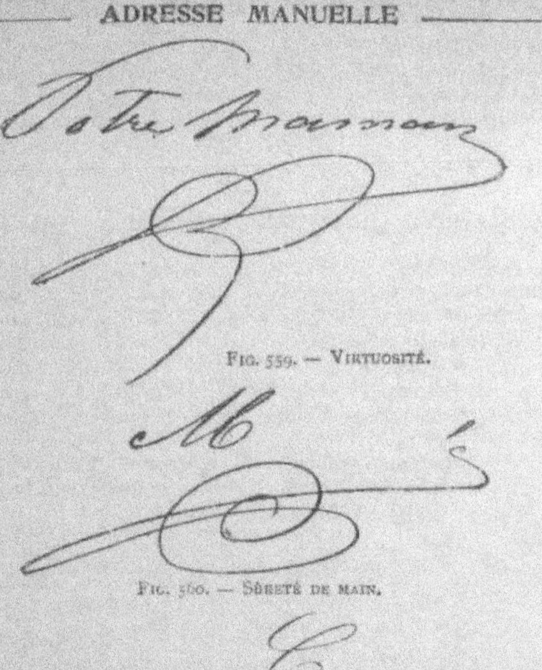

Fig. 559. — Virtuosité.

Fig. 560. — Sûreté de main.

Fig. 561. — Adresse manuelle.

pianiste aux doigts agiles qu'une habile brodeuse; il est révélateur de toute manifestation d'adresse des mains, dans quelque genre que ce soit.

Fig. 562. — Adresse a se parer.

La figure 562 est un graphisme fort inférieur à ceux qui ont précédé. Nous y retrouvons le même signe d'adresse manuelle accolé à une écriture de vulgaire coquette ; dans ce cas, le lasso indique l'adresse de la femme qui veut se parer pour se faire belle. Il est utile de remarquer que le lasso de l'adresse manuelle se différencie de celui des aptitudes commerciales par un tracé beaucoup plus en relief, plus harmonique et moins compliqué.

Aptitudes pour les Soins du Ménage.

Nous avons appris à reconnaître l'activité intellectuelle qui se manifeste dans la partie supérieure de l'écriture, tandis que l'activité physique se traduit dans la partie inférieure.

Lorsque les jambages supérieurs sont égaux en hauteur aux jambages inférieurs, cela est un indice d'équilibre dans l'activité, le cerveau n'agissant pas au préjudice du corps ; et nous en concluons que le scripteur a des facultés particulières pour l'organisation.

Lorsque ce signe se rencontre dans une écriture d'homme intelligent, nous l'appelons « l'esprit d'organisation », et il est un indice précieux pour un chef de maison de commerce, pour un directeur d'usine, pour un fonctionnaire, etc.

Dans le graphisme d'une femme, nous l'attribuons à l'entente de la conduite du ménage.

Fig. 563. — Goût pour les soins du ménage.

C'est ce que nous révèle la figure 563. Dans le joli graphisme féminin qu'elle montre, les courbes gracieuses du goût y accompagnent beaucoup d'ordre dans l'ensemble, indice d'une ménagère qui tient à ce que tout soit aussi joli qu'ordonné autour d'elle. A remarquer le *p* minuscule qui s'élève assez sensiblement dans sa partie supérieure ; c'est un signe concomitant de l'entente pour les soins du ménage, car il révèle un esprit débrouillard et de la vivacité dans l'action. Au cours de sa conférence sur la « théorie

Fig. 564. — Caractère débrouillard.

des mouvements de l'écriture », M. Depoin l'a montré comme une preuve d'activité, en l'assimilant au geste de celui qui joue des coudes pour se frayer un chemin au milieu de la foule.

La figure 564 possède le même signe, auquel vient se joindre le lasso de l'adresse manuelle, précieux ici comme indiquant une ménagère avisée.

La figure 565 montre le *p* accen-

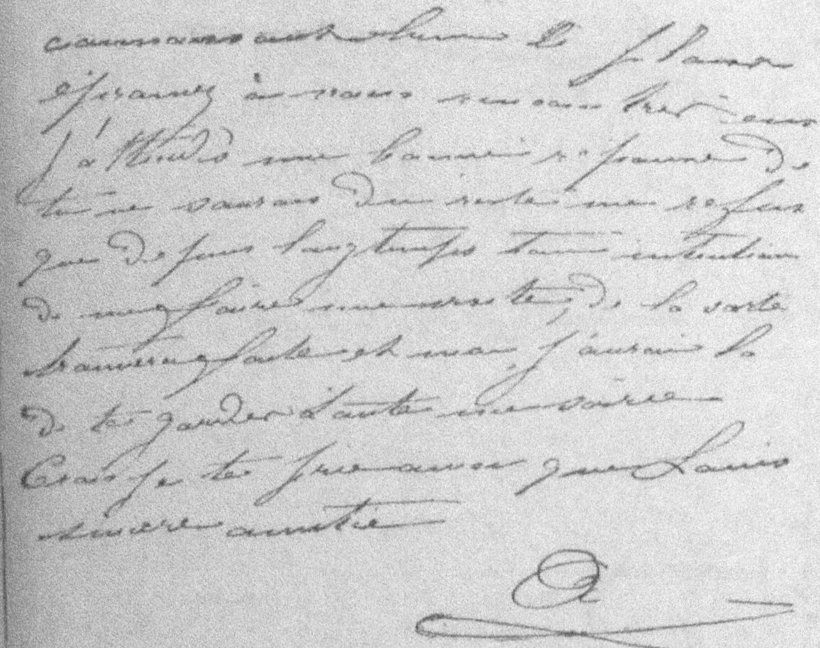

FIG. 565. — MÉNAGÈRE AVISÉE.

tuant la forme que nous venons d'indiquer, avec un lasso d'adresse manuelle particulièrement harmonique;

quelques *d* de l'indépendance, l's de l'imagination gracieuse, autant de traits qui forment un tout peu banal.

FIG. 566. — ENTENTE DE L'ORGANISATION INTÉRIEURE.

Le graphisme de la figure 566, dans son allure ascendante, dénote beau-

coup d'ardeur dans l'activité; les longs jambages inférieurs annoncent que cette activité se porte surtout du côté physique ; les *p* très élevés dans leur partie supérieure, — comme dans le mot *plaisir*, — indiquent les aptitudes pour les soins du ménage, complétées par le lasso de l'habileté manuelle.

Voilà une petite ménagère qui ne doit pas laisser traîner l'ouvrage autour d'elle.

DU PHYSIQUE DANS L'ÉCRITURE

Le Sexe.

IL nous arrive sans cesse d'entendre cette question : « Cette écriture est-elle d'un homme ou d'une femme ? » et si nous hésitons, on s'écrie : « A quoi sert votre science si vous ne savez pas même reconnaître un homme d'une femme ! »

Notre collègue à la Société de Graphologie, M. Léonce Vié, a parfaitement répondu à cette question : « L'écriture a un sexe qui n'est pas nécessairement celui du scripteur. »

Pour vous le prouver, nous allons mettre sous vos yeux les graphismes de deux jeunes filles et d'un jeune homme.

Fig. 567. — JEUNE FILLE.

Dans les deux figures 567 et 568, les massues de la résolution abondent ; ce n'est pourtant ni une Américaine, ni un jeune homme qui les a tracées, c'est

Fig. 568. — LA MÊME JEUNE FILLE.

une fillette de quinze ans, enfant prodige, habituée à être applaudie partout où elle se montre. On peut croire, d'après son graphisme, que sa résolution et son énergie ne sont pas étrangères à son succès.

soufflait de l'ouest
plusieurs arbres
leur force et causé
dégats en ville —

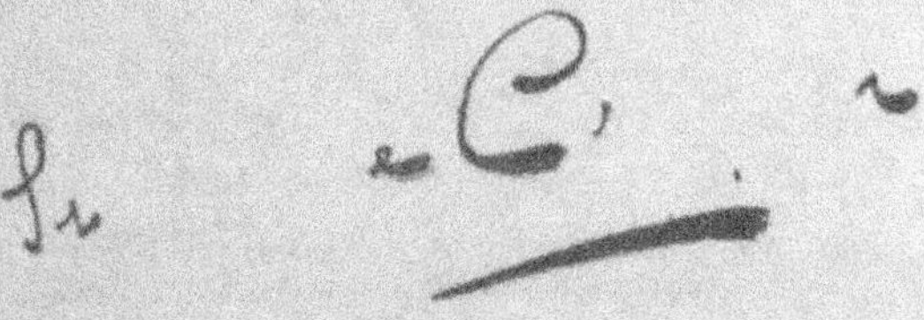

FIG. 569. — JEUNE FILLE.

La figure 569 est aussi un graphisme de jeune fille, curieux comme révélant la résolution et la maîtrise de soi ; et maintenant la figure 570 est l'écriture d'un jeune homme !

Voulez-vous nous dire de quel

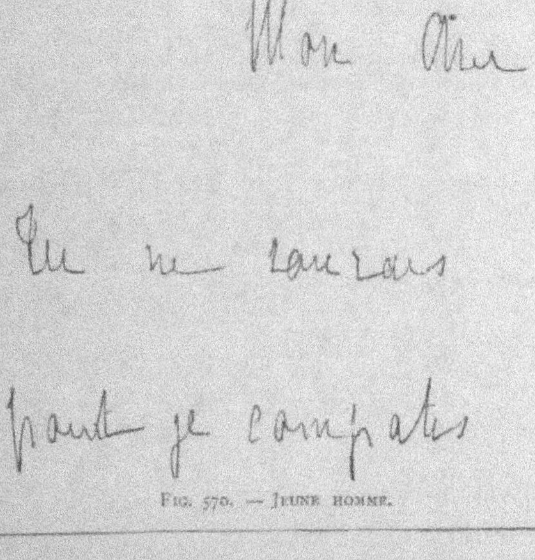

Mon cher

tu ne saurais

point je compates

FIG. 570. — JEUNE HOMME.

côté est la virilité ? Ces traits grêles et tremblés ne devraient-ils pas plutôt appartenir à la jeune fille ?

Vous pouvez voir par là que cette question n'est pas si facile à trancher.

La Beauté.

FIG. 571. — BEAUTÉ FRANÇAISE.

PLUSIEURS de nos confrères — Georges de Beauchamp entre autres — s'aventurent avec beaucoup de succès sur le terrain dangereux du physique révélé par l'écriture. Nous avouons avoir été tenté par cette question ; mais, nous étant trompé neuf fois sur dix, nous l'avons abandonnée ; il n'y a pas encore là de règle fixe, et, par suite, l'erreur est toujours à craindre.

A titre de curiosité nous vous donnons deux graphismes de beautés accomplies ; la figure 571 a été tracée par une Parisienne, et la figure 572 par une Autrichienne.

La seule chose que nous puissions remarquer dans ces deux écritures, c'est une grande harmonie dans l'ensemble : cela prouve surtout que l'âme des scriptrices est en conformité avec son enveloppe.

Tous les jours la graphologie s'enrichit de découvertes nouvelles, et nous ne désespérons pas de voir résolue avant peu cette question du physique dans l'écriture. Ainsi, un autre de nos collègues à la Société de Gra-

FIG. 572. — BEAUTÉ AUTRICHIENNE.

phologie, M. Eloy, a fait des études très curieuses sur la façon de reconnaître le genre de la voix d'après l'écriture. Il appelle cette partie de la science *la phonographologie* et l'a exposée dans le numéro de novembre 1890 du journal *La Graphologie*. Il en résulte qu'après avoir étudié l'écriture d'un inconnu, on peut se rendre compte des caractéristiques de sa voix, *mode, harmonie, tonalité* et reconnaître cette personne en l'entendant parler.

L'Age.

UNE autre question, — non moins intéressante, mais plus facile à résoudre, — est celle de l'âge révélé par l'écriture.

Chaque époque a sa mode pour l'écriture, c'est pour cela qu'il est possible de reconnaître l'âge d'une personne d'après son genre de graphisme.

En voici une démonstration. Prenons huit écritures de femmes du même rang social et suivons l'ordre chronologique de dix en dix ans.

FIG. 573. — 80 ANS.

FIG. 574. — 70 ANS.

La figure 573 est l'écriture d'une femme de quatre-vingts ans.

La figure 574 est d'une femme de soixante-dix ans.

La figure 575 est d'une personne de soixante ans.

La figure 576 est d'une personne de cinquante ans.

La figure 577 est d'une personne de quarante ans.

La figure 578 est celle d'une femme de trente ans.

La figure 579 est l'écriture d'une jeune femme de vingt ans.

La figure 580 est celle d'une jeune fille de quinze ans.

Grâce à cette échelle, nous pouvons faire plusieurs constatations :

Dans la figure 573 se trouvent les révélations d'une nature nerveuse dont la force a résisté sans infirmités à tous les assauts de l'âge.

Dans les figures 574 et 575 se montrent des graphismes sympathiques dans des écritures particulièrement féminines. — La figure 576 révèle une vive sensibilité et la figure 577 un charme séducteur exceptionnel.

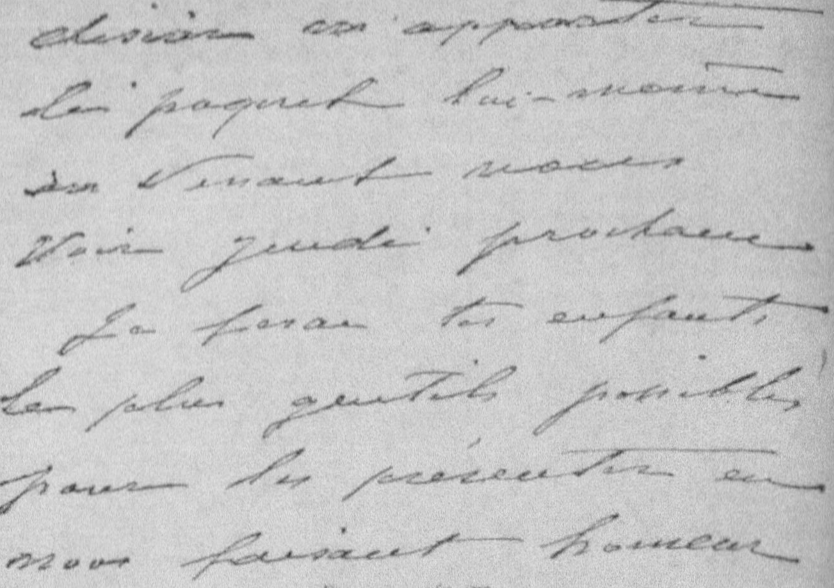

Fig. 575. — 60 ans.

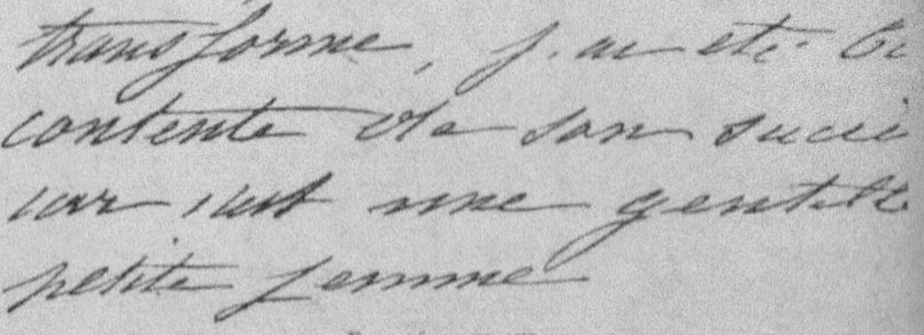

Fig. 576. — 50 ans.

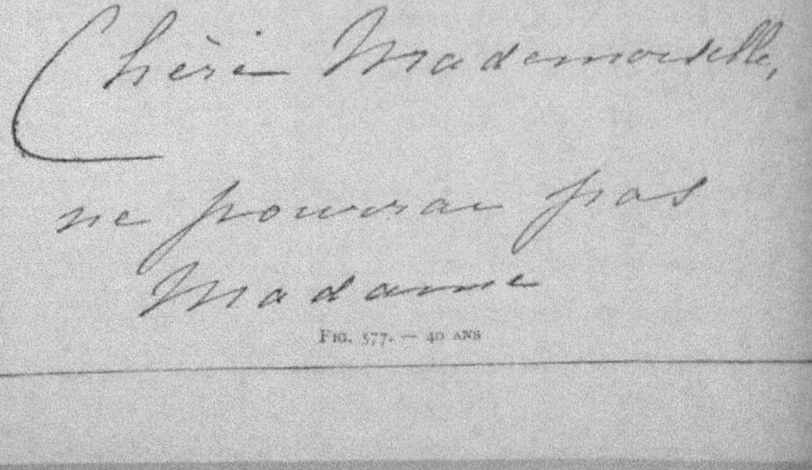

Fig. 577. — 40 ans

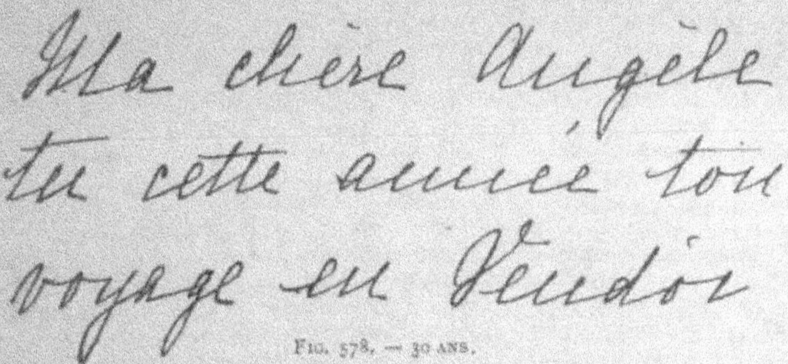

*Ma chère Angèle
tu cette année ton
voyage en Vendée*

Fig. 578. — 30 ANS.

Fig. 579. — 20 ANS.

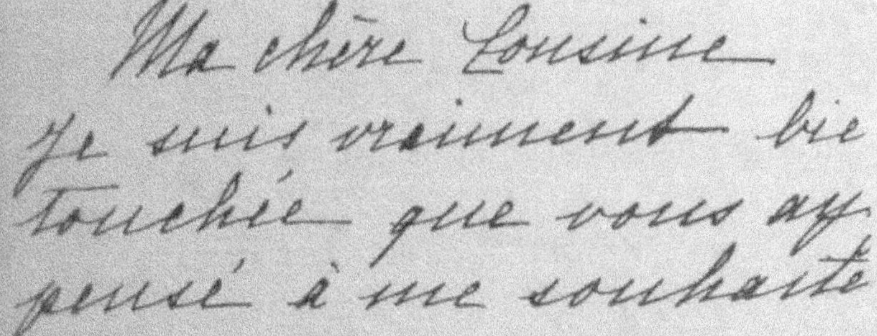

*Ma chère Cousine
je suis vraiment bie
touchée que vous ay
pensé à me souhaite*

Fig. 580. — 15 ANS.

La fig. 578 commence à se redresser et se distingue par la possession de soi.

La figure 579 est l'exagération du graphisme à la mode qui n'admet plus les courbes, mais, seuls, les angles.

La figure 580 enfin est l'expression exacte de la jeune fille moderne.

Ainsi nous venons de voir passer sous nos yeux tout un siècle de féminisme; si nous avions eu plus de place, nous aurions pu, à l'aide de ces documents, reconstituer la psychologie féminine de tout le XIXe siècle.

En quelques mots, nous pouvons en déduire la constatation évidente de l'évolution féminine depuis un siècle. La femme tend, de plus en plus, à changer sa faiblesse, son charme discret, en un courage résolu. Les conditions toutes différentes de l'existence l'ont fait sortir de sa réserve en la forçant à se lancer dans les luttes de la vie, où elle apporte une énergie morale qui se reflète souvent dans son physique.

Être sensible — dans le sens de sensiblerie — tendre, vaporeuse, rêveuse, est devenu excessivement vieux jeu. Tel était notre n° 573, jolie femme à la mode de 1840. De gradations en gradations, nous arrivons à notre n° 580, dont la ferme écriture décèle une éducation supérieure ; la précision de son esprit et la décision de son caractère, s'allient fort bien avec la beauté physique de la scriptrice.

VARIATIONS DU GRAPHISME AVEC LES SITUATIONS DE LA VIE AVANT ET APRÈS LE MARIAGE

Il est absolument logique de penser que l'écriture, étant notre révélation intime, doit changer quand notre genre de vie change.

Nous allons vous montrer le graphisme de deux jeunes femmes avant et après leur mariage.

Les deux figures 581 et 582 sont

FIG. 581. — AVANT LE MARIAGE.

de la même main ; également dextrogyres toutes deux ; vous pouvez y observer que le graphisme de la jeune femme (fig. 582) a beaucoup arrondi les angles du graphisme de la jeune fille (fig. 581).

Il faut aussi observer que le tracé est beaucoup plus appuyé que précédemment.

Ici les différences sont relativement peu sensibles; il n'en sera pas de même dans les figures 583 et 584. Il est presque impossible, en considérant ces deux écritures, de croire que c'est la même personne qui les a tracés, à un mois de distance à peine.

La figure 583 est de la fiancée ; les signes dextrogyres y abondent, même

FIG. 582. — APRÈS LE MARIAGE.

Fig. 583. — Fiancée.

crochet rentrant éprouve le besoin de se retourner vers la droite, comme dans le mot *Madame*.

Dans la figure 584 le crochet de l'*M* a disparu, mais l'*s* du mot *vous* est devenu sinistrogyre tandis que les empâtements nombreux changent complètement l'aspect de ce graphisme, auparavant particulièrement grêle et

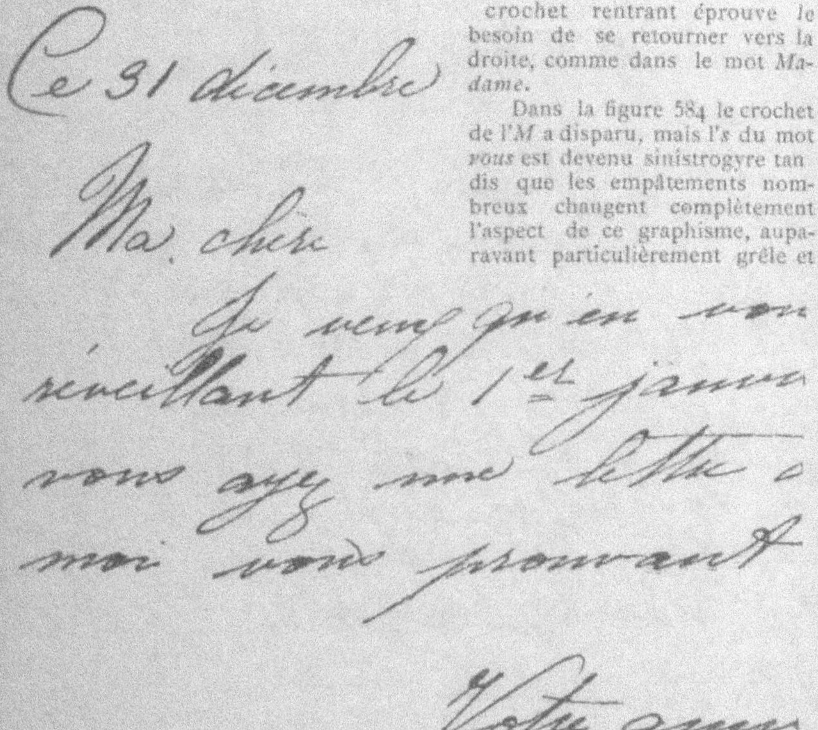

Fig. 584. — Mariée.

ténu ; il est logique que la jeune fille en devenant femme accentue son gra-phisme, reflet de sa personnalité qui se développe et s'affirme.

SIGNES DES MALADIES EN GÉNÉRAL

Nous avons vu précédemment qu'un tracé parfaitement net, ainsi qu'une direction droite dans l'écriture sont les signes généraux d'une bonne santé.

Apprenons maintenant à détermi-ner les différents signes pathologi-ques.

Ils sont de natures variées ; en voici les types principaux :

1° L'empâtement du tracé ;

2° Les lignes descendantes ou exa-gérément montantes ;

3° Le tremblement du tracé ;

4° Les brisures dans les déliés ;

5° La direction sinistrogyre des traits ;

6° Le manque de proportion dans le tracé.

Passons en revue ces différents signes.

Écritures empâtées.

Fig. 585. — Fatigue.

Nous avons déjà relevé la différence très grande qui existe entre l'ap-pui et l'empâtement.

L'appui est souvent une preuve de force, tout au moins il indique un tempérament sanguin.

L'empâtement, au contraire, est toujours une preuve de fatigue, si ce n'est de maladie. Il annonce que le système nerveux n'a plus sa force de vitalité habituelle, en sorte que la main, au lieu de soutenir la plume, l'écrase sur le papier. Il en résulte que les boucles des lettres, qui devraient être claires et légères, sont remplies d'encre; que tous les traits sont lourds avec des bavures, ce qui donne au graphisme une apparence sale.

L'empâtement est donc le premier indice révélateur de toute fatigue physique.

La figure 585 montre cet aspect sale dont nous avons parlé tout à l'heure, ces bavures à chaque trait, qui annoncent une main lourde.

Il est bon d'observer cependant que les boucles ne sont pas empâtées, et que la direction des lignes est droite; il y a donc là un signe de fatigue plutôt que de maladie.

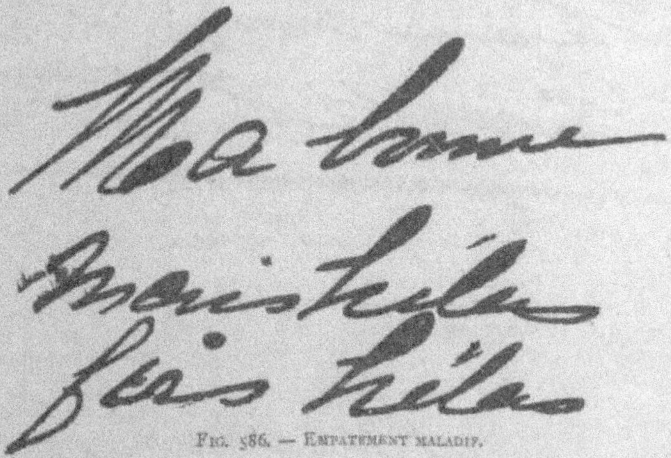

Fig. 586. — Empâtement maladif.

La figure 586 présente au contraire l'empâtement de toutes les boucles : indice significatif. C'est bien la maladie. Cependant la direction très droite des lignes peut faire espérer que, puisqu'il n'y a pas de dépression, l'état pathologique ne sera que passager.

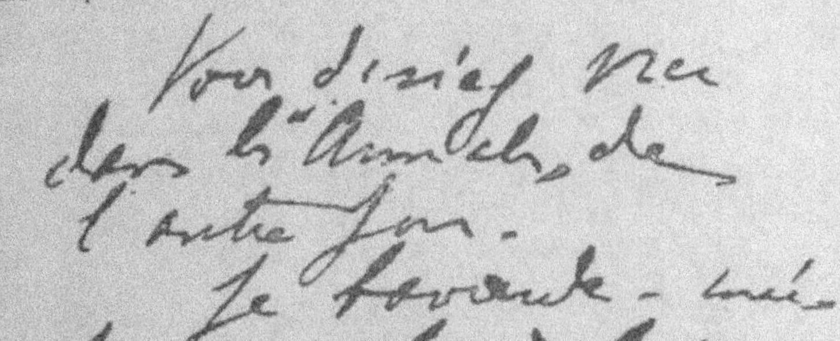

Fig. 587. — Surmenage.

La figure 587 ne laisse aucun doute sur l'état grave du scripteur; pas une boucle qui ne soit un affreux pâté; de plus, la descente accélérée du graphisme est un indice des plus graves.

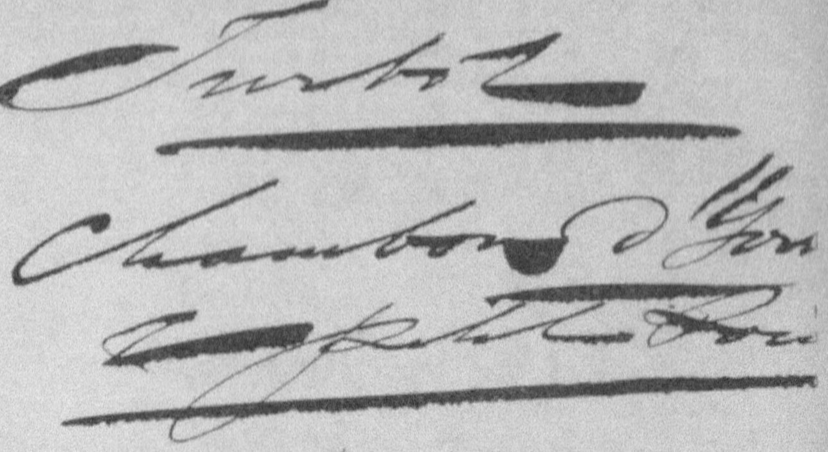

FIG. 588. — ÉTAT PATHOLOGIQUE GRAVE.

La figure 588 est un exemple de bavures exagérées; cet excès dans la manifestation de la main lourde fera mieux comprendre sa valeur.

La figure 589 montre à un beaucoup moins grand degré cette lourdeur de main.

Cependant elle se manifeste dans

FIG. 589. — LOURDEUR DE MAIN.

le soulignement du nom et surtout dans les points des *i* où la plume s'est tellement appuyée qu'elle a laissé la trace complète de son bec.

Ecritures descendantes ou montantes.

Dans une grave maladie, il y a deux phases bien distinctes : celle de la fièvre ardente, du délire, de l'excitation ; quand la fièvre est tombée, c'est l'abattement complet, la dépression. Ces deux mouvements d'ascension et de descente sont donc concomitants de maladie.

Le signe de la dépression est plus fréquent que celui de l'excitation. C'est lui que nous rencontrerons le plus souvent dans les écritures de malades, marchant de pair avec les empâtements.

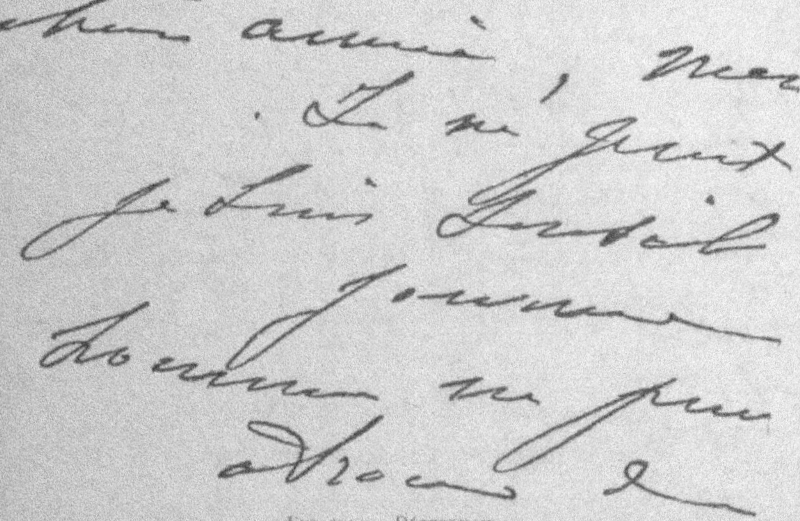

Fig. 590. — Excitation maladive.

La figure 590 montre ce genre d'excitation maladive qui n'est pas de l'ardeur mais bien au contraire de la faiblesse. Le tracé grêle et hésitant en est bien la preuve.

La figure 591 montre la dépression par les lignes tombantes, avec un graphisme également assez grêle et présentant peu d'empâtements, comme dans la figure précédente ; car il est bon

Fig. 591. — Dépression

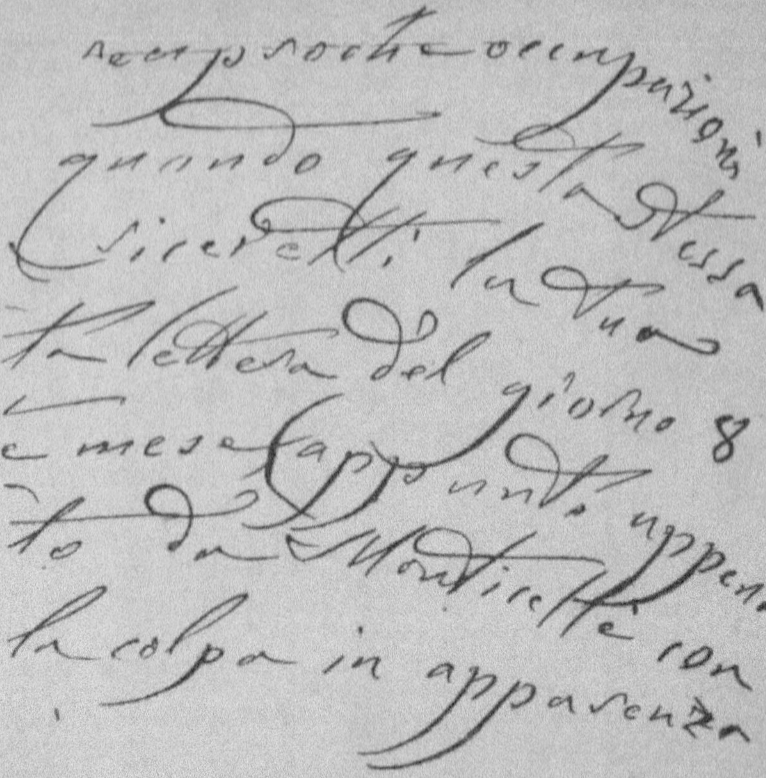

FIG. 592. — DÉPRESSION GRAVE.

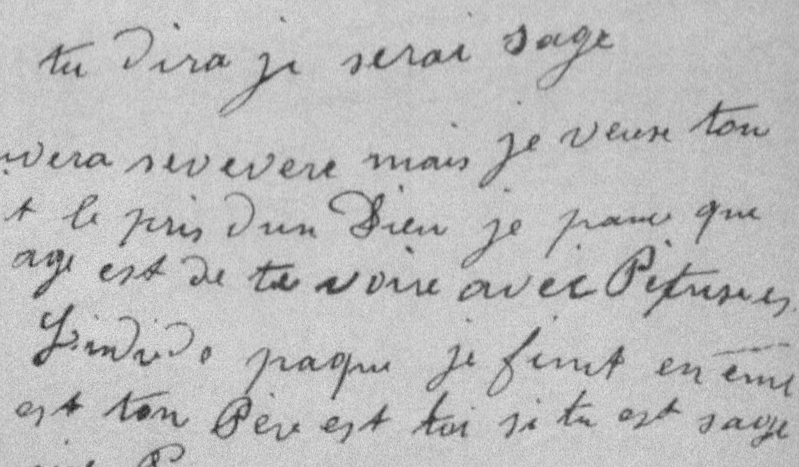

FIG. 593. — DERNIER DEGRÉ DE DÉPRESSION.

de remarquer que dans ces deux exemples ce n'est pas l'empâtement qui est le signe principal de la maladie, c'est la direction des lignes.

La figure 592 ne présenteplus des lignes descendantes mais les montre dégringolant ; c'est une indication pathologique des plus graves.

La figure 593 est révélatrice de la dépression à son dernier degré ; les lignes descendantes et les empâtements indiquent un triste état de santé. L'infériorité morale du graphisme ci-dessus nous donne lieu de penser que le surmenage est dû ici aux pires instincts.

Écritures tremblées.

FIG. 594. — ÉTAT NERVEUX.

Tout ce qui attaque les nerfs se traduit dans les mouvements de la main avec une extrême instantanéité ; donc le plus petit tremblement dans le tracé est une indication de ces sortes d'affections.

La figure 594 présente un graphisme qui danse littéralement sur le papier ; pas une lettre n'est sur le même plan ; l'absence d'empâtements nous fait croire qu'il y a là plutôt un état qu'une maladie.

FIG. 595. — CADUCITÉ.

Dans la figure 595 le tremblement est excessif, au point que nous pouvons l'attribuer à la caducité, la descente des lignes est également une indication probante à cet égard.

La figure 596 révèle chez le scripteur

FIG. 596 — MALADIE NERVEUSE.

un état nerveux arrivé à son dernier période : le tremblement du tracé, les empâtements et la descente très prononcée des lignes constituent un ensemble de signes sur la valeur desquels il n'est pas possible de se tromper. Il ne faut pas oublier dans cette nomenclature la crampe des écrivains résultat de la crispation prolongée des doigts sur le porte-plume, et affectant comme manifestations celles que nous venons de décrire pour les maladies nerveuses.

Maladies de la Moelle épinière.

FIG. 597. — MALADIE DE LA MOELLE ÉPINIÈRE.

L'ÉTAT maladif de la moelle épinière, — cet organe essentiellement vital — a naturellement une répercussion fatale sur les nerfs et doit forcément se confondre avec les manifestations nerveuses.

La figure 597 est le graphisme d'un pauvre jeune homme qui a fini par mourir après vingt ans de souffrances. Ici pas d'empâtements, mais une écriture tremblée, hésitante, grêle, incertaine, avec des traits tombants, et remontants ; dans sa faiblesse il avait, en effet, une grande énergie de réaction.

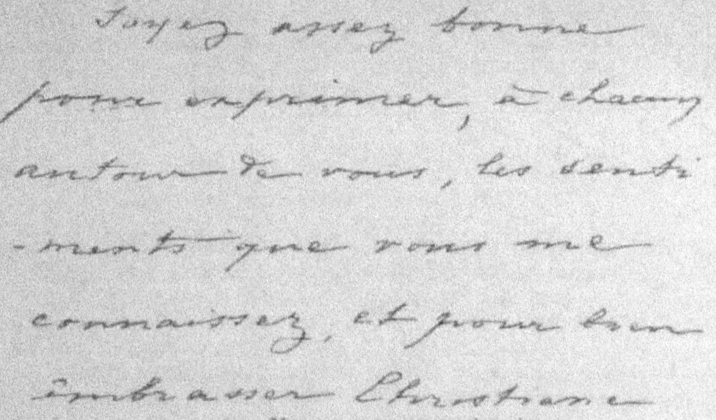

FIG. 598. — MALADIE DE LA MOELLE ÉPINIÈRE.

La figure 598 est aussi l'autographe d'un homme charmant, mort d'une maladie de la moelle épinière, après dix années de souffrances.

Ce graphisme — d'une harmonie remarquable — est à peine déformé. Il faut regarder bien attentivement pour voir le tremblement continu et profond du plus petit tracé; la descente légère, mais également continue, des lignes est encore un indice bien révélateur.

Il faut noter que ces deux écritures — tracées par des malades de la moelle épinière — n'ont pas d'empâtements, ce qui tendrait à prouver que l'empâtement se rapporte surtout au tempérament sanguin.

Paralysie générale.

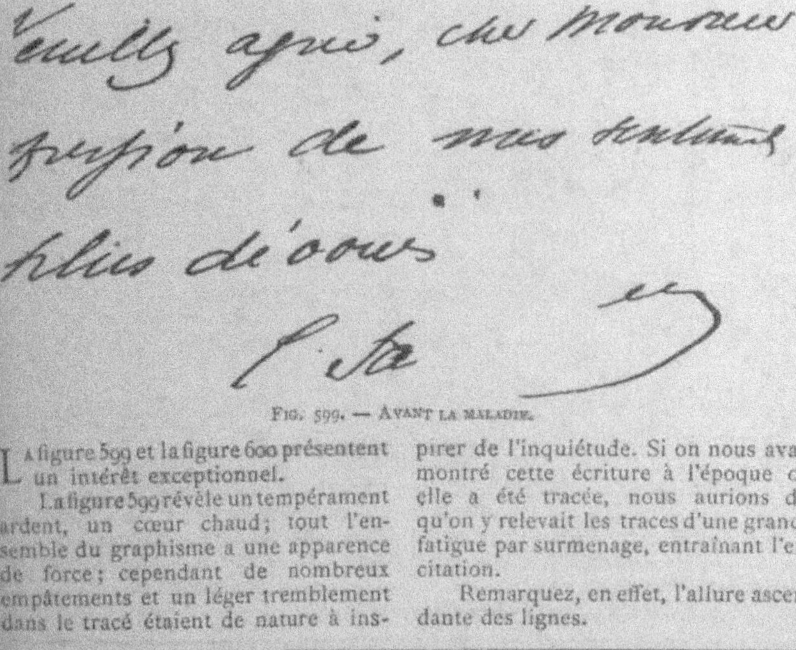

FIG. 599. — AVANT LA MALADIE.

La figure 599 et la figure 600 présentent un intérêt exceptionnel.

La figure 599 révèle un tempérament ardent, un cœur chaud; tout l'ensemble du graphisme a une apparence de force; cependant de nombreux empâtements et un léger tremblement dans le tracé étaient de nature à inspirer de l'inquiétude. Si on nous avait montré cette écriture à l'époque où elle a été tracée, nous aurions dit qu'on y relevait les traces d'une grande fatigue par surmenage, entraînant l'excitation.

Remarquez, en effet, l'allure ascendante des lignes.

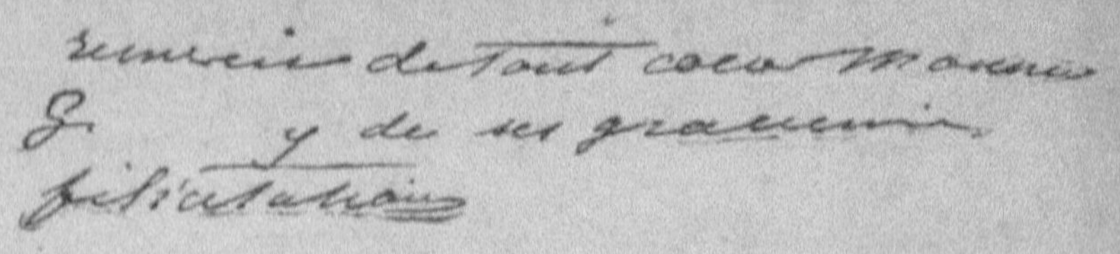

FIG. 600. — PENDANT LA MALADIE.

Dans la figure 600 le tremblement est beaucoup plus accentué et les lignes descendantes indiquent la dépression succédant à l'excitation.

C'est que, en effet, les deux exemples, tracés par le même homme de grande valeur à quelques années de distance, montrent la marche de la maladie ; la figure 600 précédait de quelques jours la paralysie générale.

Cette étude prouve qu'il n'y a pas un signe spécial annonçant ce genre de maladie, car dans ces deux autographes il y a des signes révélateurs de fatigue, mais aucun trait saillant et déterminant de maladie.

Signes de l'Hystérie.

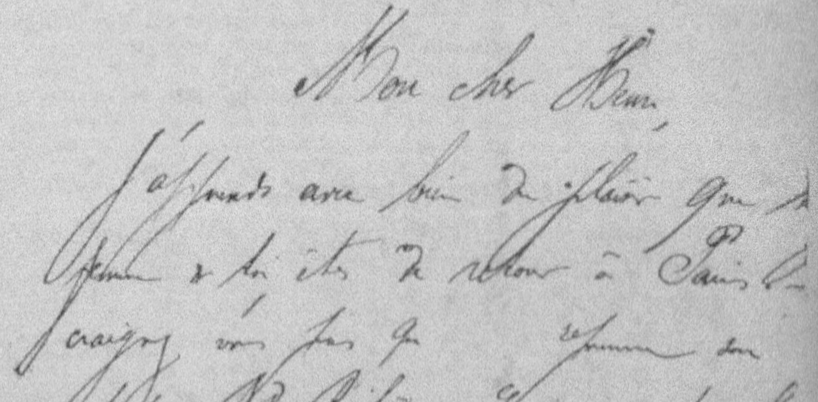

FIG. 601. — HYSTÉRIE.

L'HYSTÉRIE est une maladie compliquée ; elle trouble par accès l'organisme tout entier.

Un de ses effets est d'entraîner au mensonge d'une façon inconsciente.

La figure 601 est un composé de gl:diolements, de sinuosités, de manifestations nerveuses et d'empâtements.

Cet autographe nous présente le spectacle de la laideur morale engendrée probablement par la tare physique en question.

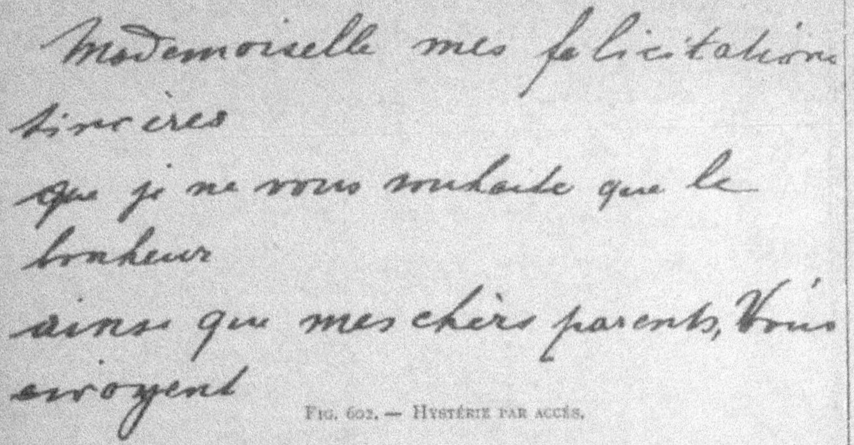

FIG. 602. — HYSTÉRIE PAR ACCÈS.

La figure 602 est le graphisme d'une jeune fille hystérique par accès. Nous relevons dans cette écriture surtout des empâtements et une prédominance sanguine, quoique l'agitation nerveuse se révèle aussi dans l'irrégularité du tracé.

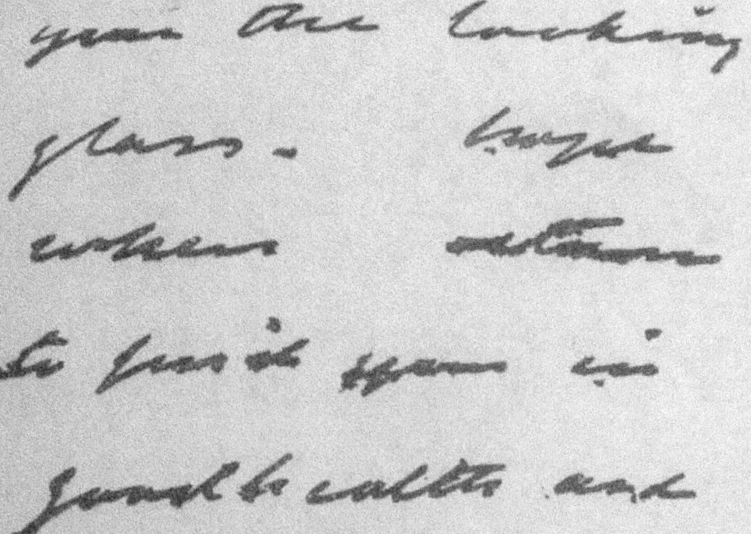

FIG. 603. — HYSTÉRIE MASCULINE.

La figure 603 est le graphisme d'un homme hystérique, beaucoup plus significatif de maladie que le précédent. Ici l'empâtement, les bavures, dominent. A l'inverse des manifestations de la maladie de la moelle épinière, — qui sont nerveuses, — celles de l'hystérie se caractérisent par le tracé épais et les empâtements ; à remarquer que la direction des lignes reste droite.

Écritures brisées.

Tour trait brisé dans une écriture est un signe de lésion.

On sait que la lésion est un accident brusque qui, en interrompant les

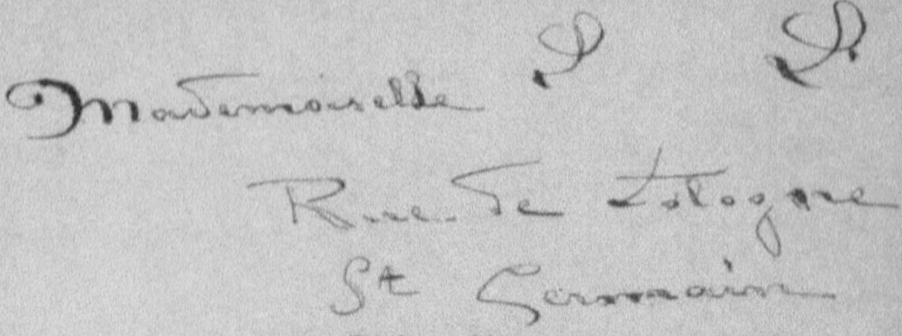

Fig. 604. — Lésion.

fonctions vitales, peut entraîner la cessation de la vie. Elle se produit au cœur et au cerveau.

Au cœur, c'est la mort subite ; au cerveau, c'est l'anéantissement lent, mais sûr, de toutes les facultés du cerveau.

Le signe révélateur de la lésion, — quelle qu'elle soit, — est une inter-

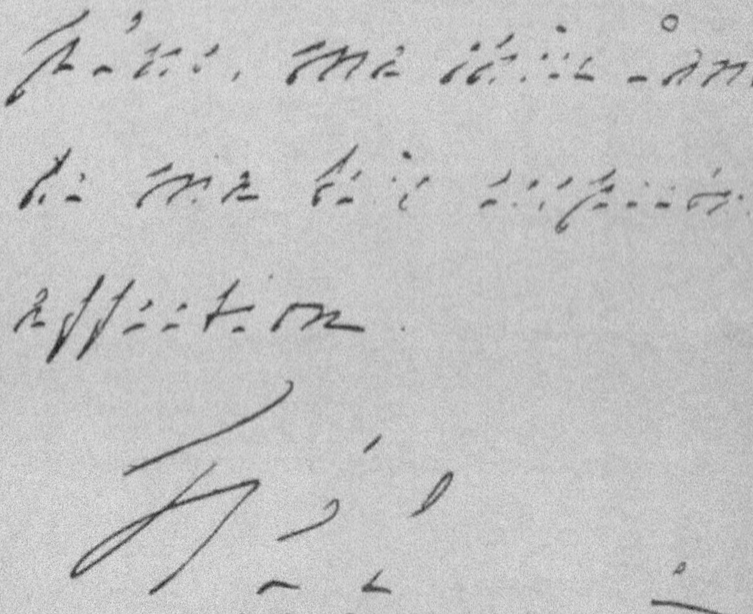

Fig. 605. — Interruptions des déliés.

ruption dans les déliés (fig. 604) ; mais ce signe n'a toute son importance que dans certaines conditions. Néanmoins, c'est toujours un utile avertisseur.

La figure 605 présente une singulière

bizarrerie : le bec de la plume n'a tracé que la moitié de l'écriture.

Ne croyez pas que ce soit accidentel, c'est bien une manifestation pathologique ; c'est l'exagération de

Je serais très désireuse

plus intime avec moi

m'adresser à vous

pour me connaître

Veuillez aussi avoir

FIG. 606. — SUSPENSIONS DE RESPIRATION.

l'écriture brisée; le mot *Hélène* surtout nous paraît être un prodige de graphisme; cependant ce n'est pas une originalité voulue, car le tracé, plein de bavures, — malgré sa ténuité, — indique un état pathologique grave.

Les lignes très droites nous font penser qu'il y a là un mal chronique.

La figure 606 est le type que l'on rencontre le plus fréquemment comme écriture brisée : c'est une petite suspension imperceptible dans le trait; il faut y regarder avec bien du soin pour le reconnaître : on dirait que le scripteur a des arrêts subits de respiration qui l'empêchent de continuer à écrire. Remarquez les mots *très, avec, veuillez,* etc.

Maladies de Cœur.

Chère Mademoiselle,

Notre maison est bien

façade à 4 fenêtres exposé à l

chaussée il y a un salon,

une chambre pour la fille

les dépendances nécessaires.

jolie et elle présente une

Au rez-de-

deux chambres à coucher

FIG. 607. — MALADIE DE CŒUR.

Occupons-nous d'abord de la lésion au cœur. Voici trois écritures de gens notoirement atteints de ce genre de maladie.

La figure 607 est l'écriture d'un enfant de treize ans; le tracé tremblé et une imperceptible petite coupure dans le mot *elle* sont révélateurs; quelques petits empâtements indiquent bien aussi un mauvais tempérament.

Fig. 608. — Maladie de cœur.

La figure 608 est une écriture supérieure, au moral comme au point de vue intellectuel. Quand on nous a montré ce beau graphisme, nous avons été dans l'enchantement; après un petit examen, nous nous sommes écrié : « Quel malheur que ce jeune homme ait une maladie de cœur! »

Notre interlocuteur resta saisi et ne put que constater la vérité du fait.

Pendant les classes on était obligé de faire sortir cet élève de temps en temps, car il était pris de subits étouffements provenant d'oppression au cœur.

A part ces petits accidents, c'était un beau et fort garçon comme son écriture en donne l'impression.

Regardez avec attention le délié brisé du *j* du mot *j'ai* et de l'*y* dans le bas de la figure.

Fig. 609. — Maladie de cœur.

La figure 609 montre des brisures à toutes les boucles des lettres, soit supérieures, soit inférieures, remarquez surtout les mots *désagréable* et *la flèche*.

C'est le graphisme d'une vénérable dame qui mourut d'une angine de poitrine; nous devons ajouter — pour rassurer nos lecteurs — qu'elle avait plus de quatre-vingts ans.

Lésion cérébrale.

FIG. 610. — LÉSION CÉRÉBRALE.

Nous venons d'observer que les lésions qui révèlent une affection au cœur se trouvent surtout dans un graphisme relativement net et ayant peu d'empâtement. Il n'en est pas ainsi pour la lésion au cerveau. La figure 610 est un graphisme d'un auteur célèbre dont la mort prématurée est connue de tous. Son écriture nous le révèle avec ses belles qualités de cœur et d'esprit; mais, en même temps, le tracé profondément empâté et la fatale brisure qui se distingue dans le lasso de la signature, sont autant d'indices de la terrible maladie mentale qui l'avait envahi graduellement.

On peut donc conjecturer que la lésion cérébrale se mélange de tous les empâtements qui sont le fait des natures sanguines et très matérielles; c'était tout à fait le cas pour ce scripteur.

ÉCRITURES DEXTROGYRES ET SINISTROGYRES

Nous hésitons généralement à nous servir de termes plus ou moins savants qui pourraient effrayer nos lecteurs. Nous ne pouvons éviter, cependant, de vous parler ici des écritures *dextrogyres* et *sinistrogyres*.

Ces deux expressions dérivent du langage héraldique, qui désigne la droite par *dextre* et la gauche par *senestre*, d'où il résulte que l'écriture dextrogyre (en latin *gyrare* signifie tourner) est celle dont tous les traits se dirigent à droite, même ceux qui devraient aller à gauche; réciproquement, le mot sinistrogyre désigne l'écriture qui tourne vers la gauche tous les traits même ceux qui normalement devraient aller à droite.

Le Dr Héricourt, dans un savant article paru dans le *Journal de la Gra-*

phologie, a donné la théorie scientifique de ces manifestations. Pour lui, l'écriture dextrogyre est toujours la révélation d'une impulsion dynamogène ; les dextrogyres sont donc les forts qui vont de l'avant. L'écriture rayonnante est concomitante de l'écriture dextrogyre.

Par contre, l'écriture sinistrogyre paraît céder à une cause d'inhibition ou d'affaiblissement ; c'est pour cela qu'elle entre pour une grande part dans les révélations pathologiques.

Un de nos amis nous faisait observer que la rencontre passagère de traits sinistrogyres dans un graphisme révélait souvent une fatalité physiologique pesant sur l'individu : ainsi l'hérédité de la folie. Pour bien saisir la démonstration de ces deux signes opposés, nous allons voir d'abord quelques écritures dextrogyres.

Écritures Dextrogyres.

FIG. 611. — ÉCRITURE DEXTROGYRE.

Tout révèle la force dans ce graphisme : la netteté du tracé, l'absence de tout crochet rentrant et toutes les barres de *t* dirigées vers la droite, de même que la base anguleuse des lettres.

FIG. 612. — ÉCRITURE DEXTROGYRE.

La figure 612 accentue cette impression de force ; en regardant attentivement ce graphisme, on verra que tous les traits ont la même direction, même

FIG. 613. — ÉCRITURE DEXTROGYRE.

une petite boucle qui commence le *f* et le *t*, et se dirige anormalement vers la droite ; nous avons étudié déjà cette manifestation qui est un signe de défense et de défiance.

La figure 613 est encore plus significative de ce mouvement, particulièrement manifesté dans la barre de *t* du mot *Athènes* et dans la boucle de l'*r* majuscule du mot *Rae* (1).

Écritures Sinistrogyres.

IL est bien compris que les traits sinistrogyres sont ceux qui devraient aller à droite et qui vont à gauche.

Dans cette catégorie rentrent tous les crochets convergents : les égoïstes sont donc des sinistrogyres.

FIG. 614. — ÉCRITURE SINISTROGYRE.

Dans la figure 614 se trouvent beaucoup de signes convergents ; mais celui sur lequel nous voulons appeler tout particulièrement votre attention est le *v* du mot *voulant*, dont le mouvement inverse à celui de la protection est une manifestation sinistrogyre typique.

La figure 615 est un autographe nor-

FIG. 615. — ÉCRITURE SINISTROGYRE NORVÉGIENNE.

végien, dans lequel le signe sinistrogyre se manifeste dans les finales qui reviennent en coups de fouet vers la gauche.

La figure 616 est le triomphe du cro-

chet convergent ; vous pouvez voir que l'ensemble des directions est presque uniquement à gauche.

Dans la figure 617 ce sont les barres

(1) Le type du trait dextrogyre, c'est-à-dire se dirigeant vers la droite quand il devrait aller vers la gauche, est l'*s* retournée de la figure 235, page 93 et celle de la figure 335 page 141.

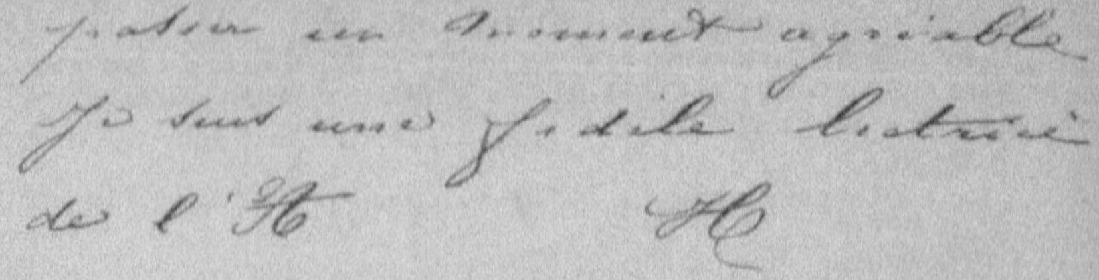

FIG. 616. — CROCHETS SINISTROGYRES.

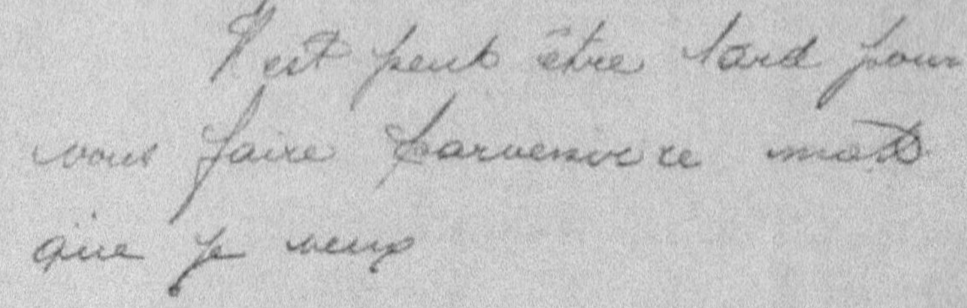

FIG. 617. — BARRES DE T SINISTROGYRES.

de *t* qui présentent une disposition curieuse, tout à fait sinistrogyre, et se retrouve dans la lettre *p* et dans l'accent circonflexe.

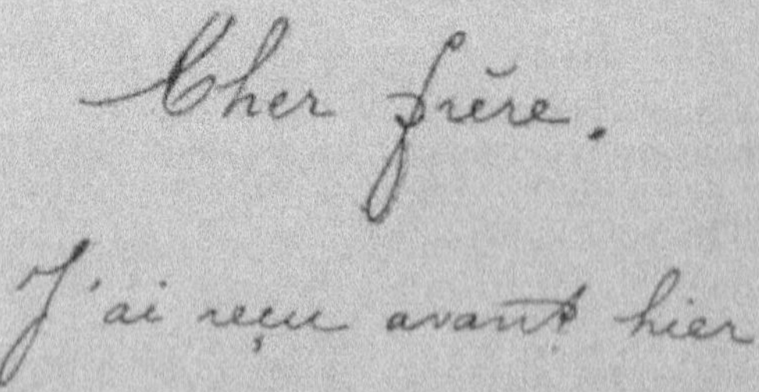

FIG. 618. — TRAITS SINISTROGYRES.

Dans le petit graphisme, si net et si précis, de la figure 618 le signe sinistrogyre est très accusé dans *f* et dans la barre du *t*; à observer surtout le curieux *f* du mot *frère*.

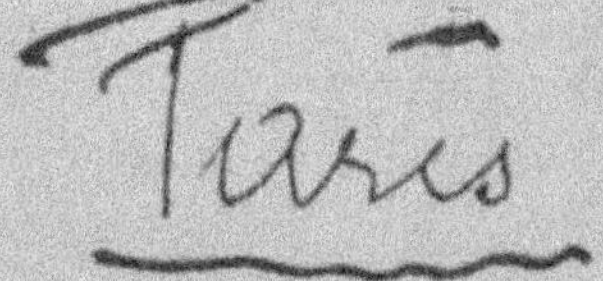

FIG. 619. — MAJUSCULE SINISTROGYRE.

Dans la figure 619 le *p* majuscule est une lettre typique de manifestation sinistrogyre.

La figure 620 montre un horrible graphisme, où les traits sinistrogyres abondent : le second jambage de l'*n* minuscule, au lieu de tomber droit, comme dans le signe de l'âpreté au gain, se dirige vers la gauche, — voir les mots *bien*, *on*; — le *d* minuscule couche sa hampe et la dirige carrément vers la gauche, — voir les mots *attendait*, *de*; — les barres de *t* sont à la gauche au lieu d'être à la droite, — voir le mot *affectueusement*; — le *b* majuscule a un jambage qui s'en va vers la gauche, — voir le mot *Bien*; — enfin

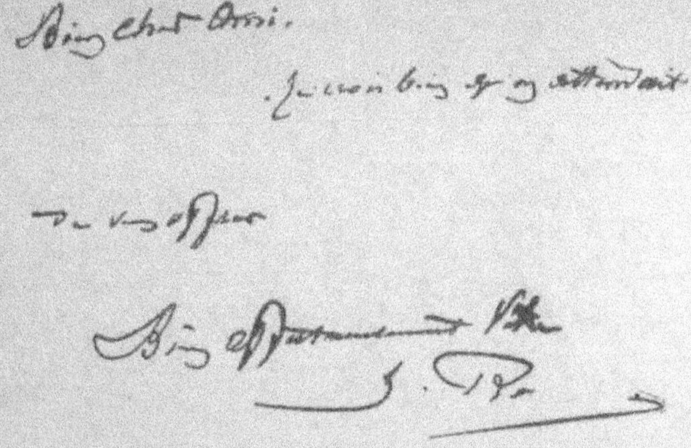

Fig. 620. — Écriture entièrement sinistrogyre.

la première partie de la signature se dirige hardiment vers la gauche. A observer les *f* en arcade des mots *offrir* et *affectueusement* qui disent, chez ce pauvre malade, la recherche obstinée de l'effet à produire.

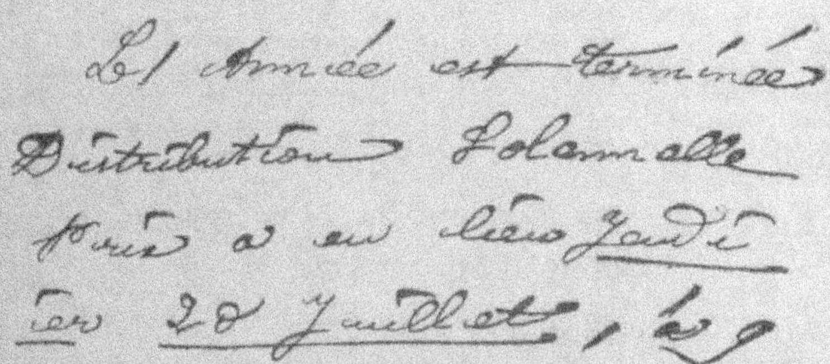

Fig. 621. — Écriture entièrement sinistrogyre.

Le graphisme de la figure 621 est encore plus horrible que celui de la figure 620 : tous les traits aigus revenant à gauche font éprouver une impression de malaise, comme à la vue d'un animal venimeux ; les énormes accents qui tombent comme des poignards sur les mots et qui les touchent — voir le mot *l'année* — annoncent une sensualité effrayante ; les points transformés en accents circonflexes, — comme dans le mot *Distribution*, — sont une manifestation de déséquilibrement cérébral, ainsi que la barre du *t* du mot *ma-*

tin, qui forme un chapeau redoutable. Les nombreux empâtements de ce tracé ne laissent guère de doute sur l'état du triste scripteur.

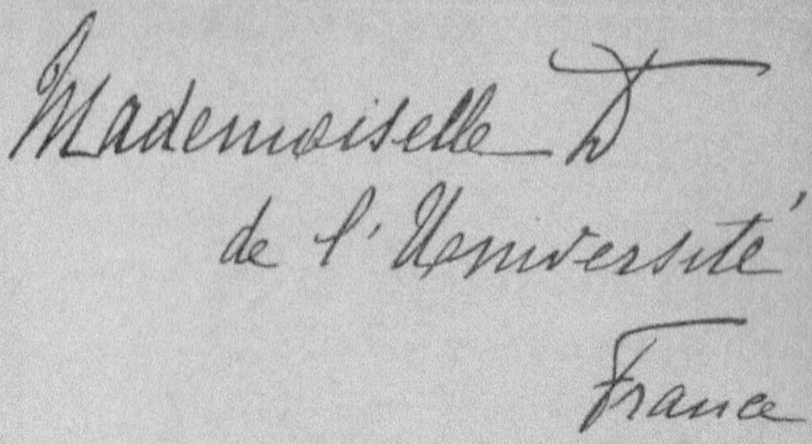

FIG. 622. — MÉLANGE DES SIGNES DEXTROGYRES ET SINISTROGYRES.

La figure 622 présente le mélange des signes dextrogyres et des signes sinistrogyres, mélange qui se rencontre fréquemment.

L'*m* majuscule n'a pas de crochet rentrant, mais l'*o* minuscule est formé d'un trait convergent. Le grand *D* a un trait hardi qui se dirige vers la droite mais l'*U* a un crochet rentrant; en revanche, l'*F* du mot *France* se dirige résolument vers la droite. Il y a donc dans cette nature une force d'impulsion vive, retenue par un principe de faiblesse, que les empâtements des *t* prouvent également.

ÉCRITURES RÉVÉLATRICES D'ÉTATS PATHO-LOGIQUES. — Alcooliques.

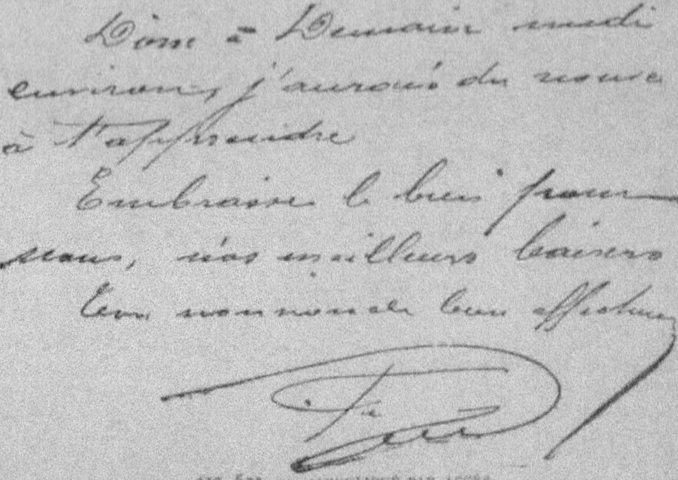

FIG. 623. — ALCOOLIQUE PAR ACCÈS.

Il serait important de pouvoir sûrement reconnaître un alcoolique.

L'abus de la boisson n'a pas cependant un signe unique et particulier ; ses effets, en altérant l'organisme, se révèlent par des signes qui se confondent en partie avec ceux des maladies précédemment énoncées.

La figure 623 est le graphisme d'un ivrogne seulement par accès, aussi l'écriture n'est pas altérée, nous y voyons à peine quelques traces d'empâtements dans les mots *pour* et *baisers*.

Comme caractère plus général, nous relevons des appétits sensuels, complétés par l'enroulement très bien formé dans les deux *d* majuscules des mots *Donc*, *Demain*, étiquette du viveur.

Il y a donc une grande ressemblance entre l'écriture d'un ivrogne par accès et celle d'un viveur ; il est vrai que dans le mot *viveur*, entre aussi le qualificatif *soupeur* et le soupeur boit souvent quelques bouteilles de trop.

L'alcoolique est celui qu'on ne voit jamais gris mais qui a l'habitude chronique et croissante de la boisson.

La figure 624 est un graphisme élé-

Fig. 624. — Alcoolique élégant.

gant, distingué, il émane d'un homme du monde ; les traits tremblants indiquent le trouble nerveux sans cependant qu'il y ait empâtements ni direction descendante des lignes.

Ce graphisme peut se confondre avec celui des malades atteints de maladie de la moelle épinière ; peut-être, en effet, sa fatale passion y conduira-t-elle le scripteur ?

Fig. 625. — Alcoolique invétéré.

La figure 625 est le graphisme d'un jeune homme plein d'intelligence et d'esprit, qui a fini par mourir victime de sa terrible passion.

Son graphisme révèle surtout du nervosisme : en y regardant de près, les caractères grêles, légèrement empâtés, commençant par monter pour descendre ensuite, indiquent bien des inclinations fâcheuses.

La figure 626 est un terrible exemple d'alcoolisme invétéré, qui conduira sûre-ment le scripteur au *delirium tremens*.

Il faut observer que cette écriture révèle une intelligence supérieure ; elle appartient, en effet, à un ingénieur du

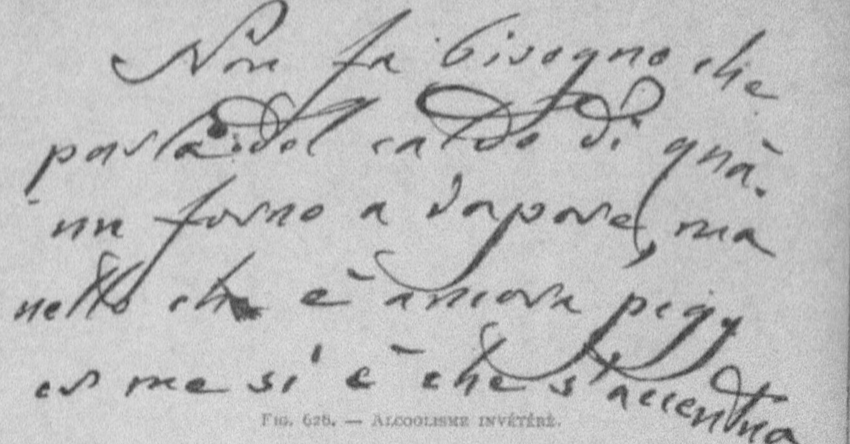

Fig. 626. — Alcoolisme invétéré.

plus grand talent ; l'aspect dégringolant des lignes peut faire croire à une atti-rance du suicide ; l'enchevêtrement des jambages avec les lignes est l'indice d'un trouble profond des facultés cérébrales.

Morphinomanes.

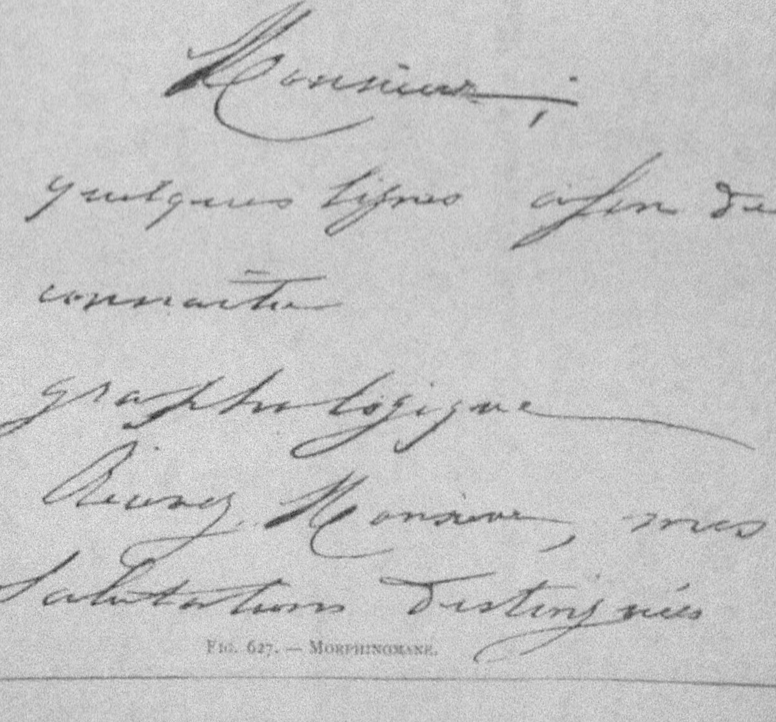

Fig. 627. — Morphinomane.

_DANS le graphisme 627 il faut obser- montre bien une personne livrée sans
ver que les empâtements sont freins à sa passion. Il est évident égale-
tous à la partie inférieure des lettres, ment que la morphine détraque radi-
tandis que la partie supérieure pré- calement l'organisme, puisque nous
sente des brisures. trouvons à la fois ici les signes primor-
L'écriture très couchée, l'aspect diaux de toutes les maladies, empâte-
général d'abandon de ce graphisme ments et brisures.

Écritures manquant de proportions.

Fig. 628. — ENTHOUSIASME PUÉRIL.

L'ENTHOUSIASME part d'un noble sen- l'ensemble de l'autographe, sans cause
timent ; mais quand il est exagéré appréciable ; les longs jambages infé-
et qu'il s'applique à des sujets insi- rieurs venant s'emmêler aux lignes du
gnifiants, il tourne à la toquade. dessous complètent l'indication d'un
L'enthousiasme se révèle générale- enthousiasme puéril.
ment par des points d'exclamation Les figures 629 et 630, représentent
multipliés sans raison et par des lettres un graphisme particulièrement aristo-
grossissantes à la fin des mots. cratique ; on le croirait tracé par une
La figure 628 montre l'enthousiasme jolie femme à la mode ; c'est pourtant
manifesté par les points d'exclamation un homme qui écrit ainsi. Voilà un
extrémements multipliés dans tout exemple parfait de l'enthousiasme exa-

Fig. 629. — ENTHOUSIASME EXAGÉRÉ.

géré révélé par les lettres grossissantes; celles du mot *Madame* — dans la figure 630 — prennent des allures monumentales; le scripteur est ce qu'on

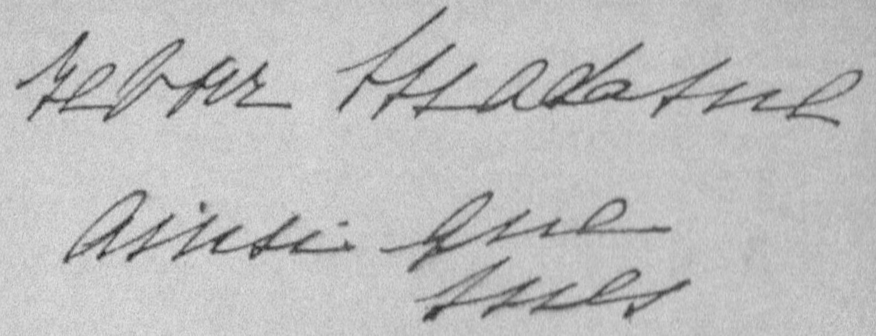

Fig. 630. — Enthousiasme exagéré.

appelle un aimable et distingué toqué.

La figure 631 montre une autre forme d'enthousiasme exagéré.

Nous avons appris que l's plus grand que le texte signifie *imagination gracieuse*; l'excès d'imagination engendre l'enthousiasme.

Dans le graphisme 631 les *s* présentent des dimensions fantastiques; — voir par exemple les mots *Paris, Monsieur, j'estime*, etc.; — la signature menaçant le ciel n'a pas un intérêt moindre; elle complète la signification du texte.

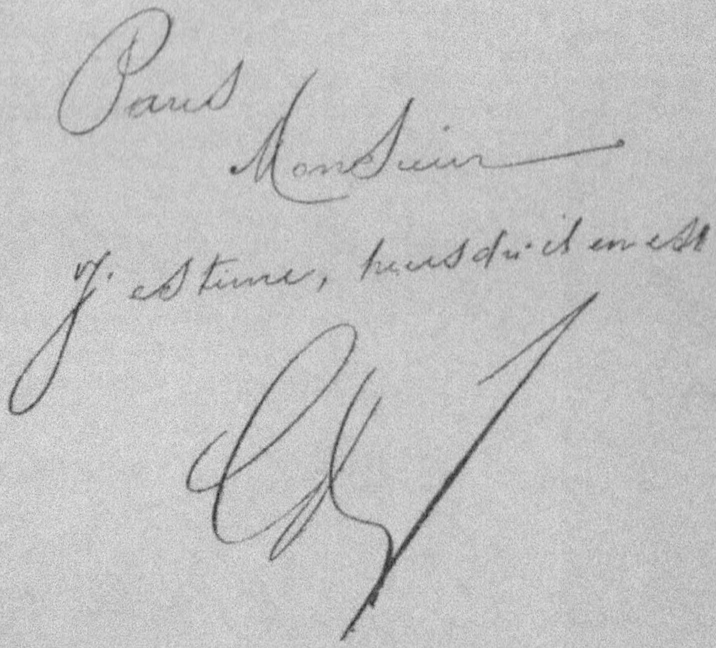

Fig. 631. — Enthousiasme exagéré.

Ecritures d'Excentriques.

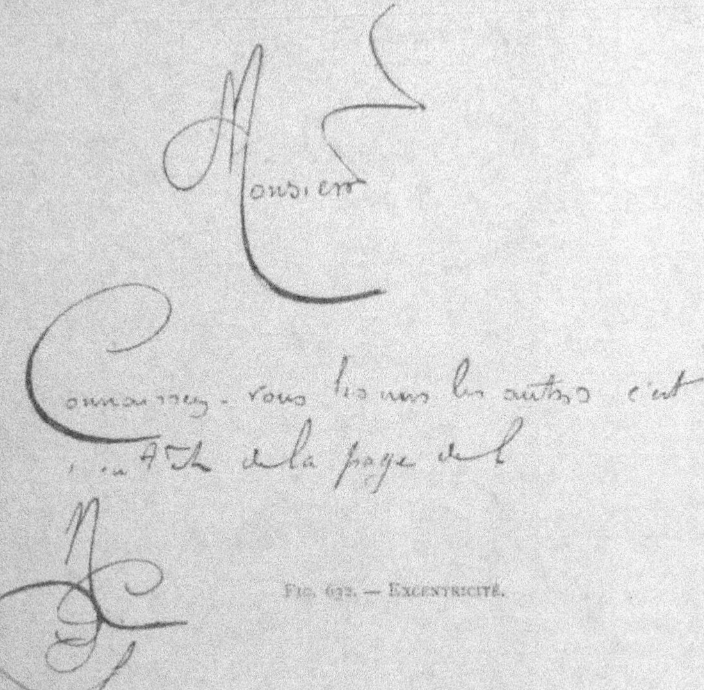

FIG. 632. — EXCENTRICITÉ.

Les figures 632 et 633 présentent tous les signes de la plus complète excentricité; le trait fulgurant ascen-dant, qui termine le mot *Monsieur*, est incroyable; l'enchevêtrement des trois lettres majuscules superposées les unes

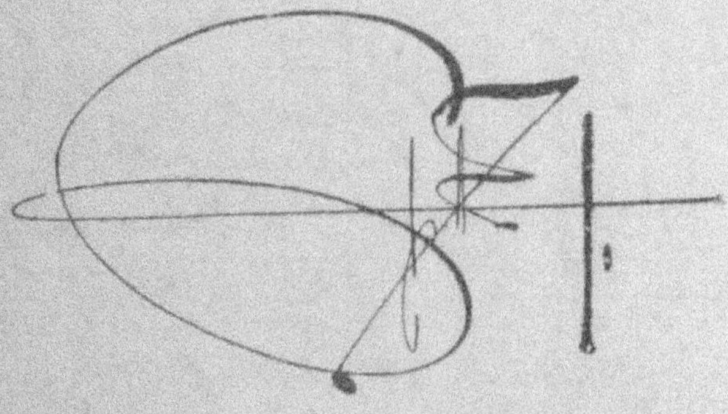

FIG. 633. — EXCENTRICITÉ.

au-dessus des autres — *H, G* et *P* — produit un lacis tout à fait inextricable; la figure 633 est la signature de ce singulier autographe; rien ne peut la décrire; il faut la voir. L'excentricité du personnage est donc des plus complètes.

Écritures des Déséquilibrés.

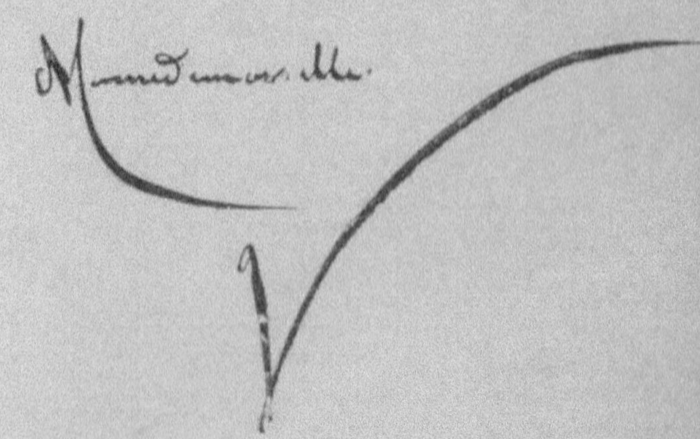

FIG. 634. — DÉSÉQUILIBREMENT.

Les traits exagérés et disproportionnés de l'écriture annoncent toujours un degré quelconque de déséquilibrement.

La figure 634 est typique en ce genre: les énormes traits qui s'élancent du *v* majuscule, menaçant le ciel, ainsi que le trait pansu et baveux de la grande lettre *E*, sont révélateurs d'un déséquilibrement matériel. C'est un genre de graphisme dont la seule vue cause un sentiment instinctif d'effroi.

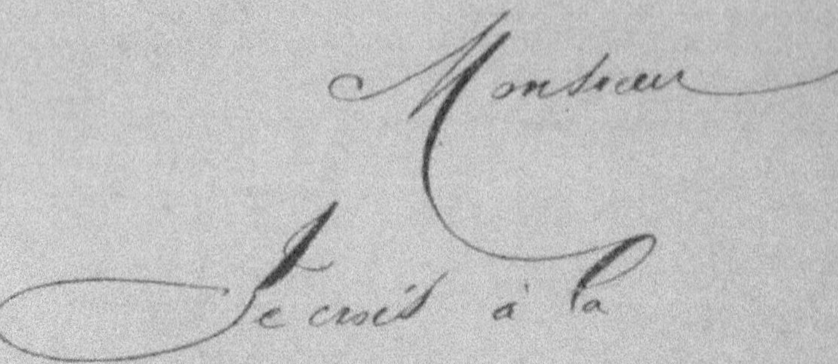

FIG. 635. — DÉSÉQUILIBREMENT.

La figure 635 révèle le même genre de déséquilibrement physique que la figure 634; cependant, elle est moins effrayante, parce que les traits ne sont pas agressifs.

En revanche, il y a une nuance de

sensualité plus raffinée et en même temps plus profonde. La dimension de la boucle inférieure du *j* majuscule témoigne d'une imagination effrayamment développée.

La figure 636 appartient évidemment

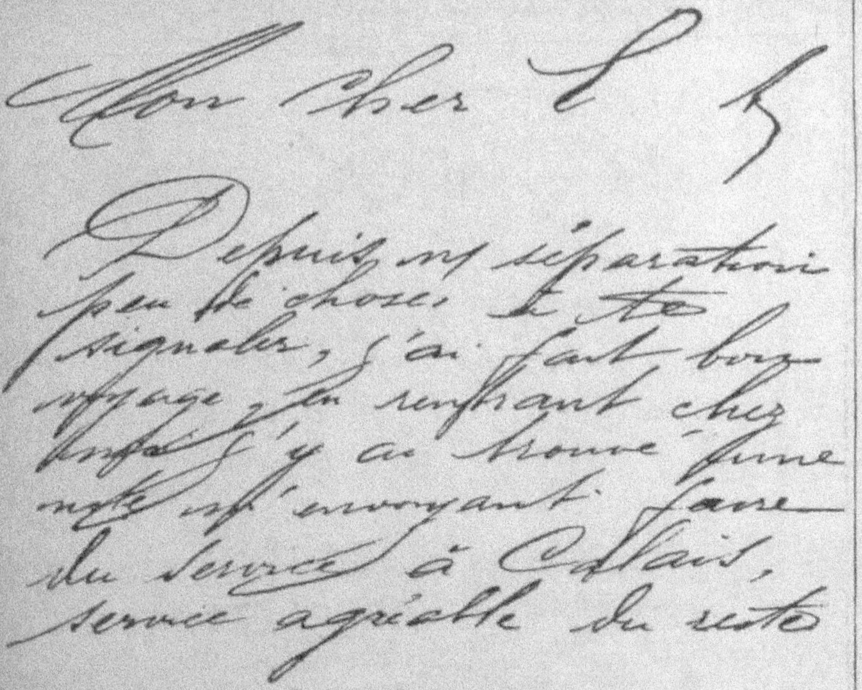

FIG. 636. — DÉSÉQUILIBREMENT.

à un être destiné à la folie : les lettres absolument couchées, les jambages inférieurs traversant deux lignes, et l'aspect échevelé de toute l'écriture, ne

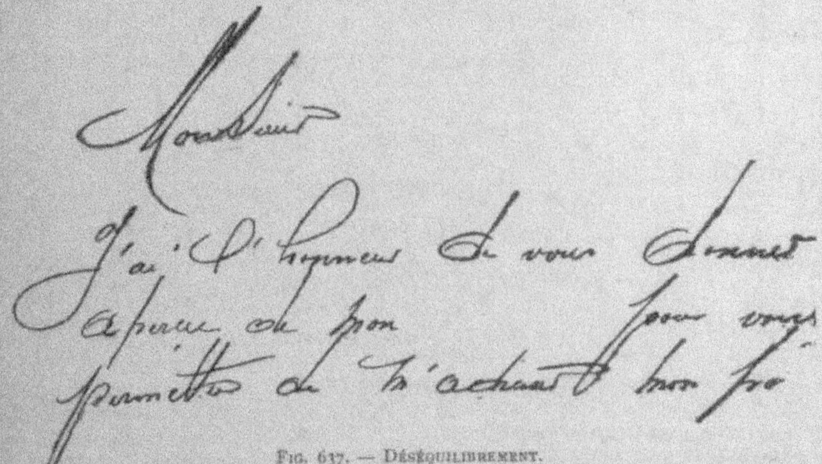

FIG. 637. — DÉSÉQUILIBREMENT.

peuvent nous laisser aucun doute sur l'état mental du scripteur.

La figure 637 a deux signes caractéristiques qu'il faut relever avant tout : ce sont les *s* énormes et les *d* minus-cules qui trouvent le moyen d'être sinistrogyres à leur base. De nombreux traits sinistrogyres complètent cet étrange graphisme.

La figure 638 a été tracée par une

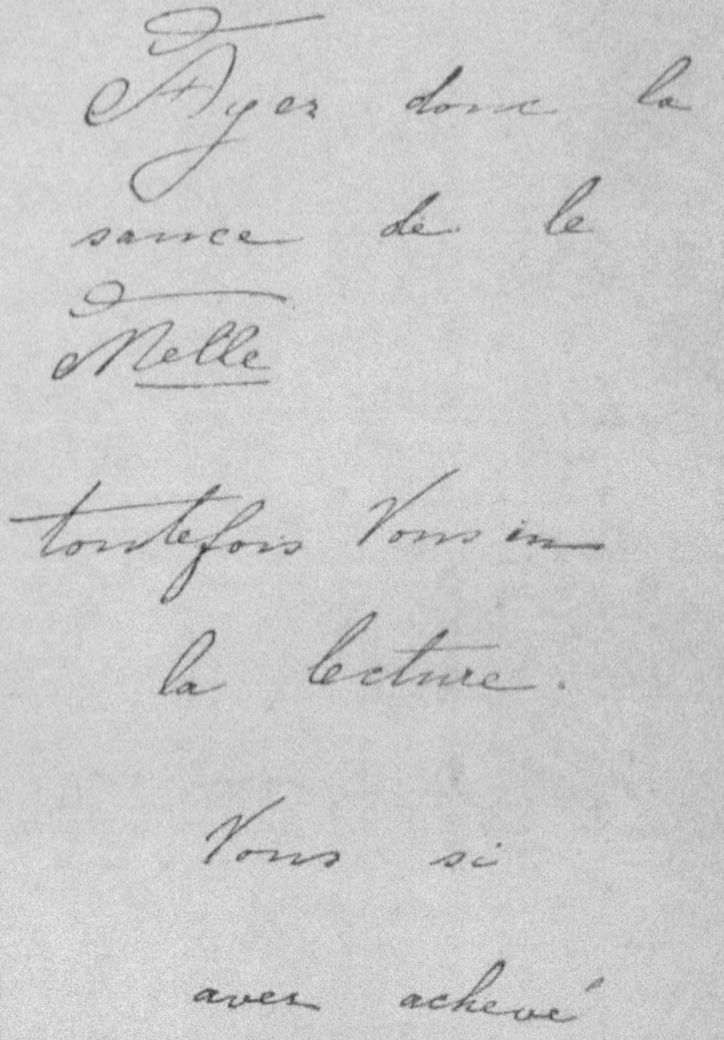

Fig. 638. — Déséquilibrement.

déséquilibrée à laquelle il ne manquait que la raison pour être une femme supérieure; elle connaissait huit langues, y compris le grec, et ne vivait que pour les animaux : sa maison était une véritable ménagerie; cet amour n'a pas suffi pour la retenir sur la terre, car elle s'est tuée d'un coup de revolver.

Sa demi-folie est bien caractérisée par les deux traits inutiles qu'elle a tracés au-dessus des mots *Ayez* et *Mademoiselle* ; remarquez encore qu'au milieu des deux jambages de l'*a* majuscule la scriptrice avait tracé une croix ; de légers empâtements dans ce très léger graphisme et les lignes tombantes de la fin de l'autographe complètent cette curieuse silhouette

Écritures de Fous.

FIG. 639. — FOLIE CALME.

Nous voici arrivés à la sombre porte de la folie ; nous pénétrons chez les fous officiellement reconnus comme tels ; il ne s'agit plus de conjecturer, il suffit de constater.

La figure 639 est le graphisme d'un paysan de la Mayenne, qui avait une folie fort douce ; elle consistait à vouloir épouser la petite fille de sa châtelaine ; ceci est un extrait de la lettre dans laquelle il demandait sa main.

Dans ce tracé très calme et très ferme, il convient de remarquer la façon dont le scripteur a prodigué les accents, ayant la forme d'un croissant, les deux cornes en l'air ; il en met partout et les barres des *t* ont la même forme ; l'influence de la lune y est-elle pour quelque chose ?

Sous le réseau très fin qui veut

cacher un mot on réussit à lire le mot *famille* écrit très correctement, mais il s'est empressé de le récrire à côté avec une orthographe fantaisiste. Il faut observer encore que dans toute cette lettre il n'y a pas une seule majuscule ; c'est là un fait rare dans un graphisme de fou ; nous pourrons nous en convaincre par la suite.

La figure 640 ne présente rien d'anormal ; c'est pourtant l'écriture d'un pauvre caissier dont on pouvait suivre la maladie dans le livre de comptes, chaque jour amenant une déformation nouvelle, jusqu'à celui où il fallut l'enfermer. C'était une étude navrante que celle-là : ces quelques mots ne suffisent pas à retracer le désarroi progressif de ce graphisme ; les *d* révèlent beaucoup d'imagination, et le *P* du mot *Paris* seul a des proportions anormales.

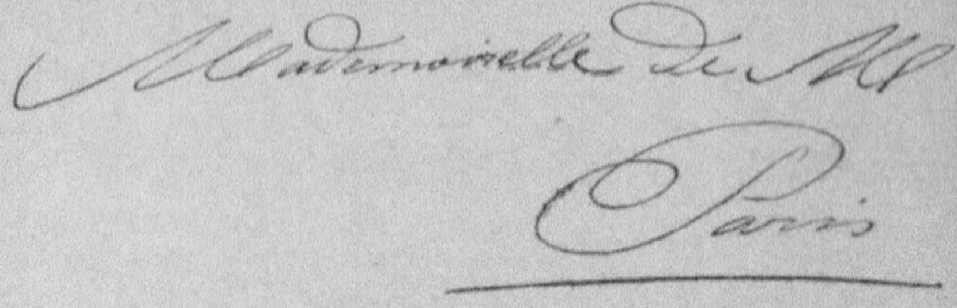

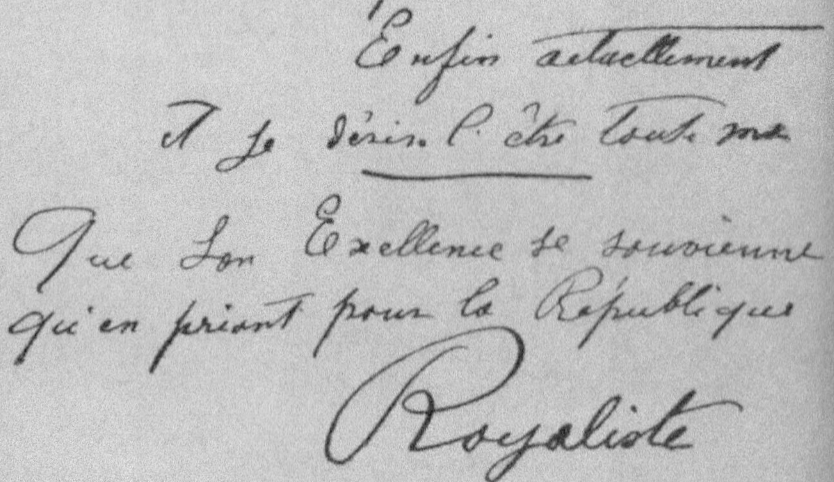

FIG. 640. — FOLIE PROGRESSIVE.

FIG. 641. — FOLIE GAIE.

La figure 641 par le côté amusant de son texte ne peut laisser insensible : « Enfin actuellement domestique, je désire l'être toute ma vie, que son Excellence se souvienne qu'en priant pour la République je suis devenue Royaliste » ; c'est au moins un fou joyeux ; les proportions démesurées de l'*R* du mot *Royaliste* indiquent un côté de folie d'orgueil. La barre disproportionnée du mot *actuellement* montre ce pauvre cerveau toujours en action pour former des projets irréalisables ; de nombreux empâtements révèlent l'état pathologique.

La figure 642 a été tracée par un homme très intelligent, très artiste, qui est mort fou d'une folie mystique.

Considérez l'*M* si bizarre, dans sa forme en arcade, — indice d'une préoccupation constante de l'effet à produire ; — c'est d'ailleurs un des signes

FIG. 642. — FOLIE MYSTIQUE.

distinctifs qui caractérisent la plupart des folies : produire de l'effet... hélas! La figure 643 montre le graphisme d'un homme vulgaire, dont le cerveau

FIG. 643. — FOLIE ALCOOLIQUE.

mal équilibré n'a pas eu de peine à sombrer ; il faut observer que celui-ci, à l'inverse du paysan de la Mayenne, met des majuscules à presque tous les mots.

Jusqu'ici nous n'avions étudié que des graphismes de fous ; voici une folie qui se glisse au milieu d'eux (fig. 644). Son écriture est l'image du désordre le plus absolu ; c'est l'incohérence dans toute son horreur.

La figure 645 présente la forme la plus ordinaire de la folie, c'est-à-dire la folie par orgueil.

Tous les enroulements des *d*, l'abondance des lettres majuscules, le grossissement des mots, sont autant de traits certains de l'état du scripteur.

On ne peut même pas se figurer qu'il ait jamais été autrement que fou, tant c'est l'essence même de sa nature.

Dans ces sortes d'écritures, ni hésitation, ni surprise ; la vérité éclate aux yeux ; mais combien d'autres où le mal se cache si soigneusement qu'on ne peut toujours arriver à le découvrir! C'est que, en effet, il y a nombre de fous

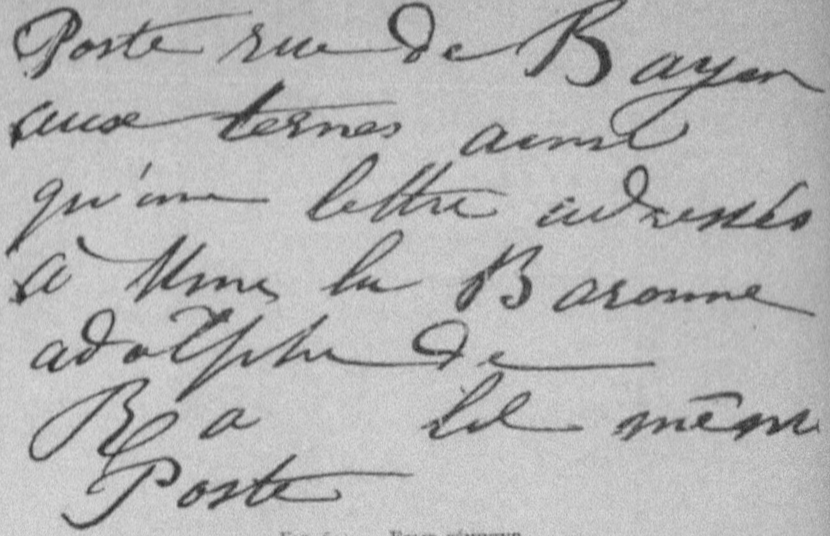

Poste rue de Bayer
ause termes ainsi
qu'une lettre adressée
à Mme la Baronne
adolphe de
R. a à la même
Poste

FIG. 644. — FOLIE FÉMININE.

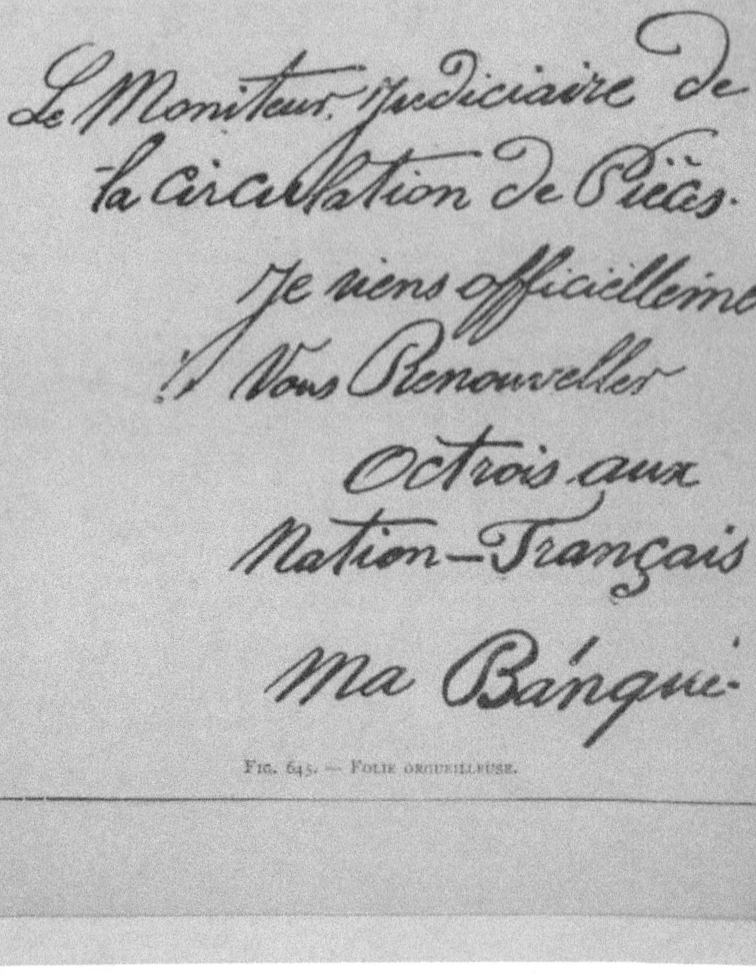

Le Moniteur, judiciaire de
la Circulation de Pièces.
Je viens officiellem
!! Vous Renouveller
Octrois aux
Nation-Français
Ma Banque

FIG. 645. — FOLIE ORGUEILLEUSE.

parfaitement raisonnables en apparence, qui ne déraisonnent que sur un seul point ; leur machine cérébrale fonctionne régulièrement jusqu'à ce tournant dangereux où le déraillement se produit.

Inclination au Suicide.

FIG. 646. — MISANTHROPIE.

Dans un chapitre, vraiment curieux et nouveau, sur les enveloppes de lettres, Arsène Arüss nous révèle un signe bien intéressant : les gens qui mettent le nom de la ville au coin, à gauche de l'enveloppe, au lieu de le mettre à droite, sont des solitaires, des misanthropes, des tristes, des découragés pouvant aller jusqu'au suicide.

L'exemple ci-dessus est d'autant plus intéressant que le graphisme en est plus intelligent et plus original.

Pour confirmer cette observation disons que l'on nous a apporté toute une série d'enveloppes adressées à un homme dont la femme était malade ; à chaque lettre annonçant l'aggravation de la maladie, le mot *Paris* faisait un mouvement de recul de droite à gauche. La lettre annonçant le dénouement fatal avait « Paris » complètement à gauche.

Signes de Caducité.

Voici une maladie qui ne se guérit pas.

L'écriture de la figure 647 est typique de caducité par son tremblement et ses petits empâtements ; mais c'est celle d'un vieillard qui résiste avec énergie et réagit contre la décrépitude. Les lignes ont une tendance à descendre, mais se relèvent bien vite : d'ailleurs, son mauvais caractère doit le conserver ; c'est un chicanier dans l'âme. Observez le trait, orné d'un si formidable harpon, qui commence presque toutes les lettres, entre autres l'*a* minuscule complètement ouvert par le bas ressemblant plus à un *x* qu'à un *a* ; c'est même une lettre dont nous n'avons jamais vu la pareille.

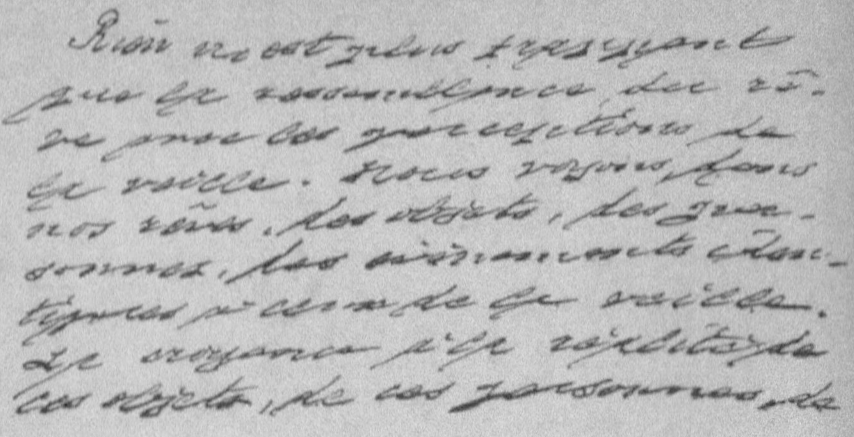

FIG. 647. — CADUCITÉ.

La caducité est la maladie finale, heureusement non concomitante de la vieillesse. La caducité précoce ne se rencontre que trop souvent !

Signes de Dépression finale.

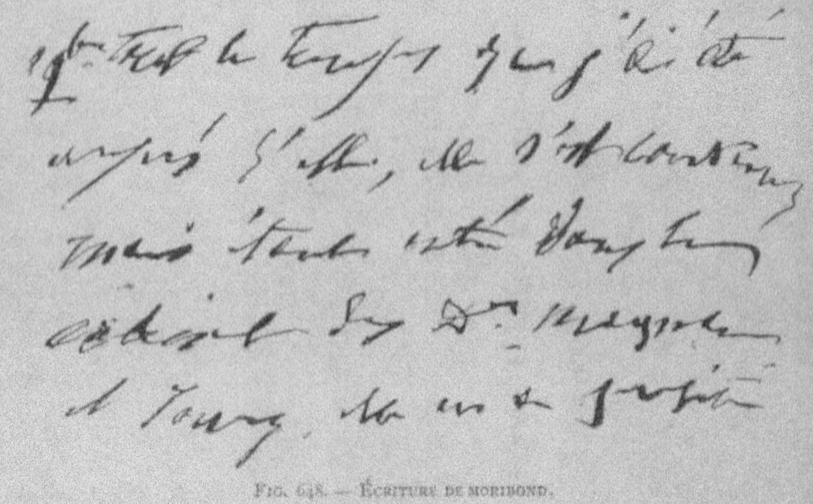

FIG. 648. — ÉCRITURE DE MORIBOND.

LA figure ci-dessus est l'autographe d'un docteur arrivé à la fin de sa carrière.

Ces lignes ont été tracées peu de temps avant sa mort. Il est facile de voir que, dans ce tracé, on peut trouver tous les signes de maladie que nous avons indiqués au début de cette leçon : empâtements, tremblement, lignes descendantes, tracé brisé ; rien n'y manque ; et c'est pour cela que nous terminerons notre enseignement sur ce graphisme caractéristique d'un moribond.

DERNIERS CONSEILS.
Modèle de Lecture graphique.

LA page blanche que nous avons recommandé à notre élève de prendre au début de ces leçons est maintenant abondamment pourvue d'explications.

Reprenons cette page blanche pour appliquer nos connaissances et essayer de mettre sur pied la silhouette d'un portrait graphologique.

FIG. 649. — ÉCRITURE A ANALYSER.

SIGNES RELEVÉS DANS L'AUTOGRAPHE 649 ET EXPLICATION DE CES SIGNES.

1° Lignes de direction rigide...................... *Fermeté dans les principes.*
2° Hauteur moyenne des lettres.................... *Pondération du caractère.*
3° Écriture assez large........................... *Nature large.*
4° Inclinaison modérée des lettres................. *Possession de soi.*
5° Assez de sobriété dans les traits............... *Imagination réglée.*
6° Finales modérément longues.................... *Économie dans la générosité.*
7° Absence de crochets convergents................ *Absence d'égoïsme.*
8° Quelques fioritures............................ *Un peu de vanité.*
9° Écriture ferme plutôt qu'appuyée............... *Santé bien équilibrée.*
10° Base des lettres généralement arrondie..... *Caractère généralement doux.*

11° Ponctuation régulière............................... *Beaucoup d'ordre.*
12° Tracé calme sans être lent .... *Action réfléchie.*
13° Barres des *t* régulières........................ *Volonté persévérante.*
14° Placées au milieu de la hampe................ *Habitudes de soumission.*
15° Généralement terminées en pointe.............. *Tendance à la critique.*
16° *o* et *a* ouverts et bouclés ensuite...... *Franchise native, défiance acquise.*
17° *d* calligraphiques........................ *Goût pour les formules convenues.*
18° Lettres liées dans les mots.................. *Déduction dominante.*
19° Signature montante........................... *Ambition.*
20° Égalité entre les jambages inférieurs et supérieurs, *Esprit d'organisation.*
21° Paraphe en lasso......................... *Aptitudes pour les affaires.*

Comment on fait un Portrait

CETTE feuille une fois remplie, ce n'est encore que la préparation du travail; il faut maintenant résumer les observations, former les résultantes, déterminer la valeur morale de l'individu, sa capacité intellectuelle et savoir ce que vaut son physique; ce n'est qu'alors que nous connaîtrons notre sujet et que nous pourrons savoir si nous avons rencontré « un esprit sain dans un corps sain ».

En relevant tous les signes dans la lecture graphique, en attribuant à chacun sa signification, nous avons agi comme un peintre qui fait sa palette; cependant, avant de nous servir de cette palette pour donner la couleur et la vie à notre personnage, il faut d'abord en tracer la silhouette.

C'est pour cela que, reprenant notre division en trois parties, du début, nous donnerons dans le tableau ci-après les points principaux que l'on doit déterminer dans chacune de ces divisions.

Division des Facultés.

INCLINATIONS MORALES :

1° Intensité de la volonté.
2° Valeur du cœur.
3° Degré de la franchise.
4° Simplicité ou orgueil.

APTITUDES INTELLECTUELLES :

1° Valeur de l'intelligence.

2° Nature de l'esprit.
3° Degré de la raison.
4° Aptitudes spéciales.

DISPOSITIONS PHYSIQUES :

1° Tempérament.
2° État de santé.
3° Valeur du caractère.
4° Degré de l'activité.

Silhouette.

Pour continuer notre démonstration, reprenons l'autographe 649 et faisons notre silhouette :

INCLINATIONS MORALES :

1° Intensité de la volonté................... *Volonté pondérée et suivie.*
2° Valeur du cœur....................... *La tête domine le cœur.*
3° Degré de la franchise................ *Grande discrétion*
4° Simplicité ou orgueil................ *Absence de naturel.*

APTITUDES INTELLECTUELLES :

1° Valeur de l'intelligence............... *Intelligence très claire.*
2° Nature de l'esprit.................... *Esprit pratique.*
3° Degré de la raison.................. *Beaucoup de logique.*
4° Aptitudes spéciales................ *Dispositions pour les affaires.*

DISPOSITIONS PHYSIQUES :

1° Tempérament.. *Sanguin.*
2° État de la santé.. *Bien équilibré.*
3° Valeur du caractère... *Très sûr.*
4° Degré de l'activité.. *Suivie et sans agitation.*

Lorsque, grâce au tableau des signes, on a déterminé les douze points que nous venons d'énumérer, on développe chacune de ces parties avec autant de détails que le comporte la richesse du graphisme que l'on étudie. Alors seulement se trouve terminé le portrait moral que tous nos élèves doivent être en état de tracer.

CONCLUSION.

Notre vœu le plus cher est d'avoir donné, à ceux qui étudieront ce volume, une arme de préservation dans la vie, et en même temps un utile instrument qui puisse aider ceux qui s'appliqueront, dans la sincérité de leur âme, à réformer leur caractère.

Après avoir humblement reconnu ses inclinations mauvaises, si on s'efforce avec persévérance de débarrasser son écriture des signes qui les trahissent, grâce à une action réflexe sur la volonté, on a des chances sérieuses d'arriver à l'amélioration cherchée.

Il en est tout autrement du scripteur qui en changeant son écriture veut seulement dissimuler ses défauts. C'est pour celui-là que M. Crépieux-Jamin a dit qu'en voulant supprimer le signe révélateur d'un défaut, il retombait inconsciemment sur un signe concomitant du même défaut.

Nous avons connu une personne, posant avec exagération pour le dévouement ; ayant entendu dire que les crochets rentrants aux *m* majuscules annonçaient l'égoïsme, elle s'empressa de les supprimer, mais elle ne s'était pas avisée d'en faire autant pour les autres majuscules, en sorte que la révélation de l'égoïsme était restée la même ; si, au contraire, elle avait cherché uniquement à se corriger, le signe de l'égoïsme aurait peu à peu disparu de son écriture. Ceci est un fait d'un contrôle facile. Cette action réflexe de l'écriture sur les facultés cérébrales s'explique moralement et physiologiquement.

On comprend dès lors l'importance des modèles destinés à apprendre à écrire aux enfants. Or, nous avons constaté maintes fois qu'ils sont un composé de tous les signes révélateurs des plus mauvais instincts : crochets rentrants de l'égoïsme, enroulements de la prétention, angles de l'entêtement, jambages fuselés du sensualisme, etc.

Si l'enfant a une bonne nature, il se débarrassera de lui-même de tous ces signes imposés ; s'il n'a pas de personnalité propre, il restera soigneusement dans son moule de convention ; s'il a de mauvais instincts, il les aggravera, naturellement.

Combien il serait préférable que, dès le bas âge, les yeux de l'enfant puissent prendre l'habitude de s'assimiler les premiers éléments de l'écriture sur des modèles où toutes les lois de l'harmonie morale et intellectuelle seraient soigneusement observées. Nous émettons le vœu que quelque esprit éclairé, possédant une autorité suffisante, obtienne la réforme des modèles d'écriture. Du reste, nous avons appris avec satisfaction que maintenant, dans les Lycées, le professeur d'écriture trace au tableau les mots à reproduire mais que les élèves n'ont plus de modèles comme jadis, ce qui permet beaucoup plus de liberté dans la manifestation de chaque individualité.

Cette question de l'éducation explique les écritures de *race*, qui donnent à chaque nation un caractère d'ensemble, quoique variable dans les détails.

Ces quelques brèves considérations n'ont pas la prétention d'être autre chose que des semences ; nous souhaitons que ce volume puisse contribuer à les faire germer, et qu'il prépare ainsi la bonne moisson.

MANUEL DE GRAPHOLOGIE

Cette question de l'éducation explique les écritures de *race*, qui donnent à chaque nation un caractère d'ensemble, quoique variable dans les détails.

n'ont pas la prétention d'être autre chose que des semences ; nous souhaitons que ce volume puisse contribuer à les faire germer, et qu'il prépare ainsi la bonne moisson.

TABLE ALPHABÉTIQUE

TABLE ALPHABÉTIQUE

TABLE ALPHABÉTIQUE

TABLE ALPHABÉTIQUE

TABLE DES EXEMPLES

TABLE DES EXEMPLES

TABLE DES MATIÈRES

TABLE DES MATIÈRES

CORBEIL. — IMPRIMERIE ÉD. CRÉTÉ.